coleção aristotélica

HELLMUT FLASHAR

Aristóteles

Mestre do Ocidente

TRADUÇÃO
Nélio Schneider

Edições Loyola

Título original:
Aristoteles - Lehrer des Abendlandes
© Verlag C. H. Beck oHG, München 2015
Wilhelmstr. 9, 80801. München, Germany
ISBN 978-3-406-64506-8

Dados Internacionais de Catalogação na Publicação (CIP)
(Câmara Brasileira do Livro, SP, Brasil)

Flashar, Hellmut, 1929-2022
 Aristóteles : mestre do Ocidente / Hellmut Flashar ; tradução Nélio Schneider. -- São Paulo : Edições Loyola, 2024. -- (Coleção Aristotélica)

 Título original: Aristoteles : lehrer des abendlandes
 ISBN 978-65-5504-328-0

 1. Aristóteles 2. Filosofia antiga I. Título. II. Série.

23-184549 CDD-185

Índices para catálogo sistemático:
1. Aristóteles : Filosofia antiga 185

Cibele Maria Dias - Bibliotecária - CRB-8/9427

COLEÇÃO ARISTOTÉLICA

Diretor: Marcelo Perine (PUC-SP)

Conselho Editorial
 Fernando Rey Puente (UFMG)
 Fernando Santoro (UFRJ)
 Lucas Angioni (UNICAMP)
 Maurilio Camello (UNITAU)
 Miguel Spinelli (UFSM)

Preparação: Paulo Fonseca
Projeto gráfico: Viviane B. Jeronimo (capa)
 Maurélio Barbosa (miolo)
Capa: Ronaldo Hideo Inoue
Diagramação: Telma Custódio

Edições Loyola Jesuítas
Rua 1822 nº 341 – Ipiranga
04216-000 São Paulo, SP
T 55 11 3385 8500/8501, 2063 4275
editorial@loyola.com.br
vendas@loyola.com.br
www.loyola.com.br

Todos os direitos reservados. Nenhuma parte desta obra pode ser reproduzida ou transmitida por qualquer forma e/ou quaisquer meios (eletrônico ou mecânico, incluindo fotocópia e gravação) ou arquivada em qualquer sistema ou banco de dados sem permissão escrita da Editora.

ISBN 978-65-5504-328-0

© EDIÇÕES LOYOLA, São Paulo, Brasil, 2024

DEDICADO AOS AMIGOS
WOLFGANG KULLMANN
E
KLAUS OEHLER

SUMÁRIO

PREFÁCIO 11

CAPÍTULO PRIMEIRO
    A biografia – caminhos variados.. 13

CAPÍTULO SEGUNDO
    A obra e sua transmissão... 65

CAPÍTULO TERCEIRO
    Ética – caminhos que levam à felicidade..................................... 71

CAPÍTULO QUARTO
    Política – o ser humano no espaço da *pólis* 113

CAPÍTULO QUINTO
    Retórica – teoria do discurso público... 147

CAPÍTULO SEXTO
    Poética – ação no drama 165

CAPÍTULO SÉTIMO
    Lógica, linguagem, dialética – estratégias de argumentação. 199

CAPÍTULO OITAVO
Metafísica – a filosofia primeira 227

CAPÍTULO NONO
Física – a filosofia segunda 263

CAPÍTULO DÉCIMO
Cosmologia, meteorologia, teoria dos elementos, química – a Terra no centro 289

CAPÍTULO DÉCIMO PRIMEIRO
Psicologia – a alma como plenitude do corpo 321

CAPÍTULO DÉCIMO SEGUNDO
Biologia – o secretário da natureza 345

CAPÍTULO DÉCIMO TERCEIRO
Estações da recepção 379

APÊNDICE

SOBRE AS NOTAS 401

REFERÊNCIAS BIBLIOGRÁFICAS 403

ÍNDICE ONOMÁSTICO 419

ÍNDICE TOPONÍMICO 425

PREFÁCIO

Alguém poderia pensar que a obra de Aristóteles já foi pesquisada em excesso, assim como os mares foram exauridos pela pesca excessiva e não fornecem mais nada. E, de fato, desde a Antiguidade não se tinha escrito tanto sobre Aristóteles quanto hoje em dia, e isto, no plano internacional. Na exposição sobre Aristóteles que fiz no *Grundriss der geschichte der philosophie* [*Compêndio de história da filosofia*] (organizado por Friedrich Überweg), publicada em segunda edição em 2004, as referências bibliográficas perfazem cerca de 2000 títulos. Trata-se de edições, traduções, comentários, monografias, que nem de perto foram listados por completo, mas que de alguma maneira são representativos. Desde então, centenas de trabalhos se somaram àqueles. Está totalmente fora de cogitação citar mais do que uma pequena seleção neste livro.

Pois o presente livro não se destina só ao especialista no assunto, mas também ao leigo interessado, para o qual esta exposição pretende de fato ser compreensível.

As introduções alemãs mais recentes a Aristóteles em formato de livro de bolso (HÖFFE, 1996; BUCHHEIM, 1999; RAPP, 2001; DETEL, 2005) provêm de um ponto de vista filosófico, e, por conseguinte, a forma da exposição está com razão orientada a problemas filosóficos. O autor deste livro, porém, é filólogo. Isso não quer dizer que ele evita os problemas filosóficos, mas que relaciona a abordagem dos mesmos mais fortemente com a obra e suas peculiaridades. Ele quer o leitor fique sabendo como está estruturado um escrito de Aristóteles e em que contexto aflora determinado problema.

Fui editor da obra completa de Aristóteles em língua alemã durante 40 anos. Nos 26 volumes dessa série publicados até agora, encontram-se, ao lado das traduções, comentários extensos (ocasionalmente extensos demais), nos quais estão "enterrados" verdadeiros tesouros de explicações esclarecedoras, que neste livro serão trazidos à tona na medida em que for significativo e possível. O fato de eu integrar no conjunto deste livro algumas poucas passagens de minha própria exposição de 2004 dificilmente poderá ser encarado como plágio.

Diferentemente da maioria dos trabalhos filológicos, este livro não coloca em primeiro plano a problemática da datação dos escritos aristotélicos ou de partes desses escritos. Isso ocorre porque os esforços nessa direção não eram e não são muito sólidos por simples falta de critérios confiáveis de datação. Por exemplo, se alguns livros individuais da *Metafísica* ou da *Política* foram escritos um pouco mais cedo ou um pouco mais tarde – isso se for possível chegar a um consenso no caso individual – não tem importância central para a compreensão das ideias e da problemática. Não obstante, esse aspecto da interpretação não é negligenciado de todo, mas levado em conta sempre que indicado. Renuncia-se em ampla medida à polêmica.

Sou muito grato a Dagmar Adrom, Martin Flashar, Phanis Kakridis, Peter von Moellendorff, Oliver Primavesi, Christof Rapp e Charlotte Schubert por seus conselhos e indicações. Evanthia Tsigkana fez um trabalho sobremodo meritório na digitalização do texto. A Fundação Fritz Thyssen concedeu apoio financeiro para a preparação do texto, pelo qual igualmente agradeço muito. Stefan von der Lahr, da Editora C. H. Beck, cuidou do manuscrito com especial meticulosidade, conhecimento de causa e espírito crítico, contando, para isso, com o apoio diligente de Andrea Morgan. Agradeço ainda a Agnes Luk, que revisou o manuscrito e confeccionou os índices.

Munique, verão de 2012.

CAPÍTULO PRIMEIRO

A biografia –
caminhos variados

OS DOCUMENTOS BÁSICOS

Dos escritos de Aristóteles nada se depreende sobre a vida do grande filósofo, nem mesmo dos tratados sobre ética e política, nos quais seria mais provável esperar que houvesse alguma observação ou alusão autobiográfica.

Ainda assim, há um rico material biográfico[1]. O mais importante deles é a biografia escrita por Diógenes Laércio (século II d.C.), que se encontra no Livro V de sua obra *Vidas e doutrinas dos filósofos ilustres*. Nela foram processadas fontes que não foram conservadas em nenhum outro lugar e também fontes dessas fontes (citadas ocasionalmente por Diógenes), que acabam por remontar à época inicial do helenismo e, desse modo, recuam a um período situado a uma ou duas gerações de distância de Aristóteles. Ao lado desta, ainda dispomos de outras três biografias da antiguidade tardia, entre as quais a *Vita Marciana*, valiosa por conter material antigo, em parte oriundo do século III a.C. Ela se chama assim por ter sido conservada em apenas duas folhas do Códice Marciano Gr. 227 do século XIII e por estar guardada até hoje na Biblioteca Marciana em Veneza. Esse manuscrito, muito danificado pelo tempo e prejudicado por rupturas, foi editado pela primeira vez em 1861. Acrescem-se a isso numerosas informações

---

1. Exposição exaustiva, mas muito desordenada de todo o material biográfico em Düring, I., 1957.

sobre a vida de Aristóteles comunicadas por diversos autores, de cujas obras, na maioria das vezes, só restaram fragmentos.

Todo o material biográfico deve ser tratado com grande cautela, porque, ao lado de informações confiáveis, contém também muitas anedotas que não se pode levar a sério, em parte com tendência amigável a Aristóteles, em parte com tendência hostil a ele. Desde o helenismo, época culturalmente muito importante que se estende da morte de Alexandre (332 a.C.) até o desaparecimento do reino ptolemaico no Egito (30 a.C.), havia uma forte demanda literária voltada para o entretenimento. Especialmente cartas e biografias falsificadas eram gêneros apreciados, cujos conteúdos buscavam satisfazer tal necessidade de entretenimento.

ORIGEM E FAMÍLIA

Aristóteles nasceu no ano de 384 a.C., na cidade de Estagira (em grego: *Stageira*; em latim: *Stagira*), na península de Calcídica, situada no norte da Grécia. Na entrada da atual localidade de Estagira, dentro de um pequeno parque, está postado desde 1985 sobre um pedestal bastante elevado um monumento que mostra Aristóteles segurando um rolo de papiro na mão direita. Porém, esse pequeno povoado situado a 500 m de altitude não é a Estagira antiga e tem esse nome somente desde 1924. A Estagira antiga e, desse modo, o local de nascimento de Aristóteles situa-se na costa, a 9 km de distância (em linha reta) da localidade hoje assim chamada, mais precisamente a sudeste da atual comunidade de Olimpíada, na península de Liotopi, defronte da ilha de Capros (hoje Cáfcanas), na qual havia um porto também denominado Capros (= "Porco (macho)"). O porco (macho) era animal sagrado e emblema da cidade, aparecendo também em moedas de prata artisticamente trabalhadas, das quais apenas poucos exemplares foram conservados[2].

Escavações sistemáticas só foram realizadas a partir de 1990. Elas se mostram bem complicadas, porque a área apresenta um forte declive coberto de vegetação cerrada. Na época do nascimento de Aristóteles, a cidade tinha, como entrementes revelaram as escavações, uma acrópole, um templo, uma ágora (praça de mercado) e um pequeno teatro, mas sobretudo uma muralha fortificada na direção do território com até quatro metros de altura.

Naquela época, Estagira já tinha uma história cheia de vicissitudes. A primeira povoação (antes disso a região estava desabitada) aconteceu na esteira dos

---

2. Sobre os detalhes cf. SISMANIDES, K., 2003.

grandes movimentos colonizadores gregos nos anos de 656-655 a.C. a partir da ilha de Andros. Pouco tempo depois, aportaram ali colonos vindos de Cálcis na Eubeia, razão pela qual a península se chama Calcídica até hoje. Até à época das Guerras Greco-pérsicas (490-479), Estagira se desenvolveu e se tornou uma *pólis* florescente também graças às minas de prata situadas no território da cidade. Na sua marcha até Ácanto (situada ao sul de Estagira na direção de Atos), o rei persa Xerxes contornou Estagira (Heródoto VII, 115, 1) e evidentemente não a destruiu. Ao fim das guerras greco-pérsicas, Estagira tornou-se membro da Liga Ática e, enquanto esta existiu, teve de pagar à caixa da liga um tributo regular e baixo de 1000 dracmas, que havia sido fixado pelas autoridades (primeiro em Delos e depois em Atenas) e que, desse modo, certamente subestimaram o poder econômico da *pólis* Estagira.

A cidade se considerava autônoma e fazia o que bem entendia. Na Guerra do Peloponeso (431-404), ela se desligou de Atenas no ano de 424 e prontamente se aliou ao exitoso general espartano Brásidas. Um ano mais tarde, o general Cléon sitiou Estagira e tentou em vão reconquistá-la para Atenas[3]. A assim chamada Paz de Nícias de 421, manteve Estagira e mais cinco cidades da Calcídica em um *status* de relativa independência e neutralidade, mesmo que continuassem tributárias da Liga Ática. Após o término da Guerra do Peloponeso, Estagira e outras cidades se uniram na Liga Calcídica sob a liderança de Olinto, a maior cidade da Calcídica. Contudo, as cidades individualmente mantiveram sua autonomia, de modo que seria exagerado falar de um Estado federado.[4]

Em contrapartida, o reino vizinho da Macedônia experimentou um forte aumento de poder. Os macedônios, cuja origem não está totalmente esclarecida, por muito tempo foram caracterizados como "bárbaros" pelos gregos, e com intenção puramente polêmica ainda durante o século IV. Seu modo de vida era diferente do dos gregos. Faltava-lhes a estrutura comunitária característica da *pólis*. Mas a partir do século V eles buscaram o contato com a cultura grega. A admissão aos Jogos Olímpicos (pouco depois de 495) foi um passo importante rumo a essa meta. A aproximação com os gregos foi mérito acima de tudo do rei Arquelau I, que justamente por isso recebeu o cognome de "Fileleno" – amigo dos gregos. Envidaram-se esforços no sentido de vincular importantes artistas e poetas gregos à corte macedônia em Pela; o poeta trágico Eurípides (480-406) passou os últimos anos de sua vida nessa corte e foi ali que criou as *Bacantes* e o

---

3. Os textos estão em TUCÍDIDES IV, 85, 2; V, 6, 1.
4. Sobre os detalhes cf. ZAHRNT, M., 1971.

drama (perdido) *Arquelau*, que, por meio de uma projeção mítica para o passado, trata de um Arquelau (fictício) como ancestral dos macedônios. Conservaram-se 44 fragmentos dessa obra; naturalmente ela também era, ao mesmo tempo, uma homenagem ao rei Arquelau, cuja regência de 414 a 399 marca o ponto alto da aproximação da Macedônia à cultura grega. Ele havia transferido a corte de Vergina para Pela, e as escavações nas duas localidades a partir de meados do século XX fizeram aflorar testemunhos impressionantes de uma cultura de alto nível[5]. Uma maior consolidação do poder foi obra da regência de Amintas III (393-370), que, por meio de uma aliança com os calcídicos, continuou a promover a aproximação com os gregos[6]. Ele era o rei da Macedônia quando, no ano de 384, Aristóteles nasceu em Estagira.

O pai de Aristóteles, Nicômaco, era médico e retraçou sua árvore genealógica até o famoso médico Macaon, mencionado por Homero (*Ilíada* II, 732; IV, 193 s.), o qual, por sua vez, era filho do deus da cura Asclépio. Nicômaco teria sido o autor de escritos de medicina. A mãe Faeste provinha de uma família de médicos de Cálcis, da ilha de Eubeia, onde ela ainda tinha uma casa, na qual Aristóteles passaria os últimos meses de sua vida. A origem de Faeste deve estar relacionada com a colonização original pelos calcídicos. Portanto, o pai e a mãe eram membros das famílias mais ilustres da cidade.

O pai foi médico pessoal de Amintas III e, em consequência, deve ter passado bastante tempo na corte – não só para visitas ocasionais. De acordo com isso, ele não residia continuadamente em Estagira; a corte imperial macedônia em Pela se situa a mais de 100 km de distância de Estagira. Há uma tradição dizendo expressamente que Nicômaco teria "vivido com" Amintas (Diógenes Laércio V, 1, 1). Por isso, é mais provável que Aristóteles igualmente tenha passado uma parte de sua juventude na corte macedônia. Portanto, ele deve ter tomado conhecimento, já como criança, de dois sistemas políticos, a *pólis* e o reino, que, apesar de terem certos pontos em comum, diferenciavam-se muito quanto a sua estrutura.

Aristóteles tinha ainda um irmão chamado Arimnesto e uma irmã (supostamente mais velha) chamada Arimneste. Seu pai e sua mãe morreram cedo, provavelmente antes de 370, que é a data da morte de Amintas III. Naquela época, Aristóteles ainda era de menor idade. Assim, foi-lhe designado um tutor, um certo Proxeno de Atarneu, cidade situada na costa da Ásia Menor, defronte a ilha de

---

5. Cf. Touratsoglou, J., *Makedonien. Geschichte, Monumente und Museen*, Atenas, 1995; Pantermalis, D., *Alexander the Great*, New York, 2004. Desde 2009, existe um museu em Pella.
6. Cf. Zahrnt, 1971, 80 ss.

Lesbos. Ele era amigo de Nicômaco, igualmente tinha trânsito na corte macedônia e mais tarde desposou a irmã de Aristóteles. Portanto, foi esse Proxeno quem cuidou de Aristóteles. Não se sabe ao certo se ele o adotou formalmente, mas é bem provável. Menos provável, entretanto, é que, em virtude dessa relação, Aristóteles tenha estado, ainda jovem, em Atarneu, a cidade natal de Proxeno. Proxeno procurou proporcionar ao seu pupilo a melhor educação possível. Isso era possível até certo ponto em Estagira e na corte macedônia. Há muito que havia um comércio regular de livros que se estendia por todo o mundo grego. O adolescente certamente teve acesso a rolos de papiros com cópias das obras de Homero, dos poetas trágicos e dos antigos filósofos. Seria muito bom saber o que estava sendo apresentado no teatro de Estagira nessa época, talvez tragédias de Eurípides.

PRIMEIRAS EXPERIÊNCIAS

Quando Aristóteles completou 17 anos de idade, findou-se a tutoria formal. Mas Proxeno continuou a se sentir responsável por seu pupilo e, para aperfeiçoar sua formação, enviou-o ao melhor endereço conhecido na época, à Academia de Platão. Isso quer dizer que a fama de Platão como filósofo importante e a notícia de sua Academia, que operava há quase 20 anos, haviam chegado até o norte da Grécia. Talvez Proxeno até cultivasse o contato pessoal com Platão ou com membros individuais da Academia e terá recomendado Aristóteles de alguma maneira.

Aristóteles pôs-se, então, a caminho de Atenas. É provável que Proxeno o tenha acompanhado. Ele terá ido de navio ou tomado a estrada por terra? As duas coisas eram possíveis. Já havia uma rede de estradas bem pavimentadas[7], pois os gregos, por mais que se sentissem ligados à sua *pólis*, viajavam muito, como, por exemplo, para os grandes jogos em Olímpia, Delfos, Nemeia e também para muitos outros destinos e ocasiões. Por fim, também considerações de ordem militar pediam – tanto naquela época quanto hoje – que as vias de trânsito estivessem em perfeitas condições. No caminho, Aristóteles podia contar com acolhida em toda parte, segundo as leis não escritas da hospitalidade. Mas é de supor que ele tenha viajado de navio, que, por via das dúvidas, era o meio de transporte mais rápido e mais confortável. É que Estagira dispunha de um porto.

---

7. Tomando como exemplo a Argólida, os sistemas viários foram examinados com precisão arqueológica (busca dos trilhos de carros, adensamento de estradas etc.) por TAUSEND, K., *Verkehrswege der Argolis*, Stuttgart, 2006.

Não sabemos onde ele morou ao chegar a Atenas; com certeza não foi na Academia logo de início. É de se supor que Proxeno tenha tomado providências para que, de começo, ele fosse hospedado por amigos em Atenas. Aristóteles decerto observou Atenas minuciosamente com a sede de saber que o caracterizava. Mas como era Atenas no ano de 367? A cidade havia mudado de aspecto desde o período áureo de Péricles (460-429). Contudo, não se pode dizer que a derrota devastadora sofrida na Guerra do Peloponeso no ano de 404 tenha concomitantemente sepultado a democracia ática. Atenas de fato perdeu boa parcela de poder em comparação com Esparta e Tebas, passando a ter influência apenas limitada sobre os conflitos militares que dali por diante foram de curta duração. Mas houve certos acontecimentos que apresentam analogias surpreendentes com a situação pós-guerra do nosso próprio tempo: após a derrota, a recuperação econômica de Atenas foi extraordinariamente rápida e duradoura. As instâncias e as instituições políticas da democracia voltaram a viger, a *pólis* passou a cumprir plenamente suas obrigações cúlticas e, por meio da construção de novos edifícios, a comunidade de cidadãos democraticamente constituída mostrou que recuperara sua autoconsciência[8]. Mas, então, um novo processo de emancipação dos cidadãos provocou um aumento da distância entre pobres e ricos e, ademais, um afrouxamento dos vínculos religiosos; não foram mais construídos novos templos importantes. Em vez disso, floresceram os institutos de formação e cultura, entre os quais figuram a escola retórica de Isócrates e, por fim, também a Academia platônica.

No teatro de Dionísio, localizado na encosta sudeste da Acrópole, tragédias continuaram a ser encenadas; elas mantiveram irrestritamente seu lugar no contexto cúltico nas dionisíacas. Constitui uma estimativa equivocada muito difundida dizer que a tragédia grega teria perdido sua força produtiva e que teria sido privada de sua função política com a morte quase simultânea de Eurípides e de Sófocles em 406-405 e com a derrota de Atenas na Guerra do Peloponeso, ocorrida pouco depois. A tragédia de modo algum morrera, mas voltou a florescer no século IV. Poucos anos antes de Aristóteles pisar o solo ático, um decreto oficial do ano de 386 legitimou a renovada encenação de obras da assim chamada tragédia antiga. Também surgiram muitos dramas novos (que infelizmente não chegaram até nós). Conhecemos por nome cerca de 40 autores de tragédias do século IV, dentre os quais se destacam Astidamas com 140 peças, Cárcino que chegou a 160 peças, Teodecto com 50 e Afareu com 35 peças. Como não estamos

---

8. Cf. Knell, H., 2000.

em condições de estimar sua datação, não temos como saber o que Aristóteles pode ter assistido logo após sua chegada em Atenas, caso ele tenha mesmo tido acesso às dionisíacas. Claro que mais tarde ele sempre compareceu ao teatro para as Grandes Dionisíacas; em sua obra (na *Poética* e na *Retórica*), são mencionados numerosos poetas, numerosas peças e ocasionalmente também atores da sua época[9]. O que havia de novo em comparação com o período clássico foi a tomada de consciência de uma grande tradição cunhada por Ésquilo, Sófocles e Eurípides, à altura da qual se queria estar, mas, acima de tudo, a tragédia deixou de ser vista como correlato da democracia ateniense, como órgão de simulação das possibilidades políticas; ela deixou de ser entendida como órgão que servia para representar visualmente as diferentes concepções de ação política, e passou a ser vista como manifestação cultural do espírito grego.

Além disso, a retórica prosperou como um poder atuante na esfera pública, com o qual Aristóteles se deparou de imediato na figura do orador Isócrates, quase septuagenário na ocasião. Já fazia alguns anos (era por volta de 390) que Isócrates criara uma influente escola de oradores e deve ter caído no gosto de Aristóteles com sua mentalidade amistosa para com os macedônios. Porém, dado que Aristóteles se compreendia como aluno de Platão e compartilhava seu veredito de que se tratava de uma retórica sem embasamento filosófico, as diferenças eram explícitas. Mais tarde, então, em sua *Retórica*, Aristóteles se ocupou crítica e extensamente com Isócrates. Demóstenes, em contrapartida, o grande estadista ateniense, adversário dos macedônios e orador, ainda não podia estar atuando publicamente por ocasião da chegada de Aristóteles; ele nasceu (e morreu) no mesmo ano de Aristóteles.

Em suma: logo depois de sua chegada a Atenas, Aristóteles pôde ter uma impressão de como funcionava uma grande *pólis* nas dimensões até então desconhecidas a um jovem da "província".

ARISTÓTELES NA ACADEMIA

Logo após sua chegada a Atenas, Aristóteles decerto se dirigiu à Academia de Platão. Ele teve de sair da cidade, passar pelo grande portal de Dípilo e

---

9. Comprovação detalhada em FLASHAR, H., *Die Poetik des Aristoteles*, 1984. Cf. também BURKERT, W., Aristoteles im Theater. Zur Datierung des 3. Buches der Rhetorik und der Poetik, *Museum Helveticum*, v. 32 (1975) 67-72. Fundamental sobre a tragédia do século IV é XANTHAKIS-KARAMANOS, G., *Studies in fourth Century tragedy*, Atenas, 1980.

percorrer 1,6 km da "Estrada dos Sepulcros", prenhe de história – ladeada à esquerda e à direita por mausoléus estatais e privados, em parte bastante dispendiosos –, para chegar a um bosque esplêndido e aprazível, dotado de lugares à sombra, aleias e muitas belas árvores, instalado cem anos antes pelo político ateniense Címon. Desde tempos antigos, esse terreno era consagrado ao herói Academo (originalmente Hecademo) e recebera dele seu nome, a exemplo do distrito vizinho, Cerâmico – o bairro dos oleiros –, cujo nome provinha do herói Ceramo. Desde o século V já havia ali uma estátua da ninfa Academeia[10]. É desses dados topográficos que se deriva a palavra "Academia". Hoje a área está situada em um subúrbio não tão agradável. Recentemente voltou a ser instalado ali um pequeno parque, um reflexo pobre do bosque antigo, que quase não é frequentado por turistas.

Nessa área, Platão, que não era de poucas posses, havia adquirido ou recebido de presente (as fontes oscilam nessa questão) um terreno e, em seguida, construído uma casa – na qual ele também residia enquanto solteiro –, vários outros prédios e certamente também uma biblioteca. A disposição dos prédios ainda não está bem esclarecida, porque as escavações até hoje não foram concluídas e seu resultado é insatisfatório. A situação é tão nebulosa e surpreendente que recentemente a construção situada na parte sul do terreno, que antes fora tida como o ginásio, foi identificada como biblioteca. Essa biblioteca era dotada de um salão de trabalho, que dispunha de cerca de 40 lugares de leitura em forma de pedestais de alvenaria, sobre cada um dos quais fora disposta um tabuleiro de leitura para estender os rolos de papiro[11]. Além disso, ao lado do depósito de livros, é possível reconstruir um auditório, ornado por um conjunto de estátuas das nove musas com um altar para as musas. Acresce-se a isso dois cômodos dotados de assim chamadas clinas (divãs para refeição) destinadas às refeições conjuntas do círculo mais restrito de alunos.

Quando Aristóteles pisou o chão da Academia, que já existia há 20 anos, mas que certamente fora crescendo pouco a pouco, Platão nem estava lá. Ele estava justamente em meio à segunda de suas três viagens à Sicília, porque os regentes de Siracusa buscavam contato com o grande filósofo. Platão precisou ser pressionado a fazer a viagem e seu ceticismo era justificado. Toda vez ele teve que passar pela experiência de que os governantes (naquela ocasião era Dionísio

---

10. Sobre a relação *Akademos* (*Hekademos*) – *Akademeia* cf. MÜLLER, C. W., Kimon und der Akademie-Park. Zum Epigramm Anthologia Palatina 6, 144, 3 f., in: ID., *Nachlese*, New York, 2009, 61-75 (1. ed. 2007).

11. Cf. HOEPFNER, W., 2002, 56-62.

II) não estavam realmente dispostos a se abrir para a filosofia para permitir que os seus domínios fossem regidos por uma justiça social mais significativa.

Durante a ausência de Platão, a escola talvez (os testemunhos não são totalmente seguros) tenha sido dirigida, no lugar dele, por Eudoxo de Cnido (c. 400-347), que se tornou famoso como astrônomo e matemático e que na época tinha apenas 33 anos de idade. Aristóteles se encontrou de imediato com toda uma série de alunos do entorno mais chegado a Platão, dentre os quais se destacavam Espêusipo (c. 410-339) e Xenócrates (c. 397-315).

Espêusipo, já com 43 anos de idade, era sobrinho de Platão – filho de sua irmã Potone –, Xenócrates, que acabara de completar 30 anos de idade, era um companheiro especialmente próximo e da confiança de Platão. A tradição nos legou duas listas amplamente coincidentes, mas incompletas de 17 ou então 19 alunos de Platão[12], a maioria deles mais velhos que Aristóteles, alguns da mesma idade. Eles compuseram o círculo mais restrito, que decerto também residia na Academia, do qual Aristóteles logo também faria parte. Os mais velhos dentre eles já haviam se projetado com obras escritas e conferências próprias.

Para os alunos que residiam no terreno da Academia Platão havia inventado um "relógio noturno", que, à semelhança de um órgão de água, emitia um silvo estridente por um tubo lateral por força da pressão da água, com o qual Platão costumava acordar seus alunos na primeira hora da manhã (ele era madrugador, cf. *Leis* VII, 808a ss.). O filólogo clássico Hermann Diels (1848-1922), que era extremamente talentoso na área técnico-artesanal, reconstruiu esse "relógio noturno" com base em um texto do peripatético Arístocles de Messina (final do século I a.C.), contando, para isso, com a ajuda do seu filho, o químico Otto Diels (Prêmio Nobel de química em 1950), e o apresentou na Sessão da Academia Prussiana de Ciências no dia 18 de fevereiro de 1915; conta-se que o forte e sonoro silvo surpreendeu e divertiu os presentes. Aliás, foi nessa mesma sessão que Albert Einstein expôs aspectos centrais de sua teoria da relatividade[13].

É claro que primeiramente Aristóteles foi apenas aluno por alguns anos, antes de poder se destacar com palestras e escritos. Em sua obra principal

---

12. Diógenes Laércio III, 1, 46 e Filodemo, *Papyrus Herculaneum*, cod. 5, 25-6, 20 (= Gaiser, K., 1988, 439). Só de oito dos 17 ou então 19 nomes ali citados conseguimos fazer uma ideia de quem são.

13. Diels, H., Über Platons Nachtuhr, in: *Sitzungsberichte der Preußischen Akademie der Wissenschaften*, Berlin, 1915, 824-830; reimpressão em Id., *Antike Technik*, Berlin, ²1920, 198-203. Einstein, A., Erklärung der Perihelbewegung des Merkur aus der allgemeinen Relativitätstheorie, no mesmo volume recém-citado dos *Sitzungsberichte*, 831-839.

Politeia (*República*), recém-concluída nessa época, Platão havia esboçado um programa educacional para filósofos iniciantes, que, para começar, previa um estudo intensivo da aritmética, geometria, estereometria, astronomia e gramática (*República* VIII, 525d-535a). Desse modo, Platão quis evitar um ater-se aos meros fenômenos e dirigir o olhar de imediato para os conceitos e teoremas de validade universal. Nesse propósito, a matemática foi para ele a grande área de asseguração da concepção da teoria das ideias. Ora, pode-se estar seguro na suposição de que Platão não queria aplicar tal e qual na realidade o programa educacional concebido para o modelo de Estado da *Politeia*. Mas a tendência é clara e valeu fundamentalmente também para os anos de aprendizado Aristóteles. De resto, Aristóteles leu incansavelmente na biblioteca. Logo ele recebeu o apelido de "o leitor" (ὁ ἀναγνώστης [*hó anagnóstes*]).

Alguns anos mais tarde, ele estava preparado. Ele participou em discussões com outros membros da Academia e logo depois também já pôde dar preleções. Ele tinha à disposição um auditório, cuja configuração pode ser reconhecida a partir de indicações nos seus escritos[14]. De acordo com elas, havia nele um quadro branco para registros por escrito e dois quadros murais que reproduziam cenas dos diálogos de Platão (*Protágoras* e *Fédon*).

É preciso imaginar a vida na Academia como muito diversificada. Ocorriam discussões no círculo mais íntimo, ocasionalmente no jardim da Academia, mas também no grande salão de palestras, ao qual compareciam ouvintes da cidade. O ensino propriamente dito era gratuito. Platão investiu seu patrimônio particular.

Platão era de mente aberta e tolerante. Entre seus alunos mais chegados havia poucos atenienses. Como provam os nomes de origem nas listas de alunos de Platão, os de fora provinham do Peloponeso, da Trácia, da Frígia, da Mísia, da Trôade, da região do Mar Negro, de Siracusa e de Anfípolis, ou seja, da banda oriental da Macedônia. De acordo com a estrutura autônoma da *pólis* grega, esses alunos não gozavam de plenos direitos de cidadania em Atenas. Eles eram (a exemplo do próprio Aristóteles) "*métoikoi*" (metecos) – "coabitantes" de baixa condição jurídica, sujeitos a tributos.

Platão se mostrava tolerante sobretudo no respeito às opiniões dos outros. Todos os alunos de Platão que conhecemos divergiram dele em questões decisivas. Espêusipo dava a primazia ontológica ao individual e não ao geral; Xenócrates negava a diferença entre os números ideais e os números matemáticos, à qual Platão conferia grande importância. O crítico mais incisivo,

---

14. Compilação das passagens em Jackson, H., 1920.

porém, foi Aristóteles. Ele se distanciara desde o começo da teoria das ideias como uma duplicação desnecessária do mundo, segundo a qual há uma ideia imaterial de todas as coisas individuais. Em um dos seus escritos iniciais, surgido na Academia, ele até chegou a chamar a teoria das ideias de Platão como um todo de "blá-blá-blá" ou "cri-cri-cri" (*Analíticos posteriores* I, 22, 83a 33) sem que, por causa disso, tivesse que deixar a Academia. Com certeza esse Aristóteles era incômodo para Platão, mas ele não só o tolerou, como também se sentiu estimulado por ele.

Naturalmente Platão colocou sua filosofia em discussão na Academia. Isso vale também para a teoria dos princípios, reservada à pura oralidade e que não foi explicitada nos diálogos, que foi chamada já por Aristóteles de "teoria não escrita" (ἄγραφα δόγματα [*ágrapha dógmata*], *Física* IV, 2, 209b 15) e que, na pesquisa atual sobre Platão, desempenha um papel extraordinário e também controverso[15]. Trata-se, nesse caso, de uma fundamentação última de todo ser na redução a dois princípios últimos que, em termos ontológicos, situam-se hierarquicamente acima até das ideias, ou seja, o "Uno" (ἕν [*hén*]) e a "Díade indefinida" (ἀόριστος δυάς [*aóristos dyás*]) como princípio da pluralidade, em que o "Uno" representa concomitantemente "o próprio bem", fazendo coincidir, portanto, o aspecto ontológico com o agatológico – atinente à essência do bem. Tornou-se famosa a anedota contada por Aristóxeno, aluno de Aristóteles e teórico da música, reportando-se ao próprio Aristóteles. Ela conta que Platão teria feito uma preleção intitulada *Sobre o bem*, acessível também a um público mais amplo. A maior parte dos ouvintes teria comparecido na expectativa de informar-se sobre os bens usuais, como riqueza, saúde, força e felicidade. Mas quando Platão passou o tempo todo falando de números, matemática e geometria e terminou explicando que o bem seria o número um, a maioria dos ouvintes teria ficado decepcionada e até indignada. Essa não foi a reação dos alunos propriamente ditos de Platão, mas dos ouvintes filosoficamente despreparados. Além disso, conta-se que alguns alunos de Platão, entre os quais também Aristóteles, teriam feito registros literais por escrito dessa preleção. Aristóteles referiu e discutiu essa concepção de Platão em um escrito extenso de três volumes intitulado *Sobre o bem*, do qual, no entanto, só restaram bem poucos fragmentos[16].

---

15. Os trabalhos fundamentais são estes: Krämer, H. J., *Arete bei Platon und Aristoteles*, 1959, e Gaiser, K., *Platons ungeschriebene Lehre*, 1963.

16. As passagens comprobatórias e seu comentário estão em Flashar, H., in: *Werke*, 20, I, 2006, 36-39 e 147-152. Sobre a recepção crítica teoria platônica dos princípios por Espêusipo,

Platão havia excluído essa teoria rigorosamente dos registros escritos porque, quando manejadas levianamente, fórmulas simples não compreendidas podem descambar para meros floreios retóricos. A maioria dos alunos de Platão não acolheu acriticamente sua concepção ontológica fundamental. Assim, seguidamente se procurou, nos diálogos de Platão, por vestígios de sua resposta à crítica dos seus alunos. Requisitou-se, para isso, acima de tudo, o diálogo *Parmênides*, que de fato deve refletir discussões havidas sobre a teoria das ideias de Platão. Numa forma ficcional complexa, são discutidas objeções contra a teoria das ideias, concernentes, acima de tudo, à possibilidade ou não da conexão entre ideia e fenômeno e, desse modo, da conexão entre o Uno e o Múltiplo. Na segunda parte do diálogo, é exposto um exercício dialético que, em forma de oito hipóteses, tira as conclusões da tese de que o "Uno" é (hipóteses 1-4) ou de que o "Uno" não é (hipóteses 5-8). Nessa parte do diálogo, os interlocutores são o velho Parmênides e um homem jovem chamado Aristóteles, cujo vulto permanece bastante apagado por apenas responder as perguntas. Grande parcela da pesquisa vislumbra aí o nosso Aristóteles[17], contudo equivocadamente, pois Platão diz expressamente que esse Aristóteles figura entre os "trinta" que – após a derrota na Guerra do Peloponeso – usurparam por algum tempo o poder em Atenas no ano de 404. Trata-se, portanto, de um vulto do mundo de Sócrates como os demais personagens dos diálogos de Platão. Ademais, o nome Aristóteles de modo algum era singular. Diógenes Laércio (V, 1, 35) menciona oito portadores do nome Aristóteles, entre os quais também o político ateniense mencionado no *Parmênides*, além de dois outros filósofos, um orador, três gramáticos e um professor de atletismo. Porém, Platão não poderia ter introduzido com tal naturalidade no *Parmênides* o político Aristóteles depois que o filósofo homônimo já havia se distinguido na Academia. Ora, dado que ponderações de natureza bem diferente sobre a sequência cronológica dos diálogos platônicos também sugerem uma datação mais antiga do *Parmênides*[18], esse diálogo deve ter sido composto antes do ingresso de Aristóteles na Academia, tendo sido influenciado por discussões na Academia, só que não por objeções do nosso Aristóteles. Por conseguinte, uma discussão crítica da doutrina de Platão já estava em andamento na Academia antes que Aristóteles viesse a participar dela.

Xenócrates e, mais tarde, por Pólemon (o sucessor de Xenócrates na direção da Academia) cf. DILLON, J., *The heirs of Plato. A study of the Old Academy (347-274 BC)*, Oxford, 2003.
17. Assim ainda DETEL, W., *Aristoteles*, 2005, 7 s.
18. Assim ERLER, M., *Platon*, 223-231, com a discussão de todos os problemas.

DIÁLOGOS

Quando Aristóteles ingressou na Academia, apenas a metade da obra de Platão que chegou até nós estava disponível. Aristóteles e outros alunos proeminentes já faziam parte da Academia quando Platão escreveu os diálogos *Sofista, Político, Filebo, Timeu, Crítias* e sobretudo *Leis*, a grande obra de sua velhice.

Alguns dos seus alunos também escreveram diálogos, entre os quais Aristóteles. A diferença básica é que Platão escreveu só diálogos, ao passo que, no caso dos demais membros da Academia, somaram-se tratados, em geral na forma de escritos doutrinários baseados amplamente em manuscritos de preleções, que passaram a ocupar de tal maneira o centro da obra que os diálogos foram adquirindo um caráter popularizador. Seu ensino e sua filosofia (propriamente ditos) estariam contidos, então, nos tratados. Platão, em contrapartida – e nesse ponto totalmente comprometido com o primado socrático da oralidade –, desconfiava tanto da escrita e, desse modo, da fixação exterior da filosofia que explicitou sua filosofia por escrito somente na forma do diálogo e, assim, na forma de um retrato da oralidade. Desse modo, Platão se tornou o criador do diálogo literário como forma artística própria. O diálogo enquanto obra escrita era destinado a produzir um efeito exterior e, portanto, representava uma ponte entre as palestras, pesquisas e discussões internas à Academia, por um lado, e o mundo exterior à Academia, por outro.

Não se conservou nenhum dos diálogos do círculo dos alunos diretos de Platão. Há apenas bem poucos fragmentos de tradição literal na forma de citações feitas por autores posteriores. Geralmente trata-se de relatos mais ou menos precisos, despidos da forma do diálogo e que apagam a delimitação entre os interlocutores individuais, de modo que, na maioria das vezes, nem se conhece direito o nome dos interlocutores e, de modo geral, pode-se intuir apenas aproximadamente a vivacidade do diálogo.

Especialmente apreciados pelo visto eram os diálogos de Heráclides do Ponto por causa da vivacidade de seus cenários e do caráter fantástico dos temas neles tratados. O diálogo que mais causou impacto foi o *Sobre os mortos aparentes*. Um dos interlocutores nesse diálogo era Empédocles, que, em companhia de um grupo de médicos, discutiu sobre a essência da morte aparente junto ao leito de uma mulher há dias em coma. Empédocles, dotado de poderes milagrosos, consegue trazer a mulher novamente à vida e esta então passa a narrar o que sua alma vivenciou em sua jornada extática pelo além. O pano de fundo disso naturalmente é o problema da imortalidade da alma, discutido na Academia e que também foi poeticamente retratado por Platão em alguns diálogos (*Fédon*, *Fedro*) com o auxílio de imagens míticas. Heráclides escreveu toda uma série de diálogos muito animados, não sendo mais possível constatar exatamente quantos, porque os títulos dos escritos transmitidos pela tradição não indicam se se trata de um diálogo ou de um tratado. Algo parecido vale para Espêusipo e outros, ao passo que Xenócrates parece não ter escrito nenhum diálogo.

De Aristóteles pode-se inferir 18 ou 19 diálogos com base nas indicações de títulos que constam nos índices de escritos. A *Vita* de Diógenes Laércio contém um índice extenso dos títulos de seus escritos, incluindo os diálogos. Com base nos dados bibliográficos conservados por esse índice (isto é, na quantidade de rolos de papiro) é possível calcular que os diálogos de Aristóteles abrangem um volume de mais de 1000 páginas no formato das edições modernas, ou seja, três volumes de bom tamanho. Isso corresponde a mais de um terço de toda a obra platônica, mas apenas algo como 10% de todo o *corpus* aristotélico. Portanto, Aristóteles escreveu mais rápido do que Platão, mas não atingiu e talvez nem quisesse atingir a intensidade da composição artística do diálogo deste. Pois Aristóteles não quis dar continuidade à tradição do diálogo socrático-platônico ao estilo de um epígono, como acadêmicos posteriores de fato fizeram mesmo após a morte de Platão. No caso destes, trata-se dos autores dos assim chamados textos espúrios, isto é, dos diálogos transmitidos com o nome de Platão, como, por exemplo, *Axíoco, Eríxia* e *Sísifo*, que constam no anexo da classificação tetralógica da obra platônica (cujos textos considerados autênticos são subdivididos desde as primeiras edições antigas em nove grupos de quatro obras), nos quais Sócrates continua a figurar como o dialogante principal. Aristóteles, em contrapartida, introduziu desde o início uma inovação que chamou a atenção: ele colocou a si próprio como interlocutor – sinal de forte autoestima, singular na Academia. Ninguém o acompanhou nessa inovação; somente 400 anos mais tarde Cícero a retomou e, para isso, reportou-se expressamente a Aristóteles[19].

Com essa inovação Aristóteles conferiu ao gênero "diálogo" uma versão totalmente nova. Platão pôde colocar na boca de Sócrates (que não mais estava vivo) ideias que iam além do que Sócrates poderia ter dito. Isso, porém, não era mais possível se o interlocutor principal do diálogo é simultaneamente seu autor. O Aristóteles fictício só pode dizer aquilo que o Aristóteles real pensa. A inovação trazida por Aristóteles, de entrar em cena como personagem mesma do diálogo, condiciona, portanto, um grau mais baixo de ficcionalidade, uma

---

19. Cícero, *Epistola ad familiares* I, 9, 23; *ad Atticum* IV, 6, 2 e XIII, 19, 4.

fixação mais direta do enunciado – que não pode mais ficar suspenso num estado quase poético – e uma vinculação mais sólida das posições defendidas e criticadas com a realidade imediata.

Aristóteles escreveu diversos tipos de diálogo[20]. É certo que, em obras dialógicas maiores, ele introduziu o método do *in utramque partem disserere* (defender pontos de vista contrários mediante o diálogo), por Cícero expressamente caracterizado como aristotélico, que conferiu ao diálogo um caráter de tese e levou a uma exposição concatenada de pontos de vista discrepantes. Não sabemos se, nesse procedimento, o próprio Aristóteles atuou como defensor de uma tese. Para além disso, Aristóteles também teria se valido do procedimento literário de antepor proêmios, como os conhecemos dos diálogos de Cícero, aos livros individuais contendo diálogos maiores.

Fundamentalmente Aristóteles pôde escrever diálogos em todas as fases de sua vida, porque a tradição do diálogo filosófico não foi interrompida com a morte de Platão. Assim, Clearco, aluno de Aristóteles, certa vez pôs Aristóteles como personagem de um diálogo; Estilpo, natural de Megara, escreveu um diálogo intitulado *Aristóteles*; Praxífanes, um aluno de Teofrasto, fez Platão entrar em cena em um diálogo. No entanto, o mais provável é que a maioria dos diálogos de Aristóteles tenha surgido no período em que esteve na Academia. Nela, o diálogo estava inserido em um entorno natural; nela, Aristóteles tinha um público e uma concorrência ativa que lhe faltou no período intranquilo em que se ausentou de Atenas. E, durante sua segunda estadia em Atenas, Aristóteles dificilmente terá tido tempo para escrever diálogos.

Dentre os títulos de seus diálogos que nos foram transmitidos, quatro são idênticos aos títulos de diálogos platônicos: *O Banquete, Sofista, Político, Menexeno*. Nada se sabe sobre o *Menexeno* aristotélico; nenhum fragmento se conservou. Os dois diálogos *Sofista* e *Político* decerto foram escritos em reação aos diálogos homônimos de Platão. Não há como dizer nada mais preciso que isto, em vista dos poucos fragmentos conservados. No *Sofista*, Aristóteles pelo visto omitiu totalmente a problemática ontológica central para Platão (aparência, ser, não-ser, discurso verdadeiro-discurso falso), mas, em compensação, desenvolveu historicamente o conceito e a temática da sofística e os delimitou em relação à dialética e retórica. Do *Político* foi transmitida uma citação literal – o que é bem raro –: "O bem é a medida mais exata de tudo" (Fragmento 79 R³). Isso

---

20. Tradução e comentário dos fragmentos sobre os diálogos em FLASHAR, H., in: *Werke*, 20, I, 2006.

soa platônico, mas essa citação tirada do contexto original evidentemente quer dizer que o bom político deve se ater rigorosamente ao bem, jamais podendo se desviar dessa norma e, consequentemente, jamais permitindo que poder, busca de ganho pessoal e coisas desse tipo se infiltrem em suas ações. Isso é aristotélico. O diálogo relativamente extenso (dois livros) deve ter contido uma discussão sobre a forma de governo (reinado, tirania, democracia etc.), tendo em vista o político. Em *O Banquete* (subintitulado *Sobre a embriaguez*), Aristóteles se distancia completamente da obra homônima de Platão. Em distinção a Platão (e Xenofonte), nem mesmo se trata de um simpósio literário, mas de uma espécie de metassimpósio com instruções sobre a degustação do vinho, a laureação, a higiene corporal, os efeitos da embriaguez sobre a *physis* humana e sobre o comportamento do embriagado, tendo em vista o simpósio[21].

É possível identificar que o diálogo *Eudemo* foi concebido como contraparte do *Fédon* de Platão, devido às questões comuns a ambos, referentes à peculiaridade, ao destino e à imortalidade da alma; o diálogo foi composto entre 353 e 347 (em 354-353, Eudemo de Chipre, que deu nome ao diálogo, havia falecido). Deve permanecer hipótese se Eudemo, na condição de dialogante principal, teve como interlocutor o rei Filipe II e, por conseguinte, a conversa (fictícia) teve lugar na corte macedônia[22]. Nesse caso, o diálogo corresponderia ao tipo corrente de anedotas em que um sábio (Eudemo) dá a entender a um regente (Filipe II) que a verdadeira felicidade não consiste no esplendor terreno, mas em uma conduta de vida que permite esperar uma "vida melhor" da alma no além. No entanto, pode-se objetar a essa concepção que tal cenário para o diálogo teria sido um tanto arriscado, tendo em vista os laços de Aristóteles com a corte macedônia e as incipientes expedições de conquista de Filipe. Os poucos fragmentos não permitem uma decisão segura a respeito desse aspecto, mas mostram que, nesse texto, Aristóteles tratou tanto *topoi* ["tópicos"] populares quanto *topoi* discutidos na Academia a respeito da alma, valendo-se de um metaforismo profuso e de imagens míticas, mais precisamente, quanto ao modo expositivo o diálogo foi condicionado em termos de gênero literário pelo escrito didático *Sobre a alma*, mas diferiu dele quanto ao método, pois, defendendo a concepção de alma como suprassumo de todas as suas funções, divergia também no sentido biológico da visão de Platão, que deu muita ênfase aos conflitos associados ao antagonismo de corpo e alma.

---

21. Cf. tradução e comentário de Breitenberger, B., in: *Werke*, 20, I, 2006.
22. Assim Gaiser, K., 1985.

De qualquer modo, os diálogos mostram que Aristóteles buscava, de modo geral, expor todos os temas e problemas discutidos na Academia também a um público externo mais amplo de uma forma adequada a ele. A exemplo do próprio Platão, ele provavelmente também começou com diálogos breves e temas corriqueiros, como os indicados pelos títulos dos diálogos *Sobre o amor*, *Sobre o desejo*, *Sobre a riqueza*, dos quais, no entanto, quase nada foi transmitido. Um pouco mais se sabe sobre o diálogo *Grilo*, talvez o mais antigo de Aristóteles, composto em torno de 360, quando o autor mal tinha completado 25 anos de idade. Grilo era filho de Xenofonte, aluno de Sócrates, e tombou em uma escaramuça de cavalaria na véspera da batalha de Mantineia, no ano de 362. Sua morte, tendo em vista que o pai Xenofonte ainda vivia, desencadeou uma onda de necrológios e elegias literariamente compostos e, portanto, fictícios (fragmento 68 R³), de tal modo que a morte de Grilo passou à condição de *topos* retórico. Inclusive o orador Isócrates compôs uma elegia (perdida) a Grilo. Foi nessa oportunidade que Aristóteles entrou em discussão pela primeira vez com Isócrates. Pois o tema do diálogo é a retórica, mais exatamente a questão se a retórica seria ou não uma arte baseada em regras que podia ser aprendida. Provavelmente Aristóteles atuou apenas em uma conversa lateral, enquanto expunha os prós e contras por meio de personagens do diálogo que possivelmente nem foram individualizados. Desse modo, Aristóteles retomou um tema com que se deparou desde o início do seu ingresso na Academia (e também fora dela) e que Platão havia tratado no *Górgias* e no *Fedro*. Para o jovem Aristóteles isso foi, em primeira linha, como está expressamente atestado (fragmento 69 R³), um exercício de argumentação. Gostaríamos de saber mais a respeito do diálogo *Sobre a justiça*, que, afinal de contas, compreendeu quatro livros. Os alunos mais chegados de Platão, Espêusipo e Xenócrates, também compuseram diálogos sobre o mesmo tema, mas cada um deles escreveu apenas um livro. Tendo em vista o volume atestado para esse diálogo, é inevitável levantar a suposição de que nele foi exposta uma grande discussão crítica com a *República* de Platão e, desse modo, com a concepção platônica de justiça. Infelizmente apenas algumas anedotas irrelevantes foram transmitidas a respeito do diálogo *Sobre a justiça*, mas é provável e natural que Aristóteles tenha tratado as questões centrais da justiça e questionado sobretudo a concepção platônica de uma justiça enraizada na transcendência como cooperação das partículas psíquicas no indivíduo. Mas, em vista da escassez da tradição, não sabemos que forma isso assumiu no diálogo.

Especialmente interessante deve ter sido o diálogo *Sobre a oração*, do qual apenas um fragmento foi conservado pelo neoplatônico Simplício (início do século VI d.C.) como resumo do diálogo: "Deus é pensamento ou então algo além do pensamento". Esse diálogo evidentemente tratou da questão referente à relação entre a oração e um conceito filosófico de Deus. A oração estava no centro da vida grega. Toda ação privada e pública importante estava associada a orações, especialmente os atos cúlticos e os sacrifícios eram acompanhados com naturalidade por orações, via de regra, pronunciadas em voz alta. A oração é a ponte real entre o ser humano e a divindade. Na oração de Sócrates dirigida "a Pã (o deus dos pastores) e aos demais deuses", no final do diálogo platônico *Fedro*, essa tradição ainda é perceptível. No entanto, com a filosofia afloram reflexões sobre como orar corretamente, sobre o que se pode pedir na oração. Esse é o tema do diálogo *Segundo Alcibíades*, transmitido indevidamente em nome de Platão, no qual, após uma conversa com Sócrates, Alcibíades protela uma oração enquanto não soubesse o que pedir. Pois orar e pedir – uma só palavra em grego (εὐχή, *euché*) – estão interligados. Essa relação natural se torna problemática no caso de um conceito filosófico de Deus. Não se pode orar ao "motor imóvel" que Aristóteles concebe como puro pensamento e, no Livro 12 da *Metafísica*, chama "Deus", nem mesmo no caso da tese (platônica) de um conceito de Deus "além do pensamento". Tudo isso certamente foi discutido nesse diálogo por meio dos diferentes posicionamentos dos interlocutores.

Ao lado da retórica e da filosofia, bem como de temas individuais de natureza ética, também os campos da ciência cultural e da ciência literária estão representados nos diálogos aristotélicos. Deve ser ressaltado, neste contexto, o diálogo de nada menos que quatro livros *Sobre poetas*[23], que com muitos detalhes, inclusive de natureza anedótica, sobre poetas individuais, mas contendo também exposições sobre a história do diálogo como gênero literário, sobre as origens do ditirambo, da tragédia e da comédia, representa o contraponto à *Poética*.

De uma visão panorâmica do conjunto da obra dialógica de Aristóteles, que por causa do estado fragmentário da tradição só pode ser imperfeitamente divisada, obtém-se a impressão de que Aristóteles expôs com tremenda diligência seu pensamento e sua atuação, sobretudo nos campos da ética, da política, da poética, da retórica, não só na obra que foi conservada, mas justamente também nos diálogos. O lugar para atuar desse modo sobre o mundo exterior foi Atenas e a Academia. Por conseguinte, não estará equivocada nossa suposição de que Aristóteles escreveu a maioria dos diálogos (excetuando o diálogo *Sobre a filosofia*) nos 20 anos que passou na Academia. Em vista do

---

23. Cf. Breitenberger, B., in: *Werke*, 20, I, 2006, 293-298; 332-346.

encadeamento temático estreito de diálogo e pragmatismo (escrito didático), é inevitável concluir, então também, que, durante sua estadia na Academia, Aristóteles deixou pronta uma grande parte de sua obra total pelo menos em uma primeira redação.

ATIVIDADES POLÍTICAS

As atividades políticas de Platão e de seus alunos a partir da Academia já foram objeto de estudo dos narradores antigos, mas em forma de relato ricamente fornido de anedotas e, por isso, de confiabilidade duvidosa[24]. Com certeza, a Academia não era nenhum mosteiro, cujos membros teriam se dedicado a ruminação científica em reclusão, como poderia sugerir a gozação da comédia contemporânea. Porém, em sua abertura para o mundo, ela não era nenhum instituto de formação para candidatos a político. A isso se prestava, muito antes, a escola de oradores de Isócrates, cuja meta era munir políticos do instrumental oratório necessário para atuarem nessa "república de advogados" (Werner Jaeger) de constituição democrática.

No que se refere à Academia, Platão definitivamente tentou influir sobre a política contemporânea com os meios da filosofia, embora não em Atenas, mas na distante Siracusa, que ainda oferecia perigo a Atenas, mesmo que a Expedição à Sicília, que tivera um desfecho catastrófico para Atenas, já fizesse parte do passado longínquo (415-413). Na última das três viagens à Sicília (361-360), Platão, naquela época com 68 anos de idade, levara o fiel Xenócrates. Mas a missão filosófica fracassou, a exemplo dos dois empreendimentos anteriores. Platão quase foi uma quarta vez, com 74 anos de idade, para Siracusa, quando, no ano de 352, os amigos de Díon, que fora assassinado, pediram que Platão os apoiasse "com palavra e ação". As razões da negativa de Platão foram expostas na famosa *Carta sétima*[25]. Em todo caso, Platão não chegou a ter uma influência digna de menção sobre qualquer evento político real.

As coisas foram bem diferentes com alguns de seus alunos. Espetacular foi a ação do adepto fervoroso de Platão chamado Díon (409-354), que havia se associado a Platão na primeira viagem do grande filósofo à Sicília. Díon, genro

---

24. Fundamental e convincente na análise crítica TRAMPEDACH, K., 1994.

25. Os enunciados sobre as condições históricas permanecem relevantes, mesmo que a autenticidade até hoje controvertida da *Carta sétima* seja posta em dúvida. Com razão TRAMPEDACH, 1994, 255, e ERLER, *Platon*, 2007, 315, deixam a decisão em aberto.

de Dionísio I, permanece um personagem obscuro em sua condição de platônico[26]. Platão fora previamente informado da ação voluntariosa de libertação de sua cidade natal Siracusa, da qual participaram, junto com um exército mercenário, pelo menos cinco alunos de Platão que conhecemos por nome. Platão desaprovou o procedimento de Díon – como todo uso de violência –, mas o tolerou. Díon certamente estava imbuído do espírito platônico, mas na práxis o empreendimento representou tudo menos a introdução dos princípios platônicos do bom e do justo em uma sociedade. Tratou-se, num primeiro momento, da expulsão dos tiranos, mas isso acabou degenerando em uma sucessão de assassinatos e retribuição pelo assassinato, na qual o próprio Díon se tornou vítima de um homem (Calipo) que, por sua vez, "procedera do entorno da Academia"[27].

Ações menores de outros alunos de Platão estiveram tão expostas ao exagero anedótico na antiga tradição biográfica e historiográfica que dificilmente se consegue divisar um núcleo que seja verdadeiro.

A lenda também grassa em relação a Aristóteles. Na condição de meteco (imigrante sem direito pleno de cidadania), ele decerto não se envolveu na política ateniense. Naturalmente ele continuou a manter ligações com a corte macedônia. Sendo assim, Aristóteles não deixava de ser interessante inclusive para Platão e sua "rede", mesmo que de modo nenhum se possa dizer que ele tenha sido uma espécie de "agente secreto" em Atenas ou mais tarde em Assos ou mesmo que tenha sido enviado a Atenas por seu tutor unicamente para reunir informações e apropriar-se de conhecimentos que pudessem ser importantes para a "grecização" da Macedônia[28]. Mais difíceis de avaliar são os eventos em torno de Estagira, na esteira da conquista por Filipe II, e o papel que Aristóteles poderia ter desempenhado nela. No início de sua expedição contra as cidades gregas, Filipe II conquistou, no verão de 348, a cidade de Olinto, importante para a Península Calcídica. Olinto havia se desvinculado de Atenas e, em seguida, feito uma aliança com Filipe, mas, preocupada com uma possível ameaça da parte de Filipe, acabara dirigindo-se novamente a Atenas em busca de apoio. Contudo, a ajuda de Atenas chegou muito tarde; Filipe fora mais rápido.

O erudito universal Diodoro (século I a.C.) relata que Filipe também destruiu Estagira em sua campanha contra as cidades calcídicas (XVI, 52, 9). Todavia, o texto original foi complementado com a primeira sílaba do nome da cidade, "Sta"

---

26. Esclarecedor sobre os motivos e as atividades políticas TRAMPEDACH, 1994, 108-122.
27. Ibid., 122.
28. Assim CANFORA, L., *Ach, Aristoteles!*, 2000. De modo similar já CHROUST, A.-H., 1973, v. I, 155.

(Στα). O texto realmente transmitido é, portanto, que Filipe destruiu a cidade de "Geira". Porém, visto que tal cidade é desconhecida, o complemento deve estar correto. E a notícia como tal também deve ter um núcleo verdadeiro[29]. No texto, consta expressamente que Filipe "sitiou a fortaleza". E de fato Estagira possuía sólidos muros fortificados. A cidade, que havia se aliado a outras cidades sob a liderança de Olinto na Liga Calcídica, com certeza não era constituída só de amigos dos macedônios. É provável que Filipe tenha tomado a cidade, mas dificilmente a terá arrasado por completo. Como quer que seja, tendo conquistado Estagira com seu porto bem aparelhado, Filipe conseguiu acesso ao mar. Em todo caso, a casa dos pais de Aristóteles permaneceu de pé; ela é mencionada no testamento como em uso e cumprindo sua função. No entanto, deve ter havido alguma reconstrução, sobre a qual futuras escavações arqueológicas talvez nos deem respostas. Tampouco se deveria rejeitar de antemão a informação enfeitada com anedotas de que Aristóteles teria se empenhado junto a Filipe a favor da reconstrução de Estagira. Porém, isso naturalmente não terá acontecido enquanto Aristóteles ainda se encontrava na Academia, mas, por razões compreensíveis, somente na época em que de qualquer modo se encontrava na corte macedônia em função da educação de Alexandre.

Em todo caso, a condição de estrangeiro de Aristóteles era razão suficiente para eximir-se de atividades políticas na Academia. Quando muito, pode-se entender o famoso *Protréptico* destinado a um príncipe cipriota como tentativa de exercer influência sobre um político regente, mas as exortações para uma vida no espírito da filosofia, contidas nesse escrito, são ainda mais abstratas e genéricas do que os conselhos que Platão propicia aos regentes de Siracusa na *Carta sétima*[30]. Pelo que se consegue reconstruir desse texto a partir dos poucos fragmentos e dos relatos sobre ele, Aristóteles se mantém totalmente no plano teórico. Ele exorta o príncipe regente Témison de Chipre (que estava subdividida em nove "reinos") – que de resto nos é desconhecido – a colocar sua riqueza e sua influência a serviço da filosofia.

Em contrapartida, seu interesse por todas as questões do campo político é evidente. Primeiramente ele reúne material sobre o modo como funcionavam

---

29. TRAMPEDACH, 1994, 50 s., permanece cético. Outras passagens sobre a destruição de Estagira em DÜRING, 1957, 290.

30. Os problemas relacionados com o *Protréptico* são extremamente complexos e controversos tanto no que se refere à constituição do texto quanto à datação. Textos e comentário em FLASHAR, H., in: *Werke*, 20, I, 2006, 50-72, 167-197. Quem procura tornar plausível uma datação no tempo da segunda estadia de Aristóteles em Atenas é SCHNEEWEISS, G., *Aristoteles, Protreptikos*, Darmstadt, 2005 e ID., *Gymnasien*, v. 117 (2010) 531-555.

muitas cidades gregas; ele pondera as vantagens e desvantagens de diversas formas de governo e a convivência dos cidadãos em uma *pólis*. As primeiras partes de sua *Política*, que mais tarde compreendeu oito livros, certamente surgiram na Academia.

Entre 351 e 348, Demóstenes, o mais famoso orador do seu tempo, fizera quatro discursos (o primeiro filípico e três olínticos) diante a assembleia popular em Atenas, todos eles servindo ao mesmo propósito de deter a política expansionista de Filipe da Macedônia e sacudir os atenienses de sua letargia. Demóstenes foi bem concreto. Ele exigiu nada menos que uma mobilização, a formação de um exército de cidadãos, uma frota de guerra e, para financiar os esforços militares, o recolhimento de um imposto sobre o patrimônio. Atenas deveria recordar seu passado glorioso, Filipe não era invencível, seu poderio estaria fundado sobre uma base insegura. Demóstenes fizera uma avaliação equivocada das reais relações de poder na Grécia, mas mediante sua intervenção também na política ativa de Atenas havia gerado uma atmosfera antimacedônia, na qual não eram bem-vistos os amigos dos macedônios – e aqueles que se podia considerar como tais.

A MORTE DE PLATÃO

Platão faleceu em maio de 347, aos 80 anos de idade, apenas poucos meses após a tomada de Olinto e decerto também de Estagira. Esse acontecimento representou uma cesura de enorme importância para a história do pensamento.

Durante 40 anos Platão havia traçado os destinos da Academia; Aristóteles fez parte dela por 20 anos. O que primeiramente havia sido concebido apenas como um tempo de aperfeiçoamento de uma formação, previsto para poucos anos, evoluiu para um espaço vital duradouro. No decorrer do tempo, a Academia havia se tornado um centro que reunia os pensadores e também os cientistas mais renomados. Na Academia, foram fomentadas e também efetivadas descobertas pioneiras sobretudo no campo da matemática e da astronomia. Alguns eruditos formidáveis, como Eudoxo de Cnido, que não pertenciam formalmente à Academia como membros, gozavam do *status* de convidados. Isso parece ter sido interrompido da noite para o dia.

Nessa situação, Aristóteles deixa Atenas. Ver a decepção por não ter sido designado sucessor de Platão como razão para isso constitui um significativo julgamento equivocado da pesquisa mais antiga a partir de uma perspectiva moderna.

Em termos de história da filosofia, vemos Aristóteles retrospectivamente como o sucessor intelectual de Platão e podemos até ficar admirados pelo fato de isso não ter se expresso na função de diretor da Academia. Porém, Platão não pôde senão legar ao parente mais próximo e sobretudo a um ateniense (o único que podia ter a propriedade fundiária em Atenas em virtude de sua cidadania plena) os imóveis existentes no terreno da Academia e, em consequência, também a escola. Quem preenchia esses requisitos era seu sobrinho Espêusipo, o filho de Potone, a irmã de Platão, que já contava com cerca de 63 anos de idade e tinha a saúde debilitada. Pelo visto, Platão pôde designá-lo como sucessor; não se fala na tradição de uma eleição formal. Porém, não se faz justiça a Espêusipo quando ele é visto apenas como o presidente enfermiço de transição. Só não somos capazes de apreciar adequadamente suas consideráveis realizações filosóficas, que se situam sobretudo no campo da botânica e consistem na demonstração da interconexão das ciências porque sua obra se perdeu.

Isso não exclui que Platão tenha visto em Aristóteles uma potência filosófica superior. Mas Aristóteles também era o aluno mais difícil de Platão. A lenda antiga, dada a mexericos, relata qualidades desagradáveis de Aristóteles que teriam provocado repulsa em Platão. De acordo com ela, Aristóteles teria se vestido de modo chamativo e se adornado com anéis nos dedos, teria sido insolente e certa vez teria havido um conflito escancarado quando Aristóteles resolveu disputar com Platão o local do ensino (jardim, auditório)[31]. Deixe-se estar a questão se algo dessas fofocas possui um núcleo verdadeiro. É evidente que Aristóteles foi o crítico mais incisivo de Platão, mas sempre o reverenciou como pessoa.

Um testemunho comovente disso é um poema, preservado apenas em parte, que Aristóteles escreveu alguns anos mais tarde – naquele tempo, um *well educated gentleman* ["cavalheiro de boa formação"] sabia fazer poesia[32] – e no qual ele captou, uma vez mais, a atmosfera que se instaurara após a morte de Platão. Quando Eudemo de Rodes, aluno de Platão e mais tarde de Aristóteles, retornou a Atenas de uma viagem, erigiu no terreno da Academia um altar à Filia, à Amizade personificada, concebida como deusa, como expressão de sua amizade por Platão. No poema composto por Aristóteles a respeito desse fato, consta o seguinte em forma de dísticos elegíacos:

---

31. Todas as passagens em DÜRING, 1957, aqui 319. A exposição mais extensa se encontra em ELIANO, *Variae historiae* III, 19.

32. Assim FORD, A., *Aristotle as poet*, Oxford, 2011, IX, que infelizmente não conhece o comentário de BREITENBERGER (nota 33). Se as poesias de Aristóteles teriam enchido dois rolos de papiro permanece especulação. Conservaram-se 28 versos de quatro poesias. Análise detalhada em FORD.

À famosa terra de Cécrops recém-chegado,
Erigiste reverente à Amizade sagrada um altar,
Por um homem que o perverso não tem o direito nem de elogiar.
Foi ele o primeiro dos mortais, se não o único, a ter evidenciado,
Em sua própria vida e pelas vias do seu pensamento,
Que o ser humano ao mesmo tempo bom e feliz pode se tornar.
Agora não restou mais ninguém capaz de tal portento[33].

Não sabemos se esse foi o fecho do poema; gostaríamos de supor isso. Os filólogos promoveram todo tipo de modificações no texto (ele provém do comentário do neoplatônico Olimpiodoro ao *Górgias* de Platão, escrito no século VI d.C.). O pessoal se chocou, por um lado, com a afirmação de que Platão mostrou que o ser humano pode ser "bom" e "feliz" ao mesmo tempo e, por outro lado, que "agora" ninguém mais seria capaz de alcançar isso. Mas trata-se de um pensamento banal. Aristóteles quis expressar, na forma de uma poesia laudatória (encômio), a grandeza singular de Platão. "Agora" quer dizer: após a morte de Platão. Em completa harmonia de vida e pensamento, Platão realizou um ideal que "agora" ninguém mais consegue alcançar. Não há maneira mais enfática de um aluno expressar reverência por seu mestre.

Sair de Atenas não foi, portanto, expressão de um rompimento com Platão nem de uma decepção com o modo como foi conduzida a sucessão na Academia, mas deve-se, em primeiríssima linha, ao recrudescimento do clima antimacedônio em Atenas que gerou uma situação em que Aristóteles não podia mais se sentir livre nem seguro, principalmente porque já não havia mais a mão protetora de Platão. Aristóteles deslocou-se até a residência do príncipe Hérmias de Atarneu em Assos (hoje: Behramkale), costa da Ásia Menor, defronte de Lesbos, e há razões para crer que Platão havia preparado esse passo para proteger Aristóteles. Pois pouco antes da morte de Platão, outros três alunos seus – todos não atenienses – partiram da Academia na direção da Ásia Menor, a saber, Xenócrates e os irmãos Erasto e Corisco, que por muitos anos foram alunos de Platão, naturais de Escépsis, na Ásia Menor e que, de acordo com o teor da *Carta sexta* de Platão (provavelmente inautêntica, mas informativa), foram primeiro para sua cidade natal e, logo em seguida, mudaram-se para Assos. Ambos não chegaram a se destacar como filósofos. Curiosamente Aristóteles nunca mencionou Erasto

---

33. Tradução e comentário em BREITENBERGER, B., in: *Werke*, 20, I, 2006, 322 e 430-432. A única alteração textual que faz sentido é a do termo tradicional ἱδρύσατο [*idrýsato*] ("ele erigiu") para ἱδρύσαο [*idrýsao*] ("tu erigiste"). Nesse caso, Eudemo é quem erige.

em sua obra, ao passo que falou de Corisco com frequência (14 vezes), mais precisamente como exemplo demonstrativo de um ser humano por excelência ("Esse Corisco é um ser humano..." etc.), em conexão com sua atividade letiva na Academia. Não deve ser fruto do acaso que quatro alunos conhecidos de Platão se afastaram da Academia e assim de Atenas, em parte pouco antes, em parte pouco depois da morte de Platão, para se reencontrar em Assos. Foi Platão que, vendo seu fim se aproximar, tomou providências. A figura-chave nesse caso foi Hérmias de Atarneu.

ARISTÓTELES E HÉRMIAS

Aristóteles e outros três platônicos aceitaram, portanto, um convite, possivelmente ainda mediado por Platão, do tirano Hérmias de Atarneu, perto de Pérgamo, na Ásia Menor. Talvez até o ex-tutor de Aristóteles, Proxeno, tenha colaborado com isso, pois era natural de Atarneu. Quanto à questão se o próprio Hérmias teria estado anteriormente em Atenas ou até tenha sido aluno de Platão na Academia os dados da tradição biográfica antiga se contradizem. Provavelmente esse não foi o caso, mas Hérmias certamente fez parte da "rede" de Platão. Os garantes antigos discrepam totalmente sobre quem era Hérmias e qual o seu caráter. Há dois ramos diametralmente opostos da tradição, um dos quais descreve Hérmias como um soberano comedido e sábio e o outro como um tirano inescrupuloso[34]. As duas coisas certamente não estão corretas em seus respectivos extremos. Porém, dificilmente será possível extrair do emaranhado de dados contraditórios das fontes um quadro confiável. O historiador Teopompo, um contemporâneo mais novo de Aristóteles, que, na condição de aluno de Isócrates, foi perfeitamente capaz de espalhar histórias escandalosas em um panfleto incisivo contra Platão e sua escola, chamou Hérmias de eunuco, bárbaro e, ademais, escravo de Êubulo, a serviço do qual ele teria, quando jovem, "atuado como cambista no balcão de negócios na qualidade de ajudante bancário"[35]. Êubulo foi um banqueiro rico e Hérmias, no início, seu empregado. Outros afirmam que Hérmias deve ter sido grego, senão como se explicaria a poesia de Aristóteles carregada de consciência pan-helênica. Não há como obter clareza definitiva sobre esse ponto. É quase certo que Êubulo, graças à sua riqueza, conseguiu obter como soberano um território considerável, que ele legou, por

---

34. Para maiores esclarecimentos, TRAMPEDACH, 1994, 66-79.
35. JAEGER, W., *Aristoteles*, 1923, 113.

volta do ano 350, a Hérmias, que soube ampliá-lo ainda mais. Com o passar do tempo, Hérmias se tornou soberano absoluto sobre um território que abrangeu toda a região costeira da Ásia Menor situada defronte da ilha de Lesbos, bem como as cidades de Atarneu e Assos, sendo que só estas já distam 100 km (em linha reta) uma da outra, e se estendeu até o interior.

A *Carta sexta* de Platão – que, como já foi mencionado, é inautêntica, mas informativa – foi dirigida a Hérmias, Erasto e Corisco ao mesmo tempo. Seu autor pressupõe que os dois platônicos se encontram em Escépsis, distante 60 km de Assos, mas que, ao mesmo tempo, na condição de "vizinhos", deve unir-se em torno do mesmo objetivo. Eles de fato logo se mudariam para Assos. Hérmias era receptivo às ideias filosóficas de Platão, sem, no entanto, ter sido aluno de Platão no sentido estrito. O "Platão" da *Carta sexta* informa que ainda não teria tido a oportunidade de se encontrar pessoalmente com Hérmias. Ao mesmo tempo, porém, ele estaria ciente da inteligência prática de Hérmias, que teria se apropriado dela em virtude de sua aptidão natural e pela experiência (322e). Outras fontes (Estrabão) relatam uma estadia de Hérmias em Atenas com Platão. Em resumo, temos: pelo visto, Platão sabia o suficiente de e sobre Hérmias para poder confiar quatro dos seus alunos à proteção dele em vista da situação precária em Atenas.

Mas com o que os quatro se ocuparam junto de Hérmias em Assos é objeto de viva fantasia em exposições antigas e modernas. Só o fato de Aristóteles ter ido para Assos já foi criticado de forma veemente e maldosa. Teócrito de Quios (não confundir com o grande poeta helênico homônimo Teócrito) compôs um epigrama, no qual consta o seguinte, em alusão ao cenotáfio que Aristóteles mandou erigir em Delfos após a morte de Hérmias:

> Para o eunuco Hérmias, que era simultaneamente escravo de Êubulo, Aristóteles, o cabeça oca, erigiu um túmulo vazio (ou seja, um cenotáfio), ele que, por causa do seu estômago insaciável preferiu deixar a Academia e morar às margens do Bórboro (um rio de águas sujas junto a Assos).[36]

A essa malevolência deturpadora dos fatos se contrapõem outros relatos, nos quais a sociedade filosófica em torno de Aristóteles convenceu o sábio Hérmias a guiar-se também em sua política por princípios filosóficos. Uma parte da pesquisa moderna vê nisso a efetiva realização da concepção platônica do soberano-filósofo. Os filósofos pelo menos teriam logrado que Hérmias transformasse

---

36. Diógenes Laércio V, 11.

sua tirania em monarquia esclarecida e, por conseguinte, alcançado o que Platão tentara em vão na Sicília[37].

Tudo isso é muito improvável, como de modo geral uma influência digna de nota dos platônicos – cada um defendia uma concepção diferente da dos demais – sobre a política de Hérmias deve ter se tornado perceptível, quando muito, no sentido muito genérico de um estilo de governo mais humanizado. Da mesma forma, a lenda antiga exubera no detalhamento dos benefícios que Hérmias teria proporcionado aos filósofos platônicos. Um relato (contido no assim chamado Papiro de Dídimo[38]) chega a dizer que Hérmias teria dado de presente ao grupo de filósofos não só uma casa, mas logo toda a cidade de Assos, o que teria representado a concessão de consideráveis poderes políticos. Analogamente são exageradas as coisas que se imaginou a respeito das atividades filosóficas dos alunos de Platão, de acordo com as quais eles teriam estabelecido em Assos uma espécie de Academia no exílio. Assim se diz: "Uma filial da Academia ateniense foi o que se constituiu em Assos naquela época. Ali foi lançado o fundamento para a escola de Aristóteles"[39].

Removidos os exageros, sobra o seguinte: Hérmias possibilitou aos platônicos a atividade filosófica e a discussão filosófica, mas permanece obscuro qual teria sido a forma em que isso ocorreu. Uma atividade regular de preleções no estilo da Academia só teria sido possível em pequena escala, mesmo porque a atmosfera intelectual de Atenas não existia na pequena cidade de Assos. Provavelmente a primeira medida que tomaram foi fazer um balanço e discutir a que ponto se havia chegado propriamente e como se poderia prosseguir.

Nessa atmosfera, encaixa-se o diálogo *Sobre a filosofia*, que Aristóteles deve ter composto nessa ocasião, principalmente porque nele, pelo visto, foi mencionada a morte de Platão[40]. É provável que esse texto não apresentara a mesma vivacidade dialogal da maioria dos diálogos do período da Academia, mas tenha assumido antes o feitio da discussão coerente na forma de tese e antítese, pelo menos no segundo e no terceiro livros. O diálogo era composto de três livros, e, por algum acaso da tradição, conservou-se um fragmento

---

37. GAISER, K., 1988, 380-386.
38. O papiro, publicado pela primeira vez em 1907, constitui parte de um comentário aos discursos 9-11 e 13 de Demóstenes, de autoria do douto gramático Dídimo de Alexandria no século I d.C. Texto em GAISER, 1988, 380.
39. JAEGER, W., 1923, 116.
40. Tradução e comentário por FLASHAR, H., in: *Werke*, 20, I, 2006, 23-36; 131-146. A morte de Platão é mencionada no fragmento 34 R³.

de cada um dos três livros como referência exata da obra e do livro. A partir disso se pode reconstruir a estrutura do diálogo. Outros fragmentos podem ser enquadrados nesse esquema rudimentar. No primeiro livro, Aristóteles expôs o conceito e a causa da filosofia desde os primórdios até Sócrates. No segundo livro, ele se ocupou amplamente com a doutrina de Platão e, no terceiro livro, explicitou sua própria concepção.

De acordo com isso, nos dois primeiros livros desse diálogo, Aristóteles tratou a mesma temática que tratou (antes ou depois?) no primeiro livro da *Metafísica*, só que de modo muito mais detalhado e com uma diferença importante: ao passo que na *Metafísica* – que serviu de modelo para muitas histórias da filosofia até a atualidade – ele faz a filosofia principiar com Tales de Mileto, no diálogo, ele incluiu as correntes pré-filosóficas do âmbito vétero-oriental, que de fato também haviam sido objeto de discussão na Academia. Aristóteles começou com os magos persas (Arimânio, Oromasdes [Ormuzd], Zoroastro), passou em seguida para os poemas órficos e fez seus dialogantes – que nos são desconhecidos – travarem uma discussão sobre a idade da inscrição "Conhece a ti mesmo" no templo de Apolo em Delfos, parte em que Aristóteles demonstrou ser profundo conhecedor da história da edificação do templo. A consideração pelas expressões mais antigas da filosofia tem a ver com a concepção de Aristóteles de que as mesmas verdades seguidamente voltam a emergir no decorrer das eras mundiais. Aristóteles viu sobretudo nos provérbios (dos quais fizera uma coletânea) resquícios condensados de uma filosofia pré-literária de um período do tipo antediluviano, anterior a uma grande catástrofe que atingiu a humanidade (fragmento 13 R³). No final do primeiro livro do diálogo, Aristóteles se manifestou sobre Sócrates e os sofistas, momento em que libertou o significativo movimento da sofística da apreciação negativa feita por Platão e com toda naturalidade caracterizou os Sete Sábios como "sofistas". O segundo livro foi dedicado à exposição e à crítica da doutrina de Platão em toda a sua amplitude. De acordo com isso, Aristóteles fez uma abordagem crítica tanto da teoria das ideias em sua forma inicial simples quanto da teoria das ideias-números. Como quase todos os outros alunos de Platão, ele negou a existência de "ideias-números" ao lado dos números normais por não serem experimentáveis. No contexto de sua "teoria ágrafa", Platão havia admitido a existência de ideias-números inoperáveis, que, no entanto, vão apenas de "um" a "dez". Os primeiros quatro números designam simultaneamente a sequência das dimensões: *monas* (unidade), linha, largura, profundidade como estruturas matemáticas imateriais que estão na base de tudo que é material, cuja divisão ou duplicação dá origem a figuras estruturadas como triângulo e pirâmide. Esse enfoque e, dentro dele, especificamente a separação entre ideias-números e números matemáticos foram incisivamente criticados por Aristóteles aqui e também em outras passagens de sua obra. No diálogo, porém, naturalmente devem ter comparecido defensores dessa doutrina, ou seja, platônicos. Provavelmente os platônicos desdobraram o conjunto de sua tese, em primeiro lugar, ao que se seguiu a refutação e possivelmente uma troca de golpes em forma de diálogo. Caso não se queira supor um duelo literário entre Platão e o próprio Aristóteles – o que é improvável –, os interlocutores não teriam sido individualizados, mas caracterizados apenas como A e B (ou similar). Trata-se de um procedimento adotado mais tarde ocasionalmente também por Cícero.

No terceiro livro do diálogo *Sobre a filosofia*, Aristóteles pôs-se a apresentar sua própria concepção. Novamente não sabemos quem foram os interlocutores e como se configurou o movimento dialógico. A exposição versou sobre a cosmologia aristotélica e a teologia correspondente – portanto, orientada no cosmo – como concepção contrária à teoria platônica das ideias e dos princípios. Esse livro decerto também conteve a alegoria da caverna de Aristóteles (a atribuição do fragmento não é muito segura), na qual Aristóteles se distancia de Platão mediante uma provocação direta: as pessoas não vivem na caverna, como em Platão (*República* VII, 514a-517d), mas fora da mesma. A vida normal dos seres humanos não é simbolizada por uma vida na caverna. Humanos em caverna só existem em um experimento teórico irreal. Se as pessoas que hipoteticamente vivem na caverna tivessem a possibilidade de deixar sua morada subterrânea e chegar até onde nós de qualquer modo já estamos, eles compreenderiam a beleza do cosmo e suas constelações como obra dos deuses. Portanto, a tensão inerente à alegoria platônica em forma do simbolismo de luz e sombras (o ser humano na caverna vê apenas sombras que ele considera realidade) deu lugar à descrição do imediatamente visível e experimentável. No diálogo, Aristóteles faz com que a alegoria platônica repercuta na escolha de palavras e no simbolismo, mas submete seu sentido a uma mutação sutil de profundas consequências.

No que tange à relação pessoal com Hérmias, Aristóteles conquistou a amizade do soberano mais do que os outros três platônicos. E, antes de tudo, ele se apaixonou pela sobrinha e filha adotiva do mesmo, Pítia, com quem acabaria se casando. É de se supor que ele tenha contraído o matrimônio logo durante o período relativamente breve que passou em Assos. Aristóteles estava então com 38 anos de idade e, em sua *Política* (VII, 16, 1335a 29 s.), estipulara que a idade ideal para casar seria 18 anos para a mulher, 37 "ou algo em torno disso" para o homem[41]. Isso caberia bem em sua situação de vida. Mas, nesse caso, seria preciso pressupor pelo menos oito anos de casamento sem filhos, dado que, no testamento (ou seja, em torno de 322), as duas crianças ainda eram menores; de acordo com isso, a filha (que era a mais velha) não poderia ter nascido antes do ano de 338. Isso também poderia ser explicado com a vida itinerante e irrequieta de Aristóteles, mas a essa conjetura contrapõe-se uma antiga nota biográfica[42], segundo a qual Aristóteles teria se casado somente após a morte de Hérmias no ano de 341. A pesquisa moderna acolheu amplamente esse enfoque. Nessa época, Aristóteles já se encontrava de novo na longínqua Macedônia. De resto, só o que sabemos a respeito de Pítia é que ela morreu cedo e que Aristóteles, de acordo com o desejo dela, dispôs em seu testamento que seria sepultado ao lado de sua ossada. Uma parte da tradição (Diógenes Laércio; *Vita Marciana*) relata que o filho Nicômaco nem seria de Pítia, mas da (posterior) governanta Hérpiles. Alguns pesquisadores (Wilamowitz, Gigon) acompanharam essa versão, outros a veem como uma invenção anedótica com a finalidade de arranhar a reputação de Aristóteles[43]. Não há como chegar a uma conclusão definitiva.

Em termos globais, porém, Assos não foi o lugar certo para Aristóteles buscar a realização de seus planos e estudos. O círculo constituído com os outros platônicos logo deve ter se desfeito. Não se sabe ao certo se Xenócrates permaneceu mais tempo em Assos, e dos irmãos Erasto e Corisco só se ouve ainda que Corisco teve um filho chamado Neleu, que mais tarde se tornou aluno de Aristóteles e de Teofrasto. Depois de quase três anos de estadia em Assos, Aristóteles transferiu residência por certo tempo para Mitilene, situada na ilha de Lesbos defronte de Assos. Ali ele permaneceu em contato com Hérmias, seu futuro sogro.

Alguns anos mais tarde, Hérmias foi vítima de uma intriga que ele próprio ajudou a tramar. Ela tem a ver com a ameaça crescente que voltou a provir dos persas. Eles haviam reconquistado o Egito no ano de 343-342 e então voltaram sua atenção também para o território consideravelmente ampliado da região costeira da Ásia Menor e para o aumento do poder de Hérmias a ele associado. Hérmias, por sua vez, sentiu sua independência ameaçada e fez contato com o rei macedônio, com cuja corte ele de qualquer modo mantinha boas relações. Houve acordos secretos; a intenção era construir

---

41. No texto, foi omitida após μικρόν [*mikrón*] (= um pouco) uma palavra que deve indicar uma diferença mínima em relação ao número 37.
42. *Testimonium* 10a em Düring, I., 1957, 267.
43. Texto em Düring, I., 1957, 273 s.

uma base militar macedônia no território de Hérmias. O grão-vizir da Pérsia ficou sabendo disso; o marechal Mentor (natural de Rodes), mas a serviço dos persas tentou em vão sitiar a cidade de Atarneu, na qual Hérmias se encontrava. Recorreu-se, então, a um estratagema. Hérmias foi convidado para uma negociação com a finalidade de estabelecer a paz; Hérmias foi preso, levado à corte imperial persa em Susã e executado ali. Esses acontecimentos devem ser datados nos anos de 342-341.

Os relatos a respeito das circunstâncias mais exatas são incompletos e tendenciosos. Não se consegue obter certeza a respeito, até porque não houve testemunhas gregas para os últimos dias de Hérmias. Teopompo relata, mais tarde, a respeito de torturas cruéis que esse terrível tirano também teria merecido. Calístenes, o sobrinho de Aristóteles, expôs em um encômio a Hérmias (do qual só nos foi transmitida uma paráfrase exígua no assim chamado Papiro de Dídimo) em forma de hino que Hérmias nada teria revelado a respeito de seus acordos com o rei macedônio Filipe. Diante disso, o grão-vizir persa tivera vontade de perdoar Hérmias por sua firmeza, mas os comandantes do exército Mentor e Bagoas teriam insistido na execução. As últimas palavras de Hérmias teriam sido que ele nada fizera que fosse indigno ou desonroso para a filosofia[44]. Aristóteles ficou muito abalado com a morte do seu amigo. Ele compôs um epigrama que, segundo se conta, fora gravado na base de uma estátua de Hérmias em Delfos:

> Este foi morto sacrilegamente, pela violação do direito sagrado dos bem-aventurados deuses,
> Pelo rei dos persas portadores de arco e flecha.
> Que não o derrotou abertamente em combate fatal,
> mas depois de ter se aproveitado de sua confiança em um homem astuto.[45]

Outro poema extenso de Aristóteles sobre a virtude desemboca em um hino a Hérmias:

> Por causa (da virtude) de tua formosura o homem de Atarneu foi privado dos raios de sol.

---

44. Düring, I., 1957, 266 s.
45. Tradução e comentário em Breitenberger, B., in: *Werke*, 20, I, 2006, 322, 434: "É incerto, contudo, se esses versos de fato são uma inscrição original ou um epigrama concebido em termos puramente literários".

Na canção continuam a viver seus feitos e o imortalizam as musas, as filhas de Mnemosine (Memória). Elas multiplicarão a reverência a Zeus, ao Deus da hospitalidade, e o dom da sólida amizade.

O tom caloroso na manifestação da amizade sólida só é comparável em seu *éthos* aos versos reverentes a respeito da singularidade de Platão na elegia que Aristóteles compôs sobre a edificação de um altar à amizade por Eudemo (p. 36).

Não sabemos se Aristóteles viajou até a região em crise na Ásia Menor por ocasião da morte de seu amigo nem se foi nesse contexto que ele casou com Pítia, a filha adotiva que ficara totalmente desamparada e que talvez tivera de fugir de Atarneu ou Assos.

ARISTÓTELES E TEOFRASTO

Ao lado de Platão e Hérmias, Teofrasto é o terceiro personagem que exerceu uma influência determinante na vida de Aristóteles. Não se sabe ao certo se, na juventude, ele ainda teve aulas com Platão, como escreve Diógenes Laércio (V, 36); isso é bastante improvável. O que se sabe ao certo, no entanto, é que Teofrasto procurou Aristóteles em Assos quando tinha cerca de 24 anos de idade. A escola filosófica da pequena cidade, sem dúvida, exerceu certa atração, ainda que tenha sido mais regional. Pois Teofrasto era natural de Éreso, cidade situada na ilha de Lesbos, defronte de Assos. Ele deve ter vindo de lá até Assos. Desde o começo Teofrasto não foi um cismador metafísico, mas um observador da natureza, principalmente das plantas e dos minerais. Em termos programáticos, ele formulou o seguinte em seu escrito *Sobre o fogo*: "Assim, deslocaremos as coisas maiores e mais originais para o segundo plano e tentaremos falar das coisas menores" (*De igne* 10). Justamente desse escrito *Sobre o fogo* se depreende claramente que Teofrasto estava em Assos[46]. Pois nele menciona a famosa "pedra de Assos" (46-47), que era usada para fazer sarcófagos de pedra e também era exportado de Assos. Trata-se, nesse caso, de uma propriedade bem específica da pedra, cujo efeito é a queima particularmente rápida e total (inclusive dos ossos, menos dos dentes) dos cadáveres, muito mais rápida do que em sarcófagos de pedra comum ou até em uma cremação a céu aberto. Teofrasto explica isso em virtude do calor especial inerente a essa pedra vulcânica.

---

46. Cf. GAISER, K., 1985, 3. Ali também todas as demonstrações a respeito da "pedra de Assos".

Com certeza a pedra que Teofrasto teve em mente com essa descrição era a "pedra de Assos" – que, todavia, só foi denominada assim por autores posteriores, como Plínio; ele estava, portanto, em Assos e provavelmente expôs o tratado inteiro *Sobre o fogo* ali diante de Aristóteles e dos demais filósofos, o que, em vista do texto relativamente curto, foi possível em uma hora. O próprio texto traz as marcas da exposição oral, sobretudo na observação final, na qual se diz que, em outra ocasião, o tema seria tratado mais pormenorizadamente. Aristóteles ficou entusiasmado com as explanações sobre os diversos aspectos do fogo, como, por exemplo, a geração de fogo por meio de lentes convexas e, de modo geral, com as propriedades do fogo de em parte conservar em parte aniquilar a vida. Desde o início houve uma amizade constante entre Aristóteles e o cerca de 15 anos mais jovem Teofrasto, que, em virtude da similaridade dos objetivos e interesses, foi ainda mais profunda do que a amizade com Hérmias.

A partir daí a cooperação entre os dois adquiriu tal intensidade que, no ano de 345, Aristóteles deixou Assos e transferiu residência para Mitilene, na ilha de Lesbos, ou seja, para a pátria de Teofrasto. Aristóteles ficou então livre de todos os vínculos e deveres que tivera de levar em conta em Assos.

Ao passo que Teofrasto se dedicou preferencialmente às plantas e aos minerais, Aristóteles concentrou sua atenção no mundo animal. Mas ambos trabalhavam em conjunto. Teofrasto conhecia a região; assim eles faziam as observações juntos, aplicavam juntos sequências de experimentos, cuja avaliação levou a agrupamentos e classificações sistemáticas. Essas pesquisas ficaram registradas na grande obra intitulada *Historia animalium* [*História dos animais*]. Das 38 menções de locais no noroeste da Ásia Menor, 14 situam-se na região em torno de Lesbos, como, por exemplo, quando Aristóteles descreve peixes que desovam em torno da ilha de Lesbos, mais precisamente, tanto em alto-mar quanto no estreito (*Historia animalium* IX, 621b 22 ss.). Correspondendo à situação geográfica nesses anos que passou em Lesbos, Aristóteles ocupou-se, portanto, também com a biologia marítima.

Porém, logo esse campo de atividade se tornou muito estreito para ele e decidiu voltar para Estagira, sua terra natal, para onde Teofrasto o acompanhou. Não sabemos exatamente quando. Naquele lugar, teve prosseguimento a mesma pesquisa em comum; lugares da Macedônia e da Trácia, ou seja, da terra natal de Aristóteles, são mencionados 93 vezes na *Historia animalium*[47]. O resultado científico foi extraordinário. Ele se baseia também em experimentos de longo

---

47. Cf. DÜRING, I., 1957, 510.

prazo e projetos de pesquisa, para cuja realização Aristóteles deve ter contado com outros colaboradores além de Teofrasto. Naturalmente ele conseguiu diversas informações de caçadores, pescadores e cozinheiros, alguma coisa ficou sabendo também de fontes literárias, mas, para ir além da autópsia, ele devia ter especialistas à disposição, como, por exemplo, criadores de animais, quando provocou o emagrecimento de animais para melhor poder auscultar o sistema arterial (*Historia animalium* III, 3, 511a 12 ss.), quando deve ter recebido um morcego fêmea prenhe para investigar sua placenta (*Historia animalium* III, 1, 511a 31 ss.) ou para dissecar todo tipo de animais[48]. Era mais fácil organizar tudo isso em Estagira, um lugar que Aristóteles conhecia bem, do que em qualquer lugar estranho a ele.

ARISTÓTELES E ALEXANDRE

Não fazia muito tempo que Aristóteles tinha retornado à sua terra natal, quando, no ano de 343-342, recebeu o convite do rei Filipe II, talvez mediado por Hérmias, para que assumisse a educação do seu filho Alexandre, na época com treze anos de idade.

Nenhum aspecto da vida de Aristóteles está tão coberto de excrescências da lenda antiga do que sua relação com Alexandre. Retrospectivamente constrói-se uma aliança entre poder político e saber filosófico. Um filósofo famoso posta-se do lado do futuro conquistador do mundo. Principalmente a *Biografia de Alexandre* de Plutarco toca nesse diapasão. Quanto mais tardias as fontes, tanto mais hínica e multicolor é a exposição[49]. A pesquisa moderna também esteve marcada por esse tom hínico. Em seu livro sobre Aristóteles, do ano de 1923, que marcou época, mas que hoje está ultrapassado em variados aspectos, Werner Jaeger exaltou "a comunhão de ideias dos dois homens", dizendo que era "muito estreita" (123), e formulou o seguinte: "Aristóteles sabia que um homem como aquele é um presente dos deuses". Para Aristóteles, Alexandre teria sido um "salvador em meio ao caos", que "prescreveu a um mundo político de formas envelhecidas a lei da *Anánke* implacável" (122). A transmissão de uma formação literária abrangente por parte de Aristóteles praticamente teria transformado Alexandre em um grego. E, ainda no ano de 1996, consta o seguinte: "Tem-se a situação

---

48. Cf. KULLMANN, W., *Aristoteles und die moderne Wissenschaft*, 2007, 131 s.
49. As passagens encontram-se em DÜRING, I., 1957, 284-299.

singular de que um dos maiores filósofos assume a responsabilidade por um dos maiores estadistas do futuro"⁵⁰. Em compensação, uma parte da pesquisa mais recente reduz o papel de Aristóteles a *some occasional instructions* ["algumas instruções ocasionais"]⁵¹.

Quando ponderamos as probabilidades (não há como obter certeza), tendo as fontes como pano de fundo, resulta o seguinte quadro: de fato está fora de cogitação que Aristóteles tenha se ocupado por três anos (até Alexandre assumir a regência) a título de *full-time job* ["atividade de tempo integral"] com a educação de Alexandre na corte macedônia. Sua equipe de colaboradores, tendo Teofrasto à frente, continuou em Estagira – que decerto não sofrera uma destruição muito grande. Os estudos sobre o mundo animal e – no caso de Teofrasto – do mundo vegetal prosseguiram e tudo isso não deve ter acontecido inteiramente sem a presença de Aristóteles.

Portanto, Aristóteles deve ter participado da educação de Alexandre de modo determinante apenas em algumas fases, mas de modo global durante um período contínuo de cerca de três anos. Aliás, as aulas teriam acontecido, segundo uma nota transmitida por Plutarco (*Alexandre*, capítulo 7), em uma gruta de ninfa nos arredores da localidade de Mieza, a oeste do atual povoado de Kopanos. Plutarco relata que os assentos de pedra e os caminhos sombreados ainda estavam em exibição no seu tempo. O futuro comandante da frota de Alexandre, Peucestas, era natural de Mieza. Se não quisermos pôr essa tradição totalmente de lado como pura invenção, acresce-se a ela ainda um componente que lhe empresta um sentido de grande valor simbólico. Pois, outrora, na antiguidade mítica, o sábio centauro Quíron (*Cheíron*) teria educado Aquiles, o herói principal da *Ilíada*, em uma gruta de ninfa ao pé do monte Pélion junto ao Olimpo. Alexandre se sentiu como um segundo Aquiles. Como tal, ele seguiu mais tarde para a Ásia Menor – como Aquiles para Troia – e, em Ílion (Troia), ele visitou o (suposto) túmulo de Aquiles. Esse foi resultado da educação dada por Aristóteles. Pois Homero fazia parte da formação geral como fundamento inabalável também na era da tragédia e da filosofia. Uma tradição confiável diz que Aristóteles, que obviamente estava familiarizado com Homero desde a infância, mandou fazer uma cópia da *Ilíada* para Alexandre, que mais tarde a levou consigo em suas expedições militares. Aliás, em todas as discussões antigas sobre o valor formativo de Homero (especialmente também na crítica aos poetas por parte de Platão),

---

50. HÖFFE, O., *Aristoteles*, 1996, 18.
51. CHROUST, A.-H., v. I, 1973, 131.

a *Ilíada* sempre se destaca mais que a *Odisseia*. Além do mais, Aristóteles se ocupou criticamente com Homero em diversas áreas de sua obra (*Poética, Sobre poetas*) e, nisso, posicionou-se – principalmente nos *Aporemata Homerica*[52], no contexto de uma discussão corrente em sua época – em relação a várias questões preponderantemente de caráter antiquário-histórico e religioso das epopeias homéricas. Ao fazer isso, ele rebateu peremptoriamente ataques injustificados contra Homero. Da coletânea aditiva desses "problemas" conservaram-se 40 fragmentos. Aristóteles interveio, portanto, enérgica e detalhadamente em cada um dos aspectos da filologia de Homero daquele tempo.

É claro que, para além de Homero, ele instruiu Alexandre também sobre a cultura grega como um todo. Seria bom saber como foi o ensino das questões de ordem política e se as concepções de Aristóteles sobre forma e função das estruturas políticas deixou marcas em Alexandre. Pois é estranho que Aristóteles não tenha refletido em sua obra sobre a superação dos limites estreitos da *pólis* associada às aspirações expansionistas dos macedônios. Nos oito livros da *Política*, a *pólis* grega do tipo tradicional é o quadro de referência máximo, no qual ocorre todo o agir e pensar políticos.

Tendo em vista o engajamento considerável e intensivo de Aristóteles na educação de Alexandre, as notícias dizendo que seu pai, Filipe II, prestou auxílio na reconstrução da cidade de Estagira, que havia sido parcialmente destruída, não são totalmente inverossímeis[53]. Um núcleo histórico talvez também tenham as informações sobre auxílios mais tarde dados a Aristóteles por Alexandre em suas expedições, como, por exemplo, que ele tenha levado consigo equipes de pesquisa ou aparelhado expedições de pesquisa, digamos, para explorar a nascente do Nilo em conexão com sua expedição contra o Egito e assim contribuir para a solução do velho problema referente à razão pela qual, diferentemente do que acontece com todos os rios da Grécia, o Nilo enche no verão e no inverno apresenta um nível baixo de água. Conservaram-se alguns fragmentos e uma tradução latina do século XIII de um escrito – de resto perdido – de Aristóteles intitulado *Sobre a enchente do Nilo* (*De inundatione Nili*), no qual se faz referência a uma expedição desse tipo, aparelhada a pedido de Aristóteles. Nesse escrito, Aristóteles referiu minuciosamente os pareceres de pensadores mais antigos, ponderando todas as possibilidades, para concluir com uma exclamação triunfante – estas palavras estão conservadas no original grego: "Agora isso não

---

52. Cf. Breitenberger, B., in: *Werke*, 20, I, 2006, 305-321, 369-430.
53. Düring, I., 1957, 291.

é mais problema, pois tudo foi visto (as fontes do Nilo) com clareza" (fragmento 246 R³). A inspeção com os próprios olhos, que sem a ajuda de Alexandre dificilmente poderia ter sido lograda, trouxe a solução: fortes chuvas na região da nascente do Nilo são a causa.

Além disso, há todo tipo de material sobre cartas e circulares que Aristóteles teria endereçado a Alexandre. Com o título *Sobre o reinado* foram preservados apenas poucos fragmentos[54], que praticamente não permitem fazer deduções sobre se, nesse escrito, Aristóteles dá conselhos políticos a Alexandre ou se ele se manifestou apenas de modo geral sobre o fenômeno do reinado.

A partir de uma visão geral de todo o período de três a quatro anos que durou educação de Alexandre por Aristóteles, fica mesmo a impressão de ter havido uma transmissão intensiva da cultura grega. Ao mesmo tempo, porém, manifestamente assegurou-se a Aristóteles muito tempo para seus próprios interesses e pesquisas. Por fim, é nesse período que sucedeu o assassinato do amigo Hérmias (341) e decerto também o casamento com Pítia, a filha adotiva deste. Tudo isso requer despesas, viagens e tempo que extrapolam os trabalhos de pesquisa propriamente ditos e não têm ligação com o trabalho de educação de Alexandre. Essa atividade educacional foi encerrada de modo natural quando Alexandre, com quase 17 anos de idade, assumiu a regência, primeiro durante a ausência de Filipe em suas expedições e, quatro anos depois, integralmente após seu assassinato (336).

ARISTÓTELES EM DELFOS

Não sabemos quantas foram as viagens de pesquisa empreendidas por Aristóteles. Mas uma delas está bem documentada, a saber, a que o levou em companhia de seu sobrinho Calístenes (filho de uma sobrinha) até Delfos. É bastante provável que essa viagem tenha ocorrido depois que Aristóteles se liberou dos deveres na corte macedônia e Calístenes ainda não fora requisitado para o séquito de Alexandre em suas expedições, supostamente logo após a batalha de Queroneia (cerca de 50 km a leste de Delfos), que, no verão de 338, trouxe a virada decisiva a favor dos macedônios. Calístenes era natural de Olinto, obteve acesso à corte macedônia e logo tornou-se amigo de Alexandre, dez anos mais novo que ele. Aristóteles deve ter travado relação com Calístenes durante sua

---

54. Cf. FLASHAR, H., in: *Werke*, 20, I, 2006, 90-92, 224-226.

atividade educacional voltada para Alexandre. Calístenes passou a fazer parte do séquito de Alexandre sobretudo na expedição deste contra a Pérsia. Sua tarefa era disseminar literariamente os feitos de Alexandre. Sua obra intitulada *Os feitos de Alexandre*, disponível apenas em fragmentos, cumpriu essa tarefa em estilo hínico conjugado com muitas narrações miraculosas e hipérboles, difundindo, assim, em pouco tempo a fama de Alexandre por todo o mundo de fala grega. Calístenes também exercia atividades literárias em outras áreas. Ele escreveu uma história da Grécia e também um necrológio a Hérmias, no qual louvou sua firmeza e constância nos últimos anos de vida[55]. Ele fazia parte, portanto, do círculo de amigos de Hérmias e, desse modo, também da "rede" que o ligava também a Aristóteles e à corte macedônia. No verão de 327, Calístenes caiu no desagrado de Alexandre, supostamente por ter se recusado a praticar a assim chamada *proskýnese* (prostração) diante de Alexandre. Além disso, ele foi acusado de ter participado de uma conspiração, sendo, em seguida, encarcerado e executado ao completar 33 anos de idade.

Foi com ele, portanto, que Aristóteles empreendeu uma viagem a Delfos com o objetivo de compilar, a partir dos arquivos daquela localidade, a lista dos vencedores dos Jogos Píticos – que foram realizados na cidade de Delfos, originalmente chamada Pito. Por ter feito isso, Aristóteles foi distinguido com um decreto honorífico conservado em inscrição[56]. Seu teor é o seguinte (em tradução):

> Decreto dos oficiais encarregados dos assuntos sacros. Dado que Aristóteles, filho de Nicômaco, de Estagira, e Calístenes, filho de Damotimo, de Olinto, compilaram por solicitação dos anfictiões uma lista dos vencedores dos Jogos Píticos e dos que desde o início promoveram a competição, Aristóteles e Calístenes receberão louvor e laurel. Os administradores do templo deverão erigir no santuário as colunas de pedra em que está gravada a lista. Este decreto será... (neste ponto o texto é interrompido).

Esta inscrição é a prova segura mais antiga da vida de Aristóteles. Ela foi gravada em uma placa de mármore de 25 centímetros de altura e 26 centímetros de largura, que o arqueólogo francês Théophile Homolle encontrou no dia 30 de junho de 1895 perto de uma fonte situada 12 metros a oeste do santuário.

O que chama a atenção é a formulação "por solicitação dos anfictiões", literalmente: "convocados pelos anfictiões" (παρακληθέντες ὑπὸ τῶν Ἀμφικτυόνων

---

55. Texto em Düring, I., 1957, 274, extraído do assim chamado Papiro de Dídimo; cf. n. 38.
56. Texto em: *Sylloge Inscriptionum Graecarum*, n. 275, ed. Dittenberger, ³1915, e em Düring, I., 1957, 339. Tradução e comentário em Hose, M., in: *Werke*, 20, III, 2002, 266-269.

[*paraklethéntes hypó tôn Amphiktyónon*]). De acordo com isso, a iniciativa partiu dos anfictiões, um grêmio que se reunia duas vezes por ano em Delfos para deliberar sobre assuntos religiosos e políticos e, portanto, deve ter decidido confeccionar a lista dos vencedores. Por que justamente naquele tempo? Dificilmente será possível obter uma resposta. Razões políticas certamente tiveram um papel. Já fazia algum tempo que dois representantes macedônios integravam o conselho dos anfictiões e talvez, depois da derrota para os macedônios em Queroneia, que havia sido bastante amarga para Atenas e Tebas, houvesse a intenção de despertar, em conexão com a grande união pan-helênica em virtude da "paz universal" sob a hegemonia da Macedônia pactuada na "Aliança Coríntia" (inverno de 338-337), a memória dos atletas vencedores em Delfos, que de fato provinham de toda a Grécia. E, confiando essa tarefa a Aristóteles e Calístenes, ela seria executada por dois amigos macedônios. Mesmo que sejam especulações hipotéticas, não se pode duvidar que toda a ação deve ser vista à luz da política. Isso também se mostra no fato de o decreto honorífico ter sido revogado no ano de 322 (ano da morte de Aristóteles) na esteira da suscitação de um clima antimacedônio, na qual Delfos também estava envolvida. Aristóteles teria escrito em carta a Antípatro que, para ele, a revogação da honraria não significava nada nem era grande coisa[57]. Provavelmente foi nesse contexto que a placa de mármore foi retirada do santuário e levada para o local em que foi encontrada pelos arqueólogos. Uma segunda inscrição contém a aprovação do orçamento para a inscrição honorífica e o registro dos custos; nela, comunica-se que "se aprova pagar duas minas a Dinômaco pelo registro dos pitionistas (os vencedores dos Jogos Délficos) por ordem do hieromnêmono (funcionário de uma instância responsável pelo santuário)". Trata-se de um valor considerável somente pela execução técnica da inscrição por um Dinômaco de resto desconhecido. Deduziu-se disso, convertendo o valor em salário e custos de material (na medida em que é possível constatar isso), que a inscrição era composta de cerca de 21.000 caracteres[58]. Nada foi conservado dessa lista dos vencedores píticos compilada por Aristóteles. Apenas dois títulos no índice de escritos de Diógenes Laércio dão testemunho desse trabalho: *Catálogos dos vencedores píticos* e *Assuntos píticos (índice)*[59].

Aristóteles foi requisitado para essa tarefa em Delfos não por ser um grande pensador, mas antes como o organizador e colecionador ultrarrápido capaz de

---

57. Eliano, *Variae historiae* XIV, 1. Texto também em Düring, I., 1957, 411.
58. Cf. Dittenberger, 1915, 450; Hose, 2002, 267.
59. Diógenes Laércio V, 26.

abranger e processar uma enorme quantidade de dados. Pois, além da enorme atividade de coleta para fins zoológicos, ele organizou numerosas outras coleções[60]: uma lista dos vencedores dos Jogos Olímpicos e uma lista de estreias de tragédias e comédias no teatro de Dionísio em Atenas. Trata-se das assim chamadas *Didascálias*, nas quais estavam registrados os vencedores e sumários do conteúdo de cerca de 1580 tragédias e cerca de 970 comédias e que, passando por várias fontes intermediárias, constituem a base do nosso conhecimento sobre os dramas perdidos, pelo menos dos seus títulos. Por fim, dessa atividade de coleta fez parte também a compilação das 158 constituições de cidades gregas, das quais a *Constituição dos atenienses*, como peça mais importante, voltou a ver a luz do dia por meio da descoberta de um papiro publicado em 1891. Essa obra constitui a base do nosso conhecimento da história mais antiga da constituição de Atenas[61]. Ao lado desta, desperta interesse a *Constituição dos lacedemônios* (espartanos), da qual subsistem nada menos que 13 fragmentos, ao passo que sobre a exposição das constituições das muitas cidades menores não há nenhum eco digno de menção. Mesmo que se leve em conta que Aristóteles teve colaboradores e auxiliares, e ademais que, no caso das *Constituições*, ele até certo ponto tenha deixado inclusive a elaboração e a formulação nas mãos de colaboradores, a colossal produção somente da atividade de coleta, que era levada a termo, por assim dizer, ao lado do trabalho nas obras filosóficas e zoológicas, é algo fora do comum.

RETORNO A ATENAS

Apesar de todas as atividades, honrarias e reconhecimentos, Aristóteles sentiu falta do clima intelectual de Atenas. Era lá que aconteciam as discussões filosóficas, lá havia um público para palestras e preleções de todo tipo. Porém, num primeiro momento, não havia como pensar em retornar, o que tinha a ver sobretudo com as condições políticas, que nos são conhecidas principalmente por meio das quatro *Filípicas* de Demóstenes. Temos aí o caso nem tão raro de que um orador que atua com discursos brilhantes na condição de acusador ou advogado torna-se político ativo, valendo-se desses mesmos discursos, e, para além disso, ocupando cargos oficiais e atuando em missões oficiais[62]. A análise

---

60. Visão geral em Flashar, H., *Aristoteles*, 2004, 269 s.
61. Tradução e comentário em Chambers, M., in: *Werke*, 10, I, 1990.
62. Exaustivo (mas exageradamente decantado) Jaeger, W., *Demosthenes*, Berlin, 1939.

da política de Atenas encontra-se nesses discursos. Contudo, Demóstenes não era só analítico da situação, mas determinava em grande medida as diretrizes da política e por vezes fez a maioria dos cidadãos atenienses apoiarem sua posição por meio de veementes conclamações a todos os gregos para a luta conjunta contra Filipe. Como expoente da política ateniense, Demóstenes continuou com sua política antimacedônia mesmo após a derrota na batalha de Queroneia (338), tão dolorosa para os atenienses (e os tebanos), que privou Atenas de sua liberdade de ação na política externa. O clima somente mudou em Atenas depois que o rei Filipe da Macedônia foi assassinado em 336 e, um ano mais tarde, Alexandre esmagou a revolta tebana contra a força de ocupação macedônia, estacionada em Tebas desde a derrota de Queroneia, e aniquilou a cidade. O arqui-inimigo Filipe não vivia mais e a resistência contra Alexandre se mostrou inútil ou, em todo caso, inoportuna. O exemplo de Tebas teve um efeito intimidador.

Somente nessas condições Aristóteles pôde pensar em um retorno a Atenas. Mas como estavam as coisas na Academia? Espêusipo, o sucessor de Platão, havia falecido em 339-338 com 72 anos de idade. Conservou-se um fragmento da obra do historiador Filócoro (c. 300 a.C.)[63], do qual se depreende que, para determinar a sucessão de Espêusipo como dirigente da Academia, houve uma eleição regular com votação formal: "Os jovens aos quais cabia votar sobre qual deles dirigiria a escola elegeram Xenócrates de Calcedônia. Aristóteles esteve ausente, na Macedônia, Menedemo, o filho de Pirraio, e Heráclides, o filho de Heracléoto, foram derrotados por apenas poucos votos".

Esse texto mostra que – diferentemente do que ocorrera na sucessão de Platão – ocorreu uma eleição formal, não decidida previamente, na qual era requerida a presença do candidato. De qualquer modo: quando Espêusipo, que não tinha filhos, fez Xenócrates (como se conta) vir a Atenas especialmente para a ocasião, ele foi seu candidato. Sua eleição – ele era meteco como Aristóteles – também estaria de acordo com o espírito de Platão. O fato de Aristóteles não ter podido ser eleito é fundamentado apenas com a sua ausência. Portanto, ele poderia ter sido eleito se estivesse presente, isto é, nesse tempo, ele ainda era visto como membro da Academia. Além disso, é interessante que Xenócrates ganhou a eleição apenas por poucos votos. Dos outros dois que eram candidatos mais diretos, Heráclides foi um concorrente sério graças a suas obras – infelizmente quase todas se perderam – em todas as áreas da filosofia e especialmente por causa dos seus diálogos vivazes, enquanto sobre Menedemo nada se sabe e podemos ficar

---

63. Texto em DÜRING, I., 1957, 259, e GAISER, K., 1988, 193.

admirados de ele ter sido cogitado. Aristóteles não queria nem podia voltar para a Academia naquele momento, que passou a ser dirigida por Xenócrates, seu companheiro de jornada de outrora e que intelectualmente era muito inferior a ele. Assim, ele buscou outra possibilidade e iniciou sua atividade de ensino e pesquisa em um ginásio público e acessível a todos, a saber, no Liceu, chamado assim segundo o deus Apolo com o epíteto *Lykeios*, isto é, em sua função de proteger da desgraça (literalmente: "proteger dos lobos"). Ele não fundou uma escola no sentido formal; como meteco, ele não podia adquirir nenhuma posse fundiária em Atenas. Diante disso, levanta-se a pergunta de como Aristóteles conseguiu dirigir e executar a organização da pesquisa e da atividade de ensino com sua biblioteca extraordinariamente grande para aquela época e em constante aumento e com um considerável equipamento auxiliar. Não havia em Atenas nenhuma "biblioteca pública" da qual se pudesse emprestar livros (rolos de papiro) como posteriormente foi o caso com a biblioteca de Alexandria. E, no que se refere à biblioteca da Academia, há dois testemunhos antigos, segundo os quais Aristóteles teria comprado seus livros após a morte de Espêusipo[64]. Aristóteles, que uma vez (*Tópicos* I, 14, 105b 12) recomendou o trabalho científico com base em livros e que tinha o apelido de "o leitor", possuía, portanto, uma gigantesca biblioteca. Ele tampouco teria podido fazer referências tão frequentes a poetas, filósofos – só na *Metafísica* são citados mais de 30 filósofos – e rétores, se não tivesse suas obras à disposição. Acrescente-se a isso as coleções de constituições, provérbios etc. organizadas por ele próprio. Como foi possível, nas condições daquela época, acomodar tudo isso sob o teto de um ginásio público em Atenas? Diante disso, não adianta dizer que Aristóteles não teria abrigado sua biblioteca no Liceu, mas em sua casa em Atenas[65]. Nesse caso, a biblioteca não teria estado no lugar de sua atividade de ensino. Pois é certo que ele empreendeu alguma atividade de ensino, analogamente à Academia. Teofrasto, que acompanhara Aristóteles na ida para Atenas, e seguramente iniciou, então com cerca de 35 anos de idade, suas próprias atividades letivas, teria tido (mais tarde como sucessor de Aristóteles) por vezes até 2000 ouvintes[66]. Toda vez que tivesse de extrair alguma informação de livros ele teria ido até a casa de Aristóteles – de cuja existência, aliás, nada sabemos? Duas ponderações concatenadas podem oferecer uma solução para essa questão: a povoação moderna relativamente densa da área que pertencia ao Liceu

---

64. As passagens encontram-se em Düring, I., 1957, 337, na seção "Aristotle's library" ["A biblioteca de Aristóteles"].

65. Assim Düring, I., 1957, 338.

66. Diógenes Laércio V, 37.

praticamente não permitiu até agora escavações arqueológicas. Mas a abertura de um local de equitação e exercício possibilitou recentemente (desde o ano 2000) a realização de escavações em escala maior, que estão sendo executadas pelos gregos. Vieram à tona ruínas de uma edificação do século IV a.C., que apresenta semelhança espantosa com a construção que, na Academia, deve ser vista como biblioteca e anteriormente havia sido erroneamente interpretada como ginásio (cf. p. 21-22). "Aqui (no Liceu) havia sido abrigada sob um mesmo teto a maior biblioteca científica do classicismo tardio"[67]. Contudo, as analogias com a Academia vão além disso. O lugar em que Aristóteles se instalou fica localizado exatamente no lado oposto de Atenas, no sudeste da cidade. Isso não pode ter sido acaso. No seu recomeço, Aristóteles sempre teve em mente a Academia, da qual ele queria distanciar-se. Porém, como foi que Aristóteles, um não ateniense, conseguiu essa edificação para instalar sua biblioteca?

É nesse ponto que entra em jogo a figura do orador e político Licurgo, que, naqueles anos, representou um papel central em Atenas. Licurgo, descendendo de uma antiga linhagem de sacerdotes, exerceu continuadamente em Atenas uma série de cargos sacrais e políticos. Como orador ele era inferior a Demóstenes. De seus 16 discursos apenas um foi transmitido. Trata-se de um discurso de acusação contra um certo Leocrates, que após a batalha de Queroneia preventivamente havia tirado seu patrimônio de Atenas e levado para um lugar seguro (nós diríamos: para algum paraíso fiscal). Licurgo considerou essa atitude extremamente antipatriótica. Leocrates, no entanto, foi inocentado, ainda que tenha sido com apenas um voto de diferença.

Licurgo foi um patriota conservador, um político habilidoso, especialmente como funcionário encarregado das finanças, mas tornou-se importante sobretudo pelas medidas político-culturais que adotou. Nesse período, ganhou certa importância em Atenas a reconsideração do passado glorioso. Atenas já não tinha mais poder político externo de fato, mas queria ostentar o antigo resplendor também para fora. Por conseguinte, Licurgo protagonizou uma intensa atividade de construção visando o embelezamento da cidade. Ele promoveu a renovação das instalações da *Pnyx* (o local da assembleia dos cidadãos), a edificação de monumentos na ágora e, acima de tudo, a reforma do teatro de Dionísio[68]. Foi então que surgiu o anfiteatro de pedra, na forma ainda hoje identificável, que substituiu a construção simples e retilínea. Licurgo mandou erigir as estátuas dos três grandes trágicos

---

67. HOEPFNER, W., 2002, 62. Ali também uma imagem do local da escavação.
68. Mais detalhes em HINTZEN-BOHLEN, B., *Die Kulturpolitik des Euboulos und des Lykurg*, Berlin, 1997.

Ésquilo, Sófocles e Eurípides, cujos textos fixou em um autêntico "exemplar do Estado", para protegê-los de interpolações arbitrárias. Sem essa medida não teríamos hoje nem mesmo as poucas tragédias ainda conservadas. Ora, está atestado que a atividade de construção de Licurgo se estendeu também ao Liceu e, neste, também à construção ou à reforma do ginásio. Em Pausânias consta o seguinte: "Licurgo concluiu o teatro iniciado por outros e o ginásio no assim chamado Liceu"[69]. Se considerarmos essa notícia à luz das novas escavações, não é preciso muito para chegar à suposição de que Licurgo tenha providenciado essa construção em função de Aristóteles. Isso explicaria também a semelhança do edifício no Liceu com a construção localizada no terreno da Academia. Porém, Licurgo era inimigo decidido da política macedônia. Seus planos de armar-se militarmente e as medidas restauradoras das construções estavam a serviço da tão ansiada renovação do antigo esplendor da cidade. Todavia, ele deve ter percebido a grandeza de Aristóteles como chance de atrelar esse "amigo dos macedônios" aos seus fins. E o desenvolvimento histórico lhe daria razão.

Essa posição era mais fácil de sustentar já que as teorias políticas de Aristóteles estavam concentradas exclusivamente na *pólis* grega e em suas instituições, ao passo que seu campo de visão não abarcou a perspectiva de uma formação política em grande escala que se descortinava com a expansão macedônia. Segundo Aristóteles, o ser humano desdobra suas possibilidades no espaço da *pólis*. Seu funcionamento intacto é o propósito da *Política* aristotélica. Nesse ponto, Aristóteles e Licurgo devem ter estado de acordo.

Apesar dessas generosas manifestações de apoio, a vida e a atuação de Aristóteles no Liceu não eram fáceis, pois, na condição de não ateniense, ele não pôde fundar juridicamente sua própria escola, não pôde conferir-lhe um caráter legalizado. A isso também corresponde a tradição, segundo a qual foi Teofrasto quem conseguiu adquirir os imóveis no Liceu. Ele tampouco era ateniense, mas obteve uma licença especial, por intermédio do político pró-macedônio Demétrio de Falero, que desde o ano de 317 era procurador de Atenas por incumbência dos macedônios. No entanto, a atividade letiva e investigativa de Aristóteles no Liceu já deve ter tido formas de organização análogas à estrutura de uma escola. Modelo para isso foi a Academia platônica.

As tarefas que couberam a Aristóteles no período de Atenas eram múltiplas. Ao lado das preleções públicas, ele se ocupou com a reelaboração e redação de projetos mais antigos. Testemunho disso dão as diferentes versões da mesma

---

69. PAUSÂNIAS I, 29, 10. Semelhante em PLUTARCO, *Moralia* 841 C.

temática, como as que podemos constatar nos escritos doutrinários conservados. É impossível que ele tenha dado conta sozinho da avaliação das vastas coletâneas de materiais, tampouco das pesquisas de campo que devem ter sido necessárias em muitos casos. Embora para isso fosse indispensável certa quantidade de colaboradores, Aristóteles – diferentemente de Platão – tinha apenas poucos alunos em sentido estrito. À frente de todos é preciso mencionar o até hoje subestimado Teofrasto; entre eles figura Eudemo de Rodes, que se distinguiu especialmente no campo da história das ciências, mas também em questões da teologia, e certo Ménon, que, por incumbência de Aristóteles, escreveu uma história da medicina, partes da qual são conhecidas desde 1893 pela descoberta de um papiro[70]. Por fim, é preciso mencionar também Dicearco de Messina, que ficou famoso por seus trabalhos geográficos (descrição da Terra) e histórico-culturais, ao passo que Aristóxeno, mesmo sendo aluno de Aristóteles, não deu continuidade à filosofia deste, mas angariou importância fundamental no campo da teoria musical. Suas obras sobre esse tema estão conservadas.

No decurso do tempo, Aristóteles se sentiu solitário, como ele mesmo confessou certa vez[71]; sua esposa Pítia havia falecido. Ele se lançou no trabalho. O volume dos seus escritos é enorme. Os escritos autênticos contidos no *Corpus Aristotelicum* conservado abrangem cerca de 875.500 palavras[72]. Acrescem-se 19 diálogos, coletâneas de escritos e escritos admonitórios. Se computarmos também estes, chegamos a pelo menos o dobro do volume dos escritos de Platão (com 600.000 palavras), sendo preciso ponderar ainda que Platão viveu quase 20 anos a mais e pôde trabalhar em condições consideravelmente mais asseguradas em Atenas do que as de Aristóteles.

No caso de Aristóteles, somam-se a isso circunstâncias exteriores complicadoras. Entre os anos de 330 e 326, Atenas sofreu duas crises consideráveis de abastecimento em rápida sequência, devido a uma piora nas condições das cidades exportadoras de cereal, de cujo fornecimento Atenas dependia. O preço do cereal triplicou; a fome generalizada estava às portas[73]. Não sabemos em que medida Aristóteles foi atingido por essa situação.

---

70. Trata-se do assim chamado *Anonymus Londinensis* ["Anônimo londrino"], um papiro da primeira metade do século II d.C., guardado na British Library, em Londres, cuja parte central remonta a Ménon, aluno de Aristóteles. Uma visão geral da problemática em FLASHAR, H., Anonymus Londinensis, in: LEVEN, K-H. (ed.), *Antike Medizin*, München, 2005, 51-54.

71. Fragmento 668 R³.

72. Cf. DÜRING, I., *Aristoteles*, 1966, 25.

73. Sobre esses processos, bem documentados também em inscrições e na literatura, cf. PAZDERA, M., *Getreide für Griechenland*, Berlin, 2006, 263-279.

De consequências mais incisivas foi a morte de Alexandre no dia 10 de junho de 323. Imediatamente ressurgiram as correntes antimacedônias em Atenas, que atingiram também Aristóteles. A tradição biográfica antiga[74] relata que um sacerdote chamado Eurimedonte teria levantado uma acusação contra Aristóteles por *asébeia* (impiedade), seja – nesse ponto a tradição oscila – porque Aristóteles teria trazido à sua esposa falecida sacrifícios que só se oferece a um deus, seja por causa do hino a Hérmias, formulado como se ele fosse um deus. Não se sabe ao certo se isso é verdade. Só o que se sabe ao certo é que Aristóteles se viu exposto a ataques que o levaram a deixar Atenas pela segunda vez. Ele teria dito que não daria aos atenienses uma segunda oportunidade (depois do processo contra Sócrates) de cometerem um crime contra a filosofia[75]. Assim sendo, no final do ano de 323 ele transferiu sua residência para Cálcis, na ilha de Eubeia, onde sua mãe tinha uma casa que ainda fazia parte das posses da família. A essa altura, Aristóteles provavelmente já estava gravemente enfermo.

MORTE E TESTAMENTO

Poucos meses depois de chegar a Cálcis, Aristóteles faleceu com apenas 63 anos de idade no mês de outubro de 322. Sobre a causa da morte há informações díspares e contraditórias na tradição biográfica antiga, que podem ser subdivididas em dois grupos, dependendo de ele ter tirado a própria vida ou não. Aulo Gélio (século II d.C.) relata, em suas *Noites áticas* (*Noctes Atticae*), que, na hora da morte, Aristóteles teria reunido seus alunos em torno de si, bebido um vinho estragado (envenenado?) e teria morrido por causa disso. Essa anedota é claramente estilizada com base na descrição da morte de Sócrates no *Fédon* de Platão. A versão, segundo a qual Aristóteles teria se lançado ao mar entre Cálcis e Eubeia por não ser capaz de explicar as correntes irregulares do estreito de Euripo, é atestada pela primeira vez em autores cristãos (Justino Mártir, no século II d.C.; Gregório de Nissa, c. 400 d.C.) e deve igualmente ser relegada ao reino das anedotas. Mais dignas de crédito são as informações sobre uma causa natural de morte, sendo que a versão de que ele teria morrido em consequência de uma doença do estômago (nós diríamos hoje: câncer no estômago) pode reivindicar alguma probabilidade[76].

---

74. Diógenes Laércio V, 5 e *Vita Marciana* 184-191; ademais Gigon, O., 1962, 75.
75. Os textos se encontram em Düring, I., 1957, 341 s. Acresce-se a *Vita Marciana* 185.
76. As passagens encontram-se em Düring, I., 1957, 345-348.

Seu testamento está conservado em seu teor literal; foi Diógenes Laércio que o preservou. Também os testamentos de Platão, bem como os dos sucessores de Aristóteles na direção da escola, Teofrasto, Estrato e Lícon, ficaram registrados na obra de Diógenes Laércio.

Que tudo esteja bem; entretanto, para o caso de acontecer algo, adoto as seguintes disposições extremas: Antípatro é o testamenteiro em todos os assuntos e em geral. Até que Nicanor reclame a herança, as crianças, Hérpiles e a herança ficarão aos cuidados de Aristomedes, Timarco, Hiparco, Dioteles e, caso ele queira e tenha condições para isso, de Teofrasto. Quando a menina [a filha Pítia] chegar à idade de casar, ela será dada a Nicanor como esposa. Mas se algo lhe acontecer (que não aconteça e decerto não acontecerá), antes dela se casar ou depois de se casar, mas ainda não tiver filhos, Nicanor terá o direito de dispor tanto das crianças quanto de tudo o mais e de administrar de maneira digna dele e de nós. De resto, Nicanor cuidará da menina e do menino Nicômaco como achar conveniente no interesse deles, como se fosse pai e irmão. Contudo, se algo acontecer com Nicanor (que não aconteça!), seja antes de desposar a menina seja depois de se casar com ela, mas antes de virem os filhos, valerão as suas próprias disposições, caso as haja. Se Teofrasto então quiser tomar a menina para si, valerão para esse caso as mesmas disposições dadas para Nicanor. Se não for o caso, os tutores antes mencionados, em acordo com Antípatro, resolverão os assuntos atinentes à menina e ao menino segundo melhor lhes parecer. Os tutores e Nicanor, em memória de mim, cuidarão também de Hérpiles, por ela ter sido boa comigo. Especialmente no caso de ela querer casar-se, eles cuidarão para que ela não seja dada a um homem indigno de mim. Além do que já lhe dei, deve ser-lhe dado mais um talento de prata da minha herança e, caso queira, três servas, além da jovem que ela já tem, e Pirraio como serviçal; ademais, caso ela queira permanecer em Cálcis, receberá o alojamento de hóspedes junto ao jardim; caso prefira morar em Estagira, receberá minha casa paterna. Qualquer das duas casas que escolher os tutores mobiliarão como lhes parecer bem e satisfaça as exigências de Hérpiles. Nicanor também cuidará do pequeno Mírmex e tomará providências para que seja devolvido aos seus familiares de modo digno de nós, com tudo o que lhe pertence e que outrora foi confiado a nós. Ambracis será livre e deverão ser dadas a ela, depois que Pítia se casar, 500 dracmas como dote, bem como a menina que tem como serva. Para Tale devem ser dadas, além da menina que tem como serva e que foi comprada para ela, mais 1000 dracmas e uma serva. Para Símon, além do dinheiro que lhe foi dado para comprar um escravo, deverá ser comprado mais um escravo ou, em vez disso, dado um valor adicional em dinheiro. Tícon será livre assim que minha filha se casar, o mesmo acontecendo com Fílon, Olímpio e suas criancinhas. Das pessoas que me serviram nenhuma deverá ser vendida, mas permanecerão na casa. Quando atingirem a idade exigida, serão libertadas por seu mérito. Ademais, deverá ser providenciado que, depois de prontas, as estátuas encomendadas a Grílion sejam erigidas como oferenda, as de Nicanor e de Proxeno, que ainda pretendo encomendar, e a da mãe de Nicanor. A de Arimnesto, que está pronta, deverá ser consagrada à sua memória, pois morreu sem deixar filhos. A estátua de minha mãe deverá ser erigida com oferenda a Deméter em Nemeia ou em algum outro lugar. Os ossos de Pítia deverão ser trasladados para onde eu for sepultado e sepultados no mesmo lugar, como ela própria dispôs. Se regressar são e salvo, Nicanor deverá cumprir o voto que fiz por ele e consagrar estátuas de pedra de cerca de dois metros de altura em gratidão a Zeus o Redentor e Atena a Redentora em Estagira.

EXPLICAÇÕES DETALHADAS

Antípatro é designado executor do testamento. Ele era da confiança de Filipe II e de Aristóteles. Nos anos de 336-335, ele conduziu negociações com Atenas. Em sua expedição à Ásia, Alexandre o deixou na Grécia. Sob seu comando foram reprimidos os levantes antimacedônios das cidades gregas após a morte de Alexandre. Aristóteles certamente era amigo dele e logo se vê porque Aristóteles se viu obrigado a deixar Atenas. Nicanor é designado herdeiro principal. Ele era filho de Proxeno, o tutor de Aristóteles. Aristóteles o adotara[77]. Ele supostamente era meia geração mais novo que Aristóteles e igualmente integrava o grupo das pessoas de confiança de Alexandre. Aristóteles pressupõe que Nicanor não poderá reclamar a herança de imediato. Da conclusão do testamento se depreende que Nicanor se encontrava em uma jornada evidentemente perigosa; no caso do esperado regresso são e salvo ao lar, estátuas devem ser erigidas e consagradas a Zeus e Atena. Pressupõe-se que Nicanor esteja acompanhando a expedição de Alexandre à Ásia. As disposições referentes a Nicanor mostram que Aristóteles provavelmente redigiu o testamento em Cálcis e viu seu fim aproximar-se; pois ele já calcula que, no momento da leitura do testamento, Nicanor ainda não terá retornado de sua viagem. Nicanor era simultaneamente sobrinho de Aristóteles, filho de sua irmã Arimneste. Ele era, assim, o membro mais velho ainda vivo da família e, por conseguinte, o herdeiro mais próximo, porque as duas crianças naturais ainda eram de menor idade.

Para cobrir o período até o regresso de Nicanor, foram designados nada menos que cinco amigos para cuidar da família e da herança. Destaque especial é dado a

---

77. *Vita Marciana* 15. Sobre Nicanor cf. GIGON, O., 1962, 30 s.; DÜRING, I., 1957, 63, põe a adoção em dúvida.

Teofrasto; dos quatro outros, apenas Hiparco é difusamente conhecido como aluno de Aristóteles, que provinha de Estagira e teria escrito um livro sobre questões teológicas; sobre os outros dois não se sabe absolutamente nada. Eles devem entrar em ação caso Aristóteles morra antes do regresso de Nicanor ou caso Nicanor morra antes do tempo e não tenha deixado nenhuma disposição testamentária correspondente. Foi isso que acabou acontecendo. Na realidade, pelo que ainda se consegue vislumbrar, apenas Teofrasto se preocupou com a família e a herança.

Em seguida, são feitas disposições referentes às duas crianças, Pítia – que recebeu o nome de sua mãe – e Nicômaco. Nicanor deverá se portar com eles como um pai e irmão. Além disso, porém, ele deveria receber a filha Pítia como esposa, o que, aliás, de fato acabou acontecendo[78]. O casamento foi breve e sem filhos; Nicanor morreu após breve tempo. Depois disso, Pítia se casou mais duas vezes, por último com o famoso médico Metrodoro, com o qual teve um filho chamado Aristóteles.

Das disposições sobre as crianças tentou-se depreender coisas opostas – de um lado, que Nicômaco teria sido fruto da união de Aristóteles com Hérpiles e, por outro, que ele teria sido o filho do casamento com Pítia. O texto não oferece ponto de apoio seguro para nenhuma das duas versões.

Um espaço relativamente amplo é tomado pelas disposições referentes a Hérpiles. Depois da morte da esposa Pítia, ela foi a "governanta", hoje se diria a parceira ou companheira de Aristóteles. Não sabemos quanto tempo durou a "relação", dado que não se conhece a data da morte de Pítia. Porém, tendo em vista o que lhe foi destinado, ela deve ter durado uma série de anos, estimando-se entre oito e dez. Ela era natural de Estagira, como de modo geral todo o testamento está orientado para Estagira. Como e onde Aristóteles morou em Atenas, não se fica sabendo no testamento nem fora dele.

Hérpiles é ricamente contemplada. Ao lado de considerável quantia de dinheiro em espécie, ela pode escolher entre morar na casa paterna de Aristóteles em Estagira ou na ala para hóspedes da casa (evidentemente maior) em Cálcis (não fica bem claro se ela lhe foi conferida como doação). Também deverá ser providenciada uma mobília (nova, pelo visto) de acordo com seu gosto e exigência. Nada menos que cinco servos e servas lhe são destinados.

Não sabemos quem foi o pequeno Mírmex; de maneira nenhuma, filho de Hérpiles e Aristóteles, antes um filho adotivo, pois ele deverá ser devolvido aos

---

78. Atestado em Sexto Empírico, *Adversus Mathematicos* I, 258. Cf. sobre isso Gigon, O., 1962, 32.

seus. Ademais, dificilmente Aristóteles teria dado a um filho o nome de Mírmex ("formiga"). Isso não teria estado à altura de sua condição social.

No restante do testamento, são mencionados seis servas e servos, disposta a alforria para três escravos, em relação ao restante do pessoal dispôs-se que deve permanecer na casa.

A última parte do testamento diz respeito a obrigações sacrais – confecção de oferendas e colocação de estátuas.

Aristóteles deixa em aberto onde deverá ser sepultado. Na prática, só Estagira entra em cogitação, talvez também Cálcis. Como quer que seja, os ossos de Pítia deverão descansar ao lado dos seus, como ela mesma dispôs. Pítia, prematuramente falecida, evidentemente viu seu fim se aproximar e tomou as providências correspondentes. Não se sabe onde ela esteve sepultada até então, provavelmente em Estagira.

Uma visão de conjunto do testamento chama a atenção de início para o fato de que Aristóteles não era exatamente pobre. A execução das disposições testamentárias pressupõe um patrimônio considerável. O que chama a atenção, além disso, é que não se fala uma palavra sequer a respeito das questões da escola. A razão disso é que Aristóteles não era o proprietário legal dos imóveis e das instalações da escola – o que é diferente no testamento de Teofrasto, no qual o legado da escola ocupa um espaço amplo.

Por fim, percebe-se o quanto o testamento de Aristóteles com suas disposições puramente privadas é marcado por uma afeição cordial que pode até surpreender em vista da sobriedade de seus escritos, mas só à primeira vista. Quem presta atenção a esse aspecto, encontrará o mesmo *éthos* em todos os lugares da sua obra, em que isso é apropriado.

CAPÍTULO SEGUNDO

A obra e sua transmissão

OS DOCUMENTOS BÁSICOS

A obra de Aristóteles de que dispomos hoje teve um destino muito peculiar[1]. Trata-se, em primeiro lugar, apenas da metade do que Aristóteles escreveu, mesmo que seja a de maior volume. A outra metade foi perdida. Desta fazem parte os cerca de 19 diálogos, além de coletâneas como as *Constituições das cidades gregas*, as listas dos vencedores e escritos admonitórios como o *Protréptico* dirigido a um príncipe cipriota. O próprio Aristóteles caracteriza esses escritos, especialmente os diálogos, em várias passagens de sua obra, como "escritos exotéricos", por terem sido publicados e estarem acessíveis a e serem conhecidos de um círculo maior de pessoas de fora. Para tratar determinados temas, Aristóteles se reporta a esses escritos, por exemplo, da seguinte forma: "Já tratamos disso nos escritos exotéricos". Todos eles foram perdidos, com exceção de alguns fragmentos.

As obras conservadas, os "escritos doutrinários" ou "pragmáticos", estão ligadas à atividade letiva e são resultantes do ensino. O seu caráter de preleção explica interrupções expositivas menores, incongruências argumentativas e por vezes um estilo telegráfico. Via de grega, as versões que foram transmitidas até

---

1. Visão geral em FLASHAR, H., 2004, 178-182; além disso: FUNKE, H., 1997. Não podemos tratar aqui os complexos problemas das listas de escritos (há três diferentes listas das obras de época posterior, que remontam a fontes helenistas). Fundamental foi MORAUX, P., 1951.

nós não resultam de registros ou anotações feitos por alunos, mas se trata do teor literal do próprio Aristóteles. O que aponta para isso é o fato de que evidentemente nem todos os escritos foram concebidos para ouvintes, mas alguns também para leitores, como a *Historia animalium* e decerto também o escrito *Sobre a alma*. Em uma série de escritos, partes inteiras foram cuidadosamente elaboradas em termos de estilo, como se o próprio Aristóteles tivesse a intenção de redigi-los visando uma publicação futura. A leitura e análise dos escritos aristotélicos como "literatura" é uma tarefa que apenas começou a ser realizada.

Quando Aristóteles morreu, esses escritos permaneceram de posse da escola. Seu sucessor Teofrasto legou-os, em seu testamento, ao único aluno ainda vivo de Aristóteles, Neleu de Escépsis. Este, não tendo sido designado sucessor de Teofrasto na direção do Perípato, levou-os consigo para sua cidade natal Escépsis, situada na Trôade; mas como ele não estava imbuído de um interesse filosófico mais profundo, deixou que os rolos de papiro mofassem no porão de sua casa. Isso significa, em primeiro lugar, que em Atenas os escritos não estavam acessíveis ao público em geral. Cópias avulsas até circulavam, em uma abrangência difícil de estimar, em círculos filosóficos mais seletos, mas, de modo global, o quadro que se montava da filosofia de Aristóteles no helenismo provinha dos diálogos publicados. Nesse contexto, entra em jogo a famosa história do porão. Trata-se do relato ao estilo de anedota, mas correto em seu cerne, do geógrafo Estrabão, do século I d.C. (XIII, 1). De acordo com ele, Neleu não legou os escritos aristotélicos à escola, mas aos seus herdeiros privados, que não mais se interessaram pelos objetos. Sucedeu, então, que, no início do século I a.C., um bibliófilo chamado Apélicon de Téos rastreou os manuscritos que já apresentavam lacunas e estavam desgastados pela ação do tempo, comprou-os e os levou para Atenas. Ali, ao lado de outros tesouros bibliográficos e obras de arte, eles integraram os despojos do general romano Sula que, no ano de 86 a.C., conquistou a cidade e a saqueou brutalmente. Sula mandou levar a biblioteca de Apélicon com os manuscritos aristotélicos para Roma e a legou ao seu filho Fausto. Este encarregou o erudito grego Tirânio, que chegara a Roma como prisioneiro de guerra, de examinar e organizar toda a biblioteca. Depois de realizado esse trabalho prévio, Andrônico, natural de Rodes, aduzindo ainda materiais provenientes de outras fontes, produziu, em torno de 40 a.C., uma edição completa das obras de Aristóteles. Porém, nessa edição não estavam contidos os diálogos, acessíveis ao público em geral.

Essa edição constitui a base de toda a tradição de Aristóteles. Não fica claro em que extensão Andrônico conseguiu achar escritos aristotélicos que não estavam depositados no porão de Escépsis, mas, por exemplo, provieram da biblioteca alexandrina – que, contrariamente à tradição anedótica, havia sido, quando muito, levemente danificada pelo incêndio do ano de 47 a.C. – ou da biblioteca de Lúculo, amigo de Cícero; Cícero, por sua vez, era amigo do gramático Tirânio, que fez o trabalho preparatório para Andrônico[2].

Como erudito reconhecido e líder da escola do Perípato, Andrônico estava familiarizado com a filosofia de Aristóteles. E ele era um sistemático. Ele agrupou escritos individuais em *pragmateias*, como a *Física, Metafísica* e *Meteorologia*, que não existiram antes disso como obras conjugadas[3]. Sua edição iniciou com uma introdução abrangente, um índice dos escritos, que foram divididos em quatro grupos e editados de modo correspondente: (1) os escritos lógicos, incluindo as *Categorias*, os *Analíticos* e só depois os *Tópicos*; (2) os escritos éticos e retóricos incluindo a *Poética*; (3) os escritos filosófico-naturais, biológicos e psicológicos; (4) a *Metafísica* como junção de vários tratados individuais, na ordem em que foram colocados "após os escritos físicos"[4]. Desse modo, foi lançada a pedra fundamental de uma rica atividade de comentaristas, que iniciou já no século I d.C., e atingiu um primeiro ponto alto em Alexandre de Afrodísias (c. 200 d.C.), floresceu no neoplatonismo e se estendeu até os eruditos bizantinos do período que vai do século IX até o século XIV. Se acrescentarmos as traduções, as paráfrases e os comentários sírios e árabes (que chegaram até a Espanha), temos o seguinte resultado: Aristóteles é o mais comentado e parafraseado de todos os autores gregos. Ele igualmente é o mais difundido de todos os autores profanos da Antiguidade com mais de 1000 manuscritos[5]. Nesse processo, a tradição do

---

2. PLUTARCO, *Vita Sullae* 26. Em uma contribuição muito perspicaz, recorrendo ao método da enumeração de livros em escritos subdivididos em vários livros, Oliver Primavesi, 2007, procurou delimitar quais foram os escritos depositados no porão de Escépsis, a saber, aqueles que nos manuscritos estavam organizados de acordo com o sistema mais antigo, que utilizava letras ordinais (correspondendo ao nosso a, b, c) e que foi abandonado logo depois do tempo de Aristóteles, em distinção ao que utilizava letras como cifras (correspondendo ao nosso 1, 2, 3), como os apresentados pelas listas de escritos helenistas. Dado que a maioria dos escritos conservados foram subdivididos de acordo com o sistema mais antigo, a história do porão foi essencialmente confirmada.

3. A concepção de BARNES, J., 1997, de que Andrônico teria feito "*not much*" ["não muito"] e que a Renascença de Aristóteles no século I d.C. teria ocorrido independentemente dele não convence.

4. Essa subdivisão é atestada por PORFÍRIO, *Vita Plotini* 24, que usou a edição das obras de Aristóteles feita por Andrônico como modelo para a ordenação e edição dos escritos do seu mestre Plotino.

5. Por iniciativa de Paul Moraux foi fundada na Universidade Livre de Berlim, no ano de 1965, um *Aristoteles-Archiv* ["Arquivo de Aristóteles"], que representa um centro para a coleção e avaliação (até hoje não concluída) dos manuscritos.

texto se efetuou em quatro ramos separados, correspondendo aos quatro grupos em que Andrônico os classificou, sendo que a maioria dos manuscritos se refere ao assim chamado *Órganon* com seus escritos lógicos, que eram tidos como introdução à filosofia em geral.

A primeira edição impressa (a assim chamada *editio princeps*), provém de Aldo Manúcio e surgiu em Veneza entre 1495 e 1498. Os modelos manuscritos provieram das mais diferentes fontes, incluindo os copistas de Creta, que, naquela época (após a Quarta Cruzada entre 1202-1204), pertencia ao território em poder de Veneza[6]. Ela compreende cinco volumes com uma subdivisão um pouco diferente da de Andrônico e contém adicionalmente alguns escritos de Teofrasto. Ela é chamada de "Edição Aldina" de acordo com o nome de seu autor e depois disso serviu de modelo para todas as edições posteriores, incluindo a edição completa, baseada em colações dos melhores manuscritos que só vieram a ser conhecidos em data posterior, publicada por Immanuel Bekker, que era erudito, mas sobremodo calado (Schleiermacher: "Bekker silenciou em sete línguas"), por incumbência da Academia de Ciências da Prússia em Berlim[7]. Essa edição, pela qual se cita internacionalmente, ainda não foi substituída em sua totalidade, mas parcialmente por numerosas edições de escritos individuais. A forma de referência às páginas, colunas (a e b) e linhas dos volumes I e II que contêm o *Corpus Aristotelicum* (incluindo os escritos inautênticos) também é usada em quase todas as edições, traduções e citações mais recentes da literatura secundária.

---

6. Sobre os detalhes cf. SICHERL, M., 1976.

7. Cf. SCHRÖDER, W. A., Immanuel Bekker, in: BARTSCHKI, A.; COLIN KING, C., (ed.), *Die modernen Väter der Antike. Die Entwicklung der Altertumswissenschaft an Akademie und Universität im Berlin des 19. Jahrhunderts*, Berlin, 2009, 329-365.

CAPÍTULO TERCEIRO

Ética – caminhos que levam à felicidade

OS DOCUMENTOS BÁSICOS

A ética de Aristóteles está disponível em três versões distintas, que não são mutuamente complementares, mas cada uma delas constitui para si uma exposição coerente dos problemas éticos: *Ética a Eudemo* (EE), *Ética a Nicômaco* (EN = *Ethica Nicomachea*) e a *Grande ética* ou *Magna Moralia* (MM), que, contrariando o título, traz a versão mais breve.

Os títulos ainda não foram esclarecidos. Escapa ao nosso conhecimento se com a *Ética a Eudemo* se pretendia fazer referência a Eudemo de Chipre ou a Eudemo de Rodes, se o nome que aparece no título era destinatário, editor ou redator. Igualmente é incerto se quem inspirou o nome da *Ética a Nicômaco* foi o pai ou o filho ou alguma outra pessoa chamada Nicômaco.

Ocorreu uma longa e controvertida discussão sobre a relação temática e cronológica entre essas três versões depois que Friedrich Schleiermacher, no ano de 1835, fez pela primeira vez a tentativa de aclarar essa questão, "que é singular em toda a literatura helênica". O consenso que se sustenta hoje é que a *Ética a Nicômaco* deve ser vista como a obra madura, na qual Aristóteles conferiu às suas visões éticas uma expressão válida. Ademais, é grande a probabilidade de que a *Grande ética* – o que quer que signifique o título – remonte a um peripatético pós-aristotélico, que produziu uma versão própria a partir da *Ética a Eudemo* e da *Ética a Nicômaco*. Para a pesquisa do século XIX, a *Ética a Eudemo* era ademais inautêntica, ao passo que a maioria dos intérpretes desde Werner Jaeger (1923) veem essa obra, baseados em argumentações diferentes, como uma versão mais antiga do próprio Aristóteles[1]. No entanto, também em relação isso convém manter o ceticismo. Muita coisa permanece obscura.

No que segue, orientamo-nos amplamente pela *Ética a Nicômaco*.

ÉTICA ANTES DE ARISTÓTELES

Aristóteles foi o primeiro a compor uma "Ética" como subcampo claramente delimitado da filosofia. Mesmo seus coalunos na Academia (Espêusipo, Xenócrates) e sucessores no Perípato (Teofrasto, Estrato) usaram essencialmente apenas âmbitos parciais de uma ética (desejo, amizade etc.) como objeto de tratados.

Não obstante, houve desde tempos antigos ideais éticos de comportamento humano na sociedade que se refletem na literatura[2]. Em primeiro plano, estão inicialmente a valentia – literalmente: a "varonilidade" (ἀνδρεία [*andréia*]) – e a excelência em conexão com a fama e a honra, como manifestadas no ideal do herói com que nos deparamos na epopeia de Homero (c. 700 a.C.). "Ser sempre o melhor e destacar-se dos demais": nestes termos Homero formula esse ideal na *Ilíada* (VI, 208). Uma geração mais tarde surge, no vulto de Odisseu na *Odisseia*, um ideal de comportamento heroico marcado pela inteligência, cujo portador não se distingue somente pela força e robustez, mas também pelo planejamento racional, no qual pode estar integrado também o fator da enganação consciente. Assim, na *Odisseia*, Odisseu profere nada menos que doze discursos enganadores para atingir seu objetivo. Pela primeira vez se torna visível do que a inteligência é capaz e o que ela significa. Pouco tempo depois, em Hesíodo, acresce-se a justiça como norma do agir humano, ainda não na forma substantiva (δικαιοσύνη [*dikaiosýne*]), mas no termo simples "*díke*" (δίκη), já atestado também na *Odisseia*, e na expressão "falar o que é justo" (τὰ δίκαι' ἀγορεῦσαι) [*tá díkai'agorêusai*]) (*Os trabalhos e os dias* 279). Associada a essa máxima do agir está, em Hesíodo, o trabalho, mais exatamente, o trabalho agrícola, não mais o

---

1. Cf. BUDDENSIEK, F., 1999.
2. Ainda vale a pena ler SCHWARTZ, E., *Ethik der Griechen*, Stuttgart, 1951. Obra instrutiva sobre a ética délfica em associação com autoconhecimento e piedade: FRÖHLICH, B., Zur Einheit von Einsicht, Tugend und Glück in der delphischen Ethik, *Bochumer Philosophisches Jahrbuch*, v. 14 (2011) 1-33.

ideal guerreiro do herói. Máximas éticas como direito, diligência, hospitalidade, sinceridade, honestidade são relacionadas com a pessoa simples, dissociando-se, no âmbito da literatura, então também de um ato determinado e são refletidas na forma de séries de exortações. Exortações e provérbios desse tipo florescem na literatura arcaica. Sua relevância ética também fica evidente pelo fato de Aristóteles citar a partir do tesouro dessas sabedorias proverbiais em sua *Ética*, como, por exemplo, os versos de Hesíodo (*Os trabalhos e os dias* 293-296):

> O melhor de todos é aquele que ponderou todas as coisas, que refletiu por si mesmo sobre tudo, aquele que pensa bem no que é o melhor mais além e até o fim. Nobre também é aquele que confia em quem dá um bom conselho. Quem, porém, não pensa por si mesmo nem dá ouvidos a outro e acolhe no coração (seu conselho) é um homem totalmente inútil (*Ética a Nicômaco* I, 4, 1095b 10-14)[3].

Ou ele cita o epigrama que podia ser lido no *propylaíon* (no portal) do templo consagrado a Leto em Delos, visando enfatizar a unidade da virtude em seus diversos aspectos parciais: "A coisa mais bela é a mais justa, é proveitoso ter saúde, o que mais traz satisfação é alguém alcançar o que busca" (*Ética a Nicômaco* I, 8, 1099a 27 s.; *Ética a Eudemo* I, 1, 1214a 5 s.).

Exortações desse tipo determinam ademais a forma em que o direito e a justiça são exigidos e a injustiça é desaprovada, como nas elegias de Sólon (c. 600 a.C.), no ideal da "eunomia" (εὐνομία), na qual, pela primeira vez, os valores éticos são visivelmente relacionados com a *pólis*, ao passo que, nos poemas de Teógnis, compostos quase na mesma época, a perda dos valores antigos como suprassumo da ética arcaica da nobreza é lamentada em vista de um nivelamento social. Se acrescentarmos ainda as gnomas [máximas] embutidas nas canções de vitória (nos epinícios) de Píndaro, que já adentram o século V, completa-se o quadro de uma ética arcaica, pré-filosófica. Nela afloram, ao lado de muitas exortações e advertências avulsas referentes à conduta de vida, quatro virtudes cardeais: valentia, prudência (ocasionalmente associada à inteligência), justiça e piedade. Todas as quatro virtudes encontram-se nada menos que comprimidas em um só verso da tragédia *Sete contra Tebas* de Ésquilo, que estreou em 467 a.C., no qual consta a respeito do vidente Anfiarau que ele seria um "homem prudente, justo, bom e piedoso" (610). Esse esquema de quatro virtudes com certas variações (aqui: "bom" em vez de "valente") tem influências; Platão dedica a cada uma

---

3. A não ser que conste algo diferente, a tradução das citações literais de textos aristotélicos é feita a partir do texto em alemão. (N. do T.)

dessas virtudes um diálogo (*Laques* – valentia; *Eutífron* – piedade; *Cármides* – prudência; *República* – justiça) e trata da interconexão de todas na *República*, mais exatamente: sabedoria, valentia, prudência, justiça (IV, 428b-434a).

A dedicação a uma dessas virtudes cardeais ou à "virtude" em termos fundamentais é entendida então como decisão consciente por um determinado modo de vida. Característico disso é a famosa história de Hércules na encruzilhada, como é contada por Xenofonte (*Memorabilia* II, 1, 21-34), discípulo de Sócrates, reportando-se ao sofista Pródico (fragmento B 2). No limiar da idade adulta, Hércules foi confrontado com a opção entre a via da virtude e a via do ócio prazeroso. Apareceram-lhe duas mulheres, personificações do vício (Κακία [*Kakía*]) e da virtude (Ἀρετή [*Areté*]), querendo conquistá-lo para o respectivo modo de vida por elas representado. É claro que Hércules se decide pela via da virtude.

Paralelamente reflete-se sobre a questão no fundo bem antiga da felicidade do ser humano, que, num primeiro momento, ainda não está ou está apenas ligeiramente associada às reflexões eticamente orientadas sobre as virtudes como normas para o comportamento humano; isso é feito, mais precisamente, recorrendo em primeira linha ao exemplo da riqueza. O mítico rei Midas, que transformava tudo em ouro, podia ser feliz? O histórico rei Creso da Frígia com sua imensa riqueza poderia ser considerado o mais feliz de todos os humanos? Ou este sujeito seria, como responde Sólon, um dos sete sábios, ao poderoso soberano, um cidadão ateniense comum chamado Télos, que cumprira seu dever na *pólis*, tivera crianças brilhantes e encontrara um fim glorioso? Ou poderiam ser chamados de felizes os jovens Cléobis e Bíton, que puxaram o carro da sacerdotisa de Hera de Argos até o santuário cerca de 10 km distante dali e então caíram mortos (Heródoto I, 30-32)?

No mais tardar, em meados do século V a.C., os dois fios confluem: feliz é quem realiza as virtudes (ou uma delas). Neste ponto, é preciso fazer uma observação sobre a terminologia. Em tradução literal, *areté* (ἀρετή) significa "o melhor", "a melhor forma". Nós traduzimos a palavra por "virtude", cientes de que, ao fazer isso, repercutimos nuanças das boas maneiras dos séculos XVIII e XIX. O que nós traduzimos por "felicidade" é o termo grego *eudaimonía* (εὐδαιμονία), que é praticamente intraduzível. A palavra contém os elementos *eu* (isto é, bom) e *daímon* (um poder divino). "Feliz" nesse sentido é alguém, cujo *daímon* quer o bem dele, que se relaciona bem com o divino que mora dentro dele. No aspecto do divino reside algo que – em todo caso, no uso mais antigo da palavra – o ser humano não pode controlar inteiramente. Platão e Aristóteles vão além disso, mantendo a mesma terminologia.

As concepções dos valores éticos provenientes do período arcaico experimentam uma reorientação radical no movimento surgido por volta de meados do século V, ao qual se dá o nome de sofística. Essa reorientação ocorre em dois sentidos. Em primeiro lugar, a "virtude", ou melhor, a aptidão para adquirir a virtude não é mais vista como herdada, não é mais tida como ligada a uma condição ou uma determinada disposição natural, mas como algo que pode ser ensinado e que cada qual pode aprender, mais precisamente não por meio de feitos e modelos, mas por meio da palavra, pela força do discurso. Em segundo lugar, ao ser exercido de modo correspondente, o discurso contém um potencial tão colossal que está em condições de "converter o argumento mais fraco no mais forte" (Protágoras) e, desse modo, dá início a uma relativização de todos os valores.

Principalmente diante desse pano de fundo devem ser vistas as concepções éticas de Platão (ou seja, do Sócrates platônico). Valendo-se dos conceitos e das visões tradicionais (virtudes, felicidade etc.) Platão pôde perfeitamente recorrer aos valores arcaicos. Porém, o que ele quer é superar sua relativização pela sofística, questionando-os radicalmente. Associada a isso está uma exigência ética que diz respeito ao ser humano inteiro em seu âmago. Em um dos seus mais antigos diálogos, Platão faz o conhecido político Níquias dizer para Lisímaco:

> Pareces não saber que quem chegou bem perto de Sócrates no diálogo e se envolveu em uma conversa com ele, inevitável e tenazmente foi conduzido por ele durante a conversa, por mais que tivesse partido, no início da conversa, de algo bem diferente, ao ponto de prestar contas de si mesmo quanto ao seu modo de vida atual e ao modo como conduziu sua vida até ali, e uma vez chegado a esse ponto, Sócrates não o deixará seguir caminho antes de ter examinado tudo muito bem e profundamente (*Laques* 186e).

O que se diz aqui sobre Sócrates vale também para o próprio Platão. A vida realmente boa passou por um processo de autoexame. O que se considerou valentia, prudência e justiça é submetido a um exame crítico. Esse processo é seguidamente exposto por Platão nos diálogos iniciais; ele deriva as virtudes de um saber, discute a questão da possibilidade de ensinar a virtude (*Mênon*) e confere uma posição abrangente de primazia à justiça entre todas as virtudes, retomando também nesse ponto uma tradição antiga: "À justiça se resume toda a virtude" (Teógnis 147). Para Platão, a posição central da justiça, ao modo como ela é analisada na grande obra *República* (*Politeia*), está fundamentada no fato de que todas as manifestações exteriores dessa virtude são postas na conta da ordem interior da alma e da harmonia de suas partes individuais, e, desse modo, a uma estrutura do ser humano interior. Ao mesmo tempo, a justiça como ordem da alma possui uma base ontológica. Ela é "uma só ideia" (ἓν μὲν εἶναι εἶδος [*hén mén êinai êidos*]) (*República* 445c); ela se defronta com muitas degenerações, mas também com formas de aproximação[4]. Dado que as virtudes se baseiam no saber, o conhecimento delas depende de que se tenha noção não só da estrutura da alma, mas da totalidade do ser. Formulando a questão nos termos da alegoria da caverna, somente quem sair da caverna por meio da inversão dos fenômenos habituais e for capaz de diferenciar ser de aparência, luz de sombra, ingressa em uma esfera em que vale a pena viver (*O Banquete* 211d). Porque nesse caso ele vê "o bem como tal" ou a "ideia do bem", que, sendo ao mesmo tempo "o Uno", representa a instância ontológica suprema. Somente a partir daí é possível apreender adequadamente manifestações individuais de virtudes no mundo dos fenômenos. A máxima socrática de uma vida examinada (*Apologia* 38a: "uma vida não examinada não é digna de ser vivida") com sua exigência enfática "precisas mudar tua vida" tem continuidade e acabamento na fundamentação ontológica da ética por Platão que, para a realização plena das virtudes, exige do indivíduo uma noção francamente filosófica. Assim, a ética platônica está posta sobre um fundamento metafísico. Toda essa corrente de tradição – aqui apenas indicada em grandes traços – das concepções éticas no início do helenismo e em Platão flui para dentro do reservatório da ética aristotélica e, nesse processo, recebe nova forma, incluindo também uma profusão estupenda de observações imediatas sobre a vida do ser humano na convivência com outros seres humanos.

A CONCEPÇÃO

A concepção básica é simples e natural. Não se trata de uma ética do dever, nem de uma ética que exige a conversão de todas as visões habituais, mas de uma ética sem fundamentação metafísica para o cidadão normal que, sem submeter-se a preocupações materiais extensas demais, é capaz de realizar virtudes com que se depara ao natural.

Aristóteles formula um pressuposto extraído da experiência e da *communis opinio*: o ser humano é um ente que aspira a algo. Toda capacidade, toda ação e decisão são direcionadas para um fim, mais precisamente para algo bom. O

---

4. Fundamental Krämer, *Arete*, 1959. Cf. também Erler, *Platon*, 2007, 430-448.

bem não precisa ser real; pode ser algo aparentemente bom. O assaltante também aspira a um bem, mas sua presa não é resultado de um agir eticamente relevante. O agir ponderado e planejado é finalista. O fim é produto do agir ou reside no próprio agir. Há um grande número de fins, dependendo do tipo de atividade. O da medicina é a saúde, o da construção naval é o navio etc. Aristóteles passa a perguntar se existe um bem supremo, um objetivo final, que não é buscado em particular pelo exercício de uma atividade profissional nem como meio para um fim ainda mais elevado, mas um bem que constitui o fim supremo a ser alcançado pelo ser humano como ser humano.

A responsável pela investigação voltada para isso é a "ciência política" (*Ética a Nicômaco* I, 1, 1094a 27), porque o fim supremo do agir humano é idêntico tanto para o indivíduo quanto para a sociedade, mas na sociedade (Aristóteles diz: na *pólis*) se manifesta em escala maior e de modo mais completo. Nesse ponto, Aristóteles concorda com Platão, mas acrescenta o termo "para um povo", dando, assim, com esse termo, um passo, raro no caso dele, para além do horizonte da *pólis*. Por via de regra, Aristóteles vincula a filosofia prática à estrutura da *pólis* grega. Para Aristóteles, em todo caso, "ética" é filosofia prática, e para ele é importante não só conhecer, mas também agir (II, 2, 1103b 26).

Antes de partir para a abordagem da temática, Aristóteles faz duas observações metodológicas, indicando, de resto, que a base da exposição é uma preleção, pois fala-se do "ouvinte" e de "retomar detalhes do que foi dito" (I, 1, 1094b 22; 1095a 2). Trata-se, nesse ponto, da refutação de uma exigência inapropriada de exatidão. O grau de exatidão deve orientar-se pelo objeto: enquanto na esfera da ética há tantas oscilações que a exposição só pode assumir uma forma esquemática, de modo que do orador não se pode exigir provas científicas, na esfera da matemática, por seu turno, não há como se contentar com a simples retórica persuasiva. Em todo caso, a ética aristotélica de modo nenhum é uma ética *more geometrico* ["ao modo dos geômetras"] (Spinoza), mas transmissão de saber em traços gerais[5], sendo que o esquemático não se sobrepõe em vista da profusão dos exemplos extraídos da tradição e da vida.

A segunda observação metodológica diz respeito ao ouvinte. A preleção sobre questões da ética não é dirigida ao ouvinte jovem e imaturo, sendo que o número de anos não é tão decisivo quanto o grau de maturidade e a experiência de vida. Uma simples instrução pode, portanto, no caso desfavorável, ficar sem proveito nenhum, assim como, inversamente, sob os pressupostos correspondentes,

---

5. Höffe, O., Ethik als praktische Philosophie. Methodische Überlegungen, in: Id. (ed.), 1995, 13-35.

"o conhecimento de tais assuntos é altamente útil", como explica Aristóteles de modo autoconsciente e também de fato promovendo-se dentro da atividade escolar (I, 1, 1095a 11).

Logo no início da discussão do assunto, Aristóteles designa com uma palavra o fim de todo o agir humano, indicado lá no início como algo a ser buscado: *eudaimonía*, "felicidade", sendo que esse conceito, como acrescenta Aristóteles, abrange viver bem e agir bem. A simples palavra, porém, permanece sem conteúdo, e Aristóteles busca uma determinação mais precisa dessa "felicidade", como costuma fazer em todos os campos do conhecimento, por meio da apreciação das respostas dadas anteriormente na tradição. E, de fato, a palavra *eudaimonía* designa o suprassumo de todas as reflexões éticas desde a literatura arcaica. Mas as diferentes respostas (desejo, bem-estar, honra) não satisfazem, como tampouco a derivação do fim de todo o agir a ser buscado pelo ser humano a partir de uma ideia do bem no sentido de Platão; porém, nos "modos de vida" usuais (I, 3, 1095b 15) estão contidas possíveis respostas, não, contudo, na vida de prazeres nem na vida dedicada à aquisição de riqueza, mas certamente tanto no modo de vida político quanto no teórico. Aristóteles, no entanto, abandona esse fio da argumentação para dedicar-se a uma extensa crítica a Platão[6], na qual são discutidos cinco argumentos contra a doutrina platônica e, em seguida, levantadas as objeções contra a crítica feita. Tornou-se famosa a introdução a essa crítica:

> Muitos antes, será útil ao nosso propósito analisar e dissecar o que se pensa sobre o bem supremo, na medida em que é concebido como entidade universal. Todavia, isso será uma tarefa penosa, porque foram amigos nossos que introduziram as ideias. E, não obstante, sem dúvida é melhor e até necessário ao resgate da verdade descartar até mesmo aquilo a que nos apegamos, especialmente sendo filósofos. Ambas as coisas nos são caras – e, no entanto, é dever sagrado dar a preferência à verdade (*Ética a Nicômaco* I, 6, 1096a 11-17).

Essas linhas são expressão de uma afinidade interior que Aristóteles sempre preservou em relação a Platão, que pode ser reconhecida no tom cordial que não lhe é frequente. Ao mesmo tempo, a observação nesse tom pessoal sobre os amigos que introduziram as ideias é literariamente estilizada. Trata-se de uma alusão a uma passagem com a qual Platão introduz, no Livro X da *República*

---

6. Cf. FLASHAR, H., in: HÖFFE, O. (ed.), 1995, 63-82. As traduções apresentadas no corpo do texto (quando não houver outra indicação) se baseiam com modificações na tradução de DIRLMEIER (1956).

(595b-c), sua crítica aos poetas, exercitada preponderantemente contra Homero: Platão havia preservado "certo amor e certa reverência desde a infância" em relação a Homero. Homero teria sido "o primeiro mestre e pioneiro de todos os poetas trágicos". Ao prosseguir, Aristóteles também usa Platão como ponto de partida. Em Platão, consta assim: "Não se pode estimar um homem mais do que a verdade. Pelo contrário, é preciso que seja dito aquilo que tenho a dizer". É evidente que Aristóteles retoma essa proposição para intensificar seu enunciado. Mais tarde, ela se converteu no dito lapidar: *Amicus Plato, sed magis amica veritas* ("Platão é amigo, mas a verdade é ainda mais amiga"), atestado pela primeira vez na forma latina em Roger Bacon no século XIII.

As objeções apresentadas a seguir contra a teoria das ideias desembocam na afirmação de que uma ideia do bem ou o conceito universal "o bem em si" são imprestáveis para a descrição de uma ética direcionada para a ação. A exposição se torna mais complexa pelo fato de Aristóteles, na sequência, discutir uma objeção à sua crítica da doutrina platônica, advinda evidentemente da atividade letiva (1096b 8: "Levanta-se uma objeção ao que foi dito até aqui"), nos seguintes termos: que a ideia do bem, no sentido de Platão, não se referiria a toda e qualquer forma de manifestação do "bom", mas apenas aos bens que são buscados por causa deles próprios. Aristóteles leva em conta essa objeção e acaba chegando à conclusão de que não existe "o bem" como algo comum no sentido de uma única "ideia" e, mesmo que houvesse algo assim, seria imprestável para o agir.

No decorrer do argumento, gradativamente aparece o que é a "felicidade" enquanto fim último da busca humana. Obviamente ela não se baseia em alguma euforia temporária, nem em algum bem-estar nem em algo que nos compete passivamente. Não existe um "destino feliz". Nesse ponto, Aristóteles concorda plenamente com Platão. Muito antes, a realização peculiar ao ser humano na busca pelo bem especificamente humano é uma atividade, *enérgeia* (ἐνέργεια), como Aristóteles a caracteriza com essa expressão cunhada por ele (antes dele não atestada), central para toda a sua filosofia. Essa *enérgeia* – literalmente: "estar em obras" – refere-se, mais precisamente, ao aspecto racional no ser humano e, portanto, à alma, o que acaba levando Aristóteles à seguinte definição: "O bem especificamente humano se apresenta como um ser ativo da alma no sentido de sua própria capacidade" (virtude, ἀρετή), mais precisamente, como logo é acrescentado, "na vida humana inteira", "pois uma andorinha só ainda não faz o verão" (I, 6, 1098a 16-18). Mais adiante (I, 10, 1100a 8), Aristóteles cita para isso o exemplo do rei troiano Príamo, que na velhice foi atingido por uma grande desgraça e que, em consequência disso, não pode ser considerado feliz.

Desse modo foi elaborado o primeiro esboço rudimentar e o próprio Aristóteles diz que deverá seguir um aprimoramento, sendo "o tempo um bom inventor e colaborador em tais questões" (I, 7, 1098a 24); desse modo, Aristóteles permite um bom vislumbre em seu próprio método de trabalho. De fato, todo o desenho seguinte da ética é explicação e ampliação da definição dada nesse ponto. Isso vale especialmente para os dois componentes da definição, a saber, a "alma" e a "capacidade" ou então a "virtude".

Quanto ao conceito "alma", Aristóteles empreende – modificando doutrinas platônicas – uma diferenciação das partes da alma, de tal modo que tanto a parte irracional quanto a parte racional são subdivididas uma vez mais. Na parte irracional, diferencia-se entre um componente puramente nutridor-vegetativo e um componente desejante e anelante que dá ouvidos à parte racional. Até esse ponto, há concordância com Platão. Mas então também a parte racional é subdividida em um componente "que dá ouvidos" e a parte racional propriamente dita. Nesse esquema, evidentemente o componente superior da parte irracional e o componente inferior da parte racional confluem.

No espaço intermediário que assim surge Aristóteles assenta as virtudes éticas. Indo além de Platão, para o qual todas as virtudes são formas do conhecimento, Aristóteles diferencia duas espécies de virtudes, as éticas e as dianoéticas, que são virtudes puramente intelectuais, que correspondem à parte superior da alma. Assim está delineada a estrutura restante da ética. Os livros de II a V tratam das virtudes éticas, o Livro VI das virtudes dianoéticas.

Entre essas distinções Aristóteles situa, ainda no Livro I da *Ética a Nicômaco*, alguns elementos adicionais que ampliam a felicidade plena no sentido do exercício das virtudes, em parte mediante recurso expresso a opiniões tradicionais (I, 8, 1098b 10). Sobretudo dois aspectos desempenham um papel relevante: prazer ou então alegria e uma certa quantidade de bens exteriores. Ao argumentar assim, Aristóteles se esforça por colocar, tanto quanto possível, sua definição de felicidade como bem supremo em sintonia com concepções tradicionais. No caso do "prazer" ou da "alegria" (a palavra grega ἡδονή [*hedoné*] designa as duas coisas) isso é evidente. Aristóteles integra esse aspecto – do prazer ele tratará extensamente mais tarde –, inserindo-o nas ações feitas em conformidade com a virtude e chamando de prazerosas as ações moralmente apreciáveis como tais (I, 9, 1099a 21). Quem não sente alegria pelos atos justos, quem não sente prazer em ser generoso, não pode ser chamado de feliz. Por trás disso, encontra-se uma afirmação da vida admirável para Aristóteles em vista do seu próprio destino, como se encontra expressa de modo enfático nas seguintes palavras: "Pois a vida também é prazerosa em si mesma" (I, 9, 1099a 7), em contraste com a atitude pessimista de Platão que relativiza a vida terrena diante de sua orientação no além.

Distante de todo e qualquer rigorismo, Aristóteles pode então também perfeitamente conceder que a felicidade necessita de uma certa quantidade de bens exteriores (I, 9, 1099a 31-b 8). Quem está totalmente sem meios, quem está inteiramente só, não tendo amigos nem família, não pode ser chamado de feliz. Para isso, é preciso que haja circunstâncias favoráveis, literalmente: que faça "bom tempo" (εὐημερία [euemería], I, 9, 1099b 7).

Por fim, Aristóteles retoma, uma vez mais, a determinação de que só se pode falar de vida feliz levando em conta o decurso inteiro da vida. É preciso realmente esperar o fim antes que se possa chamar alguém de feliz? Aristóteles é suficientemente pragmático para relaxar esse postulado, já que, justamente de acordo com a sua definição, a felicidade resulta do agir e, assim, não apenas diante da morte. Pelo visto foi exatamente em torno dessa questão que houve uma animada discussão. Seguidamente Aristóteles indica que, quanto a esse aspecto, persistem objeções e aporias (I, 10, 1100a 18 e 21).

Desse modo, foi apresentada e fundamentada a concepção básica da ética. Porém, só se pode falar de uma ética em sentido pleno depois que o conceito principal da *areté* ("virtude", "capacidade") tiver sido explicitado com mais detalhes.

VIRTUDES ÉTICAS I

Em seguida, discute-se o que a virtude (*areté*) de fato é e sob que pressupostos ela está à disposição do ser humano. Nesse momento, ficamos sabendo também o que Aristóteles entende por *êthos* (como palavra básica da ética): uma postura básica firme do caráter que resulta da habituação. É possível mostrar isso de modo mais plausível em grego, dado que a palavra grega para "hábito" é *éthos* (ἔθος, com ĕ breve), ao passo que *êthos* (ἦθος, com ē longo) representa seu estágio estendido, de modo que o caminho do hábito até o *êthos* é o do *ĕthos* até o *ēthos*.

Aristóteles argumenta que hábito é uma categoria antropológica que não se encontra no âmbito da natureza. Uma pedra levantada sempre cairá; nenhum hábito conseguirá fazer com que suba. No caso do ser humano, o que é dado pela natureza é meramente ter a aptidão de alcançar uma capacidade por meio da habituação incessante, como, por exemplo, no aprendizado de um instrumento. Portanto, a pessoa se torna justa por meio do agir justo em uma série de ações individuais e analogamente se torna prudente por meio de um agir prudente no sentido de uma postura básica afirmada como resultado de um hábito. Esse processo que se efetua em meio à sociedade, requer – assim argumenta Aristóteles – um modo de exposição que leva em conta adequadamente a amplitude de oscilação no âmbito do agir humano.

Na determinação mais precisa da virtude ética, Aristóteles vai além de Platão em muitos aspectos. Em primeiro lugar, a virtude está isenta de toda e qualquer fundamentação ontológica. A ética de Aristóteles não possui uma metafísica explícita. Em segundo lugar, a exposição não está mais concentrada nas quatro virtudes cardeais, mas em uma quantidade maior de virtudes de âmbitos bem diferentes entre si. Por fim, o específico da virtude ética reside em que ela constitui o meio-termo entre dois extremos, sendo que esse meio-termo não representa uma média no sentido de uma retenção das forças e possibilidades, mas representa, ao mesmo tempo, um termo máximo. Aristóteles explica isso, valendo-se do exemplo da saúde, que é destruída pelos dois extremos representados por subnutrição e glutonaria. De acordo com isso, tudo que possui valor está em oposição aos extremos que, por sua vez, também estão em oposição entre si. Nesse caso, o meio-termo não é o ponto central calculado de modo geometricamente preciso. Se a valentia constitui o meio-termo entre os extremos representados pela covardia e pela temeridade, então ela se encontra um pouco mais próxima da temeridade do que da covardia. Com essa concepção, Aristóteles transformou a ética popular do meio-termo, bem como a fundamentação ontológica de Platão para o meio-termo como valor máximo entre extremos em um "sistema" próprio e consistente em si mesmo, que estabelece uma consonância entre a teoria do meio-termo e o caráter impreciso do agir humano. Nessa linha, a concepção do meio-termo não se aplica a todo e qualquer agir; ela não se aplica, por exemplo, a assassinato, roubo e adultério, que não possuem um meio-termo que valha a pena almejar; ela se aplica tão somente a ações que representam um valor. Desse modo, Aristóteles acaba chegando a uma definição de virtude ética:

> Mas a virtude é uma postura fundada na decisão, uma postura que se encontra em um meio-termo, mais precisamente, no meio-termo em relação a nós, determinado pela ponderação (correta) e, assim, como alguém circunspecto a determinaria (*Ética a Nicômaco* II, 6, 1106b 36).

Nessa formulação, sente-se (inclusive na tradução) o empenho por evitar toda e qualquer fixação rígida, inadequada ao âmbito do agir humano, sem descambar para o descomprometimento vago. Essa definição é preenchida concretamente com conteúdo por meio da denominação de doze virtudes éticas com seus respectivos extremos em forma de tabela.

Meio-termo	Falta	Excesso
Valentia (ἀνδρεία [*andréia*])	covardia	temeridade
Prudência (σωφροσύνη [*sophrosýne*])	estupidez	libertinagem
Liberalidade (ἐλευθερία [*eleuthería*])	avareza	prodigalidade
Magnificência (μεγαλοπρέπεια [*megaloprépeia*])	mesquinhez	mau gosto / vulgaridade
Magnanimidade (μεγαλοψυχία [*megalopsychía*])	pusilanimidade	presunção
Amabilidade (πραότης [*praótes*])	irascibilidade	falta de irascibilidade
Sinceridade (ἀλήθεια [*alétheia*])	jactância	ironia
Desenvoltura (εὐτραπελία [*eutrapelía*])	inflexibilidade	bufonaria
Amizade (φιλία [*philía*])	bajulação	belicosidade
Pudor (αἰδώς, [*aidós*])	timidez	impudência
Indignação (νέμεσις [*némesis*])	má intenção	malevolência
Justiça (δικαιοσύνη [*dikaiosýne*])	–	–

Mal se percebe por essa tabela que Aristóteles está lutando pela expressão correta. Várias vezes ele diz que, em alguns casos, ainda não se dispõe de conceitos correntes para caracterizar o meio-termo e sobretudo os extremos, para, então, fazer ele próprio uma proposta[7]. Ademais, o texto mostra claramente indícios da exposição oral. Aristóteles parte de uma tabela (διαγραφή [*diagraphé*], II, 7, 1107a 33), que seus ouvintes evidentemente tinham diante de si. Mas as unidades expositivas estão tão eivadas de observações à margem e interpolações que a visão geral do conteúdo é prejudicada, o que não seria imaginável em uma forma concebida por escrito. Assim sendo, fica simultaneamente claro que a *Ética a Nicômaco* não foi polida pela mão de um redator, mas, na forma em que está aí, reproduz o tom original de Aristóteles.

Esse primeiro giro pelas virtudes éticas é concluído mediante algumas observações gerais que, por sua vez, recorrem fortemente ao uso linguístico. Assim, os extremos relacionados entre si e com o meio-termo são submetidos a uma relativização pela linguagem. No uso da linguagem, para o covarde, o valente parece alguém arrojado; para o sovina, o generoso parece um esbanjador. Ademais, às vezes o meio-termo de fato está mais próximo de um dos extremos do que do outro, de modo que os opostos podem ter formatos diferentes na relação com o

---

7. Curiosamente a *Ética a Eudemo* está livre desse empenho pela conceitualidade. A tabela é exibida e aclarada com sobriedade. Não há nenhum tipo de busca ou vacilo. Essa é uma das razões que me fazem duvidar da autenticidade da *Ética a Eudemo*, contrariando a *communis opinio* ["opinião comum"].

meio-termo. Em decorrência disso, é difícil fixar e encontrar, no caso particular, o meio-termo no que se refere à pessoa, à dimensão, ao tempo e à finalidade.

VOLUNTARIEDADE, DECISÃO, RESPONSABILIDADE

No Livro III da *Ética a Nicômaco*, Aristóteles desenvolve análises complementares visando a realização da virtude. O primeiro problema tratado é o da voluntariedade[8]. Fica claro que estamos diante de uma ação virtuosa somente se ela for efetuada voluntariamente. Quem só faz alguma coisa boa sob coação ou violência não age virtuosamente. Aristóteles, porém, não se limita a essa máxima simples e convincente, mas avança para uma análise fundamental do fenômeno, que é mais complexo do que se pensa a princípio. Pois há casos-limite. Um tirano que tem as crianças ou os pais em seu poder ordena um crime. Devemos praticá-lo para salvar as crianças ou os pais? Como se deve avaliar tal ação? Ou: um capitão de navio manda jogar ao mar um carregamento valioso (o que nenhuma pessoa sensata faria normalmente) para salvar o navio em meio a uma tempestade. Essa ação foi voluntária ou acarretada pelas circunstâncias? Pelo visto, há formas mistas, cujo caráter voluntário depende do momento e das circunstâncias da ação. Em todo caso, uma ação é tida como involuntária quando sua origem está situada fora do agente.

Uma ação a ser especialmente valorizada está dada quando o agente leva em conta consciente e voluntariamente dores ou outros incômodos. Ao lado da limitação da voluntariedade pela violência, Aristóteles também vislumbra uma forma de involuntariedade na insciência, por exemplo, a respeito do fato de que uma suposta poção curativa é feita de veneno ou a respeito do fato de que o inimigo é o próprio filho. Aristóteles não deixa valer as seduções do prazer como circunstância atenuante da imputabilidade. Em suma: no âmbito da voluntariedade e da involuntariedade, não existe apenas a alternativa pura, mas também ações mistas, ações voluntárias com parcela involuntária e vice-versa. Aristóteles ilustra as diferentes opções com exemplos da vida diária e citações da tragédia. Nessa linha, a questão da imputabilidade também adquire uma dimensão jurídica, que, no entanto, não se impõe na argumentação. Muito antes, na diferenciação entre ações voluntárias, não voluntárias e involuntárias trata-se sempre da inferência do *êthos* do agente. É por isso que, na discussão da voluntariedade, os

---

8. Cf. Rapp, C., Freiwilligkeit, Entscheidung, Verantwortlichkeit, in: Höffe, O., (ed.), 1995, 109-133.

sentimentos também desempenham um papel, e isto não só antes, mas também depois da ação. Se depois da ação se instaurarem sentimentos de pesar ou até de dor, a situação não intencionalmente ocorrida não é resultado de uma ação voluntária em sentido pleno.

Uma determinação mais precisa do agir em relação ao *êthos* resulta da discussão do conceito de "decisão" (προαίρεσις [*proáiresis*], literalmente: "preferência", III, 4-5). Um agir eticamente relevante é sempre resultado de uma decisão. Esta é voluntária, mas nem tudo que é voluntário é objeto de decisão, mas apenas aquilo "que está ao nosso alcance" (ἐφ' ἡμῖν [*eph' hemîn*], III, 4, 1111b 30). Porém, isso nem de longe abrange tudo que diz respeito ao ser humano, mas apenas aquilo que o ser humano é capaz de configurar e, portanto, não se aplica a questões matemáticas, como a comensurabilidade de diagonais e quadriláteros, nem a leis da natureza, como solstícios e o despontar dos astros, tampouco a forças da natureza, como períodos de seca e de chuvas, ou mesmo a puras disposições do acaso. A decisão tampouco se aplica a tudo que se possa querer, como, por exemplo, a saúde, mas aos passos a serem dados nessa direção e aos meios para chegar lá, e isto mediante deliberação planejadora. Nenhum médico delibera sobre se deve ou não curar, mas escolhe os meios que levam à meta, à cura. Do mesmo modo, nenhum estadista (sensato) delibera sobre se deve ou não criar um Estado bem-ordenado, mas decide adotar certas medidas para atingir a meta. A "decisão" se refere, portanto, à escolha dos meios e não aos fins. Mas também nesse ponto Aristóteles continua delimitando o problema. Uma decisão só é apropriada se puder ser executada. A realização de certos projetos sensatos e eticamente valiosos requer dinheiro que não há como conseguir; nesse caso, tais projetos não podem se tornar objeto de decisão. Contudo, pode-se planejar a ajuda de amigos no curso de uma decisão; amigos são como aquilo que nos é próprio. De modo global, vale o seguinte: a origem da deliberação que leva a uma decisão tem de estar dentro de nós mesmos. Nesse processo, a deliberação que precede uma decisão também precisa ter um fim. Quem delibera infinitamente jamais chegará a uma decisão. Assim, Aristóteles define a "decisão" como "um buscar deliberado daquilo que está ao nosso alcance, sendo que tomamos uma decisão com base em deliberações e em seguida buscamos aquilo de acordo com a deliberação (precedente)" (III, 5, 1113a 12).

Se o ato de decidir que leva ao agir sempre diz respeito só aos fins, isso poderia causar a impressão de que, na opinião de Aristóteles, os fins estariam fora do raio de ação do ser humano e que este, em última análise, não seria responsável pelos fins do seu agir. Não pode ser isso que ele está querendo dizer. Entre os pressupostos básicos da ética aristotélica figura este: que o ser humano se decide por um determinado modo de vida e, desse modo, por um intento fundamental de sua vida (*Ética a Nicômaco* I, 3, 1095b 20). Porém, no caminho até o fim último, o ser humano estipula fins intermediárias para cada ação individual concreta e decide-se, então, por determinados passos para alcançar esse fim, que desse modo está estipulada e não é mais questionada. O ser humano é tão responsável pelo fim desejado quanto pelos passos a serem dados para alcançar o fim da decisão tomada (III, 7, 1113b 3-5). Nesse contexto, reveste-se de enorme significado, cujo alcance foi apenas indicado por Aristóteles, a seguinte proposição: "Sempre que formos capazes de agir também seremos capazes de não agir" (III, 7, 1113b 7-8). O não agir em uma situação que exige um agir é chamado por Aristóteles de "vergonhoso", e vale a pena refletir sobre essa avaliação que está fundada de modo totalmente consequente no sistema ético de Aristóteles.

AS VIRTUDES ÉTICAS II

Depois de ter definido a virtude como meio-termo entre dois extremos, enumerado e delineado sumariamente as virtudes éticas no indivíduo e feito determinações adicionais, Aristóteles passa a analisar minuciosamente essas virtudes éticas e seus extremos expressos pelo excesso e pela falta (III, 9-V, 14). Nesse procedimento, algumas características da análise são recorrentes. Assim, Aristóteles diferencia tanto nas próprias virtudes quanto em cada uma de suas formas extremas vários subtipos, como, por exemplo, no caso da valentia, a valentia no campo de batalha (que é destacada em primeiro lugar) e a coragem cívica e seus subtipos. Ao tratar das "virtudes cardeais" (ou seja, valentia, prudência e justiça), a discussão com Platão não está em primeiro plano, mas é perceptível apenas em alusões. Além disso, ele ilustra as virtudes individuais esboçando caracteres de "tipos de situação"[9], em um formato que não se encontra em Platão. Porém, eles estão em consonância com uma tendência da época, que pode ser encontrada, por exemplo, na comédia intermediária contemporânea e logo depois na comédia nova (Menandro, *Dyskolos* = "O misantropo", segunda metade do século IV a.C.). Os *Caracteres* de Teofrasto também têm seu ponto de partida no esboço das formas extremas das virtudes éticas. Algumas coisas são apenas sugeridas. De modo totalmente repentino aparece a observação

---

9. Höffe, O., *Aristoteles*, 1996, 225.

meio assustadora de que há "coisas temíveis que transcendem o humano" (III, 10, 1115b 7), ou seja, algo mais terrível do que um ser humano pode suportar. Aristóteles não diz no que estava pensando. Os comentaristas antigos mencionam catástrofes naturais, como terremotos, dilúvios ou similares. Hoje em dia podemos ter essa mesma sensação.

Extraordinária é a caracterização do "longânime" ou "magnânimo" (μεγαλόψυχος [*megalópsychos*]), que em tempos idos (1931) foi traduzida e apreciada por Werner Jaeger pelo "significado exemplar desse trecho [...] para a essência do ser humano antigo e da cultura antiga de modo geral"[10]. E de fato, no "magnânimo" se concentra a essência de todas as virtudes.

> Se realmente for digno do que é mais sublime, o magnânimo deve ser um homem da máxima excelência. [...] De modo algum, seria condizente com ele empreender a fuga desabalada, [...] muito menos cometer alguma injustiça. [...] Sua postura será de moderação diante da riqueza, do poder e de toda e qualquer felicidade ou infelicidade, não importando como venha a suceder; ele não se alegrará além da conta nos dias bons nem se entristecerá demasiadamente nos dias ruins. [...] Ele gosta de prestar benefícios, mas se envergonha de recebê-los, pois aquilo é sinal de superioridade, isto é sinal de dependência. [...] O magnânimo também é famoso por ter boa memória das pessoas a quem prestou benefícios, mas não dos benefícios recebidos. [...] É característico do magnânimo nunca ou só a contragosto pedir algo a alguém, mas estar sempre pronto a ajudar. Diante de pessoas de posição elevada e bem de vida ele é o homem altivo, ao passo que na presença das pessoas comuns ele não faz questão de sua superioridade. [...] Ele demonstra abertamente o ódio e demonstra abertamente o amor, pois a dissimulação é prova de medo. [...] Ele tampouco é ressentido, pois não condiz com o magnânimo lembrar-se de todas as coisas, especialmente das ruins, mas antes relevá-las. Ele não é de muita conversa, pois não gosta de falar sobre si nem sobre algum outro [...]. O magnânimo tem um jeito calmo de mover-se, voz profunda e linguagem comedida, pois quem se empenha com seriedade por poucas coisas não tem necessidade de se precipitar (*Ética a Nicômaco* IV, 7, 1123b 1-1125a 25; traduzido a partir da tradução para o alemão de W. Jaeger).

Deparamo-nos com uma imagem ao mesmo tempo ideal e real do ser humano. O ideal não é mais um herói mítico como Ájax ou Aquiles, não é mais o membro da nobreza arcaica, vinculada a posição social e posse, nem o cidadão

---

10. JAEGER, W., 1931. Plausível é a opinião de LIATSI, M., 2011, 43-60, demonstrando a *megalopsychía* como suprassumo de todas as virtudes éticas.

da *pólis* da época de Péricles; o ideal passou a ser um representante da sociedade civil aberto para o mundo, cujos traços essenciais parecem sobressair-se às demais virtudes éticas, como expostas por Aristóteles.

Porém, a magnanimidade também é um atestado da busca de Aristóteles por ampliar o círculo das virtudes éticas na direção do relacionamento sociável, como já fica especialmente claro ao tratar das virtudes "sinceridade", "amizade" e "desenvoltura". Aqui também se sente o universalmente humano dissociado de toda e qualquer limitação a determinado modelo de Estado. Isso ganha expressão especialmente no caso da virtude da "desenvoltura".

> A vida ativa é interrompida por períodos de repouso, nos quais o lazer e o entretenimento têm seu lugar. E também nesse caso há uma fineza das formas de relacionar-se, um senso correto para aquilo que se diz ou escuta, e também para o modo como se faz isso. Nesse caso, também faz toda diferença em que companhia se fala ou se escuta algo. De qualquer modo, está claro que também nesse ponto existe um ir além e um ficar aquém da medida certa. Quem ultrapassa os limites do divertido é tido como bufão e vulgar. Ele corre atrás do ridículo a qualquer preço. Ele dá mais valor a provocar o riso nas pessoas do que fazer uma boa graça, evitando que o implicado se sinta ofendido. O oposto disso é representado por aqueles que são incapazes de fazer qualquer graça e que fazem cara feia quando alguém conta uma piada. Esses são rudes e de difícil trato (*Ética a Nicômaco* IV, 14, 1127b 33-1128a 9).

Nesse tipo de análise dos modos humanos de ser, facilmente se perde de vista a perspectiva superior, a questão da felicidade, que é alcançada por meio da efetivação das virtudes. E, de fato, a tendência da filosofia pós-aristotélica é a autonomização dos aspectos parciais, do que os *Caracteres* de Teofrasto oferecem um exemplo expressivo. Um rico repositório dessa espécie de caracterização de tipos é formado também pela comédia contemporânea – cujas obras perderam-se em sua maioria –, à qual Aristóteles se reporta expressamente: "Pode-se ver isso também na comédia antiga e na comédia nova" (IV, 14, 1128a 22).

Curiosamente Aristóteles não trata da virtude da "piedade" (εὐσέβεια [*eusébeia*]), firmemente enraizada no pensamento grego mais antigo e também inteiramente integrado por Platão, embora ela pudesse ser perfeitamente enquadrada na determinação da virtude enquanto meio-termo entre a impiedade e a beatice. Porém, o caráter imanente, esclarecido da ética aristotélica deixa a *eusébeia* de lado. A palavra (na forma do substantivo) não ocorre nenhuma vez em toda a obra de Aristóteles.

JUSTIÇA

Com o tema da justiça, que preenche todo o Livro V da *Ética a Nicômaco*, retornamos ao âmbito das virtudes cardeais tradicionais[11]. Seria de se esperar que Aristóteles travasse uma longa discussão crítica com o conceito platônico de justiça, como este é desdobrado sobretudo na *República* (*Politeia*). Porém, não é o que acontece. Inclusive é notável que se evite fazer qualquer referência a essa temática central para a filosofia platônica. De fato, Aristóteles parte da tradição antiga, segundo a qual a justiça é o suprassumo de todas as virtudes. Ele cita o verso de Teógnis: "Na justiça se resume toda a virtude" (147) e o provérbio: "Nem a estrela vespertina nem a estrela matutina são tão maravilhosas" (V, 3, 1129b 28-30). E ele próprio também determina a justiça como "virtude perfeita". Mas exatamente nesse ponto começa o problema. Ao querer enquadrar a justiça no sistema global das virtudes éticas, ela precisa representar um meio-termo entre dois extremos e, enquanto fenômeno parcial, deve-se poder delimitá-la em relação às demais virtudes éticas. Assim, Aristóteles diz expressamente que, ao tratar da justiça, ele quer "valer-se do mesmo método usado nas discussões anteriores" (V, 1, 1129a 3). De modo correspondente, ele também designa a justiça como um "meio-termo", mas, nesse caso, menciona primeiramente apenas um extremo, a injustiça, ao passo que se poderia perfeitamente imaginar o outro extremo, que Aristóteles não menciona, talvez no sentido de um legalismo meticuloso. Porém, o problema principal reside na integração da justiça no sistema global das virtudes éticas. Com essa finalidade, Aristóteles diferencia uma justiça universal de uma justiça particular. Sobe a justiça universal ele diz: "Essa justiça não é uma parte da virtude, mas a virtude em toda a sua amplitude". Essa justiça universal é tratada de modo notavelmente breve nos três primeiros capítulos do Livro V da *Ética a Nicômaco*. Sobre seu conteúdo pouco se diz, além de que consiste na observância das leis, dado que as leis induzem a portar-se de modo valente, ponderado e moderado e, de modo geral, tornar efetivas todas as virtudes éticas. Nesse texto, Aristóteles não entra em detalhes quanto à dimensão filosófica desse conceito abrangente de justiça, principalmente porque se encontra muito distante da concepção platônica de uma justiça de raiz transcendental que atua pela interação dos componentes da alma no ser humano individual e, em analogia a isso, pela interação das classes sociais no Estado[12].

---

11. Cf. Bien, G., Gerechtigkeit bei Aristoteles, in: Höffe, O., (ed.), 1995, 135-164.
12. Provavelmente Aristóteles se ocupou criticamente com a concepção platônica de justiça nos quatro livros do seu diálogo *Sobre a justiça*, só que nada se conservou dele. Cf. Flashar, H., in: *Werke*, 20, I, 2006, 80-83, 209-213.

O que lhe interessa bem mais é a justiça particular: "Buscamos a justiça, na medida em que ela constitui uma manifestação parcial da virtude (abrangente)" (V, 4, 1130a 14). Aristóteles subdivide essa justiça particular em uma justiça distributiva e uma justiça corretiva. A justiça distributiva diz respeito à distribuição de cargos e atribuições de poder, bem como de dinheiro dos recursos públicos entre os cidadãos. É perfeitamente plausível que, nesse processo, a justiça apareça como meio-termo, já que justamente no ato de "distribuir" pode ocorrer um excesso (por exemplo, acumulação de cargos) e uma falta (retenção de subvenções). Aristóteles encara essa forma da justiça como uma "igualdade" no sentido de uma relação proporcional. Tanto quem dá e quem recebe quanto o bem a ser dado e recebido encontram-se em uma relação analógica, mais especificamente, no sentido da "proporcionalidade" (V, 6, 1131a 24), consistindo uma das dificuldades no fato de cada uma das diversas formas de Estado entender por proporcionalidade uma coisa diferente.

A segunda forma básica da justiça particular, a justiça corretiva, diz respeito a relações contratuais do tipo interpessoal. Nesse grupo, Aristóteles diferencia entre relações de negócio voluntárias e involuntárias. Entre as voluntárias figuram compra, venda, locação, empréstimos e penhores, entre as involuntárias a violação de relações contratuais e similares às contratuais mediante roubo, adultério, assassinato, perjúrio etc. As relações de negócio voluntárias tratam da justiça da troca. A justiça reina, no caso de uma relação justa, entre necessidade e satisfação da necessidade com base na igualdade não entre as pessoas (estas têm de ser desiguais; dois médicos não constituem uma comunidade de demanda), mas entre produto e contrapartida. Para tornar essa relação mensurável, inventou-se o dinheiro (V, 8, 1133b 12), que, apesar de oscilar em seu valor corrente, representa um garante (literalmente: fiador, ἐγγυητής [*engyetés*]) da mensurabilidade das mercadorias, apresentando a vantagem adicional de que a troca de produto e contrapartida não precisa ocorrer ao mesmo tempo, como é o caso na troca direta de mercadorias. Fica claro que, com esses raciocínios, Aristóteles pensa mais nos fatos relativos ao direito e à violação do direito do que na justiça como mentalidade virtuosa. Isso se dá também no caso das relações de negócio "involuntárias". Existe aí uma justiça corretiva administrada pelo judiciário. O juiz, como homem do meio-termo e personificação da justiça, diante da distribuição injusta de ganhos ou prejuízos, precisa empreender uma compensação, restabelecendo a igualdade e, desse modo, a justiça por meio de punições ou outras disposições. Chama a atenção que Aristóteles expressa essa ideia relativamente fácil de entender de um modo bastante intrincado por meio de calculações complexas; aliás, todo o Livro V da *Ética a Nicômaco* está eivado de interpolações e observações laterais, prejudicando sua legibilidade. Tanto que a importante diferenciação entre direito natural e direito escrito (da *pólis*) mal é tangenciada (V, 10, 1134b 18-1135a 15).

Em todo caso, Aristóteles está empenhado em cobrir todas as facetas de negócios e contratos de todo tipo, bem como sua violação, incluindo também questões específicas, como, por exemplo, se é possível a alguém cometer injustiça contra si mesmo, se é possível a alguém sofrer injustiça voluntariamente etc. Tudo isso é juntado e subsumido sob a categoria da virtude ética como meio-termo, e assim, para ele, a "efetivação da justiça é o meio-termo entre cometer injustiça e sofrer injustiça" (V, 9, 1133b 3).

Por fim, Aristóteles acrescenta um capítulo sobre a "equidade" (ἐπιείκεια [*epiéikeia*]) (V, 14), sendo que a tradução alemã por *Billigkeit* = "modicidade, comedimento" é um tanto problemática (Dirlmeier traduz: "bondade na justiça"). A questão mesma revestiu-se de grande importância para o pensamento jurídico romano e, desse modo, europeu, exercendo enorme influência sobre ele. Cícero transmitiu para esse fenômeno o dito evidentemente proverbial: *summum ius summa iniuria* ("o direito mais rigoroso pode redundar na pior injustiça") (*De officiis* I, 33), que Kant caracterizou como "ditado da equidade por excelência" em seu *Anexo à Introdução à doutrina do direito*[13]. Aristóteles conhece perfeitamente essa forma da equidade que se afasta da interpretação pedante e literal da lei (V, 14, 1138a 1). De modo global, porém, ele está mais propenso a restringir o espaço de manobra da equidade. A equidade se aplica como uma espécie de cláusula geral quando há lacunas na lei, a qual não pode prever todos os casos individuais e especiais. Assim, a equidade vigora como "corretivo da lei, no ponto em que ela apresenta lacunas por causa do seu caráter geral" (V, 14, 1137b 26-27). Ela torna efetiva a intenção do legislador e, por conseguinte, constitui o melhor direito.

AS VIRTUDES DIANOÉTICAS

No primeiro Livro da *Ética a Nicômaco*, Aristóteles havia chamado as excelências da essência associadas à parte racional da alma de "virtudes dianoéticas" (II, 3, 1103a 5), justapondo-as às virtudes éticas no início do Livro II. De modo

---

13. Cf. STROUX, J., *Römische Rechtswissenschaft und Rhetorik*, Potsdam, 1949, 7-80.

correspondente, espera-se agora uma análise das virtudes dianoéticas (intelectuais/cognitivas). E é isso que ele faz, mas de modo diferente do que fizera com as virtudes éticas. Em primeiro lugar, Aristóteles não determina as virtudes dianoéticas como meio-termo entre dois extremos, embora fosse possível imaginar isso no caso individual (tolice – inteligência – presunção). Além disso, ele trata das virtudes dianoéticas de modo relativamente breve; somente à "inteligência" (φρόνησις [*phrónesis*]) é concedido bastante espaço. Isso está relacionado com o fato de que Aristóteles não quer propriamente apenas enumerar as virtudes dianoéticas, mas buscar entre elas a virtude capaz de conduzir o agir ético. Para isso, ele faz uma diferenciação dentro da parte racional da alma: o critério é se a faculdade da alma se refere ao eterno e imutável ou ao mutável e, desse modo, ao mundo do agir. Com base nisso, ele enumera cinco virtudes dianoéticas:

Saber técnico (τέχνη [*téchne*]) –	voltado para o mutável
Conhecimento científico (ἐπιστήμη [*epistéme*]) –	voltado para o imutável
Inteligência (φρόνησις [*phrónesis*]) –	voltada para o mutável
Sabedoria (σοφία [*sophía*]) –	voltada para o imutável
Pensamento (νοῦς [*noûs*])–	voltado para o imutável

As traduções desses conceitos (para o alemão/português) devem ser entendidas como meras aproximações; assim, o termo τέχνη [*téchne*] também é traduzido por "arte", φρόνησις [*phrónesis*] por "percepção moral" ou "senso prático", νοῦς [*noûs*] por "entendimento intuitivo" etc.

O procedimento de Aristóteles consiste, então, em eliminar, por meio de reiteradas investidas e exposições que por vezes se estendem a perder de vista, as virtudes dianoéticas que, enquanto faculdades da parte racional da alma, não podem constituir ponto de partida nem norma do agir ético. Isso atinge, em primeiro lugar, o grupo: "conhecimento científico", "sabedoria", "pensamento", que se referem ao eterno e imutável e ocasionalmente também a coisas passadas. É que o agir ético tem a ver com o presente, "ninguém se propõe a ter destruído Troia" (VI, 2, 1139b 6). Especialmente interessantes na argumentação são observações lançadas inopinadamente, como esta: "é impossível que o que passou não tenha acontecido" (VI, 2, 1139b 8) ou: "Há coisas que, por sua natureza, são mais divinas do que o ser humano" (VI, 7, 1141b 1) ou: "Pessoas jovens pode ser conhecedoras de geometria, matemática e disciplinas semelhantes, a ainda assim não serem inteligentes (no sentido da efetivação das virtudes éticas)" (VI, 5, 1142a 12). Aliás, é notável como se fala pouco nesse livro sobre o "pensamento" (νοῦς [*noûs*]), embora em outros contextos esse conceito desempenhe um papel importantíssimo para Aristóteles. Exatamente nesse livro, as citações extraídas de poetas (Homero, Eurípides, Ágaton) temperam a argumentação; ocasionalmente o estilo se torna sublime: "Assim, sabedoria, pensamento e ciência, tomados em conjunto, constituem, como uma cabeça sobreposta à outra, a ciência das coisas mais veneráveis" (VI, 7, 1141a 18-20).

Depois de excluídas essas formas sublimes do conhecimento, voltadas para o eterno, restam apenas duas virtudes dianoéticas que se referem ao mutável e, desse modo, ao mundo do agir: "saber técnico" (τέχνη [*téchne*]), "inteligência" (φρόνησις [*phrónesis*]). Nesse ponto, aplica-se, então, a importante diferenciação entre "agir" (πρᾶξις [*práxis*]) e "fabricar" (ποίησις [*póiesis*]). "Fabricar" não é fim em si, mas é sempre conferir forma a algo. Ele é conduzido pelo "saber técnico", que consiste em uma postura básica fixa, que visa um fabricar mediante o planejamento correto (VI, 4, 1140a 10). O modelo para esse âmbito é a manufatura e tudo o que hoje denominamos "técnica", pois é assim que se chama essa forma do conhecimento enquanto "saber especializado": *téchne* (τέχνη).

Porém, essa virtude dianoética voltada para uma meta parcial de cunho técnico não pode ser a instância máxima para o agir eticamente valioso. A técnica, por si só, não possui dimensão moral – esta é a noção que está na base da argumentação de Aristóteles.

Em consequência, resta apenas uma virtude dianoética responsável pelo agir eticamente valioso, a "inteligência" (φρόνησις [*phrónesis*])[14]. Ela constitui um conceito de enorme alcance que funciona como fio condutor da ética aristotélica. A dificuldade da interpretação começa com uma tradução adequada. "Noção moral" ou "senso prático" são em parte muito estreitos, em parte podem provocar mal-entendidos. No caso do termo "inteligência" [*Klugheit*], é preciso tirar o foco da paleta de significados ligada à espertez e astúcia e incluir na reflexão o componente ético. Ademais, tanto em Platão quanto em Aristóteles o conceito *phrónesis*, dependendo do contexto, pode significar tanto a contemplação teórica relacionada com o eterno quanto a inteligência prática voltada para o *êthos*[15]. Platão até chegou a usar *phrónesis* uma única vez como conceito que engloba os dois aspectos[16]. Nesse contexto, "a mais bela *phrónesis*" é relacionada com a organização do sistema estatal e do sistema doméstico,

---

14. Cf. Ebert, T., Phronesis. Anmerkungen zu einem Begriff der aristotelischen Ethik (VI 5 und 8-13), in: Höffe, O., (ed.), 1995, 165-185. Cf. ainda: Flashar, H., 1989.

15. *Fédon* 79d, *República* VI, 505b 10 *passim*. Em sentido puramente teórico em Aristóteles: *Tópicos* VIII, 14, 163b 9 s.; *Ética a Eudemo* I, 1, 1214a 32 s. *passim*.

16. *O Banquete* 209a.

sendo que, no sentido platônico, portador da *phrónesis* é considerado aquele que contemplou a ideia do bem.

Porém, no Livro VI da *Ética a Nicômaco*, Aristóteles enfatiza ao máximo que a inteligência caracterizada como *phrónesis* se refere exclusivamente ao âmbito do agir, no qual estão alocadas as virtudes éticas. Assim, ele define a *phrónesis* como "atitude básica associada ao planejamento correto no que se refere ao agir no âmbito dos bens humanos" (VI, 5, 1140b 20 s.). Mas se perguntarmos por uma instância objetivadora como fundamentação última dessa *phrónesis*, que para Platão é a ideia do bem, obtemos de Aristóteles respostas que soam um tanto vagas. É preciso fazer as coisas como estipuladas pelo "*Logos* correto" ou "*Logos* verdadeiro", ou seja, pelo planejamento correto ou a ponderação correta. Esses "planejamentos corretos ou ponderações corretas" comandam como "eminências pardas"[17] toda a ética aristotélica[18]. Trata-se de regras inquestionáveis, extraídas da experiência e da tradição, cuja observância leva à decisão correta para a efetivação das virtudes éticas. Aristóteles pensa que o saber a respeito de entidades transcendentais não acrescenta nada à capacidade de efetivação das virtudes éticas (VI, 13, 1143b 24). Não obstante, a *phrónesis* enquanto inteligência prática não está acima da sabedoria (σοφία [*sophía*]), que corresponde à faculdade mais apreciável da alma em nós.

O Livro VI da *Ética a Nicômaco* tornou-se filosoficamente significativo na atualidade como um dos pilares da hermenêutica, sendo que o conceito *phrónesis* volta a estar no centro. O ponto de partida foi um seminário evidentemente estimulante oferecido por Martin Heidegger no segundo semestre de 1923 em Friburgo (pouco antes de ser chamado para Marburgo, o que aconteceria no semestre seguinte), do qual participaram como estudantes, entre outros, Hans-Georg Gadamer e Joachim Ritter[19]. Nesse seminário, teria havido um empenho pela tradução dos conceitos para designar as virtudes dianoéticas. No caso da *phrónesis*, Heidegger teria acentuado a "determinidade do instante" e a teria caracterizado como "circunspecção cuidadosa". Por fim, para admiração dos participantes do seminário, ele teria exclamado enfaticamente que *phrónesis*

---

17. Cf. FREDE, D., Auf Taubenfüßen, in: CORCILIUS; RAPP (ed.), 2008, 105-121.

18. I, 1, 1095a 10; I, 6, 1098a 7; II, 2, 1103b 32; II, 6, 1107a 7; III, 8, 1114b 29; III, 15, 1119a 20; III, 15, 1119b 15-18; IV, 2, 1120a 25; IV, 5, 1122b 29; V, 15, 1138a 10; VI, 1, 1138b 20; VI, 1, 1138b 33; VI, 4, 1140a 10; V, 5, 1140b 20.

19. Devo a informação sobre esse seminário a uma comunicação pessoal de GADAMER, H.-G., que vai além daquilo que ele publicou em suas memórias (*Gesammelte Werke*, v. III, 1987, 199-200).

seria a "consciência", ainda que em um sentido bem determinado, a saber, como "aquilo que dá a entender clamando" e, desse modo, como o franquear da existência através da modalidade do discurso[20]. A base para o seminário de Heidegger deve ter sido um manuscrito de 50 páginas do ano de 1922, que permaneceu incógnito por muito tempo e foi publicado só em 1989, com o título *Phänomenologische interpretation zu Aristoteles (Anzeige der hermeneutischen situation)* [*Interpretação fenomenológica de Aristóteles (Indicativo da situação hermenêutica)*][21], no qual há um breve capítulo sobrescrito "*Eth. Nic. VI*". Nele, Heidegger traduz as cinco virtudes dianoéticas por: (1) "proceder fabricador executante" (τέχνη [*téchne*]); (2) "determinar examinador-deliberador-identificador" (ἐπιστήμη [*epistéme*]); (3) "olhar em volta solícito" e, em outra passagem, "o tratar atuante, solícito" (φρόνησις [*phrónesis*]); (4) "entender que enxerga propriamente" (σοφία [*sophía*]); (5) "puro perceber" (νοῦς [*noûs*]), ao passo que aqui (um ano antes do seminário de Friburgo) a tradução de *phrónesis* por "consciência" ainda não ocorre.

Com essas interpretações, Heidegger visou expressamente a "aclaração da situação hermenêutica", e de fato esse seminário deve ter sido o ponto de partida para a hermenêutica de Hans-Georg Gadamer, tão influente na segunda metade do século XX, que ganhou expressão no livro *Wahrheit und methode* [*Verdade e método*], publicado pela primeira vez em 1960. No capítulo desse livro intitulado *Wiedergewinnung des hermeneutischen grundproblems* [*A retomada do problema hermenêutico fundamental*] consta o seguinte: "Salvo indicações em contrário, iremos nos guiar, no que segue, pelo sexto livro da *Ética a Nicômaco*"[22]. A tensão entre entender e aplicar, existente na mensuração – dada no conceito da *phrónesis* – do papel que a razão deve desempenhar no agir moral, a aplicação de algo universal ao particular, a superação metodológica do isolamento de sujeito e objeto mediante a integração dialética de ambos, porque o próprio agente

---

20. Foi assim que mais tarde (1927) HEIDEGGER a aclarou em *Sein und Zeit* (*Ser e tempo*) (Tübingen, 269-280, ⁶1949). Trad. bras.: *Ser e tempo*, Campinas, Unicamp; Petrópolis, Vozes, 2012. Cf. sobre isso VOLPI, F., "Das ist das Gewissen!" Heidegger interpretiert die Phronesis (*Ethica Nicomachea* VI, 5), in: STEINMANN, M., (ed.), *Heidegger und die Griechen*, Frankfurt, 2007, 167-180. Volpi chama a "espetacular marcha solitária" de Heidegger de "apropriação rapace do ideário filosófico" (de Aristóteles). Cf. sobre isso DENKER, A., et al. (ed.), *Heidegger und Aristoteles*, Freiburg, 2007 (Heidegger-Jahrbuch 3), e, nesse livro, especialmente a contribuição de FIGAL, G., Heidegger als Aristoteliker (53-76).

21. Publicado por LESSING, H.-U., *Dilthey-Jahrbuch*, 1989, 237-269.

22. *Wahrheit und Methode*, Tübingen, 1960, ⁴1975, 297, n. 2. Trad. bras.: *Verdade e método*, Petrópolis, Vozes, ³1999, 468, n. 247.

é atingido por aquilo que ele conhece e decide, e o modo como, por essa via, o problema do método adquire uma dimensão moral – tudo isso são princípios da ética aristotélica que, para Gadamer, constituem modelos e analogias para o problema hermenêutico das modernas ciências do espírito. Isso se comprova na tensão presente na hermenêutica jurídica, teológica e histórica entre o texto a ser entendido (como, por exemplo, uma lei) e aquele que se encontra em uma situação histórica concreta e o entendedor e interpretante implicado na aplicação. Nesse processo, a interpretação de textos sempre está condicionada por interpretações precedentes que precisam ser entendidas e interpretadas de maneira nova a partir da respectiva situação concreta, e isto a tal ponto que, entre o intérprete e seu objeto, acontece uma espécie de "fusão de horizontes". Essas explanações de Gadamer foram vistas, com certa dose de razão, como um antirracionalismo romântico e, em contraposição a isso, defendeu-se uma reabilitação do realismo, no qual o texto a ser interpretado ou aplicado volte a ser uma grandeza para si, em relação à qual o intérprete estabelece uma relação aproximativa, uma relação que se acerca do texto[23]. Isto, no entanto, já transcende Aristóteles.

CONTINÊNCIA E INCONTINÊNCIA

É claro que a pessoa incontinente não pode ser feliz. Só que Aristóteles não tira essa conclusão explicitamente do seu enfoque, mas quer outro ponto de partida para começar (VII, 1, 1145a 15) e, no espaço de nada menos que onze capítulos (cerca de 18 páginas), propõe uma análise da continência e incontinência, que é ignorada pela maior parte das monografias mais recentes sobre Aristóteles[24]. Primeiramente, Aristóteles contrapõe às virtudes três espécies de qualidades ruins do caráter, a "maldade" (κακία [kakía]) como simples oposto de virtude, a "incontinência" (ἀκρασία [akrasía]) e a "animalidade" (θηριότης [theriótes]). A maldade já havia sido tratada nas formas extremas do excesso e da falta correspondentes a cada uma das virtudes; no que segue, fala-se a respeito da incontinência; a "animalidade" fica clara apenas por indicações. Visivelmente ela extrapola o esquema das virtudes como algo "inumano", subumano, cujo oposto é algo heroico, uma espécie de "sobre-humano" dotado de um grau de

---

23. A crítica mais radical à concepção de hermenêutica de Gadamer é feita por Krämer, H., *Kritik der Hermeneutik*, München, 2007.

24. No entanto, cf. Natali (ed.), 2009; Corcilius, K., Akrasie bei Aristoteles. Die erste Aporie, in: Corcilius; Rapp (ed.), 2008, 143-172.

perfeição que supera o parâmetro humano. Pessoas que superam tudo em termos de maldade são caracterizadas com a "designação desonrosa" (VII, 1, 1145a 33) de "animalesco", o que podemos compreender a partir de nossas próprias experiências de brutalidade ou bestialidade. O que nos choca é que Aristóteles tenha incluído nessa categoria também pessoas aleijadas e marcadas pela enfermidade (VII, 1, 1145a 31).

Porém, no que segue, trata-se da continência e da incontinência. O tema adquire relevância especial na discussão acadêmica na esteira do enunciado socrático de que ninguém, estando plenamente ciente das coisas, agiria incorretamente e consequentemente se deixaria dominar por outra coisa. De acordo com isso, não poderia haver propriamente incontinência por parte de uma pessoa que é sabedora de um assunto. De fato Aristóteles menciona o nome de Sócrates duas vezes (VII, 3, 1145b 23, 25), referindo-se sempre ao Sócrates apresentado por Platão. Aristóteles chega a citar nesse contexto o diálogo *Protágoras*[25], de Platão, referindo-se a uma discussão sobre se o saber (ou então o conhecimento) seria algo que conduz e domina ou algo que poderia ser suprimido pela incontinência (*Protágoras* 352b-353b). Portanto, o problema é se alguém é capaz de fazer algo ciente de que é algo ruim.

A posição socrática, segundo a qual a incontinência constitui um agir advindo da insciência, é criticada por Aristóteles. Ela conflita com toda e qualquer experiência e Sócrates deveria ter especificado melhor de que tipo de saber se trata e de onde procede a (suposta) insciência no caso da incontinência. Mas tampouco convence a versão um tanto atenuada, segundo a qual o saber do incontinente seria débil, seria apenas uma "opinião" (δόξα [*dóxa*]), e esta seria subjugada pela tentação pressionadora da incontinência, principalmente porque quem apenas "opina" acredita possuir um saber seguro. Quem age de modo incontinente nessas condições pode, quando muito, contar com indulgência, desde que não se trate de uma natureza totalmente pervertida. No fundo, porém, isso não faz nenhuma diferença, já que não se trata do teor objetivo de verdade daquilo que se sabe, mas do "grau de convicção subjetiva" do agente[26].

Aristóteles dá um passo adiante mediante a diferenciação do conceito "saber" em um aspecto ativo e um aspecto passivo. Quem possui um saber e o torna efetivo no agir concreto de fato não pode agir de modo incontinente; quem pode muito bem fazer isso é aquele que não ativa seu saber e deixa-o repousar no

---

25. A imagem da incontinência que arrasta o saber de um lado para outro como se este fosse um escravo (VI, 3, 1145b 24), provém de Platão, *Protágoras* 352c 1.

26. Corcilius; Rapp (ed.), 2008, 148.

sono, na loucura ou na embriaguez, ou seja, quando não está mentalmente são (VII, 5, 1146b 31-1147a 14). Outra diferenciação no conceito do conhecimento consiste em que, nas condições mencionadas, as pessoas no estado de incontinência podem dar a impressão de saberem das coisas.

> O fato de alguém falar frases que soam como se proviessem do saber ainda não quer dizer que realmente seja sabedor. Pois até mesmo as pessoas que estão enredadas nas paixões mencionadas podem articular deduções científicas ou recitar versos de Empédocles. E quem recém começou a aprender alguma coisa é capaz de dizer os dogmas um após o outro, mas ainda não possui o saber. Muito antes, o objeto precisa primeiro amalgamar-se totalmente com a pessoa, e isso leva tempo. Portanto, o que alguém fala no estado de incontinência pode muito bem ser tomado de modo similar ao da fala de um ator (*Ética a Nicômaco* VII, 5, 1147a 18-24).

Analogamente à diferenciação do saber, passam a ser diferenciadas também distintas formas de "incontinência", duas em essência, uma universal e outra referente a certos âmbitos (VII, 6, 1147b 20 ss.). Aristóteles inclui nesta "tudo que é corporal", a fruição excessiva do alimento e do amor, também maus hábitos como roer as unhas ou arrancar os cabelos, mas também a pederastia (VII, 6, 1148b 28), que Aristóteles vê como uma forma de incontinência, que se deve em parte a uma disposição natural, em parte ao hábito, como no caso daqueles que "sofreram abuso desde a infância" (τοῖς ὑβριζομένοις ἐκ παίδων [*toîs hubritzoménois ek páidon*]) e para os quais essa prática se tornou depois um hábito, sendo rejeitada por Aristóteles como forma de incontinência.

Há, porém, uma forma de incontinência que se refere tão somente a um âmbito parcial, irrepreensível por si só, como dinheiro, ganho e fama. Nesse caso, só o excesso é condenável; por constituírem medida excessiva de bons propósitos, a ganância exagerada, avidez por lucro e busca frenética por honrarias são formatos da incontinência parcial.

Entre as incontinências que se restringem a um só âmbito figura também a "forte comoção" (θυμός [*thumós*] muitas vezes traduzido de modo não muito preciso por "cólera, ira"), na qual até se escuta o *Logos*, mas em consequência de uma natureza impulsiva e precipitada não se escuta direito. Aristóteles menciona o exemplo de serviçais apressados que, antes de ouvirem tudo que lhes está sendo dito, já saem correndo e misturam as incumbências recebidas, e de cães que ladram por qualquer ruído que ouvem bem antes de perceberem se o ruído provém ou não de um conhecido (VII, 7, 1149a 25-1149b 3). Essas formas mais atenuadas de incontinência são vistas com indulgência.

Não tão agradáveis são os exemplos que Aristóteles cita para a "animalidade" – aqui entendida mais como "bestialidade" – mencionada no início e retomada neste ponto da discussão (VII, 6, 1148b 19-24), e que ele inclui entre as formas de incontinência, como as formas mais bizarras do canibalismo (cortar o ventre de mulheres grávidas e devorar os fetos), reportando-se, para isso, a "tribos selvagens às margens do Mar Negro".

De modo global, tem-se a impressão de que Aristóteles se debate com o fenômeno da incontinência do ser humano. Ele argumenta[27] em termos lógicos e psicológicos. Em termos lógicos, na medida em que procura dar a padrões típicos de comportamento o formato de um silogismo. Na base disso está a suposição de que o incontinente possuiria para sua ação um objetivo de longo prazo, racional, baseado em um propósito, como, por exemplo, considerar alimentos doces como prejudiciais à saúde. Ele, porém, se desvia desse objetivo e ajeita para si uma nova conclusão lógica, aplicando um truque: tudo o que é doce deve ser provado; este alimento é doce, logo devo provar este alimento (VII, 5, 1147a 29-34). Assim, o incontinente pode se tornar incontinente de certo modo até com base em uma calculação lógica (VII, 5, 1147b 1).

Aristóteles argumenta psicologicamente mediante o emprego de numerosos exemplos próximos da vida cotidiana e também distantes dela que possuem a força de uma evidência imediata. Ambas as formas de argumentação desembocam no seguinte resultado: o ponderado não pode ser simultaneamente incontinente. Inteligência ponderada (φρόνησις [*phrónesis*]) e incontinência excluem-se mutuamente. É claro que Aristóteles teria podido chegar a esse resultado de maneira mais simples. Porém, ele queria propor, no quadro de sua formulação da questão e com seus recursos metodológicos, uma análise dos problemas vinculados com os processos no interior do ser humano que se baseiam no agir inferior que contraria o saber melhor. O alcance desses problemas é enorme e só foi reconhecido em toda a sua dimensão pela psicologia profunda e a psicologia judiciária do início do século XX.

PRAZER

Do enfoque de Aristóteles decorre com toda a naturalidade que o prazer constitui um fator essencial para alcançar a felicidade especificamente humana.

---

27. Análises minuciosas na coletânea de NATALI, 2009.

Quem efetiva as virtudes sem prazer nenhum não pode se tornar feliz. Nesse tocante, é preciso ponderar que o conceito *hedoné* (ἡδονή) enquanto "prazer" inclui também boa parte do campo semântico "alegria". Isso torna ainda mais significativo que a felicidade, no sentido de uma atividade virtuosa, só poderá ser alcançada se houver alegria.

Ora, Aristóteles não se restringe a essa constatação, mas faz uma análise sistemática de todo o fenômeno, o que também era de se esperar no âmbito da exposição de uma ética. Porém, na *Ética a Nicômaco*, encontram-se logo dois tratados sobre o prazer: a) no Livro VII, 12 a 15 e b) no Livro X, 1 a 5. O segundo tratado não complementa o primeiro; ambos são, antes, independentes um do outro, sendo que a segunda versão representa a mais tardia, por ser a mais madura. Uma possível explicação para esse dado pode consistir em que o primeiro tratado sobre o prazer encontra-se dentro dos assim chamados livros controversos, cujo texto consta simultaneamente na tradição da *Ética a Eudemo*[28]. Se atribuíssemos o primeiro tratado sobre o prazer à *Ética a Eudemo*, cada uma das duas éticas teria um tratado sobre o prazer. Porém, tudo isso é altamente controvertido.

Se tomarmos os dois tratados em conjunto, fica claro, em primeiro lugar, que Aristóteles recorre a uma rica discussão sobre tema "prazer"[29]. Na filosofia, Demócrito (c. 460-370) é o primeiro a diferenciar diversas formas de prazer e associá-las ao "bem", admitindo o prazer comedido para uma vida bem-sucedida e rejeitando o prazer desmedido. Ele foi o primeiro a refletir filosoficamente sobre a ideia da medida. Simultaneamente o prazer se torna objeto de discussão na sofística (Pródico, Cálicles) e, em termos de animosidade ao prazer, entre os cínicos (Antístenes); mas o prazer é discutido especialmente na Academia platônica. É preciso mencionar em primeiro lugar o famoso matemático e astrônomo Eudoxo de Cnido (c. 400-437), que declara o prazer de modo geral como o bem supremo, por pensar que todos os seres vivos buscam o prazer, independentemente de um determinado fim. Aristóteles rejeita essa tese, mas a trata com respeito, porque, em virtude do seu caráter nobre, Eudoxo estava livre da suspeita ser um

---

28. Nesse tocante, é preciso ponderar que, nos manuscritos P e C da *Ética a Eudemo*, o texto não está por extenso, mas é meramente anunciado pelo assim chamado *incipit*, ao passo que o manuscrito L contém o texto com o mesmo teor da *Ética a Nicômaco* V-VII. Há uma discussão controversa sobre se esse dado deve ser explicado no sentido de que os livros correspondentes na *Ética a Eudemo* se perderam e então posteriormente foi inserido o texto da *Ética a Nicômaco*.

29. Cf. LIEBERG, G., 1958; ID., Die Stellung der griechischen Philosophie zur Lust, *Gymnasium*, v. 66 (1959) 128-137; RIEKEN, F., Wert und Wesen der Lust (EN VII 12-15 und X 1-5), in: HÖFFE, O., (ed.), 1995, 207-228.

devasso e argumentar em causa própria (X, 2, 1172b 15). Espêusipo igualmente redigiu um escrito sobre o prazer; Aristóteles o menciona (VII, 14, 1153b 5) e rejeita sua tese de que haveria um estado intermediário sem prazer e sem dor. Também de Heráclides do Ponto foi transmitido um escrito intitulado *Sobre o prazer* (Diógenes Laércio V, 6, 88) (nada sabemos sobre o conteúdo desse escrito); mas sobretudo é preciso fazer menção do diálogo *Filebo* de Platão, que surgiu diante dos olhos de Aristóteles no período em que esteve na Academia[30].

O *Filebo* é um diálogo complexo com um cenário estranho. Pois o Filebo que empresta o nome ao diálogo fala apenas poucas palavras no início e então, por ter se cansado, retira-se de um debate que evidentemente já estava em andamento, e o faz ainda antes da discussão propriamente dita do tema. Ele é um homem jovem e belo (*Filebo* 11c) que consagra sua vida ao prazer, mas se aborrece com debates sobre esse tema. Trata-se, então, da conversa entre Sócrates e Protarco em torno da relação entre o prazer e o bem. Sócrates propõe de saída a tese de que razão, conhecer e lembrar-se seriam melhores do que o prazer, ao passo que Protarco posiciona-se mais do lado de Filebo e, portanto, do lado do prazer. No decorrer do diálogo, as duas posições cedem a uma solução mais diferenciada, sendo que a argumentação trata de temas complexos da ontologia platônica, a saber, do Uno e do Múltiplo, da gênese, verdade, pureza e impureza do prazer, resultando em que uma vida mesclada de prazer e razão (ou então inteligência) seria a melhor, mas que a razão estaria muito mais próxima do bem do que o prazer e que os dois sozinhos careceriam da autonomia. Os três princípios "comedimento", "beleza" e "verdade" constituem as normas pelas quais o prazer é estimado e admitido em sua forma comedida.

É claro que Aristóteles conhecia todas as discussões sobre o prazer, especialmente as ocorridas dentro da Academia. Porém, quando muito, ele alude indiretamente ao *Filebo* platônico; talvez estivesse visualizando mais diretamente as discussões orais atuais na Academia. De modo geral, ele despersonalizou amplamente o debate; em seu primeiro tratado sobre o prazer, Espêusipo é o único a ser mencionado por nome (VII, 14, 1153b 5), no segundo tratado sobre o prazer, apenas Eudoxo é citado (X, 1, 1172b 9), cuja doutrina, todavia, é discutida um pouco mais extensamente. Primeiramente, Aristóteles procede de modo inteiramente esquemático. As diferentes posições são subdivididas em: (1) nenhum prazer é bom, (2) a maioria das espécies de prazer é ruim e (3) o prazer não pode ser o bem supremo. Segue uma análise dos argumentos pró e contra

---

30. Cf. ERLER, 2007, 253-263; fundamental é FREDE, D., *Platon. Philebos*, trad. e coment., Göttingen, 1997. Exposição agradável das diversas teorias do prazer em ROTHER, W., 2010.

essas posições, que só ocasionalmente é calçada com comparações plásticas, como esta: "Quando alguns dizem que o ser humano sob tortura ou atingido por um pesado infortúnio é feliz desde que seja virtuoso, querendo ou não, eles falam bobagem" (VII, 14, 1153b 19-23).

A concepção própria de Aristóteles resulta de modo coerente do enfoque de que a felicidade reside na atividade (*enérgeia*), a ser entendida no sentido do agir eticamente valioso. Pois, nesse caso, o prazer se faz automaticamente presente, podendo até constituir a realização plena da atividade. Aristóteles compartilha com Eudoxo a exatidão do dado, segundo o qual todos os seres vivos, tanto racionais quanto não racionais, em toda parte e em todas as fases da vida procuram evitar a dor e buscam o prazer, que, nesse caso, seria algo bom. Ele, porém, não compartilha a concepção de que o prazer teria de ser indistintamente o bem supremo. O prazer que se busca em função dele mesmo pode descambar para a libertinagem e a insaciabilidade e, desse modo, no oposto do prazer. Com a efetivação da virtude ética o prazer se imiscui com toda a naturalidade – como "astúcia do prazer"[31] – e seu valor é medido conforme o valor da ação. Desde o começo, estava estabelecido para Aristóteles que todas as ações eticamente relevantes estão associadas ao prazer (ou então à alegria) e ao desprazer (II, 2, 1104b 8). Quem for realmente liberal ou justo no agir concreto age com alegria e, sendo assim, o prazer é a realização plena do estar-ativo, constituindo, desse modo, um valor positivo.

AMIZADE

Também nesse tema, a conexão com a ideia norteadora da ética aristotélica é evidente. Só quem tem amigos pode ser plenamente feliz. Da extensão da exposição já resulta que a amizade se reveste de grande importância para Aristóteles pessoalmente. Dois livros da *Ética a Nicômaco* (VIII e IX) são dedicados à amizade[32], que logo de início é enaltecida em tom de hino:

> Ninguém deseja viver sem amigos, mesmo dispondo de todos os outros bens; como se sabe, as pessoas ricas e as que ocupam cargos e as detentoras de poder são as que necessitam bem especialmente de amigos. Pois de que serve tal prosperidade se estiver privada da possibilidade de fazer benefícios, a qual se manifesta acima

---

31. ROTHER, 2010, 23.
32. Cf. PRICE, A. W., Friendship, in: HÖFFE (ed.), 1995, 229-251; SIEMENS, N. von, 2007.

de tudo e em sua forma mais louvável em relação ao amigo? Ou como se poderia proteger e preservar a prosperidade sem amigos? Quanto maior ela for tanto mais ameaçada estará. E na pobreza e demais desventuras os amigos são considerados o único refúgio. Amizade é ajuda: ela impede o jovem de cometer erros, às pessoas idosas ela oferece cuidado e compensação pela capacidade produtiva reduzida em função da debilidade, estimula o homem no auge de sua força vital a realizar feitos nobres: "Dois juntos à frente" (Homero, *Ilíada* X, 224): então tanto o conhecer quanto o agir se fortalecem (*Ética a Nicômaco* VIII, 1, 1155a 5-16).

Se, por um lado, vislumbramos nessas palavras uma confissão pessoal ao valor da amizade, é preciso, por outro lado, deixar registrado que o tema "amizade" foi objeto de múltiplas discussões acadêmicas. Espêusipo, Xenócrates, Filipo de Opunte (século IV a.C., autor do escrito pseudoplatônico *Epínomis*) e, mais tarde, Teofrasto redigiram escritos intitulados *Sobre a amizade*. O pano de fundo é formado também pelo diálogo platônico *Lísis*, no qual, por meio de uma argumentação difícil de visualizar e de uma conclusão aporética, são discutidas as questões relativas a se pode haver amizade entre desiguais (o que é negado) ou se, no fundo, pode existir apenas uma forma de amizade, ou seja, a que se refere a um "primeiro amor" (πρῶτον φίλον [*prôton phílon*]) metafisicamente ancorado.

Em todas essas discussões é preciso observar que o significado a palavras gregas *phílos* e *philía* é mais amplo do que o das nossas palavras "amigo" e "amizade". Em primeiro lugar, a transição entre amizade e amor é fluida. Amizade é a forma atenuada do amor ou, como diz o próprio Aristóteles, amor é uma "exacerbação da amizade" (VIII, 7, 1158a 12). Em segundo lugar, a palavra grega *philía* também inclui os parentes. Pois é muito simpático pensar que com alguns parentes temos uma relação de "amizade" e com outros nem tanto.

Como sempre acontece nesse tipo de discussão, começa-se por uma verificação das opiniões existentes sobre o tema. Em primeiro lugar, Aristóteles, uma vez mais, exclui os fenômenos naturais que nada têm a ver com o agir humano. Para Aristóteles, a tese de Empédocles (c. 483-423) de que todo evento cósmico resulta do antagonismo de amor e ódio não faz parte do tema. A *philía* designa uma relação pessoal de afinidade, que certamente pode ser intensificada em amizades políticas, seja no sentido de que laços de amizade garantem estabilidade política, seja no sentido de que uma *pólis* é "amiga" da outra – falamos hoje, certamente com uma nuança de sentido um pouco diferente, de "parcerias entre cidades" –, como, aliás, corresponde à realidade grega e ganha expressão em contratos e moedas. Aristóteles chega até a visualizar um amor humano universal que, pelo visto, corresponde a um instinto natural e pode ser vivenciado, por exemplo, quando, nas adversidades do ambiente estranho, cada ser humano está próximo do outro e é praticamente amigo dele (VIII, 1, 1155a 17-31).

Porém, no essencial trata-se da esfera da amizade pessoal. Das discussões já disponíveis fazem parte duas questões: a primeira é se é possível haver amizade entre todos os seres humanos, inclusive entre desiguais e inferiores (o que Platão havia negado), e a segunda é se existe apenas um tipo de amizade (como pensava Platão) ou vários tipos.

Aristóteles delimita o fenômeno "amizade" não só em relação ao acontecimento cósmico, mas também em relação ao inanimado – não se pode estabelecer uma relação de amizade com um objeto – e à mera benevolência, que se pode sentir em relação a pessoas que nunca se viu pessoalmente e que não fazem a menor ideia de que estão sendo tratadas com benevolência. Em seguida, Aristóteles diferencia três tipos de amizade com base nos motivos que fazem surgir amizades: (1) prazer, (2) proveito e (3) o bem. A amizade entre pessoas boas é a verdadeira amizade (para Platão era a única), as outras duas formas de amizade o são apenas "acidentalmente" (κατὰ συμβεβηκός [katá symbebekós], VIII, 3, 1156a 17). Desse modo, Aristóteles se encontra muito próximo da concepção de Platão, não querendo, no entanto, deixar de conceder o predicado "amizade" às outras duas relações de afinidade, mas restringi-lo no sentido de que a duração da amizade se limita à duração dos motivos que estão na sua base (prazer ou proveito). Mas, tendo em vista experiências singelas, Aristóteles quer manter como válida a designação "amizade" para essas relações:

> A amizade entre pessoas jovens, por experiência, visa o prazer, pois a juventude vive em função da paixão e busca acima de tudo o que lhe proporciona prazer e o que a excita diretamente. Porém, com o passar dos anos muda o que lhes proporciona prazer. É por isso que fazem amizades com facilidade e as terminam com a mesma facilidade: a amizade muda junto com o prazer e a mudança rápida é inerente a tal prazer. A juventude também tende fortemente para o amor sensual, pois este é preponderantemente paixão e busca de prazer. É por isso que as pessoas jovens se apaixonam – e rapidamente deixam de estar apaixonadas: não é raro que as duas coisas aconteçam no mesmo dia. Entretanto, eles gostariam de passar o dia inteiro juntas, pois assim se realiza para elas o sentido da amizade (*Ética a Nicômaco* VIII, 3, 1156a 31-b 6).

A amizade em função do proveito pode surgir em qualquer faixa etária – está incluído aqui todo tipo de relações de negócio –, mas especialmente na idade avançada, na qual um precisa do outro sem que necessariamente tenha de simpatizar com ele. Bem diferente é a verdadeira amizade entre pessoas boas:

> Tal amizade naturalmente é rara, pois há apenas poucas pessoas desse tipo. Além disso, ela exige tempo e familiarização mútua. Pois, como diz o ditado, só se chega a conhecer de fato alguém depois de ter consumido com ele o famoso bocado de sal. [...] Pessoas que rapidamente ostentam as formas exteriores da amizade revelam que gostariam de ser amigas, mas não o são [...]. O desejo de fazer amizade surge rapidamente, mas a amizade não (*Ética a Nicômaco* VIII, 4, 1156b 27-32).

É claro que as "pessoas boas" como parceiras da verdadeira amizade são aquelas que realizam as virtudes éticas, ou seja, as generosas, ponderadas, justas etc. Nesse nível tem lugar a amizade entre iguais que, ademais, inclui os componentes "prazer" e "proveito" (VIII, 8, 1158b 8). Além disso, Aristóteles cita formas de "amizade" (neste ponto, devemos traduzir o conceito por "amor") baseadas na dominância de um dos parceiros e, portanto, na desigualdade, como o amor do pai pelo filho, de modo geral do mais velho pelo mais novo e, ademais, do homem pela mulher. Portanto, a pergunta levantada no início, se existe amizade apenas entre iguais, é respondida negativamente por Aristóteles.

No decurso posterior da discussão a questão posta pela tradição, se existe só uma forma ou muitas formas de amizade, passa para o segundo plano, dando lugar a uma profusão de questões, nas quais a amizade é pressuposta como um dado presente nas mais diversas constelações, como nas diferentes formas comunitárias, primeiramente da "casa" (em grego não existe palavra para "família"), de comunhões cúlticas e na associação da *pólis*, sendo que Aristóteles coloca distintas formas de amizade na base de cada um dos tipos de constituição (monarquia, aristocracia, timocracia) e suas formas degeneradas (por exemplo, a tirania). Na tirania, há pouca amizade, na democracia há mais, porque, sob essa constituição, os cidadãos são equiparados e têm muitas coisas em comum (VIII, 13, 1161b 8-10).

Entre os temas seguintes estão as amizades entre parentes consanguíneos, as amizades que resultam de uma viagem, da prática do esporte e do jogo, da caça e do filosofar em conjunto (IX, 1172a 1-2). Em seguida, trata-se da delimitação do conceito em relação a mera camaradagem, ao amor entre pais/mães e crianças ("os pais/as mães têm consciência mais profunda do vínculo com suas crianças do que vice-versa", VIII, 14, 1161b 20-22), das condições para a dissolução de uma amizade, da possibilidade do "amor próprio", que Aristóteles admite sob o pressuposto de que a amizade não se esgote nele, e, ademais, da prestação de auxílio no contexto da amizade.

Só se deveria pedir ajuda aos amigos quando ela onera pouco o amigo. [...] Inversamente parece apropriado procurar o amigo que sofreu algum infortúnio, e isto, sem ser solicitado e com alegre disposição – pois fazer benefícios é da essência do amigo, e isto, especialmente quando alguém está em necessidade e, ademais, fazer o benefício quando o outro ainda nem pediu ajuda. Pois isso é mais nobre e agradável para as duas partes (*Ética a Nicômaco* IX, 1171b 17-23).

O tratado sobre a amizade está entre as coisas mais belas que Aristóteles escreveu. A calidez do tom é comparável ao *êthos* da poesia que Aristóteles compôs por ocasião da inauguração de um altar à "amizade" personificada (cf. p. 36-37), pois também foram "homens amigos" (*Ética a Nicômaco* I, 4, 1096a 13) que introduziram a doutrina das ideias que foi tão enfaticamente combatida por Aristóteles. A amizade está acima das controvérsias da escola, pois também aqui, no tratado sobre a amizade, o esquematismo doxográfico e o caráter sistemático ficam em segundo plano, para conceder à observação e à experiência direta da vida humana um espaço que é preenchido com o recurso à tradição condensada na poesia e nos provérbios.

Um louvor à amizade comparável a este, mas com um direcionamento bem distinto, encontra-se uma geração depois de Aristóteles em Epicuro, que estabelece entre os temas "prazer" e "amizade" uma relação mais estreita do que a estabelecida por Aristóteles. Na sua opinião, a amizade contribuiria para eliminar o temor e elevar a segurança e seria, portanto, perfeitamente proveitosa, sendo que no decorrer da relação de amizade pode instaurar-se então também uma amizade altruísta que ganha expressão na escola epicurista, concebida como pacto de amizade, que, no entanto, representa mero substituto de uma comunidade política, da qual o ser humano deve se manter afastado, ao passo que, para Aristóteles, a ancoragem da amizade no contexto político é irrenunciável. Epicuro tem um conceito privado e, em última análise, egoísta de amizade[33].

Porções da teoria aristotélica e das teorias helenistas da amizade aparecem em roupagem latina no diálogo *Laelius, de amicitia* [*Lélio, sobre a amizade*], de Cícero, escrito por volta de 44 a.C., muito lido antigamente em nosso ensino ginasial. Os três tipos de amizade, a verdadeira amizade entre pessoas boas – tudo isso aparece transposto para o mundo romano, enriquecido com exemplos da literatura e da história romanas. Contudo, em termos de acuidade da observação e intensidade da compenetração intelectual, o tratado presente na *Ética a Nicômaco* ainda não foi superado.

---

33. Sobre os detalhes cf. ERLER, M., Epikur, in: Id., *Grundriss der Geschichte der Philosophie der Antike*, v. 4, 1994, 166 s.

O MODO DE VIDA TEÓRICO

Para Aristóteles, a verdadeira felicidade do ser humano constitui um intento exigente. Algumas coisas serão requeridas de quem quiser alcançá-la. Ele precisa adotar um agir eticamente valioso, e isto, por força de decisão voluntária, com prazer e alegria, com prudência ponderadora, assumindo a responsabilidade política entre amigos. Agora ele precisa saber que existe um modo de vida ainda mais elevado do que o modo político-prático, direcionado para a efetivação das virtudes éticas.

Aristóteles tinha de falar do modo de vida teórico, porque os três modos de vida (prazer, práxis, teoria) já estavam dados e porque ele tinha anunciado uma abordagem do modo de vida teórico: "O terceiro modo de vida é o teórico, o qual analisaremos mais tarde" (I, 1, 1096a 5).

Essa análise segue agora (*Ética a Nicômaco* X, 7-9) e, nela, atribui-se à "vida teórica" o grau máximo, ao passo que o modo de vida político-prático é expressamente caracterizado como "secundário" (δευτέρως [*deutéros*], X, 8, 1178a 9). A argumentação parte da afirmação de que a forma suprema do saber humano, o "espírito" (νοῦς [*noûs*]), tem de se referir aos objetos mais elevados do conhecimento. Essa vida consagrada à filosofia oferece maior constância, pureza, independência, prazer pleno e uma boa quantidade de "ócio" (σχολή [*skholé*]). Certamente a Aristóteles jamais teria ocorrido que o pensar pudesse tornar alguém triste, como quer fazer crer, mediante "dez (possíveis) razões", o tão estimulante crítico cultural e cientista literário George Steiner[34]: "Em todo caso, vale dizer que, graças à sua pureza e constância, a filosofia proporciona grande prazer e com boas razões se pode dizer que a existência é mais prazerosa para os que sabem do que para os que buscam saber" (*Ética a Nicômaco* X, 7, 1177a 19-21).

Esta é uma proposição que Platão não teria escrito desse modo, mas que, no sentido de um autorretrato, descreve o prazer inteiramente compreensível que sente o cientista quando adquiriu um conhecimento. E, de fato, o conceito de filosofia de Aristóteles tem afinidade com o de ciência. Trata-se aí do conhecimento que é apreciado "por causa dele mesmo" (X, 7, 1177b 1), sem visar algum fim ou proveito e que, justamente por isso, ocupa a posição mais alta.

Algo parecido vale para o "ócio" como elemento da felicidade.

> Pois nós trabalhamos para depois ter ócio e fazemos guerra para depois viver em paz. [...] O agir no âmbito público por experiência não se coaduna com o ócio,

---

34. STEINER, G., *Warum Denken traurig macht*, Frankfurt, 2006.

muito menos a atividade bélica. Pois ninguém escolhe a guerra em função da guerra e ninguém se arma por essa razão para a guerra. Pois teria de ser considerado um sanguinário consumado aquele que quisesse converter amigos em inimigos só para provocar combates e derramamento de sangue (*Ética a Nicômaco* X, 7, 1177b 6-12).

Os argumentos a favor do grau mais elevado do "modo de vida teórico" podem até convencer diretamente, mas sua vinculação com a efetivação político-prática das virtudes éticas é um problema difícil para Aristóteles[35]. Para Platão, a questão era simples e sem rupturas. Efetivam-se as virtudes visando a ideia, cujo conhecimento é fonte para o agir eticamente valioso no sentido ontológico. Para Aristóteles, no entanto, não existe nenhuma "ideia do bem". O laço que unia ontologia e ética se rompeu e Aristóteles empreende todos os esforços para não desvalorizar em demasia o modo de vida político-prático, que passou a ser secundário, mas ao qual é dedicada a maior parte da ética. Ele faz isso em uma estratificação dos três modos de vida tradicionais em correspondência com estes três planos: animal – ser humano – deus. O modo de vida que visa apenas o prazer e a fruição é o modo de vida animal, acessível também aos animais (I, 3, 1095b 19-22). O modo de vida político-prático constitui a existência adequada ao ser humano e digna de ser buscada; a vida teórica, dedicada à filosofia pode ser alcançada pelo ser humano, na medida em que "algo divino" reside em nós, pois ela é propriamente "sobre-humana" (X, 7, 1177b 24-30). Essa capacidade humana suprema constitui uma "suplantação da forma especificamente humana da felicidade"[36] e, de modo correspondente, viver exclusivamente no prazer constitui um ficar aquém das possibilidades humanas. Pode haver uma imbricação de elementos individuais entre os três tipos principais. Assim, própria de cada um dos três modos de vida é uma forma específica de prazer, mas não de maneira que o modo de vida teórico já contivesse em si todos os bens e excelências a serem almejados (como afirma uma parte da pesquisa)[37]. É certo, porém, que a fronteira entre o modo de vida prático e o modo de vida teórico se torna permeável. Pois dado que o ser humano não é constituído só de espírito, mas tem uma natureza composta de alma e corpo, também aquele que dedica sua vida à filosofia precisa levar em conta as necessidades e os requisitos puramente

---

35. Cf. KULLMANN, W., Theoretische und politische Lebensform (X 6-9), in: HÖFFE, O. (ed.), 1995, 253-276.
36. BIEN, 1973, 143.
37. Sobre a discussão dessa questão acompanhada de bibliografia cf. RAPP, C., *Aristoteles*, 2001, ³2007, 189.

humanos. Ele precisa não só de alimento e saúde (X, 9, 1179b 33), mas terá de fazer jus à sua responsabilidade na convivência com outros. Somente os deuses estão livres dos comprometimentos humanos. É impossível conceber dinheiro nas mãos de deuses (X, 8, 1178b 8-20).

O breve esboço aqui apresentado é uma síntese sistematizada de ideias, desenvolvidas por Aristóteles de modo associativo, que permitem perceber que ele se debate com o problema e segundo as quais sua ética, excetuando quatro capítulos em poucas páginas, volta-se para o segundo melhor modo de vida. Dicearco, aluno de Aristóteles, tirou a consequência disso, colocando sem rodeios em primeiro lugar a vida ativa (atestada em Cícero como *vita activa*) e negando coerentemente também a imortalidade da alma[38]. Entretanto, não fica claro se ele incluiu a dimensão política em geral na priorização do modo de vida ativo.

Na discussão final sobre a necessidade de se limitar a bens materiais modestos (X, 9, 1178b 33-1179a 18), o cidadão comum é colocado, quanto ao seu agir político-prático, no mesmo patamar de Anaxágoras (que contemplava o céu), pelo menos no que se refere à possibilidade de alcançar uma vida feliz. O que chama a atenção nesse tocante é a distância em relação à concepção do agir eticamente valioso do detentor do poder: "Mesmo sem ter domínio sobre terra e mar o agir nobre é possível. [...] Como se sabe, o cidadão comum não age de modo menos justo que o detentor do poder; ele até o supera" (*Ética a Nicômaco* X, 9, 1179a 4-8).

Como pessoa de confiança da casa real macedônia, Aristóteles sabia do que estava falando.

TRANSIÇÃO PARA A POLÍTICA

Para o caráter da *Ética a Nicômaco* é característico que ela não termina com o louvor à vida teórica, mas retorna à questão anteriormente posta referente a como se tornar um ser humano moralmente valioso (X, 10, 1179b 1 ss.). No início da investigação sobre as virtudes éticas (II, 1, 1103a 14 ss.), Aristóteles havia citado o fator da habituação e derivado daí o seu conceito de *êthos*. Agora ele pergunta como pode se dar um hábito de modo geral. Não entram em cogitação uma disposição natural, pois ela não está em nosso poder, nem a mera instrução, pois ela é insuficiente para a formação do *êthos*, até porque nelas já

---

38. Fragmento 25 (Wehrli).

está pressuposta uma habituação precedente. Infelizmente, no caso da maioria das pessoas, não bastam nem a palavra falada nem a função de modelo de pessoas excelentes. Por conseguinte, precisa-se de leis, mais precisamente, leis que abrangem toda a vida. Porém, leis desse tipo praticamente não existiam, quando muito em Esparta, de resto a "política de formação" com base legal foi completamente negligenciada (X, 10, 1180a 25-28). Mas não se pode justapor quaisquer leis por meio de simples retórica, como pensam os sofistas (X, 9, 1181a 12-17); pelo contrário, leis adequadas requerem legisladores sábios e experientes. Desse modo, Aristóteles se defronta com o mesmo problema que Platão tratou em sua formidável obra escrita na velhice e intitulada *Leis*, cujo surgimento Aristóteles pôde acompanhar na Academia. Mas ele nem sequer a menciona aqui no final da *Ética a Nicômaco* e curiosamente chega a observar que "os (pensadores) mais antigos não pesquisaram sobre a questão da legislação"[39], para anunciar, poucas linhas adiante, uma investigação sobre o que os pesquisadores mais antigos já teriam encontrado em termos de noções corretas (X, 9, 1181b 16), a qual, no Livro II da *Política* engloba também a crítica às *Leis* de Platão.

Quando, no final, Aristóteles remete à *Coletânea de constituições das cidades gregas* (que ele mesmo estimulou e ajudou a compor) e a uma investigação (levada a cabo nos Livros IV-VI da *Política*) sobre cada um dos tipos de constituição, ele volta a enfatizar, com essa transição da ética para a política, a interconexão das duas esferas.

E, de fato, Aristóteles seguidamente ressaltou essa conexão. Ele ainda não tinha uma palavra para "ética" como designação substantiva da obra[40] e, desde o início, deixa claro que sua investigação sobre as questões éticas faz parte da "ciência política" (I, 1, 1094a 27), de modo que ética e política (no sentido estrito) juntam-se na "filosofia prática" e, desse modo, adquirem o caráter de uma teoria da ação[41].

Curiosamente a *Ética a Eudemo* tem um final um tanto diferente. No conjunto, a estrutura e a temática das duas éticas têm um formato inteiramente análogo. A *Ética a Eudemo* também desemboca em um louvor ao modo de vida teórico, mas sem fazer uma transição para o agir prático e para a *Política*. Em

---

39. A observação é estranha, mesmo assumindo que Aristóteles teria pretendido restringir a abordagem das *Leis* platônicas ao Livro II da *Política*. Relaciona a expressão "os anteriores" a pensadores pré-platônicos (assim DIRLMEIER, 1956, 605) não é convincente.

40. Aristóteles usa a expressão "discussões éticas" (ἠθικοὶ λόγοι [*ethikói lógoi*]) ou simplesmente "coisas éticas" para designa a ética (*Política* IV, 12, 1282b 20; II, 1, 1261a 31 *passim*).

41. Interpretação detida dessa conexão em BIEN, 1973.

vez disso, a "contemplação do deus" é enaltecida como a norma máxima da atividade humana, que consiste mais exatamente em "servir o deus e viver para a contemplação (do deus)" (VIII, 3, 1249b 20). Assim termina a *Ética a Eudemo*. Tentou-se atenuar o caráter estranho da formulação, vislumbrando no "deus", não o deus cósmico, mas o "deus em nós" e, portanto, o espírito humano como elemento divino. Mas isso não convence, e continua controvertido se esse final e, em consequência, toda a *Ética a Eudemo* pode mesmo ser encarada como obra de Aristóteles[42].

---

42. Sobre o estado da discussão cf. BUDDENSIEK, 2012, que com razão mantém a concepção de que o Deus a que se refere a *Ética a Eudemo* seria o Deus cósmico e não o "Deus em nós".

CAPÍTULO QUARTO

Política – o ser humano no espaço da *pólis*

OS DOCUMENTOS BÁSICOS

O principal documento é o escrito *Política*, subdividido em oito livros. Outros escritos sobre o mesmo âmbito temático foram perdidos; apenas da *Coletânea das 158 constituições das cidades gregas* o achado de um papiro, publicado em 1891, trouxe à tona, como a peça mais importante dessa coletânea, a *Constituição dos atenienses*. Ela contém uma parte histórica (transição da monarquia para a oligarquia, as reformas de Sólon, do início do século VI a.C., a gênese e a decadência da tirania, a gênese e o desenvolvimento da democracia) e uma parte sistemática (organização, competências e atividade das instâncias administrativas, incluindo as cortes judiciais).

Os oito livros da *Política* não foram escritos de um só fôlego, mas constituem uma compilação posterior de vários blocos de texto, cuja época de surgimento é objeto de controvérsias[1]. No entanto, a redação posterior resultou em uma estruturação perfeitamente significativa da temática. O Livro I começa com uma introdução fundamental às formas básicas de dominação e, em seguida, contém uma *oikonomía*, isto é, uma teoria da comunidade doméstica e suas estruturas

---

1. Sobre as questões referentes à datação e para uma explicação detalhada cf. os comentários abrangentes de Schütrumpf, in: *Werke*, 9, I-IV, 1991-2005. As citações textuais se baseiam em sua tradução. Notas valiosas de Gigon, O., em sua tradução de 1971 e de Kullmann, W., na nova edição (1994) da tradução de Susemihl F., (1879).

de dominação. O Livro II oferece um panorama crítico de teorias mais antigas sobre a função da *pólis*, o Livro III começa com uma discussão geral sobre os conceitos básicos da política, passando, na sequência, para uma caracterização dos tipos principais de constituição, que serão tratadas detalhadamente nos Livros IV a VI, incluindo suas formas decadentes. O conteúdo dos Livros VII e VIII consiste no delineamento aristotélico de um Estado ideal.

A *Economia*, subdividida em três livros e transmitida como sendo da autoria de Aristóteles, não provém dele. Seu primeiro livro é dependente do Livro I da *Política*.

O SER HUMANO – UM ANIMAL POLÍTICO
(*POLÍTICA* I, 2)

A política trata da esfera pública do ser humano no espaço da *pólis* e das instituições da *pólis*. Aristóteles começa esquematizando uma escala ascendente da convivência. O ser humano não pode viver isolado só para si, mas precisa da comunidade, (1) da união de duas pessoas (homem e mulher), (2) da comunidade doméstica, (3) do povoado e (4) da *pólis*. A escala é disposta conforme o grau de autarquia. (1) Aristóteles (e toda a Antiguidade) vê a união de homem e mulher em vista da descendência e, desse modo, da preservação da espécie. A convicção geral era que casamentos sem filhos tinham alguma mácula. Para Aristóteles, entre os dados elementares da convivência figura também a divisão do trabalho entre um elemento dominante e um elemento servil (senhor – escravo). (2) Dessas duas uniões surge a "casa" (geralmente traduzida por "economia doméstica"). Trata-se de uma comunidade, cujos membros proveem a satisfação das necessidades diárias. A "casa" não se refere aqui ao prédio, mas à convivência de membros desiguais com um objetivo comum. Ela abrange a família (para a qual os romanos cunharam pela primeira vez a palavra *familia*) e a "criadagem" (como se dizia antigamente). Por meio de Aristóteles ela tornou-se uma grandeza fixa na ordem social europeia antiga[2] e até grande parte do século XX constituiu um dado sociológico sobretudo no âmbito rural, antes de se iniciar a dissociação de casa e família, significativa para a atualidade. (3) Várias casas dão origem ao povoado, no qual podem formar-se diferentes grupos profissionais, "de modo

---

2. Cf. Bien, G.; Rabe, H., "Haus", in: *Historisches Wörterbuch der Philosophie*, v. 3, 1974, 1007-1020.

que, na associação do povoado, já se consegue obter coisas que só se precisa de tempos em tempos"³. Porém, para que haja autarquia plena necessita-se (4) da *pólis*, que é, ao mesmo tempo, o espaço propriamente dito de desenvolvimento do ser humano. É aqui que se encontra a famosa e muito discutida proposição: "O ser humano é por natureza um animal político" (*Política* I, 2, 1253a 2). Essa constatação fundamental quer dizer que o espaço vital natural do ser humano é a *pólis*. O conceito de natureza usado aqui possui um aspecto teleológico e um aspecto biológico. O aspecto teleológico ganha expressão no uso linguístico, segundo o qual se denomina "natureza" a constituição de uma coisa, cujo desenvolvimento está concluído, como a natureza de um ser humano ou de um cavalo (*Política* I, 2, 1252b 32). A *pólis* é o fim e a consumação de um processo natural finalista. Fora da *pólis* ou acima dela a "política" não tem lugar. Houve quem se admirasse do fato de Aristóteles vincular suas teorias e opiniões políticas de modo tão exclusivo ao formato da *pólis* grega. Porém, ele não estava querendo conservar uma instituição supostamente destinada a desaparecer⁴. Ao contrário, a *pólis* constituía como que obviamente o quadro de referência da vida grega, plenamente funcional no século IV inclusive em termos históricos. Até porque todas as teorias políticas que Aristóteles encontrou em sua pesquisa orientavam-se no modelo da *pólis*. Não obstante, o aspecto biológico do conceito de natureza usado nesse contexto mostra que, em termos fundamentais, as visões políticas de Aristóteles podem ser dissociadas da formação concreta da *pólis* e, desse modo, são passíveis de generalização⁵. Pois tanto a união de homem e mulher vista (no primeiro nível) como natural com o objetivo da conservação da espécie por meio de descendentes quanto a referência a abelhas e animais gregários (*Política* I, 2, 1253a 8), que vivem em uma associação comparável à associação política, indicam uma validade geral que transcende a ligação estreita com o Estado citadino. Isso também se expressa pela ênfase posta na diferença decisiva que separa o ser humano dos animais gregários mais desenvolvidos. Enquanto estes até podem indicar, dependendo da situação, prazer e dor com suas vozes, exclusivamente o ser humano possui o *Logos*, aqui entendido como "linguagem", com o qual é capaz de caracterizar justiça e injustiça e, de modo geral, formular argumentos. Nesse tocante, não se trata só da organização das

---

3. Schütrumpf, in: *Werke*, 9, I, 1991, 199.
4. Düring, I., 1966, 505: "É estranho que um homem que viveu no limiar de uma nova era, [...] tenha voltado seu olhar tão unilateralmente para a pequena *pólis* grega".
5. Esse aspecto foi especialmente ressaltado por Kullmann, W., *Aristoteles*, 1998, 335-363. Nessa obra também se encontram todas as passagens comprobatórias.

necessidades vitais, mas de "viver bem" (εὖ ζῆν [*eû tzên*], *Política* I, 2, 1252b 30). Isso não significa "levar vida mansa"; muito antes, conflui aqui todo o complexo das virtudes éticas, que, no âmbito de uma "sociedade de valores" correspondente, só podem ser realizadas na associação da *pólis*. Quem estiver fora da associação da *pólis* – ou seja, na *ápolis* (I, 2, 1253a 3) –, desde que não tenha sido banido dela, é menos ou mais do que um ser humano, é animal ou deus (I, 2, 1253a 29).

Ao vincular estreitamente ética e política no espaço da *pólis*, Aristóteles encontra-se fundamentalmente na tradição de Platão. Ele se distancia implicitamente de teorias correntes na sua época, segundo as quais o ser humano é desprovido de necessidades (como pensavam os cínicos) ou, ao contrário, é um animal selvagem domado com muito esforço pelo Estado e suas leis (como pensou o sofista Crítias, 460-403 a.C.) ou o Estado é pura convenção, baseada apenas em acordos (sofistas).

Aristóteles sabia muito bem que, na sua época, havia monarquias e Estados territoriais que não estavam estruturados segundo o modelo da *pólis*. Para ele, estes se encontravam no nível do "povoado", dado que estavam "sob o domínio de um rei", do mesmo modo que as casas são regidas por um senhor ao modo de um rei. Aristóteles apenas indica que quem é regido dessa maneira são "os povos"[6]. Nessas estruturas de dominação, não tem como se desenvolver a participação dos cidadãos na responsabilidade política, característica da *pólis*. Porém, também se pode registrar que Alexandre e seus sucessores na conquista da Grécia não mexeram na estrutura da *pólis*, mas procuraram se instalar dentro dela, e isto de modo totalmente independente da perda total de poder político externo das cidades gregas.

LIVRES E ESCRAVOS
(*POLÍTICA* I, 4-6)

O texto sobre o tema delicado da posição e peculiaridade do escravo não é fácil de entender e está absolutamente sujeito a mal-entendidos. As dificuldades

---

6. A expressão τὰ ἔθνη [*tá éthne*] é traduzida de modo geral (por Susemihl; Gigon; Schütrumpf) por "povos de bárbaros" ou "povos bárbaros", o que não consta dessa forma no texto. Porém, Aristóteles de fato usa a palavra ἔθνος [*éthnos*] via de regra no sentido de "tribo de fora da Grécia". Em *Política* VII, 7, 1327b 23, τὰ ἔθνη [*tá éthne*] se refere ao conjunto dos povos de toda a Terra habitada.

começam com a palavra "escravo", que de modo totalmente espontâneo possui um teor sobremodo negativo. Contudo, o termo *slavus* é atestado a partir do século VII d.C.[7]. O que nós traduzimos por "escravo" é δοῦλος (*doûlos*) em grego e *servus* em latim. Associamos com esses termos antes conceitos como "servo", "criadagem", quando muito "criado" ou "criada". Em todo o mundo antigo, de fato, havia "escravos" atuando em uma profusão de funções dos mais diversos tipos: na mineração, na casa, na agricultura, na manufatura, como pedagogos e, em consequência, em âmbitos, nos quais, pelo menos na *pólis* grega, sempre havia também cidadãos livres exercendo sua função. Comum a todos esses "escravos" é o aspecto da falta de liberdade pessoal e, desse modo, a circunstância de estarem em posse de outro[8]. Isso facilmente leva a encará-los como mera "coisa", e, nessa linha, Aristóteles caracteriza os escravos como uma "ferramenta viva" (I, 4, 1253b 32), o que foi percebido como "singelo escândalo"[9]. Aristóteles, porém, não está propriamente interessado na instituição da escravidão[10]. Ele não a defendeu nem a denunciou. Ela era simplesmente um dado sem o qual o sistema econômico da *pólis* antiga teria ruído e, até a Antiguidade tardia, não houve ninguém que exigisse formalmente sua abolição, nem mesmo alguns sofistas (Alcídamas, c. 400 a.C.) e poetas (Eurípides, Teodecto, século IV a.C.) que defendiam a igualdade de todos os seres humanos.

Aristóteles, no entanto, desenvolveu uma teoria especial que, levada às últimas consequências, teria questionado até certo ponto o sistema escravista vigente. Dois aspectos são importantes nesse tocante. Em primeiro lugar, Aristóteles define o escravo puramente a partir de sua função como órgão executor das ordens do seu senhor, por assim dizer, como uma "extensão do braço" do seu senhor[11]. Pois, toda atividade manufatureira ou artesanal e o funcionamento de uma economia doméstica precisam dispor da ferramenta adequada, e esta é "animada" ou "inanimada". Mas essa diferença não é tão importante para Aristóteles, pois, em uma

---

7. Cf. KORTH, G., Zur Etymologie des Wortes "Slavus" (Sklave), *Glotta*, v. 48 (1970) 145-153, que refuta a interpretação mais antiga, segundo a qual a palavra deve ser derivada de *slawus* como designação de prisioneiros de guerra eslavos.

8. Útil para a compreensão da teoria aristotélica é o capítulo *Posição dos escravos* em KULLMANN, *Aristoteles*, 1998, 366-382.

9. HÖFFE, *Aristoteles*, 1996, 249.

10. A bibliografia sobre a escravidão na Antiguidade é imensa. O banco de dados para a investigação da escravidão na Antiguidade da Academia de Ciências de Mainz registra 5635 trabalhos para o período de 1970-2000.

11. KULLMANN, *Aristoteles*, 1998, 233.

visão ousada da técnica moderna, ele vislumbra a possibilidade de renúncia a escravos caso as máquinas pudessem realizar o mesmo trabalho:

> Pois, se cada instrumento pudesse, a uma ordem dada ou por sua própria iniciativa, executar sua tarefa, conforme se diz das estátuas de Dédalo e dos trípodes de Hefesto, que, como diz o poeta, "iam sozinhos à assembleia dos deuses" – se as lançadeiras tecessem sozinhas e a palheta por si só tocasse a cítara, os mestres de obras não precisariam de serventes nem os senhores, de escravos (*Política* I, 4, 1253b 33-38).

Aristóteles cita aqui uma admirável passagem da *Ilíada* de Homero (XVIII, 376), que, dando livre curso à fábula, fala da arte de Hefesto, que construiu 30 "autos" de três rodas na sua forja – a primeira produção em série – que vão sozinhos, sem que se veja a força que os move, à assembleia dos deuses e de lá retornam. Essa utopia ousada permanece irreal ainda para Aristóteles, mas bem concreta é a ideia que só chegaria a se concretizar no século XX. A substituição do trabalho manual por máquinas constitui então também um fator essencial da redução, ainda que apenas parcial, do trabalho dependente, que como tal sempre existirá. Aristóteles, portanto, não está nem um pouco interessado em um "Estado escravista", mas tão somente no funcionamento do evento econômico.

Há outra reflexão que avança ainda mais. Na opinião de Aristóteles, essa confrontação de uma instância ordenadora e uma instância executora teria sido posta pela natureza. Esse é o cerne de sua teoria do "escravo por natureza". Desde o início, ele havia considerado todos os níveis da convivência humana como dados "por natureza", a saber, a união de homem e mulher visando a preservação da espécie, a comunidade do povoado visando a satisfação das necessidades básicas e a *pólis* como espaço de desenvolvimento das aptidões e capacidades próprias do ser humano na comunidade. Ao fazer isso, Aristóteles interveio em uma discussão desencadeada pelos sofistas sobre o antagonismo entre *nómos* (lei, convenção) e *physis* (natureza)[12]. Os sofistas se posicionaram em peso ao lado do *nómos*. Tudo se baseia em convenção, e isso já no nível da linguagem. O que se diz ser "bom" também pode ser chamado de "ruim", bastando que se convencione isso; leis estão baseadas em convenção e o Estado não passa de uma comunidade de interesses convencionada. A isso Aristóteles contrapõe sua concepção dos fatos dados "por natureza" (numa compreensão perfeitamente biológica).

---

12. Cf. Heinimann, F., *Nomos und Physis*, Basel, 1945; Darmstadt, ²1965.

Até hoje é uma questão controversa se todos os seres humanos são iguais e a desigualdade só surge devido a chances de formação e influências do meio ambiente ou se existe mesmo de berço uma desigualdade de aptidões e capacidades. Esta é justamente a posição de Aristóteles, que parte do pressuposto de que existe um tipo humano que está mais propenso a servir e executar e que também se contenta com não estar na primeira fila. E ele vê a justaposição de dois tipos opostos como proveitosa para ambos os lados, para o bem-estar recíproco. Porém, essa concepção do "escravo por natureza" implica a rejeição do "escravo conforme o *nómos*", ou seja, daquele que se tornou escravo pela força, como, por exemplo, do prisioneiro de guerra que se tornou escravo. Aristóteles também vê esse problema com toda clareza e faz referência a uma controvérsia da sua época, à qual não temos mais acesso (I, 6, 1235a 4 ss.), sendo que ele expressa a sua posição apenas indiretamente. Ele fica ainda mais reservado quanto a uma consequência bem mais profunda de sua concepção: se o escravo é definido como "escravo por natureza", numerosos aspectos jurídica e politicamente livres teriam de ser mais propriamente escravos, na medida em que tivessem uma natureza escrava. Essa consequência no fundo irrefutável não é tirada explicitamente por Aristóteles porque sua argumentação é imanente ao sistema e, nela, ele apresenta sua teoria especial dentro do quadro de referência da estrutura tradicional, razão pela qual é exposta de modo tão complexo. Mas, de fato, essa concepção imploderia a instituição tradicional da escravidão. Porém, esse passo não é dado.

Chama a atenção que Aristóteles não mencione, nesse contexto, o grupo populacional ao qual ele próprio pertencia, o dos metecos, situado entre senhor e escravo e que em Atenas não era pequeno. O que lhe interessa, porém, são as oposições e analogias binárias "senhor-escravo", "alma-corpo", "ordenar-executar" e, pelo visto, os metecos não tiveram nenhuma importância nas discussões teóricas a que Aristóteles se refere. Aristóteles menciona os metecos várias vezes no Livro III da *Política* (III, 1, 1275a 7; 1275a 28; III, 2, 1275b 37; III, 5, 1277b 35; III, 5, 1278a 38), mas o faz de passagem e sem entrar em detalhes sobre sua situação legal – era-lhes vetado o exercício de cargos e a posse fundiária. Soma-se a isso que a fronteira entre cidadãos e metecos era distintamente demarcada nas diferentes constituições das cidades, como o próprio Aristóteles expõe; para ele, no entanto, o que está em primeiro plano é a fundamentação antropológica da necessidade de dois componentes para o funcionamento da *pólis*. Quem é "escravo por natureza" o é em toda parte.

Nós julgamos hoje com base no moderno igualitarismo democrático, mas não deveríamos esquecer que a assim proclamada abolição formal da escravidão foi um assunto dos séculos XIX e XX e que até hoje uma quantidade inimaginavelmente grande de pessoas (em 2006 tratava-se de cerca de 12 milhões) vivem em uma condição própria das piores formas de manifestação da escravidão[13], com cuja inumanidade a teoria de Aristóteles, que se pode muito bem criticar, nada tem a ver.

AQUISIÇÃO E POSSE
(*POLÍTICA* I, 8-13)

Depois de analisar as relações pessoais duais (homem-mulher; senhor-escravo) e ainda antes de voltar para a *pólis* como um todo, Aristóteles introduz a *oikonomía*, ou seja, a teoria referente à "casa". Ao fazer isso, ele desenvolve o esboço sistemático de uma *oikonomía*, que, na forma de uma "teoria da economia doméstica", não obstante se estende decididamente para dentro do âmbito político. Para temas parciais desse complexo ele contou com predecessores ou pelo menos com inspirações que remontam à literatura grega mais antiga. Existem reflexões sobre a casa, sobre o papel do dono da casa, sobre casa e trabalho agrícola desde a epopeia *Os trabalhos e os dias* de Hesíodo (c. 700 a.C.), estando, desde o início, as reflexões econômicas vinculadas com problemáticas éticas que abordavam, por exemplo, a boa conduta do dono da casa, as relações "homem-mulher" e "senhor-escravo" e o modo de lidar com a riqueza e as posses[14].

Quando Aristóteles já estava na Academia platônica, foi publicada a *Econômica* do velho Xenofonte (430-c. 354), contendo o relato fictício de um diálogo que Sócrates travou com o rico Critóbulo. Nele são tratados todos os temas da *oikonomía*, o interior da casa (homem, mulher, casamento, escravos), bem como a condução da casa nos termos de uma empresa agrícola, e para isso se considera necessário ter conhecimento do assunto e cuidado. No entanto, a forma do diálogo socrático estabelece as ênfases desde o início por meio da pergunta tipicamente socrática se um saber específico seria requerido para a condução de uma economia doméstica. De resto, o diálogo fictício possui uma

---

13. Cf. FLAIG, E., *Weltgeschichte der Sklaverei*, München, 2009.

14. Esses capítulos são omitidos pela maioria dos autores de livros (inclusive os de caráter introdutório) sobre Aristóteles, especialmente os que vêm da filosofia. Exceção são as explanações primorosas de BIEN, *Grundlegung*, 1973, 273-313. Para uma visão geral sobre o pensamento econômico desde a poesia grega mais antiga cf. em ZOEPFFEL, R., Aristoteles, Oikonomika, in: *Werke*, 10, II, 2006, 49-370.

orientação acentuadamente didática. Assim sendo, a primeira *oikonomía* livre de todo e qualquer acessório, de feitio sistemático bem-acabado, é a de Aristóteles. Ele encontrou já prontas as palavras-chave para designar os temas e também literatura especializada sobre questões individuais, que não chegou até nós. Tanto é que ele menciona escritos de autores que nos são totalmente desconhecidos, como Carétides de Paros e Apolodoro de Lemnos sobre semeadura e cultivo de frutíferas. Como sempre, também nesse ponto Aristóteles está a par dos últimos desenvolvimentos com a ajuda da literatura e processou tudo o que pôde conseguir.

Uma vez mais, seu enfoque é biológico. Ele deriva aquisição e posse de uma origem bem simples: da alimentação. Ela é a condição básica da vida em geral e, desse modo, a forma mais primitiva de aquisição, a saber, a aquisição de gêneros alimentícios. Sistematizando de imediato, ele explica que, diante da multiplicidade dos modos de vida, há também uma multiplicidade de tipos de alimentação. No modo biológico de análise estão incluídos os animais. Visando assegurar o alimento, eles vivem em parte isolados, em parte em rebanhos e são em parte carnívoros, em parte herbívoros, em parte onívoros, dependendo do que "a natureza" estabeleceu. A natureza que, como Aristóteles seguidamente ressalta, "não faz nada em vão", é o fator regulador; ela não é nenhum tipo de factualidade de cunho mítico (como, por exemplo, o roubo do fogo por Prometeu), como é dito nas teorias sofísticas do surgimento da cultura, e muitos menos uma instância religiosa (Zeus), à qual a literatura mais antiga atribui a responsabilidade pelo desenvolvimento da cultura e do modo de vida humanos. O mundo animal e o mundo humano estão imbricados. Dado que os animais gregários têm de migrar por causa do pasto, os nômades têm de migrar com eles. O fato de conseguirem seu alimento sem muito trabalho e, em consequência, terem tempo para o ócio é ressaltado por Aristóteles por meio de uma avaliação manifestamente positiva. Mas o aspecto em questão não é do tipo histórico, como, por exemplo, no sentido de um estado original como uma era de ouro, mas do tipo sistemático. Pois outros agrupamentos são equiparados a eles, como humanos que vivem da caça, em parte da simples rapinagem, em parte da pesca (na medida em que vivem perto do mar, de rios e açudes), em parte da caça a animais selvagens e, em seguida, sobretudo o grupo maior que vive de produtos da terra e do cultivo de frutas. Todas estas são essencialmente formas de atividade aquisitiva de meios de subsistência, que simultaneamente estão associadas a certa economia de provisões.

> Ora, se a natureza não faz nada imperfeito nem em vão, então disso decorre forçosamente que ela criou isso tudo por causa dos seres humanos. [...] A forma da arte

de adquirir os meios de subsistência é por natureza parte da condução da economia, pois é preciso que haja uma rica provisão de bens indispensáveis à vida e úteis para a comunidade estatal e doméstica ou a arte de adquiri-los precisa proporcionar essa provisão para que esteja à disposição (*Política* I, 8, 1256b 20-30).

Ao passo que, nesse primeiro estágio, visto como natural, a implementação de uma provisão serve à própria demanda e, por conseguinte, é limitada, o perigo da avidez por ganhos inadequados emerge com o comércio de troca, no qual o bem produzido além da demanda direta pode ser usado duplamente, a saber, para o uso próprio e para a troca. O modo de aquisição que assim se instaura pelo comércio resulta de uma superprodução em uma comunidade formada por uma quantidade maior de membros que vivem separados uns dos outros. Enquanto ela servir para, por meio da troca, conseguir coisas úteis (cereal, vinho etc.) para o suprimento imediato com bens necessários à vida, o comércio de troca não é tido como "contrário à natureza" (I, 9, 1257a 29). Aristóteles considera como não mais dado pela natureza a "arte de adquirir ávida de ganhos" e, desse modo, a busca por riqueza ilimitada.

Essa forma da arte de adquirir é fomentada, acima de tudo, com a introdução do dinheiro que, na Grécia, passa a ser usado em forma de moedas a partir do século VII a.C. Ao tratar disso, Aristóteles não aborda as formas pré-monetárias de mensuração do valor, como representadas, na sociedade homérica, pela cabeça de gado como unidade de valor, nem se detém em possíveis origens sacrais de "dinheiro sagrado"[15], mas fundamenta a invenção do dinheiro com a economia de importação e exportação, suscitada pela insuficiência de produtos regionais, que torna a pura troca de mercadorias inviável a grandes distâncias e requer uma medida de valor neutra, como representada pelo dinheiro, num primeiro momento, orientado no tamanho e no peso do puro valor metálico e, depois, garantido com um cunho designativo do valor. Para Aristóteles, o dinheiro usado

---

15. No ano de 1924, Bernhard Laum havia publicado (sendo afetado pelo espírito de época da década de 1920) seu livro: *Heiliges Geld. Eine historische Untersuchung über den sakralen Ursprung des Geldes* [*Santo dinheiro. Uma investigação histórica sobre a origem sacra do dinheiro*], não encontrando concordância geral. Laum recorreu, entre outras coisas, a oferendas normatizadas como medida universal de valor. Cf. sobre isso Wittenburg, A., Bernhard Laum und der sakrale Ursprung des Geldes, in: Flashar, H., (ed.), *Altertumswissenschaft in den 20er Jahren*, Stuttgart, 1995, 259-274. A contribuição de Laum, Kein Giroverkehr bei athenischen Banken, *Philologische Wochenschrift*, 1922, 427-432 deve ter se tornado atual novamente. Sobre a temática como um todo cf. Reden, S. von, *Money in Classical Antiquity*, Cambridge, 2010.

de maneira tão generalizada não é "posto pela natureza", mas, no quadro de referência da grande antítese entre *physis* (natureza) e *nómos* (preceito legal), ele se encontra do lado do *nómos*, da pura estipulação, que é o que significa literalmente a palavra grega para "dinheiro", νόμισμα (*nómisma*). Aristóteles também discerne de imediato a arbitrariedade do dinheiro em vista de possíveis mudanças de moeda: "Às vezes dinheiro parece ser uma palavra vazia, de valor estipulado de modo inteiramente (arbitrário), de modo nenhum pela natureza, pois quando aqueles que o usam mudam (sua moeda), ele não tem mais valor nenhum" (*Política* I, 9, 1257b 10-12).

Para Aristóteles, com o comércio baseado em dinheiro está associado o perigo de acumular riqueza ilimitadamente como puro fim em si. Isso não seria a tarefa da economia (I, 9, 1257b 31). Ele vê a multiplicação infinita do dinheiro como uma consequência, imanente ao sistema, desse tipo de "arte de adquirir" e tem de se defender do mal-entendido de que ele seria contrário à riqueza de modo geral, sendo que adquirir e conservar a riqueza em volumes razoáveis constitui uma arte de adquirir que faz sentido. Enquanto aquela serve apenas à vida em geral e, nela, acima de tudo à satisfação dos desfrutes físicos, esta pode ajudar a alcançar uma vida "boa" (isto é, eticamente apreciável). Nessa linha, a tarefa da medicina não é fazer dinheiro, mas restabelecer a saúde (I, 9, 1258a 1-13). O enriquecimento ilimitado é considerado uma malformação social.

Essa parte mais teórica da economia é seguida (a partir do capítulo 11) por um compêndio das questões práticas ligadas à economia. Mas Aristóteles não quer se demorar nos detalhes, pois isso seria "incômodo" (I, 11, 1258b 35) no quadro de sua exposição. Assim ele se restringe, uma vez mais, a uma visão geral de cunho sistemático dos conhecimentos práticos requeridos em cada um dos campos. Pois o conhecimento prático é imprescindível, não só em relação à questão da rentabilidade na criação de cavalos, bovinos e ovinos ou no cultivo do solo, nas plantações de árvores e arbustos, na criação de abelhas e de todas as espécies de animais, mas também em relação ao campo do comércio na relação de negócios, no comércio de longas distâncias e no transporte de mercadorias, na oferta de mercadorias para venda, na contratação de mão de obra especializada e de aprendizes, na extração e comercialização de matérias-primas. Para preencher esse impressionante catálogo com conteúdo, Aristóteles remete à literatura especializada e também à história, que no seu tempo já se tornara famosa, de como Tales de Mileto (primeira metade do século VI a.C.) assegurou para si o monopólio das prensas de óleo por ter deduzido do cálculo da posição dos astros que haveria uma grande colheita de olivas e, por conseguinte, arrendou para si antecipadamente, ainda no inverno, todas as prensas de óleo da redondeza por um preço baixo para arrendá-las a outros por um preço alto na época da colheita (I, 11, 1259a 7-20). Na verdade, Aristóteles não quis caracterizar Tales como um atilado homem de negócios, mas apenas mostrar que o filósofo também pode ser bem-sucedido no mundo prático dos negócios, desde que queira – identifica-se aqui um traço oposto à anedota disseminada por Platão (*Teeteto* 174a), segundo a qual Tales, distanciado do mundo dos vivos, caiu em um poço enquanto examinava os astros e teve de aguentar a gozação de uma criada trácia[16]. Para Aristóteles, a anedota contada por ele é um exemplo da possibilidade de maximização dos ganhos em tempos de demanda máxima.

Se visualizarmos o conjunto da exposição que Aristóteles esboçou dos temas e problemas da parte prática da *oikonomía*, temos a impressão de que essa área já havia se autonomizado, na forma de "crematística" (arte da multiplicação do dinheiro), como uma "especialidade já amplamente desprovida de *êthos*"[17], que vai muito além do quadro de referência da "casa". Isso se expressa ainda no fato de que Aristóteles recomenda expressamente também aos políticos, para fins de exploração de fontes de receita estatais, o conhecimento e a aplicação do monopólio de meios de produção e sua comercialização (I, 11, 1259a 32-36).

Ao mesmo tempo, a exposição de Aristóteles permite concluir que, como base e pressuposto da autonomização da "crematística", o modo de produção agrário, por sua vez, já estava até certo ponto tecnicizado[18], se não industrializado.

A *oikonomía* de Aristóteles possui como que duas caras. De um lado, trata-se das relações naturais entre pessoas (senhor-escravo etc.) na casa, bem como de uma economia natural de demanda, integrada nos princípios da ética. Inclusive nesse contexto, Aristóteles não pensa na "casa" no sentido de uma pequena casa ao lado de uma série de outras, como podia ser encontrada nas cidades gregas nos séculos V e IV[19], mas antes naquilo que designaríamos de "fazenda" com

---

16. A anedota retomada e incrementada por Platão foi inserida por BLUMENBERG, H., *Das Lachen der Thrakerin*, Frankfurt, 1987, em um horizonte filosófico amplo. A anedota aristotélica em resposta é mencionada apenas de passagem (24-27) com o argumento pouco convincente de que Aristóteles não teria tido conhecimento do *Teeteto* platônico e, em consequência, da anedota da queda de Tales no poço: "nem sempre os alunos leem o que seus mestres escreveram" (25). Obviamente Aristóteles leu tudo o que Platão escreveu. Várias vezes ele se refere expressamente ao *Teeteto*: *Metafísica* III, 5, 1010b 12; *Tópicos* IV, 2, 122b 26; *De anima* III, 3, 428a 24.

17. BIEN, *Grundlegung*, 1973, 275.

18. Ibid., 277.

19. Cf. sobre isso HOEPFNER, W., Architektur und Demokratie – Wohnen in der klassischen Polis, in: FLASHAR, H. (ed.), *Auseinandersetzungen mit der Antike*, Bamberg, 1990, 31-60.

senhor, senhora e criadagem. Do outro lado, encontra-se um evento econômico abrangente que Aristóteles integra na economia (da casa) também porque queria manter a esfera política tanto quanto possível livre de ponderações econômicas. No entanto, o conceito moderno da economia[20] abrange, enquanto "economia nacional" todo o âmbito da economia desde a menor unidade até a globalização internacional. Porém, é preciso deixar registrado que Aristóteles foi o primeiro a compor uma "economia" sistemática digna desse nome.

CRÍTICA AOS PREDECESSORES
(*POLÍTICA* II)

Antes de voltar-se para a discussão sobre o formato da *pólis* e de seus cidadãos, Aristóteles passa em revista – como costuma fazer em todas as áreas –, no Livro II a *Política*, as teorias e os projetos existentes. Como questão norteadora ele formula, de início, o problema da posse, das possibilidades e limites da comunhão de bens, tendo sempre como pano de fundo a questão ética do "bem viver". Ele faz uma análise crítica das concepções de três pensadores (Platão, Faleias de Calcedônia, Hipódamo de Mileto) e três constituições (Esparta, Creta, Cartago), para, em seguida (capítulo 12), ainda tratar sucintamente os projetos de nove diferentes legisladores. Quase a metade de todo o livro é dedicada à crítica aos escritos de Platão sobre a teoria do Estado. Estamos diante da primeira de numerosas críticas – que chegam até a atualidade – dirigidas, em primeira linha, contra a *República* (*Politeia*) e, em segunda linha, contra as *Leis* de Platão. Ao fazer isso, Aristóteles imputa a Platão a possibilidade e a intenção da realização imediata de algumas afirmações na concretização tal e qual foram ditas. Ele não se preocupa com as ressalvas que o próprio Platão fez e, em consequência, tampouco com o caráter fictício, metafórico e utópico do modelo de Estado que Platão expressamente não projetou visando a realizabilidade (*República* V, 472d), que, muito antes, esteja situado "talvez no céu", mas "em lugar nenhum da Terra" (*República* IX, 592a-b). Com um perceptível tom de mofa, lembrando inclusive a zombaria da comédia, Aristóteles critica a ideia da comunhão de mulheres e de crianças: "Pois então uma só e a mesma pessoa é chamado por este de filho, por aquele de irmão, (por um terceiro) de primo ou (com outras

---

20. Sobre as mudanças no conceito de economia cf. H. Rabe, K. Lichtblau, Ökonomie, in: *Historisches Wörterbuch der Philosophie*, v. 6, 1984, 1149-1173.

expressões) correspondendo a alguma outra relação de parentesco dos laços de família ou de afinidade" (*Política* II, 3, 1262a 9-11).

Seria impossível que dessa maneira surgisse uma relação natural de amor e, por fim, de qualquer modo ficaria claro quem é parente de quem e como.

Com mais seriedade é conduzida a discussão sobre a posse comum ou privada de terras, que – como o próprio Aristóteles diz (II, 5, 1262b 40) – pode ser dissociada das determinações platônicas referentes à comunhão de mulheres. E, de fato, trata-se da questão candente até a atualidade se o solo agrícola deve ser socializado ou mantido em posse privada. Da suposição da posse comum decorre, então, a questão adicional se também o produto final do cultivo do solo pertenceria a todos ou não. Aristóteles vota – de modo sumamente moderno – pela posse privada, mas tendo a obrigação com o povo em geral de que o proprietário, sob determinadas condições, também coloque o cultivo do solo à disposição de outros e que, no caso de cultivá-lo em proveito próprio, deve administrá-lo como se pertencesse ao povo em geral. Fundamentalmente ele se encontra do lado da posse privada, baseado em uma argumentação totalmente antropológica.

> De modo geral, já é difícil conviver e compartilhar entre si coisas humanas de todo tipo, e a coisa mais difícil é fazê-lo com essas coisas. É o que se vê também em grupos de viagem. A grande maioria dos participantes se tornam inimigos porque acabam brigando uns com os outros por motivos bem corriqueiros e insignificantes (*Política* II, 5, 1263a 15-19). Além disso, contribui indescritivelmente para o bem-estar quando se pode considerar algo como sua propriedade (II, 5, 1263a 40 s.).

Além disso, assim prossegue Aristóteles, só se poderia realizar determinadas virtudes, como hospitalidade, generosidade e autocontrole, quando se dispõe de posse própria (de que tipo for), por exemplo, tendo em vista a comunhão de mulheres: "Pois trata-se de um comportamento louvável não tocar a mulher de outro em virtude do autocontrole" (II, 5, 1263b 10).

Este (e outros) argumentos servem como objeções contra a concepção da uniformização de todas as esferas da vida, que Aristóteles critica na *Politeia* platônica, na qual ninguém conseguiria ser feliz.

Em seguida (II, 6), ele submete a obra da velhice de Platão, *Leis* (*Nómoi*), a uma crítica de feitio semelhante, ainda que um pouco mais branda. *Leis* é uma obra mais adequada porque, nela, as determinações legais individuais encontram-se mais próximas da realidade e não estão sob a premissa de um modelo abstrato. Aristóteles critica detalhes na legislação referente à posse fundiária e à distribuição de cargos. Nesse contexto, encontra-se uma caracterização fundamental dos diálogos de Platão. "Todos os diálogos de Sócrates se caracterizam pelas ideias fora do comum, pela criatividade espirituosa, pelas inovações ousadas e pela pesquisa profunda. Mas decerto será difícil provar que tudo isso também está correto" (*Política* II, 6, 1265a 10-13).

A expressão "diálogos de Sócrates" se refere aos diálogos de Platão, mais precisamente, a "todos" eles (como consta expressamente), incluindo as *Leis*, nas quais Sócrates não entra mais em cena. Aristóteles simplesmente vê o "ateniense" (o interlocutor principal das *Leis*) como sendo Sócrates. Essa caracterização global da obra platônica dificilmente deve ter sido redigida por Aristóteles ainda na Academia estando Platão ainda vido, até porque Platão deve ter trabalhado nas *Leis*, que são a última obra de sua velhice, até pouco antes de sua morte e, portanto, não deve ter estado disponível antes de Aristóteles deixar Atenas.

Não sabemos quase nada sobre Faleias de Calcedônia (uma cidade localizada na extremidade sul do Bósforo), o próximo a ser criticado por Aristóteles. Ele não é mencionado em nenhum outro lugar e deve pertencer ainda ao século V. Trata-se novamente da exigência de igualdade da posse fundiária que, na opinião de Faleias, seria mais fácil de realizar por ocasião da fundação de cidades, que entre os gregos desempenhou um papel muito importante até o século IV, do que em cidades com outra ordem social. Trata-se de uma problemática que depois também seria retomada por Platão no Livro V das *Leis*. Aristóteles deve ter mencionado Faleias porque ele foi o "primeiro" (II, 6, 1266a 39) a considerar a distribuição das posses como instrumento político em seu projeto de Estado. O "primeiro" a fazer algo tem grande importância para o pensamento grego. Todas as realizações notáveis são atribuídas a um "primeiro inventor".

No caso de Hipódamo de Mileto, o "primeiro" (II, 8, 1267b 29) político não ativo a fazer um projeto da "melhor constituição", um homem famoso e proeminente e sua obra se tornam objeto da crítica. Embora Hipódamo tenha atuado mais de cem anos antes e Aristóteles, portanto, não possa tê-lo visto pessoalmente, ele descreve seu aspecto: cabeleira farta, adorno valioso e roupa quente que Hipódamo também vestia no verão como expressão de um estilo de vida bem particular. Hipódamo foi arquiteto e urbanista. O "estilo hipodâmico mais recente" (*Política* VII, 11, 1330b 24) de planejamento urbano se tornou famoso. Ele consistiu na construção de casas particulares de formato regular, dispostas em ruas paralelas que se cruzavam em ângulo reto e que levavam a um mercado localizado no centro. Foi nesses termos que Hipódamo teria reconstruído o Pireu depois das guerras persas, refundado Túrios no ano de 440 e estabelecido Rodes; outras cidades (Olinto) igualmente estavam organizadas segundo o sistema hipodâmico. Viu-se nisso a expressão urbanística da democracia fortalecida no século V[21] e, assim, Hipódamo é exemplo precoce de uma longa série de louváveis e não tão louváveis conexões entre arquitetura e política que se estende até a atualidade[22].

No entanto, é difícil identificar se a teoria de Estado referida por Aristóteles nesse ponto, com sua tripartição dos grupos sociais (artesãos, camponeses, guerreiros) e do solo (área do templo, solo comunitário, propriedade privada), bem como das leis, que previam a eleição dos funcionários pelo povo, possui alguma correspondência com os projetos arquitetônicos. Aristóteles, em todo caso, não vê tal conexão e trata os dois aspectos da atuação hipodâmica separadamente (sobre a construção de cidades apenas sucintamente em *Política* VII, 11). Ele critica detalhes da legislação, mas não o cerne da concepção, como faz em relação a Platão, e acaba se envolvendo em uma discussão sobre se e sob que condições se deve modificar leis escritas.

A visão geral das regulações de três diferentes constituições conclui a análise dos projetos de Estado vigentes (*Política* II, 9-11). As opiniões divergem sobre se o pano de fundo disso é a *Coletânea das 158 constituições* já completa ou em surgimento, o que, em todo caso, é uma questão de menor importância. O que está claro é que Aristóteles parte de uma discussão em andamento, cujos integrantes estão a par da junção da constituição espartana com a cretense (mas não com a cartaginense), tendo em vista também que, nas *Leis* platônicas, o "ateniense" se defronta com um interlocutor espartano e um cretense. Assim, Aristóteles menciona expressamente a obra da velhice de Platão – dessa vez com aprovação (II, 9, 1271b 1) –, mais precisamente, quanto à crítica que fez ao direcionamento da legislação espartana exclusivamente para a capacidade bélica. Ele critica a posição da mulher como guerreira e observa que os espartanos não sabiam como levar uma vida tranquila sem guerra, e que eles inclusive em época de paz não teriam nada mais importante a fazer do que exercitar-se para a guerra (II, 9, 1271b 5-7). Ele acha que a regulação da distribuição das posses é desigual e inapropriada e critica a organização dos cargos públicos e as refeições obrigatórias em comum.

---

21. Cf. GEHRKE, H.-J., Bemerkungen zu Hippodamos von Milet, in: SCHULLER, W. et al. (ed.), *Demokratie und Architektur. Wohnen in der klassischen Polis II*, Berlin, 1989, 58-63. Objeções de Schütrumpf in: *Werke*, 9, II, 1991, 263.

22. Cf. o capítulo *Construções que retratam um mundo melhor, utopias arquitetônicas* em BLOCH, E., *Das Prinzip Hoffnung*, Frankfurt, v. II, 1959, 819-872 (sobre Hipódamo, 864). Trad. bras.: *O princípio esperança*, Rio de Janeiro, Contraponto/EdUERJ, v. 2, 2006, 253-298 (sobre Hipódamo, 291).

A análise seguinte da constituição cretense (II, 10) não traz nenhum aspecto novo. Ela é similar à constituição espartana, em comparação com a qual algumas instituições são vistas como melhores e outras como piores. Uma diferença essencial é que, na constituição cretense, não se fala do direcionamento de toda a sociedade – e isso vale também para as mulheres – para a guerra.

O que surpreende em um primeiro momento é que, ao deter-se na constituição cartaginense, Aristóteles torna objeto de análise uma constituição não grega, que consequentemente não aparece na *Coletânea das 158 constituições*; no entanto, ele a considera equivalente às constituições gregas, colocando-a ao lado da constituição espartana devido à similitude e avaliando-a em termos parecidos. A constituição cartaginense certamente se encontra mais distante da realidade do leitor ou ouvinte da preleção aristotélica, embora ela já tivesse sido mencionada algumas vezes pelos oradores (Isócrates 3, 24) e por Platão (*Leis* I, 637d; II, 674a). Aristóteles acha que todas as três constituições têm grande afinidade uma com a outra e as destaca como conhecidas por serem boas ordens políticas.

À guisa de anexo, são mencionados (e pouco criticados) alguns legisladores, como Sólon em Atenas (com brevidade notável), Zaleuco na Locros epizefíria (na atual Calábria), Carondas em Catânia (na Sicília) e Filolau em Tebas.

CIDADÃO, PÓLIS E CONSTITUIÇÃO
(*POLÍTICA* III)

O terceiro livro da *Política* dá início a uma discussão sobre as seguintes questões fundamentais: quem é, em termos gerais, um cidadão? O que é uma *pólis*? E o que é uma constituição? A argumentação é bem complexa e emaranhada. Mas uma coisa fica clara: só é cidadão quem vive em uma comunidade estatal ("Estado" significa aqui sempre *pólis*); uma *pólis* não é um território circundado por uma muralha, mas designa a convivência dos mais diferentes grupos humanos no quadro de uma constituição. A dificuldade em determinar quem é cidadão reside em que as mais diferentes constituições contêm determinações muito díspares sobre o direito de cidadania, podendo ocorrer que, no caso de uma mudança de constituição, o mesmo homem (de mulheres não se fala) podem converter-se de não cidadão em cidadão e vice-versa. Isso também vale para o grupo dos metecos – a respeito do qual Aristóteles faz algumas observações (III, 1, 1275a 7-19), sem deixar transparecer que ele próprio faz parte dele –, que são cidadãos "em certo sentido", mas não em sentido pleno.

Na tentativa de formular uma determinação geral de quem é cidadão, Aristóteles se orienta em grande parte na práxis adotada em Atenas. Cidadãos são aqueles que têm acesso aos cargos públicos em termos de deliberação e jurisdição. Estes são – em todo caso em Atenas – aqueles que tiveram pais cidadãos e, consequentemente, estavam registrados (em Atenas a partir de 18 anos de idade) nas listas de cidadãos em seus respectivos *demos* (nos distritos da *pólis*), curiosamente excluindo os velhos que, dispensados da participação ativa na política, foram, por assim dizer, "aposentados", sobre os quais, aliás, a jurisprudência ática nada diz, mas que desempenham um papel muito importante nas *Leis* platônicas como "gerontes". Naturalmente estão excluídos também os que foram banidos – essa pena era aplicada a crimes letais –, além dos que foram legalmente condenados, mas que, em Atenas, conservavam certos direitos de cidadania.

Porém, nem essa determinação geral é válida em toda parte, de modo que os detalhes acabam permanecendo vagos. Importante para Aristóteles é que a *pólis* consiste na convivência de diversos grupos humanos, dos quais apenas uma parte é constituída de cidadãos plenos. Como, porém, em tudo isso está em jogo o fator ético, Aristóteles acrescenta uma breve discussão sobre se a excelência (*areté*) do homem bom é idêntica à do bom cidadão. Aristóteles dá uma resposta negativa a essa pergunta. O ser humano bom (no sentido da realização das virtudes éticas) é bom sempre e em toda parte. Porém, uma *pólis* não pode ser composta exclusivamente de seres humanos bons (III, 4, 1276b 16-30). Mas isso deve ocorrer no caso dos que dominam, pois o que distingue o bom cidadão é o fato de estar em condições de dominar e permitir que dominem sobre ele. Só sabe dar ordens quem aprendeu a obedecer. O dominador deve ter inteligência (φρόνησις [*phrónesis*]), enquanto que para quem é (apenas) dominado basta a "opinião correta".

Porém, em determinadas constituições (sobretudo na democracia), a dominação é exercida em caráter de "revezamento na função"[23]; nesse caso, a virtude do homem e do cidadão coincidem. Dado que Aristóteles parte fundamentalmente da premissa da desigualdade dos seres humanos, segundo a qual existe um tipo planejador e um tipo mais propenso a executar, e o ser humano não pode se realizar de modo igual nos dois níveis, é preciso que, no caso das constituições com "revezamento na função", sejam permitidas formas mistas ou

---

23. Cf. BIEN, *Grundlegung*, 1973, 336 ["revezamento na função" *entre todos os que estão habituados a fazê-lo* (N. do T.)].

se deve restringir fortemente o círculo dos cidadãos. O assunto não fica totalmente claro em Aristóteles, pois sua exposição é feita em um tom sumamente aporético. "Revezamento na função" é uma expressão sociológica moderna; ela quer dizer que todos os cidadãos se revezam no exercício de cargos estatais, como membros do conselho municipal, juízes e detentores de outros postos de funcionários públicos, sendo o *acesso* a eles regulado, na democracia, por um sistema de sorteio muito sofisticado, visando excluir em grande medida as manipulações na ocupação dos cargos.

Dado que a *pólis* não é suficientemente definida apenas pela convivência, mas o é pela existência de uma constituição, Aristóteles examina, na sequência (III, 6-17), cada um dos tipos de constituição que podem ser encontrados na realidade, os quais ele classifica segundo um esquema de seis, dependendo se o governo está nas mãos de um só, de alguns ou de muitos (III, 7):

	Um	Alguns	Muitos
Constituições corretas:	Monarquia	Aristocracia	*Politeia* [República]
Constituições malogradas:	Tirania	Oligarquia	Democracia

A subdivisão valorativa em constituições "corretas" e "malogradas" significa que as constituições "corretas" estão voltadas para o bem-estar geral, ao passo que as constituições "malogradas" visam apenas o bem dos governantes.

Classificações de constituições por tipos e suas avaliações não são novidade. Ao contrário, desde meados do século V houve sobretudo em Atenas um debate animado sobre as vantagens e as desvantagens de diversos tipos de constituição, que podemos captar primeiramente no famoso debate sobre a constituição em Heródoto (III, 80-82)[24], no qual é discutido um esquema tríplice – monarquia, oligarquia, democracia, em Heródoto ainda denominado isonomia (participação igual na lei) –, seguindo a estipulação de vantagens e desvantagens. Classificações de constituições encontram-se em diferentes passagens das obras de Platão e Xenofonte, sendo que se pode encontrar um esquema bem articulado de seis no *Político* (300e-303d) de Platão, com a classificação segundo a dominação por um só, vários e muitos em constituições boas (monarquia, aristocracia, democracia legal) e ruins (tirania, oligarquia, democracia sem lei). Aristóteles assumiu esse esquema de Platão com a diferença de que ele substitui "democracia legal" pela palavra *politeia*. Há quem possa admirar-se de que Aristóteles tenha colocado a

---

24. Cf. BRINGMANN, *Die Verfassungsdebatte*, 1974, 266-279.

democracia entre as constituições malogradas, mas isso é um conflito em torno de palavras. Pois o que nós chamamos de democracia corresponde à *politeia* aristotélica, na medida em que seu objetivo é o bem da totalidade. Ademais, o esquema de seis não é um dogma, visto que não faz jus à profusão de fenômenos presentes na realidade. Isso logo leva Aristóteles a distanciar-se desse esquema, voltar sua atenção só mais para a oligarquia e a democracia e a achar que sua própria delimitação das constituições não é bem correta (III, 8, 1279b 25). O número de regentes passa a ser para ele apenas ainda um critério secundário. Além disso, há constituições mistas e modificações da constituição na mesma *pólis* que escapam a uma esquematização.

Fundamentalmente ele favorece uma forma de constituição em que muitos governam, e fundamenta isso com sua teoria da soma, totalmente não platônica (III, 11, 1282b 1-22). É a primeira fundamentação teórica do trabalho em equipe e diz que, mesmo que um indivíduo não for suficientemente competente, na soma de uma quantidade maior, a totalidade é melhor do que cada indivíduo sozinho, porque a inteligência e excelência de caráter se potenciam como se fosse "um único ser humano com muitos pés, muitas mãos e muitas percepções".

Nesse tocante, Aristóteles pensa na soma de aspectos parciais nas deliberações e decisões políticas, mas logo volta a restringir sua teoria, dizendo que uma personalidade muito proeminente seria melhor do que uma soma de inteligências e, em contrapartida, uma soma de pouco qualificados não produz o efeito positivo que, de outra forma, poderia ser esperado.

Em tentativas sempre renovadas, Aristóteles procura deixar claro como na *pólis* direito e lei podem deslanchar em conjunção com a excelência ética, para, no final (III, 14-17), dedicar-se à monarquia e seus subtipos, mas abrangendo também questões que dizem respeito a todas as constituições. Não há nenhuma alusão a ou mesmo menção à monarquia macedônia.

AS CONSTITUIÇÕES NA REALIDADE
(*POLÍTICA* IV-VI)

Uma retomada marca o início de um tratado possivelmente autônomo em sua origem, que abrange os Livros IV-VI da *Política*, cujos temas formam um conjunto. A primeira impressão é a de uma profusão de material empírico difícil de abarcar. O esquema das seis formas de constituição continua a ser desmontado; adicionalmente aos tipos básicos são mencionadas numerosas subformas e formas intermediárias, entre elas quatro subtipos da oligarquia e cinco subtipos da democracia, cujas vantagens e desvantagens são extensamente explicadas. A oligarquia e a democracia são tidas como os dois tipos principais, dos quais se pode derivar quase todas as constituições existentes na realidade. As questões referentes à relação entre constituição e lei, aos fatores responsáveis pela conservação e o desaparecimento de constituições, aos diversos agrupamentos, às estratificações sociais, a riqueza e pobreza, ao abuso de cargos (usurpação de cargos, pagamentos de diárias), às funções do poder deliberativo, judiciário e governante são examinadas com o auxílio de uma enorme quantidade de material oriundo das diferentes cidades-Estado gregas. Por trás disso certamente está a *Coletânea das 158 constituições das cidades gregas*, que, no entanto, em lugar nenhum é citada e talvez ainda não estivesse concluída.

Impressionantes são algumas das caracterizações singulares, como a do modo de agir da tirania; nós diríamos ditadura[25]:

> A humilhação de pessoas proeminentes e a eliminação das autoconfiantes; não tolerar comunhões de mesa, nenhum tipo de agrupamento político, nenhuma formação nem coisas desse tipo, mas impedir tudo que possa gerar autoconfiança e confiança mútua, tampouco permitir reuniões que servem à formação e ao convívio, mas envidar todos os esforços para que as pessoas não venham a se conhecer melhor; pois o conhecimento mútuo tem o efeito de facilitar o surgimento da confiança mútua; ademais, que elas se mantenham constantemente em local público e diante da porta de suas casas. Assim lhes será mais difícil ocultar o que estão fazendo e aos poucos se habituam a serem subservientes. [...] Ademais, faz parte disso cuidar para que nada do que diz ou faz um súdito fique oculto, mas que haja espiões e informantes onde quer que ocorra uma reunião. Pois, por medo deles, as pessoas falam com menos liberdade, e quando o fazem, o que dizem não fica tão oculto. [...] Também é típico de um tirano não se agradar de homens que mantêm sua dignidade e liberdade; pois o tirano reivindica essa qualidade exclusivamente para si. Mas quem demonstra dignidade e liberdade diante dele diminui sua superioridade e a pretensão absoluta da tirania. Tais pessoas são odiadas e perseguidas pelos tiranos como se quisessem derrubar seu regime (*Política* V, 11, 1313a 40-1314 a 10, alguns trechos foram omitidos).

O texto é de uma atualidade espantosa. Está tão fortemente tipificado e generalizado que parece irrelevante perguntar em que fatos históricos Aristóteles pensou.

---

25. Análise detalhada em HEUSS, A., Aristoteles als Theoretiker des Totalitarismus, *Antike und Abendland*, v. 17 (1971) 1-44.

Ele evita toda menção direta dos encontros de Platão com a tirania em Siracusa, da qual menciona uma medida isolada (a infiltração de espiões), que ele remonta a Hierão, que atuou mais de um século antes desse tempo (V, 11, 1313b 14). Mas ele certamente conhece a caracterização que Platão faz da tirania (*República* VIII, 565a-569c), da qual ele não assume nenhum detalhe, mas a mesma mentalidade. Platão – no mesmo tom genérico – havia destacado, como traços característicos da tirania, que, num primeiro momento, o tirano saúda todos com tanta amabilidade como se nem fosse um tirano. Porém, em seguida, ele sempre incita alguma guerra e se desfaz de seus críticos que originalmente o haviam apoiado por meio de uma "limpeza". Platão considerou o surgimento da tirania como consequência necessária de uma democracia sem freios. Aristóteles não acompanhou essa concepção e, por conseguinte, nem a teoria do ciclo das constituições.

A melhor constituição sob as condições da política real é denominada por Aristóteles *politeia* (πολιτεία [*politêia*], de onde vem a expressão latina *res publica*, república, IV, 8-9). Ele a caracteriza como uma "mistura de oligarquia e democracia" (IV, 8, 1293b 34), sendo que pressupõe a existência de três tipos diferentes de mistura de elementos oligárquicos e democráticos. Se tomarmos como base o melhor dos quatro tipos de oligarquia, o melhor dos quatro tipos de democracia e a melhor mescla de ambas, resulta uma forma de constituição que chega relativamente perto da democracia que havia em Atenas nos séculos V e IV. Seu fundamento é a liberdade dos cidadãos e sua igualdade perante a lei, bem como o "revezamento na função" de assumir cargos com base em eleições e sorteios. Aristóteles vislumbra na liberdade irrestrita sem vínculos certo perigo, quando a liberdade significa viver como se quer sem se deixar governar por absolutamente ninguém (VI, 2, 1317b 10-16).

Ele atribui muita importância ao fortalecimento do estamento médio (IV, 11). Uma grande disparidade entre rico e pobre acarreta tensões sociais. Os ricos se tornam arrogantes e prefeririam não ser governados por ninguém, como já se pode ver na casa paterna, quando crianças mimadas nem conseguem mais se habituar a obedecer a seus mestres. Inversamente os pobres muitas vezes são exageradamente subservientes, invejosos e também maldosos. Um forte estrato médio impede que os extremos se imponham e que ocorram revoltas e divisões entre os cidadãos. Uma democracia com uma classe média forte é mais estável e duradoura do que outras formas de constituição (IV, 11, 1295b 1-22)[26].

---

26. Quem mostra que esse estrato médio é difícil de apreender nas sociedades da *pólis* é WINTERLING, A., 'Arme' und 'Reiche', *Saeculum*, v. 44 (1993) 179-205.

Fica claro que essas reflexões estão enraizadas na determinação do meio-termo ético entre os extremos, como o próprio Aristóteles registra expressamente (IV, 11, 1295a 36). Por mais que esses livros da *Política* estejam saturados de empirismo, toda a discussão é atravessada por um fio vermelho, a saber, a máxima ética do bem viver, que, ademais, não nega a controvérsia com a teoria, exposta no *Político* e nas *Leis* de Platão, referente à medida certa e ao meio-termo no caráter contínuo das constituições, e na ideia platônica da constituição mista.

Assim se arqueia por cima das caracterizações das constituições reais, baseadas no empirismo, uma camada filosófica, porque para Aristóteles o Estado não é "simplesmente a organização que visa uma convivência que funciona, mas é o lugar da autorrealização do ser humano"[27].

A MELHOR CONSTITUIÇÃO – O ESTADO IDEAL (*POLÍTICA* VII-VIII)

Os dois últimos livros da *Política* constituem um tratado coerente, originalmente autônomo, provavelmente uma preleção pública, escrita e proferida talvez ainda na Academia, supostamente ainda antes da concepção dos livros que compõem a parte central da *Política* com a pesquisa sobre as constituições empiricamente existentes.

Projetos mais ou menos concretos do Estado ideal haviam se tornado moda na Academia depois da *Politeia* platônica. Espêusipo escreveu os livros *Sobre o cidadão* e *Sobre legislação*; Xenócrates os *A força das leis* e *Estado*. E naturalmente é preciso mencionar a obra monumental de Platão intitulada *Leis*, que deixou marcas evidentes na investigação de Aristóteles.

Enquanto os projetos de um Estado ideal, sobretudo a *Politeia* de Platão, geralmente têm um caráter utópico e *Leis* representa, quanto a sua forma, a ficção literária da refundação de uma *pólis* em Creta, o tratado aristotélico leva em consideração as situações vigentes. O Estado ideal de Aristóteles não existe em nenhum lugar da realidade, mas pode ser implementado nas condições historicamente dadas sob determinados pressupostos. Ele é caracterizado pela total integração de aspectos políticos com aspectos éticos. Acima de tudo, Aristóteles acentua a interligação estreita de ética e política como formatações de uma filosofia prática abrangente. Pois a forma do Estado tem de estar de tal

---

27. EUCKEN, C., Der aristotelische Demokratiebegriff und sein historisches Umfeld, in: PATZIG, G., (ed.), *Aristoteles, Politica*, Göttingen, 1990, 277-291, aqui 291.

modo estabelecida que "cada indivíduo tenha as melhores condições possíveis e possa viver feliz" (VII, 2, 1324a 24). "Felicidade" naturalmente se refere à realização das virtudes éticas e da inteligência prática no sentido da ética. Em consequência, o Estado (isto é, sempre a *pólis*) tem de ser estruturado em analogia à excelência (virtude etc.) do indivíduo; a felicidade de cada ser humano deve ser vista como idêntica à da *pólis* (VII, 1, 1324a 5). Não existe moral individual separada da *pólis*.

As ponderações e fundamentações introdutórias (VII, 1-3) sobre a relação entre *pólis* e indivíduo estão eivadas de dificuldades e controvérsias, apontadas pelo próprio Aristóteles. Entre elas figura a da posição que o modo de vida teórico (filosófico) assume dentro da *pólis* (VII, 2, 1324a 26-34). Se a felicidade tanto da *pólis* quanto do indivíduo consiste no agir político-prático, como pode o representante da vida teórica, tanto mais quando ele rejeita ser investido de cargos políticos, ajudar a *pólis* a alcançar a felicidade, isto é, chegar ao funcionamento correto, baseado em princípios éticos? Aristóteles soluciona a problemática por meio da ampliação do conceito da ação, de tal modo que a teoria constitui uma forma superior da ação (VII, 3, 1325b 17-30; VII, 14, 1333a 11) e, portanto, o filósofo e o cientista não estão situados fora da *pólis* e de suas referências.

Em contrapartida, existe para Aristóteles também a ação política em demasia, a saber, quando os detentores do poder ultrapassam seus limites e estendem a mão agressivamente para os Estados vizinhos (VII, 2, 1324b 23-25). A missão da *pólis* é, muito antes, uma asseguração abrangente da paz: "É preciso ter a capacidade de travar uma guerra, mas mais ainda de manter a paz e viver tranquilo" (*Política* VII, 14, 1333b 1). Essa determinação é formulada expressamente contra Esparta (VII, 14, 1333b 12); nada é dito sobre as conquistas macedônias.

Na abordagem das condições exteriores para implementação do melhor Estado (VII, 4-13), Aristóteles se torna bem minucioso. Ele se manifesta a respeito do tamanho e da localização desejáveis da *pólis*. Ela deve ter um determinado tamanho para ser autárquica, mas não pode ser tornar uma "megacidade"; deve ser possível visualizá-la em seu conjunto, até para não perder a noção de quem são os cidadãos qualificados para o exercício de cargos e do governo (IV, 4). A comparação com seres vivos, plantas e ferramentas, todos tendo uma delimitação natural, mostra que, também nesse ponto, Aristóteles pressupõe a naturalidade de todas as relações.

No que se refere à localização da *pólis*, dá-se preferência a que haja uma via de ligação com o mar, apesar de certos perigos; além disso, uma cidade em declive voltado para o oriente é considerada especialmente favorável à saúde.

Será providenciada água potável impecável, a extração econômica da água e o esgotamento, bem como uma muralha protetora e a disposição racional das ruas, praças e dos edifícios públicos. Nesse ponto, Aristóteles argumenta como se se tratasse, segundo o conhecido padrão, de planos para a fundação de uma nova *pólis*, como, por exemplo, nas *Leis* de Platão.

Interesse especial é despertado pelo programa educacional previsto para a *pólis* ideal (VII, 16-VIII), para o qual o legislador deve prover as condições básicas necessárias. Ele começa com diretrizes sobre o matrimônio tendo em vista a saúde dos recém-nascidos. Aristóteles considera a melhor fase da vida para a geração de filhos a idade de 37 anos no caso dos homens e de 18 anos no caso das mulheres. Ele não inventa esse número nem o assume da tradição, mas o fundamenta fisiologicamente com o argumento de que, assim, está dada a maior capacidade de geração e concepção e que, em idades consideravelmente mais novas ou mais velhas, os descendentes ficam debilitados. De resto, seria preciso seguir as recomendações dos médicos (VII, 16, 1335a 29-b 19).

Aristóteles defende resolutamente a limitação dos nascimentos por meio da contracepção, mas volta-se enfaticamente contra a prática do abandono de crianças indesejadas. Contudo, em um caso como esse, ele permite o aborto, recomendando um prazo em que o aborto deve acontecer, antes que o embrião obtenha vida e percepção (VII, 16, 1335b 20-27). Adicionalmente determina-se que pai e mãe devem se encontrar na melhor forma física possível no momento da geração, que o inverno é a melhor estação do ano para a geração e, se possível, quando o vento norte estiver soprando, e que a futura mãe deve se alimentar e movimentar apropriadamente durante a gravidez. A relação sexual visando puramente o bem-estar, mesmo sem intenção procriativa, é vista como algo bem normal, mas as relações extraconjugais de pessoas casadas são condenadas (VII, 16, 1335b 38-42).

O programa educacional propriamente dito entra em vigor logo após o nascimento, de início com a administração do alimento correto (sobretudo rico em laticínios) e, em seguida, com a habituação do corpo ao meio ambiente, especialmente ao frio. Até os cinco anos de idade o brincar está em primeiro plano, sendo ainda muito cedo para qualquer aprendizado ou esforço. Não se deve proibir as crianças pequenas de gritar e chorar, porque isso fomenta o crescimento, pois o esforço associado a esses atos deixa a criança mais forte. Quando se entretém crianças por meio de histórias e narrativas, isso deve ser feito de acordo com a faixa etária. As crianças pequenas – Aristóteles pensa o tempo todo em crianças de cidadãos – devem ter o mínimo de contato possível com escravos; isso soa inumano, mas visa manter a criança afastada de formas de tratamento grosseiras e expressões vulgares. Porque Aristóteles dá muito valor a uma linguagem pura. Tudo que há de obsceno em termos de palavra e imagem deve ser mantido fora do alcance das crianças. Elas só devem assistir às comédias quando tiverem atingido a maioridade (VII, 17).

A educação propriamente dita não pode ser assunto privado, mas deve ser regulamentada pelo legislador, tanto mais quando – segundo a concepção aristotélica – o objetivo do indivíduo (caminhos para a felicidade) coincide com o da *pólis*. São quatro as disciplinas que devem ser ensinadas acima de tudo: ler e escrever, esporte (ginástica), música e desenho (VIII, 3, 1337b 24), e isto em uma proporção equilibrada. A ênfase excessiva no esporte – como no caso dos espartanos – levaria a uma constituição física de atletas e converteria as pessoas jovens em "animais selvagens" (VIII, 4, 1338b 13). Também nesse aspecto, Aristóteles pondera como biólogo. O que ele quer é deixar de lado tudo que possa atrapalhar o crescimento natural. Por isso, deve-se começar com exercícios mais leves, manter-se afastado de todo tipo de violência e não se submeter a nenhuma dieta forçada. Pois, nos Jogos Olímpicos já se poderia ver que foram bem poucos os que obtiveram a vitória como homens maduros do mesmo modo que o haviam feito quando jovens. A maioria dos que, em sua juventude, chegaram ao topo, perderam mais tarde a sua força em virtude do excesso de treinamento (VIII, 4, 1339a 1-4). Aristóteles vê a atividade esportiva não tanto como educação para a valentia, como era o caso em Esparta, mas como um componente da preparação equilibrada para todas as virtudes, cuja realização é o objetivo tanto da *pólis* quanto do indivíduo.

Da maior importância se reveste para Aristóteles a educação musical. Se já a exposição precedente não havia surgido no vácuo, mas em discussão crítica com fontes em parte nominadas, em parte anônimas (Platão, *República* e *Leis*; as constituições das cidades gregas, sobretudo de Esparta; usos e costumes de outros povos), ao abordar o tema da educação musical, Aristóteles se encontra na tradição da Academia, sobretudo na do próprio Platão. Contudo, enquanto Platão investigou a música principalmente no contexto do texto associado a ela, Aristóteles está interessado "nos elementos musicais em sentido mais estrito"[28]. Especialista nessas questões tornou-se mais tarde Aristóxeno, aluno de Aristóteles, doze anos mais novo que ele, cujas obras *Elementos da harmonia* e *Elementos da rítmica*, em grande parte conservadas, surgiram sob as vistas de Aristóteles.

---

28. Schütrumpf, in: *Werke*, 6, IV, 2005, 596.

Porém, Aristóteles não estava interessado nas questões mais técnicas, mas na importância da música como meio da educação.

Aristóteles diferencia primeiramente (VIII, 5) três objetivos da música: (1) puro entretenimento, (2) meio para uma conformação significativa da vida, (3) formação do caráter. Porém, quando examinados de perto, esses três objetivos acabem confluindo. Pois a formação do caráter alcançada por meio da música contribuirá mais tarde para a conformação da vida e o aspecto do entretenimento acaba se apresentando como efeito secundário dos outros dois objetivos. Mas, no contexto da educação, Aristóteles atribui à música, na diferenciação dos diversos modos (frígio, dórico, mixolídio) e ritmos, um efeito formador do caráter sobre a alma. Algumas melodias produzem uma atitude tranquila e firme, outras provocam um estado de tristeza, outras de êxtase. De acordo com isso, a música contribui muito para a formação das diferentes emoções, como também, de modo geral, na opinião de alguns filósofos, os conceitos "alma" e "harmonia" são idênticos ou afins. Aristóteles recomenda expressamente que os jovens não só escutem música, mas também a pratiquem, seja cantando seja tocando um instrumento.

> Como se sabe, a formação de uma determinada qualidade de caráter é consideravelmente fomentada quando alguém faz música ativamente. É impossível ou, em todo caso, difícil formar um juízo abalizado sem que se pratique pessoalmente a arte. Ao mesmo tempo, vale dizer que crianças precisam preencher o tempo de algum modo, e é preciso reconhecer que o chocalho que se dá para crianças pequenas é uma invenção bem-vinda: que elas brinquem com ele em vez de quebrar as coisas da casa; pois uma criança não pode ficar quieta. O chocalho é o brinquedo ideal para crianças pequenas, ao passo que para as crianças maiores a educação musical é o que o chocalho foi para elas quando eram pequenas. A partir dessas reflexões fica evidente que o ensino da música deve incluir também o ensaio prático (*Política* VIII, 6, 1340b 22-33).

Todavia, no quadro de uma educação universal, não se deve formar visando a perfeição profissional, pois o ensino da música não deve prejudicar a atividade que mais tarde será assumida. Não se trata de uma arte virtuosista, para ser apresentada em competições, mas da alegria provocada por belas melodias e ritmos. De modo correspondente, na educação musical geral, não se deve prever instrumentos que demandam requisitos técnicos muito elevados.

Na classificação conclusiva das melodias em éticas, práticas e entusiásticas (extáticas), Aristóteles remete, no que se refere aos detalhes, à literatura especializada já existente e, por isso, quer ser sucinto (VIII, 7, 1341b 27-32). Em distinção a isso, a pesquisa moderna produziu montanhas de bibliografia com referência sobretudo às melodias entusiásticas e o conceito da catarse ("purificação"), muito discutido nesse contexto[29]. Esse é propriamente apenas um tema secundário, pois, para a formação do caráter no quadro da educação entram em cogitação apenas as melodias éticas, ao passo que as melodias práticas servem à diversão (não fica claro por que elas são chamadas de "práticas"). As melodias entusiásticas, em contrapartida, têm um efeito intenso sobre os sentimentos, que varia de intensidade nas diferentes pessoas. Elas podem provocar sentimentos como "temor" ("arrepio"), "compaixão" ("comiseração") e "entusiasmo" e, desse modo, causar uma comoção que toma conta da pessoa inteira. Aristóteles demonstra o intenso efeito emocional da música entusiástica primeiramente no exemplo dos "hinos sacros" (VIII, 7, 1342a 10), sob cuja influência as pessoas entram em arrebatamento e êxtase, mas depois acabam recuperando a tranquilidade, "como se tivessem recebido um tratamento medicinal, mais exatamente, uma purificação" (VIII, 7, 1342a 10).

A experiência geral também mostra isso. Pessoas sentimentais e medrosas, bem como, de modo geral, as pessoas propensas aos sentimentos, acabam experimentando, após uma intensificação dos sentimentos para os quais têm predisposição, "uma espécie de purificação e um alívio agradável" (VIII, 7, 1342a 14). Essa observação é perfeitamente compreensível. Quem ficou muito comovido também pode voltar a descarregar as emoções e sentir-se agradavelmente aliviado. É que acontece também com as melodias catárticas. Elas proporcionam às pessoas que estão passando por uma onda de tensão emocional uma "alegria inofensiva" (1342a 16). Em seguida, Aristóteles relaciona essa experiência com a "música teatral" (θεατρική μουσική [*theatriké musiké*], VIII, 7, 1342a 18), ficando em aberto se essa expressão singular na obra de Aristóteles se refere a um concerto puramente musical no teatro ou à música que acompanha a encenação de tragédias (não tanto nas comédias) e ditirambos (um gênero do lirismo coral grego). Em todo caso, está claro que se trata de meios musicais que, também no teatro, havendo uma disposição correspondente, estimulam afetos como "comiseração" (ἔλεος [*éleos*]) e "temor" (φόβος [*phóbos*]) e, então, desembocam em uma "purificação" (κάθαρσις [*kathársis*]) que provoca alívio. Na análise da *Poética*, ficará claro que o conceito de catarse usado ali não é totalmente

---

29. Visão geral em SCHÜTRUMPF, in: *Werke*, 6, IV, 2005, 652-667. Não gostaria de me associar à conjetura feita primeiramente por Sauppe e assumida depois por Schütrumpf de ler πρακτικά [*praktiká*] em lugar de καθαρτικά [*kathartiká*] (1342a 15) atestada unanimemente pelos manuscritos.

compatível com o usado na *Política*. Pois, no caso dos sentimentos gerados por meio da música, não se trata de "temor" ou "compaixão" em relação à encenação no palco, mas de "afetos elementares" não especificados[30]. Por isso, Aristóteles anuncia que, na *Poética*, investigará com maior precisão o que ele entende por "catarse" (VIII, 7, 1341b 39); porém, essa investigação não se conservou e pode ser que nunca tenha sido escrita.

Todo esse complexo de questões desperta interesse em termos de história do pensamento porque Josef Breuer e Sigmund Freud derivam indiretamente de Aristóteles o por eles assim chamado "método catártico", exposto nos *Estudos sobre a histeria* (1895), tanto em termos de conceito quanto até certo ponto em termos de procedimento, e, desse modo, indicam o caminho à psicanálise moderna. A instância intermediadora foi o filólogo Jacob Bernays[31] que, em *Dois tratados sobre a teoria aristotélica do drama* (1880), na tentativa de reconstruir o tratado (supostamente) perdido de Aristóteles sobre a catarse, libertou esse conceito da sobrecarga moral presente na tradição (Corneille, Lessing, Goethe) e o entendeu como purgação do tipo medicinal[32]. Freud conhecia esse tratado; sua esposa era sobrinha de Bernays, a quem Freud, no entanto, não conheceu pessoalmente. O assunto transitou principalmente pelo professor vienense de filologia clássica Theodor Gomperz, em cuja casa Breuer e Freud eram assíduos porque ambos tratavam de Elise Gomperz (a esposa do filólogo), acometida de uma doença nervosa e depressiva. Em uma publicação de 1897 (edição bilíngue da *Poética* com um tratado sobre a teoria da catarse de Alfred von Berger[33]), Gomperz aderira à interpretação de Bernays. Contudo, toda a controvérsia sobre a catarse inflamou-se principalmente na *Poética* (por causa da dimensão moral da tragédia), embora Aristóteles tenha aclarado mais acuradamente na *Política*, com base no exemplo da música, o modo como a catarse exerce seu efeito. Porém, ela não entra em cogitação como recurso educacional para o cidadão – e esse é o tema em pauta.

---

30. Sobre os detalhes cf. FLASHAR, H., Die musikalische und die poetische Katharsis, in: VÖHLER, M.; SEIDENSTICKER, B. (ed.), *Katharsiskonzeptionen vor Aristoteles*, Berlin, 2007, 173-179.

31. Cf. BOLLACK, J., *Ein Mensch zwischen zwei Welten. Der Philologe Jacob Bernays*, Göttingen, 2009 (com prefácio de Renate Schlesier); capítulo III: *A força da encenação*.

32. Análise profunda em GRÜNDER, K., Jacob Bernays und der Streit um die Katharsis, in: BARION, H. et al. (ed.), *Epirrhosis*, Festgabe für Carl Schmitt, Berlin, 1968, 495-528.

33. Mais detalhes em LANGHOLF, V., Die "kathartische Methode". Klassische Philologie, literarische Tradition und Wissenschaftsgeschichte in der Frühgeschichte der Psychoanalyse, *Medizinhistorisches Journal*, v. 25 (1990) 5-39. Cf. ainda: LUSERKE, M., (ed.), *Die aristotelische Katharsis. Dokumente ihrer Deutung im 19. Jahrhundert*, Hildesheim, 1991.

RESUMO E PERSPECTIVA

O projeto aristotélico da melhor constituição para uma *pólis* é uma criação impressionante. Muitos detalhes como as diretrizes urbanísticas que levam em consideração a saúde e a segurança, a rejeição da agressão militar, a renúncia a todo e qualquer ato de violência, regulamentação da gravidez, o cuidado com a saúde, a importância do jogo, de gritar, chorar, ler e escrever, as recomendações para a atividade esportiva tendo em vista a saúde, a ocupação passiva e ativa com a música como meio de relaxamento e educação são plausíveis e aplicáveis sem maiores explicações também hoje.

Em relação a isso, contudo, não se pode ignorar que o pensamento político de Aristóteles se encontra, em muitos aspectos, inserido em uma tradição que ditou o quadro de referência e no qual Aristóteles também se posiciona expressamente. Assim ele menciona repetidamente, em tom afirmativo ou de rejeição, regulações singulares de diversas constituições da *pólis*; mas, acima de tudo, é o pensamento filosófico-político de Platão, na forma em que é expresso na *República* e nas *Leis*, que, apesar de toda a crítica, exerceu uma influência formativa em Aristóteles (mais do que foi possível documentar aqui). Todos esses fatores, somados à realidade social da época, estão orientados no modelo da *pólis*. Uma filosofia ética ou até política que se posiciona fora desse quadro de referência só se tornaria possível no helenismo com Epicuro e o estoicismo – ainda que só uma geração depois de Aristóteles. Assim, dentro desse quadro estabelecido, o projeto aristotélico da melhor *pólis* possível assemelha-se em grande medida à *politeia* descrita no Livro IV da *Política* e esta é, até certo ponto, similar à democracia ateniense na forma que alcançou no século IV, com a diferença fundamental, no entanto, de que lhe falta *de facto* o componente ético tão importante para Aristóteles.

Em contrapartida, há no projeto aristotélico determinações singulares, que, no entanto, acabam influenciando também o conjunto, que nos causam e até têm de causar estranheza. Isso se refere sobretudo ao estreitamento sobremodo forte do círculo dos cidadãos. Repetidamente se encontram formulações como "todos", "cada um", "o ser humano", "todos os seres humanos", mas elas sempre se referem só aos "cidadãos". Porém, cidadãos não são escravos, mulheres, jovens, camponeses, artesãos, negociantes. Isso é mais rigoroso do que na democracia ática, na qual havia uma ampla camada de artesãos como cidadãos livres, e, no fundo, é contraprodutivo à intenção do próprio Aristóteles de ampliar o estrato médio (*Política* IV, 11). Porém, é a consequência da diferenciação vista como posta pela natureza entre tipo planejador e um tipo executor. Quem é cidadão é concebido puramente a partir da função; é o tipo planejador, liberado de todo e qualquer trabalho manual, o tipo capaz de governar, que então no "revezamento na função" domina, na condição de livre, sobre livres (e naturalmente também sobre os não livres). Além disso, visto que essa construção inteira está vinculada com a questão ética da felicidade, Aristóteles pensa que, dessa maneira, no âmbito do agir e planejar políticos, o cidadão alcançará a "felicidade", mas que também todas as outras pessoas não só estarão de acordo com isso, mas, por sua vez, também encontrarão sua "felicidade". A educação também é organizada de modo correspondentemente diferenciado. O "livre" forma seu caráter com a ajuda de melodias éticas, ao passo que para a massa são "permitidos" os modos musicais orgiásticos, visando o êxtase e o relaxamento (*Política* VIII, 7, 1342a 17), estruturalmente comparáveis com a histeria da massa em concertos de música *pop*, de um lado, e a frequência a concertos sinfônicos pelos engravatados, de outro.

A leitura atenta, contudo, transmite a impressão de que Aristóteles transcendeu, e não foi só uma vez, a dicotomia que ele próprio criou, sobretudo nas questões éticas. Pois o exercício da justiça, valentia etc. não está vinculado a um determinado estamento, e assim a filosofia prática de Aristóteles, que engloba ética e política, pode continuar exercendo sua influência, abstraída tanto dos dados concretos da *pólis* quanto da subdivisão rigorosa em dois tipos humanos.

Nessa linha, então, também a filosofia prática de Aristóteles esteve presente, a partir do século XII, em vários estágios de recepção, sobretudo nas universidades europeias do século XVI ao século XVIII. Ela era a *philosophia practica universalis*, subdividida em *Philosophia moralis sive ethica, Oeconomica* e *Philosophia civilis* como "a filosofia sociopolítica normal da Europa pré-revolucionária"[34].

Com a Revolução Francesa e o despontar de uma sociedade civil moderna, esse laço tradicional se rompeu. Ao mesmo tempo, passa a ocupar o primeiro plano por meio de Kant uma ética do dever, cujas raízes estão no estoicismo helenista e, desde o início, havia se distanciado tanto de uma ética da felicidade quanto de uma ética do prazer. Entrementes a questão da felicidade degenerou à condição de loteria e boa saúde, a *oikonomía* não é mais uma teoria de "casa", mas uma ciência econômica global, e a ciência política foi amplamente desteleologizada.

As tentativas de reabilitar a filosofia prática, empreendidas na segunda metade do século XX, associadas a nomes como Joachim Ritter, Leo Strauss

---

34. BIEN, *Grundlegung*, 1973, 346.

e Eric Voegelin[35], não puderam (nem quiseram) reverter esse rompimento da tradição, mas voltaram a aproximar-se de Aristóteles na conexão da questão do viver bom e correto com a esfera público-política. Essa conexão reverbera hoje em uma compreensão universal do mundo, como, por exemplo, na elaboração de conceitos de qualidade de vida em discussões interculturais, na criação e asseguração de um padrão mínimo de meios de subsistência, no convívio social, bem como na responsabilidade pelos recursos naturais (água e ar como condição básica para ter saúde) e, desse modo, pelo bem viver no sentido de Aristóteles (*Política* VII, 12, 1330b 12)[36].

Em contrapartida, a questão da felicidade é sumamente atual[37]. Hoje se discute animadamente sobre experimentar a felicidade como algo que se pode aprender em sua ancoragem físico-psíquica, no entrelaçamento das relações sociais, na vida plena que vai além de momentos de felicidade pontuais. Tenta-se neutralizar o perigo de que, nesse processo, uma ética universal da aspiração seja desmembrada do conjunto global da filosofia por meio da concepção de uma "ética integrativa", caracterizada por uma multidimensionalidade irredutível da ética[38].

---

35. RITTER, J., 1998; sobre Leo Strauss cf. MEIER, H., *Carl Schmitt, Leo Strauss und 'Der Begriff des Politischen'*, Stuttgart, 1998. Cf. ainda: *Gesammelte Schriften von Leo Strauss*, editado por MEIER, H., v. I-IV, 1996-2011; VOEGELIN, E., v. VII, 2006, 1-10.

36. NUSSBAUM, M., *Gerechtigkeit oder Das gute Leben*, Frankfurt a.M., 1999 (original inglês: 1988).

37. Cf. por exemplo BIEN, G. (ed.), *Die Frage nach dem Glück*, Stuttgart, 1978; MEIER, H. (ed.), Über das Glück, in: *Veröffentlichungen der Carl Friedrich von Siemens Stiftung*, v. 10, 2008.

38. Análise profunda de KRÄMER, H., *Integrative Ethik*, Frankfurt, 1992.

CAPÍTULO QUINTO

Retórica – teoria do discurso público

OS DOCUMENTOS BÁSICOS

O fundamento aqui se encontra nos três livros intitulados *Retórica*, que não foram escritos de um só fôlego, mas, excetuando alguns adendos, surgiram na época em que Aristóteles viveu e atuou na Academia platônica.

Pois a "retórica" figurava entre os temas discutidos na Academia desde o início. Aristóteles tratou desse tema criticamente em um dos seus primeiros diálogos, o *Grilo*, do qual pouca coisa restou, mas o que restou permite reconhecer que tratou de uma questão virulenta naquela época: se a retórica seria uma "arte" que se pode aprender ou não. Tal "arte" está disponível agora nos três livros da *Retórica*[1]. Os dois primeiros livros formam uma unidade ampla; o Livro I trata das formas e dos gêneros discursivos, o Livro II dos meios de persuasão e dos efeitos do discurso. O Livro III, que originalmente decerto era autônomo, trata da forma da linguagem, da disposição do material das partes do discurso, bem como de questões relativas ao proferimento do discurso.

Duas outras obras de Aristóteles sobre o tema não se conservaram, a *Theodékteia* (uma *Coletânea de doutrinas retóricas* de Teodecto, aluno de Isócrates) e uma *Coletânea de teoremas retóricos* (*Synagogé*), subdividida em dois livros, que iniciava com uma história da retórica. Praticamente não há como extrair detalhes dos escassos fragmentos restantes.

---

1. Fundamentais são a tradução e o comentário detalhado de RAPP, C., in: *Werke*, 4, I-II, 2002.

Conforme opinião unânime da pesquisa, a *Retórica a Alexandre*, transmitida sob o nome de Aristóteles, não é autêntica. É tido como seu autor um contemporâneo mais jovem de Aristóteles, chamado Anaxímenes de Lâmpsaco, a respeito do qual se tem um conhecimento incompleto por meio de alguns fragmentos de obras históricas. A obra (de 39 capítulos) é bastante dependente da *Retórica* de Aristóteles.

A RETÓRICA ANTES DE ARISTÓTELES

A invenção, o surgimento e o desenvolvimento da retórica constituem uma realização dos gregos[2]. Nas culturas e literaturas orientais antigas, não se encontra nenhum enfoque correspondente, mas ele ocorre já nos testemunhos mais antigos da literatura grega, nas epopeias homéricas. Já na *Ilíada* é proposto um ideal de herói, em que o falar adequadamente aprendido é posto como equivalente aos feitos: "Um orador de palavras e um realizador de feitos" (*Ilíada* IX, 443): este é o ideal formulado por Fênix, o educador de Aquiles. E a respeito de Odisseu consta que ele seria tudo menos a figura ideal do herói, baixo, troncudo, movimentos desajeitados. Porém, quando começa a falar, ele deixa todos fascinados com suas palavras, que se parecem com flocos de neve no inverno (*Ilíada* III, 216-224). Ao examinar mais de perto os discursos de Odisseu e outros heróis na *Ilíada* e, com mais razão ainda, os discursos enganadores de Odisseu na *Odisseia*, tem-se a impressão de que, por trás deles, já existe algo como uma retórica pré-retórica; exemplos especialmente impressionantes disso são as sequências argumentativas dos discursos magistralmente estruturados do Livro IX da *Ilíada*, visando persuadir Aquiles a retomar sua participação na batalha contra os troianos. O mestre de retórica romano Quintiliano (35-100) ainda recomenda aos candidatos a oradores romanos o estudo precisamente desses discursos (*Institutio oratoria* X, 47: "*nonus liber quo missa ad Achillem legatio continetur*" ["o Livro IX que contém a legação enviada a Aquiles"]). Em todo caso, desde os tempos mais remotos, ainda sob as condições históricas do domínio dos reis e da nobreza, eram conhecidas e refletidas as possibilidades tanto positivas quanto negativas do discurso como meio de um ser humano influenciar o outro.

O discurso estruturado com arte ganhou enorme projeção na defesa dos interesses e na resolução de conflitos dos cidadãos sob a constelação política

---

2. Visão geral sobre a cultura retórica da Antiguidade na escrita brilhante de Stroh, W., 2009.

da democracia ática do século V. A participação direta do cidadão nas decisões políticas exigiu um novo tipo de discurso, mais aprimorado, tendo em vista as instituições da *pólis*, a Assembleia dos cidadãos, os Tribunais com suas diferentes alçadas e o Conselho dos Quinhentos. A falta de um funcionalismo profissional e de juízes profissionais, a designação dos detentores de cargos em parte por sorteio, a composição leiga das cortes de justiça, a falta de advogados para representar o cidadão envolvido no processo, a circunstância de que a corte não se retirava para deliberar após ouvir as alegações, mas emitia seu voto sob a impressão imediata dos discursos recém-proferidos – tudo isso conferiu ao discurso pronunciado em público uma importância bem nova. Daí adveio também a necessidade de uma diferenciação mais nítida de cada um dos tipos de discurso (discurso judiciário, discurso político, discurso de ocasião) e a observância das técnicas discursivas (o início correto, o despertar da atenção e da boa vontade, o floreio discursivo), de onde, então, brotou organicamente da vida e da atuação do cidadão uma retórica. Dado que nem todo cidadão era bom orador, era possível encomendar um discurso com um *rétor*. Desse modo, desenvolveu-se certo profissionalismo, que ganhou expressão também em discursos-padrão (para fins de propaganda). De mãos dadas com isso andou a estipulação de regras de validade geral que podiam ser aplicadas repetidamente a diversos casos singulares.

Nesses termos, a tradição retórica antiga considerou os dois sicilianos Córax (mencionado uma vez por Aristóteles na *Retórica* II, 14, 1402a 17) e Tísias, ambos da primeira metade do século V a.C., fundadores da retórica. Quase nada se sabe dos dois; Tísias teria sido o mestre de Górgias, igualmente natural Sicília, que deve ser encarado como o criador propriamente dito da retórica como arte que pode ser aprendida e transmitida.

O nome de Górgias entrelaça a retórica com a sofística, que começou a se fazer ouvir em Atenas por volta de meados do século V a.C. Nesse movimento difícil de apreender, o discurso desempenha um papel central, todavia não no sentido de uma estratégia retilínea de persuasão, mas como arte da erística, da capacidade "de converter a causa mais fraca na mais forte" e vice-versa. Nessa linha, há numerosos títulos de escritos que se perderam e que são detectáveis apenas em fragmentos, como *Analogias* (contendo a tese de que sobre qualquer assunto seria possível fazer duas afirmações contrárias) e *Discursos duplos* (*Díssoi Lógoi*; todas as coisas são simultaneamente boas-ruins, justas-injustas, verdadeiras-falsas etc.). O próprio Górgias, que, no ano de 427, como líder de uma legação enviada por sua cidade natal siciliana Leontino a Atenas, teria causado uma impressão muito forte com sua arte discursiva, elevou o nível dos rudimentos da sofística mais antiga e de seus predecessores sicilianos por meio do aprimoramento e da sistematização dos recursos retóricos, e o fez de tal maneira que o resultado disso foi uma verdadeira retórica. Ele teria escrito um manual de retórica (que se perdeu), que expunha especialmente os meios de que o orador dispõe para influenciar psicologicamente o ouvinte. Isso fica claro em dois discursos (fictícios) que se conservaram (*Helena, Palamedes*). O discurso, caracterizado por Górgias como "mestre de obras da persuasão", converte-se em um meio não só da persuasão e do convencimento, mas também de encantamento, enganação e arrebatamento graças à extrema sofisticação na utilização de onomatopeias e metáforas; ele se torna um *phármakon*, remédio e veneno ao mesmo tempo, e é alçado à esfera da magia.

A retórica aprimorada dessa maneira deparou-se em Atenas com uma profunda crise política. Quando Górgias começou a atuar em Atenas, a cidade se encontrava no estágio inicial da longa Guerra do Peloponeso (431-404), que terminou com a derrota completa de Atenas. Nessa situação de crise, Górgias ingressou com seu sistema da retórica, cujas regras estavam eivadas de relativismo sofístico, talhado para abalar os valores tradicionais da sociedade no que se refere à sua força compromissiva. O historiador e testemunha ocular desse evento, Tucídides, descreve a revaloração dos valores causada pela linguagem e pelo discurso: temeridade é tida como valentia, prudência como covardia, esperteza como inteligência; quem se exalta esbravejando ganha credibilidade, o mal triunfa (III, 82).

Esse desenvolvimento constitui o pano de fundo para a crítica incisiva de Platão à retórica em geral, a qual também havia contribuído para tornar possível a condenação de Sócrates. Porém, a crítica é de cunho fundamental e ganha sua expressão mais incisiva no diálogo que traz como título o nome do criador da retórica como disciplina da arte, ou seja, no *Górgias* (c. 385 a.C.).

Nele a retórica de cunho gorgiano é rebaixada radicalmente à condição de "arte da bajulação" baseada em simples rotina, análoga à "arte culinária" (que Platão não tinha em alta conta). A retórica está para a ciência da política e legislação autênticas como a arte culinária está para medicina. Ela é apenas a "sombra projetada" por uma atividade baseada no verdadeiro saber.

Quando Platão escreveu esse diálogo, o primeiro ímpeto da retórica sofística que abalou a *pólis* já havia passado. Porém, a retórica aplicada estava mais presente do que nunca. Entraram em cena, então, os dez oradores que mais tarde foram reunidos como grupo em hierarquia canônica. Os primeiros, Lísias e Antífon, desenvolveram sua atividade principal ainda no século V, e faleceram mais ou menos na época em que Platão escreveu o *Górgias*. Eles, porém, já fornecem o atestado de uma retorização de todas as esferas da vida, de uma inundação da vida com milhares de discursos. Só com o nome de Lísias circularam mais de 400 discursos, dos quais 34 se conservaram, todos eles proferidos em ocasiões práticas diante da corte judiciária. A partir deles se poderia reconstruir toda a multiplicidade do mundo dos negócios atinentes à vida privada e pública de Atenas. Entre os oradores mais influentes figurou sem dúvida Isócrates, que se prestou muito bem como objeto de discussão crítica com a retórica tanto para Platão quanto para Aristóteles, inclusive por ter sido contemporâneo de ambos, atingindo uma idade de quase 100 anos (c. 436-337). Todos esses oradores tinham seus programas e os colocavam em prática. Isócrates fundou uma influente escola de oradores e denominou seu credo de "filosofia", no que não deixava de ter certa razão, na medida em que as normas de sua atuação – muito distantes do radicalismo sofístico – eram a retidão e a decência, associadas a uma mentalidade pan-helênica, com a qual ele conclamava todos os gregos à unidade. Politicamente bem mais explosivos foram os discursos de Demóstenes, que, entretanto, foi mencionado apenas uma vez por Aristóteles a despeito de terem exatamente a mesma idade (*Retórica* II, 24, 1401b 33). Os discursos de Isócrates e Demóstenes constituem, por sua clareza e arte diferenciada de construção frasal, o ponto alto do desenvolvimento da prosa artística grega, sendo admirados mais tarde justamente por isso. Os discursos dessa época não estavam mais marcados pela mordacidade sofística que queria inverter todos os valores e todas as normas, mas foram talhados para atingir a pessoa em sua normalidade e se integrar na sociedade. Nesse sentido, especialmente Isócrates, indo além da esfera cotidiana dos processos práticos privados, teve a pretensão de promover formação e educação gerais por meio de seus discursos políticos.

Sob a impressão da difusão e da pretensão da retórica, Platão voltou a ocupar-se criticamente com a essência da retórica, cerca de 20 anos depois do *Górgias*, no diálogo intitulado *Fedro*, mais ou menos na época em que Aristóteles ingressou na Academia platônica. De modo correspondente, não foi mais nas raízes sofísticas da retórica que a discussão se inflamou, mas em um discurso de Lísias que o de resto pouco conhecido Fedro profere com base em um manuscrito (fictício) de Lísias. Na segunda parte, Platão (ou melhor, o Sócrates que atua no diálogo de Platão) desenvolve três postulados para uma retórica propriamente dita, fundada no saber. O primeiro deles é este: o orador precisa ter conhecimento do seu objeto; ele deve defini-lo. Seu discurso deve ser como um organismo vivo, cujos elementos individuais o orador deve poder sintetizar conceitualmente e também voltar a desmembrar. Platão compreende isso de maneira muito diferente da subdivisão do discurso em introito, narrativa, provas, probabilidades etc., como empreendida pela retórica tradicional. Em uma verdadeira retórica, trata-se, muito antes, de dialética e método dialético, isto é, de etapas e formas do conhecimento no sentido filosófico. Em segundo lugar, Platão exige do orador conhecimento da alma, de suas partes e suas funções. Diferentemente da psicologia corrente do orador e dos ouvintes, trata-se daquilo que, na filosofia platônica, é chamado "alma", que possui partes bem determinadas com funções bem determinadas, que se deve conhecer, o que, no entanto, não é possível sem "conhecer a natureza da totalidade" (*Fedro* 270c), ficando em aberto se essa expressão designa a totalidade do mundo ou a totalidade da alma. A retórica se converte, portanto, em código ou metáfora para filosofia e seu sentido tradicional na verdade é abolido. No terceiro postulado, Platão se volta radical e fundamentalmente contra o discurso fixado por escrito. A comunicação transmitida por escrito é morta, não pode ser interrogada, está indefesa diante do mal-entendido e do abuso. A formulação escrita seria admissível tão somente como auxílio da memória. O pano de fundo é constituído pelo problema da relação entre escrituralidade e oralidade, significativo para o todo da filosofia de Platão. Ao ser aplicada à retórica, ele afeta seu núcleo. A retórica do século IV está baseada na escrituralidade. Por via de regra, os discursos eram formulados por escrito, circulavam como o discurso (fictício, todavia) de Lísias no *Fedro* e eram formalmente publicados. Esses três postulados de Platão convertem a retórica mesma em filosofia.

A CONCEPÇÃO

A retórica é um correspondente da dialética, pois ambas tratam de coisas, cujo conhecimento de certo modo é assunto de todas as ciências juntas e não de uma ciência limitada (*Retórica* I, 1, 1354a 1-3). Resulta daí que a retórica é algo como um ramo lateral da dialética e da ética, que com razão também é designada de ciência política (*Retórica* I, 2, 1356a 25-27).

Isso soa platônico, como se Aristóteles quisesse concretizar os postulados de Platão em uma retórica filosoficamente fundamentada. Porém, Aristóteles entende por dialética algo diferente de Platão, a saber, para ele não é o conhecimento do existente e de sua estrutura no âmbito das ideias, mas o procedimento do "silogismo dialético" desenvolvido nos *Tópicos*, o qual, a partir do acervo de *tópoi*, constrói um nexo argumentativo que se mantém no âmbito do provável. Aristóteles designa a relação entre a retórica e a dialética entendida nesses termos com a palavra *antístrophos* (ἀντίστροφος), do mesmo modo que, nos cantos corais da tragédia, uma antístrofe corresponde à estrofe, aqui traduzida por "correspondente", mas geralmente (de modo um tanto sujeito a mal-entendidos) por "contraparte". O ponto alto propriamente dito consiste, todavia, em se tratar de uma alusão ao *Górgias*, no qual Platão, valendo-se do mesmo termo, vê a retórica como correspondente, contraparte ou analogia da arte culinária. A retórica está para a alma como a arte culinária para o corpo (465d)[3]. A clara alusão mostra que o *Górgias* ainda estava bem presente com a sua crítica radical à retórica, quando Aristóteles apresentou pela primeira vez sua *Retórica* na Academia. A inclusão da ética em uma retórica como "concrescência" (portanto, como parte de um organismo em perspectiva biológica) é perfeitamente platônica, só que, também nesse caso, tem-se em mente uma ética bem diferente da de Platão, que possui um vínculo ontológico com o âmbito transcendental.

É claro que, também para Aristóteles o orador precisa ter um conhecimento que ultrapassa o do sistema de regras técnicas da retórica, mas não precisa ser propriamente um filósofo. Ele tem de estar ciente dos temas e problemas mais importantes da ética e dos fatos dados da vida política, fundados em princípios éticos, e ser capaz de emitir um juízo sobre eles usando como critério os valores "bom" ou "ruim". Ao fazer isso, Aristóteles também se delimita em relação aos manuais de retórica e à práxis retórica do seu tempo. Nova na concepção aristotélica também é a exigência de que o orador deve não só emitir um juízo justo, mas também estar ele próprio imbuído de um determinado *êthos*, isto é, de uma postura ética fundamental, que o ouvinte de um discurso deve poder perceber e acatar. Procedendo assim, Aristóteles se posiciona entre Platão e a retórica contemporânea. Em oposição a Platão, ele devolve à retórica, que bem ou mal estava viva e ativa, o direito à existência, mas a eleva muito acima do nível técnico mediante concomitante enriquecimento de sua sistemática interna.

OS GÊNEROS DISCURSIVOS

O Livro I da *Retórica* dedica-se, após observações introdutórias, à subdivisão, pelo visto totalmente genuína, em três espécies de discurso e aos problemas

---

3. Detalhes em Rapp, in: *Werke*, 4, I-II, 2002, cujo comentário de 1000 páginas sempre deve ser consultado quando se trata mais detidamente da retórica.

advindos disso. Desse modo, Aristóteles quer superar a orientação unilateral nos discursos judiciários e processuais, que ele critica em seus antecessores (*Retórica* I, 1, 1354b 22-29), bem como a estimulação, associada a ela, de um *páthos* alheio à causa (*Retórica* I, 1, 1354a 13 ss.), agregando ao discurso judiciário o discurso deliberativo (discurso simbulêutico) e o discurso oficial (discurso epidítico) desenvolvido a partir do discurso laudatório e determinando sistematicamente sua inter-relação com base no objetivo, âmbito de aplicação, estágio temporal e objeto.

Gênero discursivo	Objetivo	Âmbito de aplicação	Estágio temporal
Discurso judicial	O justo	Acusação/defesa	Passado
Discurso deliberativo	O bem	Exortação/advertência	Futuro
Discurso oficial	O belo	Louvor/censura	Presente, ocasionalmente outros tempos

Em todos os casos, trata-se dos três componentes da retórica: orador, causa, ouvinte. No tratamento de cada uma das diferentes espécies de discurso é desdobrada uma profusão de material e, acima de tudo, são elencados os necessários conhecimentos de que o orador deve dispor e com os quais deve então estruturar sua argumentação. Ele trata, em primeiro lugar, do discurso deliberativo (simbulêutico) (I, 4-8). Bem no sentido da ética, Aristóteles registra que não se trata de necessidades da natureza nem de contingências, mas do âmbito daquilo que é passível de configuração. Esse gênero discursivo constitui o discurso propriamente político. Em consequência, como objetos de deliberação são mencionados assuntos políticos e econômicos: finanças, guerra e paz, questões de defesa do território, de abastecimento, segurança e legislação. Em todas essas questões, o orador deve ter certo conhecimento, mas não precisa ter um conhecimento especializado minucioso. Considerando que se trata de aconselhar e desaconselhar (*Retórica* I, 4, 1360b 2), e que isso deve acontecer com base no critério de "bom" e "ruim", despontam esquematicamente no horizonte visual os fundamentos e objetivos éticos, como eudemonia, virtude, bens materiais, riqueza, honra, prazer, amizade e saúde.

No caso do gênero do discurso oficial (discurso epidítico ou demonstrativo), a conexão com a ética está configurada, por sua própria natureza, de modo ainda mais estreito (*Retórica* I, 9). Considerando que se trata de louvor ou censura, levanta-se a pergunta pelo que merece ser louvado e censurado. Correspondendo à subdivisão em louvor e censura, entram em jogo as virtudes e suas formas opostas da maldade. São mencionadas as seguintes: justiça, valentia, prudência, magnificência, magnanimidade, liberalidade, mansidão, inteligência, sabedoria. Todos esses valores éticos (e seus contrários) devem ser observados pelo orador. Da circunstância de que, no contexto da retórica, essas virtudes não aparecem como meio-termo entre os extremos, não se deve querer inferir a forma prévia ainda incompleta de uma ética, mas deve-se reconhecer nisso o princípio aristotélico de comunicar só o que é estritamente necessário à compreensão do tema. A retórica de fato tem a ver com questões éticas, mas não é nenhuma ética.

Isso fica evidente também no tratamento dado ao discurso judiciário tradicional (*Retórica* I, 10-15). Também nesse ponto é desdobrada uma profusão de material ético, mas o próprio tema fornece a razão pela qual se fala mais de injustiça do que de justiça, pois trata-se de averiguar se alguém foi vítima de injustiça ou não. Nesse caso, também se reveste de importância o fator da voluntariedade ou então premeditação, que é tratado na ética. Em consequência, é desenvolvida aqui uma psicologia abrangente do ato de cometer injustiça e de sofrer injustiça, mediante a descrição dos motivos para tal agir: hábito, ganância, ira, avidez, desejo e satisfação do desejo, a esperança de permanecer oculto ou impune. Do mesmo modo, são levados em conta erros não intencionais com a respectiva escala de razões que os desculpam; de modo geral, a constituição psíquica do criminoso desempenha um papel significativo, de modo que se vislumbrou, em tudo isso, "o mais antigo esboço de uma psicologia criminal"[4].

AS ESTRATÉGIAS DE PERSUASÃO

O discurso, independentemente do gênero, não está isolado. Ele está vinculado ao orador e ao ouvinte. Assim, no Livro II da *Retórica,* Aristóteles desenvolve uma psicologia abrangente do orador e do ouvinte. Ao passo que Platão exige do verdadeiro orador um conhecimento real da alma e de suas partes, em Aristóteles o âmbito psicológico aparece como meio visando um fim dentro da sistemática das razões de persuasão. Estas residem (1) no agir ético do orador, (2) em uma determinada constituição emocional do ouvinte, (3) no próprio discurso, isto é, nas formas de argumentação do processo de persuasão. Daí resulta uma relação tripartite: orador – ouvinte – causa/assunto. O ouvinte se deixa persuadir (1) pela credibilidade do orador, (2) pela atitude emocional influenciada pelo orador em relação à causa, (3) pelos meios de prova e pelas próprias razões de persuasão. O

---

4. Hellwig, A., 1973, 175.

tratado sobre as paixões (*Retórica* II, 2-11) proporciona ao orador o material para a geração de uma determinada disposição emocional. As paixões são dispostas em parte como pares opostos (cólera – calma; amor – ódio; temor – confiança; insolência – timidez; gratidão – ingratidão; compaixão – indignação), em parte aparecem isoladas (inveja, ciúme). Não se trata, nesse caso, das virtudes e dos vícios de cunho geral tratados na ética, mas de posturas emocionais. Cada uma delas é definida e integrada na práxis retórica e na estimulação do *páthos*, contendo rico material para a configuração prática pelo orador.

Ao mesmo propósito servem as exposições sobre as factualidades éticas (de caráter) que o orador deve levar em conta (*Retórica* II, 12-17). Para isso, Aristóteles delineia uma brilhante psicologia das idades da vida (II, 12-14), que com suas diferenciações cheias de nuanças pode ser lida também em separado, como, por exemplo, a observação interessante de que o corpo atinge seu auge entre o trigésimo e trigésimo quinto ano de vida e a alma em torno do quadragésimo nono ano de vida (II, 14, 1390b 10-12), sendo que as idades (35 e 49) constituem, em cada caso, múltiplos do número sagrado sete, em uma tradição de subdividir cada fase da vida em sete etapas de desenvolvimento, na forma em que se pode apreendê-la pela primeira vez em Sólon[5]. A fenomenologia dos comportamentos humanos em situações típicas presente aqui não constitui um simples suplemento ético, mas um material preparado de modo diferenciado para a práxis do orador.

Por fim, Aristóteles discute as razões de persuasão que residem no próprio discurso (*Retórica* II, 19-26). Ele cita diversas formas de argumentação (emprego de fábulas, proposições, ditos de sabedoria popular), entre as quais o "entimema" se reveste de importância especial. Sobre o que é um entimema existem teorias complexas[6]. Aristóteles o caracteriza como uma "prova retórica" (*Retórica* I, 1, 1355a 6) e como "uma espécie de silogismo" (*Retórica* I, 1, 1355a 8). Dado que a retórica tem a ver com coisas que também podem se comportar de outro modo, as premissas retóricas não são de natureza necessária, mas referem-se ao que é "provável", àquilo que "sucede em regra" (*Retórica* I, 2, 1357a 14 ss.). De acordo com isso, o entimema é a composição de proposições na forma de um silogismo, podendo ser, mais exatamente, na forma de "entimema demonstrativo" – quando se trata de premissas aceitas – ou na forma de "entimema refutativo" – quando se trata de premissas não aceitas (*Retórica* II, 22, 1396b 23-28). Nesse ponto, Aristóteles recomenda ao orador nem sempre formular o

---

5. Mais material em Rapp, in: *Werke*, 4, II, 2002, 704 s. Remeta-se também ao escrito pseudo-hipocrático *Sobre o número sete* com a subdivisão em sete fases da vida (capítulo 5).

6. Cf. Rapp, in: *Werke*, 4, II, 2002, 231-243.

silogismo por completo, mas para melhorar o efeito do entimema contentar-se com a exposição das premissas e deixar que o ouvinte tire a conclusão para o caso particular em questão ou ocasionalmente até omitir uma das premissas. Em tudo isso, o orador precisa ter, antes de tudo, o conhecimento dos fatos, sem o qual não há como formular o entimema. Quando se quer aconselhar aos atenienses que façam a guerra, é preciso primeiro estar inteirado dos fatos pertinentes (poderio da força marítima, aliados), a partir dos quais se pode compor, como se fossem pedras de construção, o entimema e, desse modo, o meio de persuasão no discurso (*Retórica* II, 22, 1391a 4-23). Uma dessas pedras, enquanto "elemento" do entimema, é mencionada por Aristóteles, recorrendo ao escrito expressamente citado dos *Tópicos* (*Retórica* II, 22, 1396b 4): *tópos*, ou seja, um "lugar" ou "lugar-comum". Em seguida, Aristóteles cita 38 *tópoi* (tópicos), mais exatamente, 28 visando a formulação de entimemas demonstrativos e refutativos (II, 23) e 10 visando a formulação de entimemas apenas aparentes (II, 24). Em cada um deles, ele descreve o âmbito em que um *tópos* se move e dá nome a esse mesmo lugar. Seja dado ao menos um exemplo para ilustrar o método: um *tópos* resulta do "mais (antes) e do menos" (*Retórica* II, 23, 1397b 12), a saber: se ocorrer o caso menos esperado, ocorrerá também o mais provável. Em forma de dedução concreta, isso significa o seguinte: quem bate em seu pai também é capaz de bater no seu vizinho. Da profusão desse tipo de *tópoi*, que Aristóteles deve ter extraído da análise dos discursos da sua época, o orador munido do necessário conhecimento dos fatos pode formular os entimemas e, desse modo, estruturar o discurso. Do acervo dos *tópoi* em parte genéricos em parte preenchidos com conteúdo o orador escolhe as premissas que se aplicam ao caso particular e encaixa o entimema, que representa uma dedução do geral para o particular, que ocorre com muita frequência no discurso judiciário. Inversamente o "exemplo" fornece casos particulares, dos quais se pode derivar um conselho de validade geral, como é característico do discurso simbulêutico (deliberativo).

LINGUAGEM, ESTILÍSTICA, ESTILO DE APRESENTAÇÃO

O que lemos no Livro III da *Retórica* foi originalmente um escrito independente[7]. É improvável que o próprio Aristóteles o tenha anexado aos dois livros

---

7. No registro dos escritos de Aristóteles em Diógenes Laércio V, 24 encontra-se sob o nº 87 um escrito separado com o título: *Sobre o modo de falar* (περὶ λέξεως [*Perí léxeos*]). Trata-se do Livro III da *Retórica*.

da *Retórica*, pois esse escrito repete algumas exposições da *Retórica*, mas, por seu turno, não pode ter sido redigido tardiamente, isto é, durante a segunda estadia de Aristóteles em Atenas, porque algumas alusões cronológicas presentes no texto apontam para a época em que Aristóteles ainda estava na Academia platônica[8]. Assim, Andrônico de Rodes deve ter anexado esse escrito aos dois livros da *Retórica*.

A primeira parte do Livro (III, 1-12) é uma estilística, não chegando a ser um compêndio sistemático dos tipos de estilos, como escreveu, num primeiro momento, o amigo e sucessor Teofrasto. Aristóteles aborda questões muito mais profundas como a voz, o tom de voz, a melodia vocal, sem, no entanto, detalhá-las, principalmente porque, como ele observa expressamente, sobre isso ainda não existe nenhum compêndio (III, 1, 1403b 36), no qual pudesse se apoiar. Aristóteles se contenta com algumas indicações sobre a história da expressão oral em poetas, rapsodos e atores, sobre o significado da forma linguística na poesia e na prosa, estabelecendo perfeitamente uma referência atual, pois "agora" (III, 1, 1403b 33), após um longo desenvolvimento, os atores dominariam a poesia e analogamente os oradores dominariam as constituições (ruins), isto é, as leis.

Interesse especial é despertado pelas exposições sobre a apresentação espontânea e a apresentação preparada (por escrito). Pois em uma época em que a escrita avançara em todos os âmbitos e, ao mesmo tempo, diante do pano de fundo da crítica platônica à escrita, Aristóteles introduz o conceito da "declamação discursiva" (ὑπόκρισις [*hypókrisis*]) como termo da retórica. A palavra significava originalmente "resposta" e depois passou a ser empregada para designar o desempenho teatral do ator. Aristóteles emprega a palavra, de um lado, para a declamação, que abrange uma preparação objetiva e a observância do emprego correto da voz, incluindo o volume (assim III, 1), mas, de outro lado, para o discurso espontâneo, de improviso, que é contraposto ao discurso polido pela escrita com sua menor vivacidade, mas precisão bem maior (III, 12)[9].

Do modo de falar Aristóteles passa para a linguagem, e movemo-nos na fronteira entre retórica e poética, para a qual se remete várias vezes. Estilística e gramática ainda não eram disciplinas autônomas.

Quanto ao estilo do discurso, a exigência mais eminente é a da "clareza" (*Retórica* III, 2). O princípio aristotélico do "meio-termo" torna-se perceptível na recomendação de que o discurso não seja demasiado "baixo" (na expressão

---

8. Disso faz parte sobretudo a alusão ao ator Teodoro com sua voz penetrante, o qual atuou naquela época e foi ouvido por Aristóteles no teatro, cf. BURKERT, W., 1975.

9. Cf. sobre isso SCHLOEMANN, J., 2000 e 2001.

linguística) nem demasiado elevado, mas "adequado". Não obstante, o orador pode e deve "conferir estranheza" (III, 2, 1404b 10) à linguagem, do que faz parte sobretudo a metáfora e as formas figuradas afins da expressão linguística, como, por exemplo, a analogia (III, 2-4). Em todo caso, Aristóteles vê a possibilidade de aumentar a força do discurso, em termos de expressão e efeito, mediante aplicação de diversos recursos de estilo e mediante a evitação de características discursivas "frias" e, em consequência, intimidadoras. Em meio a tudo isso, são mencionadas as quatro qualidades do estilo, que mais tarde se tornariam canônicas, a saber, a correção da linguagem, a clareza, a beleza, a conveniência, mas ainda não na forma sistematizada que Teofrasto conferiu a esses elementos de um estilo primoroso.

Além disso, Aristóteles exige do discurso em prosa certo ritmo, sem chegar ao ponto de convertê-lo em poesia (III, 8), sendo que ele testa as diferentes métricas em seus detalhes quanto a sua aptidão para o uso no discurso. Para a construção frasal do discurso ele dá preferência à construção por períodos própria da prosa artística ática em vez do estilo sequencial, paratáctico ao modo do historiador Heródoto (a menção a ele em 1409a 28 talvez seja uma inserção posterior), com o argumento de que a construção periódica seria "uma grandeza bem delimitada com início e fim em si mesma" (III, 9, 1409a 35), agradável e fácil de captar, a exemplo da tragédia, que é vista como uma grandeza com início, meio e fim orgânicos (*Poética* 7, 1450b 26), correspondendo à ideia básica aristotélica do organicamente estruturado.

Muito além de tudo que tem a ver com a técnica retórica vão também as exposições sobre a piada e as formulações espirituosas, que se sobrepõem em parte ao conceito da metáfora. O reconhecimento de um ponto alto, de uma relação com a qual se associa um significado é equiparado a uma realização filosófica (III, 11, 1412a 12) e significa um ganho de conhecimento, proporciona alegria e instrução (III, 10, 1410b 10-17; III, 11, 1412a 24).

Quanto a isso, para cada um dos diferentes gêneros discursivos é adequado um estilo diferente, como, de modo correspondente, o grau de exatidão de um discurso escrito não é o mesmo que o de um discurso falado (III, 12). Por fim, Aristóteles se volta para as partes do discurso (exórdio, exposição, prova) (III, 13-19), só que, também aí, ele evita todo esquematismo rígido, mas acomoda as formas e regras da retórica no leito de uma fundamentação antropológica[10].

---

10. Cf. sobre isso ainda KULLMANN, W., Ansätze einer Kommunikationstheorie in der Rhetorik, in: ID., *Aristoteles*, 1998, 449-458. Divergindo de Kullmann (455), eu gostaria de

RESUMO E PERSPECTIVA

Poderíamos facilmente preparar a partir da *Retórica* de Aristóteles um sistema de técnicas do discurso, classificando-as por gêneros discursivos, partes do discurso, gêneros de prova, estratégias de persuasão, gêneros estilísticos e qualidades estilísticas, mas da mesma forma também uma ética filosófica relativa ao discurso, tratando especialmente das paixões (analisadas no Livro II). Nenhuma das duas coisas faria jus à *Retórica*. O aspecto significativo e singular da *Retórica* aristotélica reside na acomodação do sistema de regras da retórica – tanto em sua configuração final quanto em sua redução – dentro de um contexto novo que foi obtido por meio da discussão crítica produtiva com Platão e no qual a retórica veio a ser a teoria adequada ao discurso público do cidadão segundo as categorias da filosofia prática explicitada em forma de ética e política. Ao fazer isso, Aristóteles cumpriu até certo ponto a exigência de uma retórica filosófica feita por Platão, só que de maneira bem diferente do que Platão havia pensado. Para Aristóteles, o orador deve estar informado sobre factualidades éticas dadas, incluí-las em seu discurso e sobretudo encarnar, ele próprio, uma determinada postura ética, sem que precise derivar pessoalmente as premissas filosóficas. Desse modo, as exigências feitas por Aristóteles vão muito além de toda a práxis e teoria retóricas da sua época. Essa retórica fundada no conhecimento, na compreensão e no *êthos* ainda foi inteiramente pronunciada não só para dentro do círculo de ouvintes acadêmico, mas também dentro de um cenário muito animado de eloquência política em Atenas.

Depois de Aristóteles, a interconexão de retórica e filosofia prática não foi mais sentida nem seguida como postulado. Pois com a Batalha de Queroneia (338 a.C.), com a vitória dos macedônios sobre as cidades gregas e a consequente perda da autonomia política da *pólis*, ficou bastante reduzida a possibilidade de dar forma ou mesmo apenas influenciar a política por meio da eloquência. Naturalmente continuaram a haver processos privados e discursos judiciários,

---

insistir no fato de que a *Retórica* não é simplesmente um livro didático destinado à leitura, mas está associada à atividade docente e foi apresentado em aula por Aristóteles várias vezes (com complementações posteriores); assim também Rapp, in: *Werke*, 4, I, 2002, 178 s. A favor disso está a ocorrência maciça, justamente na *Retórica*, da 2ª pessoa do singular (nove passagens, citadas em Rapp, in: *Werke*, 4, II, 2002, 743) como interpelação (do ouvinte) e naturalmente o final: "Falei. Ouvistes. Estais informados, agora julgai" (III, 19, 1420a 7) com alusão ao final do discurso de Lísias *Contra Eratóstenes* (12, 100). Pressupõe-se, portanto, a comunicação oral, e não só para o Livro III.

mas nos tratados helenistas sobre retórica, como que privados de sua "alma", predominou o aspecto técnico-formal. A teoria das qualidades estilísticas (de Teofrasto) eleva o estilo a instância suprema da retórica.

O desenvolvimento da retórica em Roma efetivou-se, acima de tudo, pela transposição da terminologia grega do arcabouço doutrinal da retórica para o latim, que proporcionou um substrato teórico ao ideal romano antigo do homem bom perito em falar (*vir bonus dicendi peritus*). Sobretudo Cícero, vivendo sob condições diferentes, foi quem superou a orientação uniliteral na tecnicalidade retórica e voltou a requisitar do orador postulados filosóficos e, em consequência, também literários, bem no sentido de Aristóteles, o qual inclusive é mencionado na obra extraordinariamente influente *De oratore* [*O orador*] (II, 160). Nela, Cícero exige do *perfectus orator* ["orador perfeito"] um conhecimento abalizado de literatura, das artes, do direito e da política de Estado, visando uma formação universal, cujo conteúdo é, em primeira linha, a história do pensamento grego. A partir daí falta só um passo para a pedagogização da retórica entendida nesses termos e que tem a literatura como ponto de referência preponderante. Esse passo foi dado, no século I d.C., por Quintiliano, em sua *Institutio oratoria* [*Instituição oratória*], em uma época em que, em razão do desaparecimento da República romana, a retórica possuía um campo de referência muito reduzido para exercer influência política. Sinal disso é que, mais ou menos na mesma época, Tácito lamentou, em seu importante *Dialogus de oratoribus* [*Diálogo dos oradores*], a decadência da eloquência que teve início com a perda da liberdade (*libertas*)[11]. Não obstante, a retórica conseguiu sobreviver, em seu conjunto, nas escolas de oradores, em incontáveis manuais, discursos escolares e de treinamento como formação geral superior e ainda se viu experimentar um florescimento especial na primeira fase da Era Moderna como uma das "sete artes liberais" (*septem artes liberales*). Ao lado da transmissão em incontáveis manuais, a *Retórica* de Aristóteles esteve presente, a partir de meados do século XIII, em duas traduções latinas diferentes e mais tarde naturalmente também no original grego, até mais ou menos o final do século XVIII; aliás, isso ocorreu na França com maior intensidade do que nos demais países europeus, sobressaindo-se o cunho romano com ênfase no aspecto literário, na afinidade de estilo e formação, no sistema de regras da retórica como parte integrante do sistema de educação e formação.

---

11. Quem mostra que a degradação da eloquência (o *orator* se converte em *declamator*) deve ser vista de modo bem mais diferenciado e atribuída a várias causas é STROH, 2009, 408-411.

O ceticismo em relação à retórica e até sua desaprovação (mais na teoria do que na prática) partem da filosofia alemã do idealismo, especialmente de Kant, cuja caracterização da retórica como "arte de persuadir, isto é, de iludir pela bela aparência" (*Kritik der Urteilskraft* [*Crítica da faculdade do juízo*], II, §53) ressuscita o veredito de Platão a respeito da retórica sofística.

A partir de meados do século XX, a retórica ganha novo impulso em termos de formação da teoria, o qual é marcado sobretudo pela *Nouvelle rhetorique* (*New rhetoric* [*Nova retórica*]) inaugurada por Chaïm Perelman (1912-1984). Ela volta a orientar-se mais fortemente em Aristóteles, na medida em que, constituindo uma estratégia persuasiva de comunicação, ressalta de maneira especial a relação fundamentada por Aristóteles do orador com o ouvinte, visando obter um consenso entre um e outro. Ela, porém, (acompanhando manifestações similares de outros autores) vai muito além de Aristóteles, porque com o *rhetorical turn* ["a virada retórica"] está associada uma desconstrução de pretensões de objetividade das ciências do espírito, o que converteu a retórica, como modelo de compenetração, em manifestação universal que abrange todos os campos, ao passo que, para Aristóteles, ela permanece vinculada às ocasiões e aos gêneros discursivos institucionalmente estabelecidos e não pretende ser, ela própria, filosofia.

Paralelamente há numerosos outros projetos de retórica hermenêutica, teórico-literária, semiótica ou politicamente orientada, que não se limita a espelhar a práxis do discurso, mas, em uma "gramática do discurso racional" (Josef Kopperschmidt) renova a humanidade cidadã, de que sobretudo o "Seminário de retórica geral", fundado por Walter Jens, no ano de 1963, na Universidade de Tübingen, representa um ponto de cristalização[12]. Tudo isso tem muita afinidade com Aristóteles.

---

12. Muito instrutiva a respeito da repercussão da retórica aristotélica até o presente é a coletânea de KNAPE, J.; SCHIRREN, T. (ed.), *Aristotelische Rhetorik-Tradition*, Tübingen, 2005. Exposição ágil de exemplos de retórica moderna em STROH, 2009, 515-520.

CAPÍTULO SEXTO

Poética – ação
no drama

OS DOCUMENTOS BÁSICOS

Aristóteles escreveu três obras sobre a questão da poesia; duas delas se perderam. As que se perderam são os *Aporemata Homerica* e o diálogo *Sobre poetas*[1]. Os *Aporemata Homerica* estavam subdivididos em seis livros; conservaram-se 40 fragmentos, a maioria dos quais provém do escrito *Quaestiones Homericae* de Porfírio (c. 300 d.C.), do qual foram conservados extensos excertos nos escólios do Manuscrito B da *Ilíada* de Homero. É possível reconhecer que o conteúdo desse escrito consiste em uma listagem desconexa de aporias aparentes ou reais de algumas afirmações da *Ilíada* e da *Odisseia*. Com isso, Aristóteles intervém em uma filologia crítica e vasta já constituída. Suas afirmações têm o caráter de uma resposta apologética a objeções críticas, às vezes bem banais, contra Homero. Seja citado pelo menos um exemplo: Homero diz que cada um dos demais teve dificuldade em levantar o copo da mesa quando ele estava cheio; só Nestor, o ancião, levantou-o sem dificuldade (*Ilíada* XI, 636 s.). Crítica: cada um dos homens jovens deveria ter podido levantar o copo fazendo menos esforço do que o ancião Nestor. Resposta de Aristóteles: a comparação se refere só aos coetâneos.

---

1. Tradução e comentário detalhado em Breitenberger, B., in: *Werke*, 20, I, 2006, 295-321, 332-346.

Do diálogo *Sobre poetas*, subdividido em três livros foram transmitidos quatro fragmentos com indicação do escrito de origem; uma dúzia de outros fragmentos poderia ser associada a esse escrito com grande probabilidade[2]. Infelizmente nada sabemos sobre os interlocutores. Fica claro que Aristóteles se pronunciou sobre a invenção do diálogo como forma de arte, sobre o estilo de Platão, sobre Homero e os trágicos e sobre o coral trágico, sobre ditirambos e mimos como gêneros da poesia. Muita coisa fica ambígua.

Assim, nosso conhecimento das concepções poetológicas de Aristóteles baseia-se essencialmente na *Poética*, que, medida por sua importância e influência, é bastante sucinta (cerca de 50 páginas em nossas edições), e da qual só se conservou a primeira metade. Segundo o índice de escritos de Diógenes Laércio (nº 83), Aristóteles escreveu dois livros *Sobre a arte poética*, e diversas indicações (sobretudo um anúncio no Códice Ricardiano) levam a crer que o Livro II (que se perdeu) continha uma análise da comédia e talvez da poesia iâmbica. Pela natureza do assunto, as tentativas de reconstruir o conteúdo desse livro[3] só conseguem ser bem-sucedidas em escala bem modesta. O que parece estar assegurado é que Aristóteles – analogamente às suas determinações sobre a tragédia – expressou sua opinião também sobre a influência da comédia e, ao fazê-lo, mencionou o riso como o efeito que se esperava alcançar. Umberto Eco (originalmente linguista e filólogo clássico) trata do assunto por meio da ficção dramática em seu romance de sucesso *Il nome della rosa* [*O nome da rosa*] (1980), narrando uma trama em que o monge e bibliotecário Jorge de Burgos guarda a sete chaves o único manuscrito ainda conservado desse livro, por considerá-lo perigoso (porque o riso desfaz o temor e, em consequência, a fé), acabando por mastigar e engolir esse manuscrito em um mosteiro beneditino italiano no ano de 1327, para, em seguida, provocar sua própria morte, incendiando a biblioteca do mosteiro, tudo isso para não permitir que o manuscrito caísse em poder de outra pessoa. Trata-se de uma ficção refinada. Ignoramos as verdadeiras razões da perda do livro em questão.

O Livro I conservado começa com uma fundamentação geral da poesia segundo suas características essenciais (capítulos 1-3); ela é seguida de uma exposição do desenvolvimento histórico da poesia (capítulos 4-5) e, na parte principal, de uma poética da tragédia (capítulos 6-22), à qual se associa uma

---

2. A edição mais recente é de JANKO, R., *Filodemous, On Poems*, book 3-4 with the fragments of Aristotle's *On Poets*, Oxford, 2010.

3. JANKO, R., *Aristotle on comedy. Towards a reconstruction of Poetics II*, London, 1984.

abordagem breve da epopeia (capítulos 23-25). Os gêneros da poesia não são discutidos, portanto, em sua sequência histórica nem quanto à sua equivalência. A parte final é constituída por uma comparação entre epopeia e tragédia.

A POÉTICA ANTES DE ARISTÓTELES

É incerto se antes de Aristóteles houve alguma poética abrangente propriamente dita. Nada foi transmitido a respeito. O que existiu desde os tempos mais antigos foram manifestações do tipo poetológico imanentes à literatura. Trata-se principalmente de três âmbitos temáticos que foram submetidos também a uma reflexão teórica e por isso acolhidos em poéticas sistemáticas. Em primeiro lugar, trata-se da disposição interior do poeta e então também da do seu intérprete. Em Homero, o poeta é um artesão como qualquer outro, só que, de certo modo, "divino", mas também vidente, proclamador, poetando com entusiasmo sagrado, com *furor poeticus*, como formulou Marsílio Ficino em 1561, no contexto das poéticas renascentistas, e como ele foi descrito teoricamente pela primeira vez por Demócrito (ainda antes de Platão) com as seguintes palavras: "Tudo o que um poeta escreve com entusiasmo e sopro divino certamente é belo" (fragmento B 18). Em um dos seus diálogos mais antigos, no *Íon*, Platão colocou essa concepção na roupagem da famosa parábola da corrente magnetizada. A divindade é o magneto, do qual pende uma corrente com vários elos, todos enlevados pelo deus: primeiro o poeta, depois seu intérprete – que, na epopeia, é o rapsodo, no drama, o ator – e, por fim, o ouvinte, que igualmente fica fascinado pela experiência do poder divino[4]. Essa temática relevante também para todas as poéticas pós-aristotélicas é deixada de lado na *Poética* aristotélica. Objeto de discussão para Aristóteles é tão somente o último elo da corrente, o receptor da poesia e o efeito que ele experimenta da poesia.

O efeito da poesia, que é o segundo âmbito temático importante para Aristóteles, é objeto de reflexão desde os tempos mais antigos. Na epopeia homérica, o ouvinte se mostra "transtornado", "fascinado", "enfeitiçado", em atitude de enlevo mudo, diante da apresentação do cantor[5]. Como no caso da retórica, um estágio importante no rol dos pré-estágios que levaram a uma poética

---

4. Cf. FLASHAR, H., *Der Dialog Ion als Zeugnis platonischer Philosophie*, Berlin, 1958.
5. As passagens estão em SCHADEWALDT, W., Die Gestalt des homerischen Sängers, in: ID., Von Homers Welt und Werk, Stuttgart, ³1959, 54-86. Cf. também MAEHLER, H., *Die Auffassung des Dichterberufs im frühen Griechentum bis zur Zeit Pindars*, Göttingen, 1963.

propriamente dita é constituído pela sofística, especialmente no formato que lhe foi impresso por Górgias. A afinidade com a retórica deriva do fato de que, para Górgias, a poesia está subordinada ao conceito universal "discurso", dentro do qual ela se distingue apenas pela forma métrica, o que é alvo da crítica incisiva de Aristóteles. A passagem decisiva tem o seguinte teor:

> Denomino e caracterizo toda poesia como discurso em forma de verso. Ela provoca no ouvinte um tremor de medo, uma comoção que o leva às lágrimas e um anelo por tristeza. E a alma experimenta, na felicidade e infelicidade de eventos e pessoas estranhas, por meio dos discursos (isto é, na poesia) um certo sofrimento próprio (Górgias, *Helena* 9).

É evidente que aqui está pré-formada a definição aristotélica de tragédia (cf. p. 176). Isso se refere à ideia de uma afecção psíquica do ouvinte/espectador ao experimentar o sofrimento alheio e sobretudo às três paixões mencionadas, duas das quais se tornaram canônicas, a saber, "temor" e "comiseração". Ambas são descritas de acordo com seus efeitos externos como "tremor" (φόβος [*phóbos*]) e "comoção" (ἔλεος [*éleos*]). Aristóteles acolheu essas paixões e aprofundou sua relevância poetológica. A terceira paixão mencionada por Górgias circunscreve certo anelo por tristeza e talvez tenha se originado do antigo motivo da lamentação. Aristóteles não acolheu esse complexo em sua poética. De resto, Górgias se refere a "toda poesia", enquanto em Aristóteles trata-se das paixões especificamente trágicas. Ainda assim, a afinidade entre as distinções aristotélicas e as de Górgias é bem palpável.

Porém, entre Górgias e Aristóteles encontra-se Platão. No antigo diálogo *Íon*, Platão inseriu a teoria gorgiana do efeito da poesia na parábola da corrente magnetizada no sentido de que tanto o apresentador quanto os ouvintes experimentam, como elos da corrente, as paixões descritas por Górgias, agora sobretudo as duas paixões doravante estereotípicas "horror" e "comoção". Platão põe as seguintes palavras na boca do rapsodo Íon:

> Pois quando enceno algo comovente (ἐλεεινόν [*eleeinón*]), meus olhos se enchem de lágrimas, mas quando apresento algo horrorizante (φοβερόν [*phoberón*]) ou temível, meus cabelos se arrepiam de horror e o coração dispara (*Íon* 535e).

Este e outros fragmentos de uma poética são submetidos por Platão a premissas filosóficas e avaliados de acordo com elas. Em primeiro lugar, Platão aplica a questão do conhecimento a todos (artesãos, políticos, sofistas) e, por isso, precisamente também aos poetas que não só não conseguem dar razões de sua poesia, mas também nada entendem dos seus objetos (*Apologia* 22a-c). De fato, no *Íon* há uma discussão sobre quem entende mais de cada uma das áreas especializadas, o especialista ou o poeta. Nós consideraríamos inadequada essa questão e não exigiríamos seriamente do poeta que conduzisse um carro, comandasse um exército e fabricasse uma cadeira, caso queira falar dessas coisas. Platão faz com que o rapsodo Íon dê a tais ponderações a única resposta correta: ao poeta se atribui a capacidade de fazer com que os personagens de sua poesia digam o que é conveniente (πρέπον [*prépon*]) em cada caso (*Íon* 540b 3-6). Aqui desponta a categoria do "conveniente" que se reveste de certa importância em Aristóteles, mas sobretudo na poética pós-aristotélica, tanto quanto na retórica.

Entretanto, o conceito central da crítica de Platão aos poetas é a palavra "mimese" que, dependendo da nuança de significado, temos de traduzir por "imitação" ou "encenação". Desse modo, está denominado o terceiro âmbito temático de uma poética pré-aristotélica. Os primeiros documentos comprobatórios disso se encontram na poesia. Consta já em uma poesia de Píndaro do ano de 490 (*Pítias* 12, 21) que um instrumento musical "imita" uma voz humana e, pouco depois, Dâmon (meados do século V a.C.), que deve ser incluído no grupo dos sofistas em sentido amplo, chamou de "mimese", dentro da tradição pitagórica, o intenso efeito da música sobre as emoções da alma e, desse modo, exerceu forte influência sobre Platão. Platão usa o conceito "mimese" com frequência e de diversas maneiras; quando se refere à poesia, ele o usa em sentido duplo. Sobretudo no Livro III da *República*, o conceito "mimese" é empregado essencialmente no sentido de apresentação dançada, musical ou dramática de ações no sentido imediato de que o mimético significa assumir um papel, visando fazer algum outro falar pela própria boca e representá-lo, em oposição à narrativa autoral. No Livro X da *República*, a palavra tem seu âmbito de validade ampliado para todo o conjunto da poesia (*República* 606d), enquadrando-a ontologicamente com o auxílio do conceito da mimese. O artesão trabalha mimeticamente tendo em vista a ideia (como exemplos são mencionados a cama e o carpinteiro), ao passo que o poeta volta a dar forma, como que por meio de um espelho, ao mundo dos fenômenos já mimeticamente formado e assim recebe a verdade da mão de terceiros[6]. Desse modo, Platão retira o conceito de mimese do seu contexto propriamente poetológico e o define como estágio de uma ordenação filosófica

---

6. Não podemos tratar aqui do complexo intrincado da discussão de Platão com a poesia. Cf. BÜTTNER, S., *Die Literaturtheorie bei Platon und ihre anthropologische Begründung*, Tü-

do ser. É preciso ter em mente essa história prévia do conceito "mimese" em vista da *Poética* de Aristóteles.

De resto, todas as questões relacionadas com a poética foram vivamente discutidas dentro e fora da Academia. Na *Poética* e mais ainda nos *Aporemata Homerica*, Aristóteles remete seguidamente a literatura especializada em questões individuais, mas parece que antes de Aristóteles não existiu uma poética propriamente dita.

A CONCEPÇÃO BÁSICA

Do mesmo modo que a *Retórica* não se esgota em um sistema técnico de regras, a *Poética* de Aristóteles[7] tampouco constitui uma poética de regras. Sendo, porém, uma *téchne* (um escrito especializado), ela se destina, em primeiro lugar, ao poeta, como a *Retórica* se destina ao orador. E assim, logo no início se diz que Aristóteles não quer apenas explanar o que é arte poética, mas também "como se deve concatenar os mitos (isto é, as ações) para que a poesia seja boa" (*Poética* 1, 1447a 9). Mas, na verdade, só um capítulo (o capítulo 17) dirige-se ao candidato a poeta com instruções para a elaboração de uma ação na poesia, ao passo que a maior parte da *Poética* constitui uma análise e avaliação da poesia disponível com postulados apenas esporádicos de como se deve proceder. Assim, quanto à relação com os destinatários, a *Poética* é um pouco distinta da *Retórica*.

A determinação mais importante está logo no início. A maior parte de toda poesia (épica, dramática e ditirâmbica) é "imitação" (mimese). Sobre esse conceito corre uma discussão sem fim há séculos. Com ele não se tem em mente nenhuma descrição tal e qual de alguma realidade (embora a palavra "mimese" também possa significar isso), mas a representação artística de ações humanas ou então de humanos atuando, razão pela qual, por exemplo, os diálogos socráticos (isto é, platônicos) e também certas formas da música (aulo, cítara) e da dança ("dança expressiva") estão incluídos no conceito aristotélico da poiese

---

bingen, 2000; WESTERMANN, H., *Die Intention des Dichters und die Zwecke der Interpreten. Zu Theorie und Praxis der Dichterauslegung in den platonischen Dialogen*, Berlin, 2002.

7. Fundamentais são agora a tradução e o comentário monumental de SCHMITT, A., 2008. Como complemento cf. HÖFFE, O. (ed.), 2009. Muito útil é a edição bilíngue com notas de FUHRMANN, M., Stuttgart, 1982. Importante também é o seu livro: *Die Dichtungstheorie der Antike*, Darmstadt, ²1973 (1. ed. 1972) infelizmente sem o capítulo sobre a história da influência.

(que é compreendido, portanto, de modo um pouco mais amplo do que o nosso conceito "poesia"), mas não, por exemplo, a poesia didática de Empédocles (que não possui caráter mimético). Contra o sofista Górgias Aristóteles argumenta que a métrica do verso não é o critério decisivo da poesia. Aristóteles conhecia, do mesmo modo que seus ouvintes e leitores, a desvalorização da poesia em nome da mimese feita por Platão. Ele liberta o conceito da mimese desse cerceamento ontológico e, assim, restabelece a autonomia da poesia. No fundo, é o mesmo que ele fez no campo da retórica.

A mimese se refere sempre a pessoas atuando, as quais têm caracteres diferentes, em parte extraordinariamente bons, em parte piores. Analogamente a isso, a mimese se efetua preferencialmente na tragédia. Nesse caso, a ação, no sentido de Aristóteles, não é um fazer exterior qualquer, "mas a atividade interior que conduz para a execução concreta de uma decisão"[8]. Nesse tocante, o que Aristóteles denomina "poesia" (poiese) sempre se refere ao ser humano em suas possibilidades de ação e sua realização. Nesse contexto, objeto da mimese são ações eticamente relevantes. No âmbito da poesia (agora no sentido mais estrito), essa mimese pode ser levada a cabo em parte no relato do narrador, em parte na perspectiva do autor (como em Homero), em parte no discurso direto das pessoas atuantes, como no drama.

A GÊNESE DA POESIA

Aristóteles remonta a gênese da poesia em geral a duas factualidades antropológicas básicas naturalmente dadas, para o que ele se vale, mais precisamente, de uma análise biológica, análoga à ênfase na naturalidade da convivência humana no âmbito da *pólis*, como exposto por Aristóteles na *Política*. A primeira causa tem a ver com a concepção da mimese. O impulso para a imitação é inato no ser humano desde a infância. O ser humano é o ser vivo "mais capaz de imitar" e todo aprendizado se efetua primeiramente na forma da imitação. A segunda razão é a alegria em fazer imitações ou então representações. Aristóteles cita como exemplo o quadro que "encena" um acontecimento real ou um estado de coisas como mimese. Nesse contexto, ocorre que até a visão de objetos feios (criaturas de aspecto desagradável, cadáveres), para os quais normalmente olhamos com aversão, acabam proporcionando divertimento quando aparecem em

---

8. Schmitt, in: *Werke*, 5, 2008, 239.

cena e, portanto, no plano da mimese. É preciso pensar essa relação também para a poesia (Aristóteles não diz isso diretamente), e, de fato, a experiência descrita nesses termos pode ser feita também hoje nos mais diferentes meios (teatro, filme, televisão). Ao divertimento provocado pelo que é mimeticamente encenado acrescenta-se ainda uma aptidão para a melodia e o ritmo, igualmente dada ao ser humano pela natureza e que pode ser observada pela experiência.

No início está a improvisação. Mas para que os inícios improvisados realmente se convertam em poesia foi preciso que houvesse, segundo Aristóteles, talentos especiais que, em pequenos passos, desde os primórdios, produziram gradativamente "a arte poética". De antemão, Aristóteles pressupõe que a poesia mais antiga já era diferenciada em termos de conteúdo e forma, a saber, de um lado os hinos e de outro os cantos admonitórios [*Rügelieder*], e ele pressupõe ademais que os poetas optaram, de acordo com suas próprias qualidades de caráter, por este ou aquele gênero, os mais sérios (nobres) pelos hinos e cantos de louvor, os mais levianos pelos cantos satíricos e admonitórios. Aristóteles não consegue, como ele mesmo diz (4, 1448b 27), comprovar essas formas antigas com material correspondente, mas as deduz de probabilidades antropológicas. Como é para nós, também para Aristóteles o desenvolvimento comprovável começa com Homero, ao qual é atribuído um ponto de cristalização e, assim, uma função de transição das duas formas antigas (hinos e cantos satíricos) para a formação tanto da tragédia quanto da comédia. Pois Homero teria produzido, nos dois âmbitos, "imitações dramáticas" (4, 1458b 35), isto é, ações completas, nas quais atuam pessoas. Desse modo, a *Ilíada* e a *Odisseia* teriam preparado o terreno para a tragédia e a poesia *Margites*, transmitida como de autoria de Homero, para a comédia. Porém, essa realização "de Homero" que constituiu a ação (cênica) só pode ter tido caráter de apoio, pois a comédia e a tragédia têm seu próprio âmbito de origem, que, por sua vez, começando com o jogo de improvisação, passa, no caso da tragédia, pelo ditirambo e, no caso da comédia, pelas canções fálicas. A isso se seguem, por sua vez, mudanças e melhorias gradativas, até que os dois gêneros dramáticos alcançaram a "forma ideal" (*physis*) peculiar a cada um deles e, portanto, atingiram a perfeição.

Margites é o título de um poema satírico, detectável apenas em fragmentos, composto em hexâmetros épicos entremeados de trímetros iâmbicos, atribuído (equivocadamente) a Homero[9]. Portanto, "Homero" reúne tanto a vertente da alta

---

9. Edição dos fragmentos em WEST, M. L., *Iambi et elegi Graeci ante Alexandrum cantati*, Oxford, 1999.

poesia em hexâmetros heroicos quanto a da forma poética inferior dos trímetros iâmbicos corrente na linguagem coloquial.

O desenvolvimento subsequente – pós-homérico – efetiva-se, na visão de Aristóteles, da seguinte maneira: após os primórdios improvisadores e da realização constituidora da ação "por Homero" tanto da tragédia quanto da comédia, é preciso colocar uma etapa intermediária que, no caso da tragédia, consiste nos "cantores solo" do ditirambo, no caso da comédia, nos "cantores solo" das canções fálicas[10]. Como acontece com toda proposição da exposição aristotélica do desenvolvimento da tragédia e da comédia, também este é muito controverso e confronta a compreensão com dificuldades consideráveis.

O ditirambo é um hino coral cúltico, que tem suas raízes no culto a Dionísio, mas depois foi posto em relação (sobretudo pelos poetas do lirismo coral Píndaro e Baquílides, c. 500 a.C.) também com outros mitos. À época de Aristóteles, ele ainda era componente fixo no programa festivo das Grandes Dionisíacas em Atenas. O monumento de Lisícrates, situado no limite da cidade antiga de Atenas, hoje muito visitado por turistas, refere-se à vitória no *ágon* [na competição] de ditirambos do ano de 335 a.C. (quando Aristóteles estava em Atenas). O ditirambo consistia, pelo menos na sua forma inicial, na apresentação de um "cantor solista", ao qual o coro responde com uma espécie de refrão[11]. De modo análogo, eram compostos os cantos nas falofórias, processões em que um grande falo era carregado como símbolo da fertilidade, igualmente radicado no culto a Dionísio. Aristóteles observa (4, 1449a 13) que esse tipo de canções fálicas ainda constituía costume arraigado em muitas cidades do seu tempo. Uma canção desse tipo, com a invocação do "falo" como símbolo das alegrias do amor encontra-se, ainda que literariamente sublimado, na comédia *Os acarnianos* (425 a.C.) de Aristófanes (versos 263-279).

O interesse de Aristóteles não está voltado para as origens cúlticas, mas para os elementos estruturais. O ditirambo e o hino fálico são tidos por ele como

---

10. Leonhardt, J., *Phalloslied und Dithyrambos*, Abhandlungen der Heidelberger Akademie der Wissenschaften, philosophisch-historische Klasse, 1991, 4, relaciona, no texto de Aristóteles, a canção do falo (ou então seu cantor) com a tragédia e o ditirambo com a comédia, o que quase não teve aceitação. Crítica minuciosa em Patzer, H., *Gnomon*, v. 67 (1995) 289-310. Esclarecedor sobre o capítulo todo Primavesi, O., Zur Genealogie der Poesie (Cap. 4), in: Höffe (ed.), 2009, 47-67.

11. O termo técnico para o cantor é *éxarchon* ou então *éxarchos*, atestado já em Homero (*Ilíada* XXIV, 721), associado ao ditirambo em Arquíloco, Fragmento B 77 *passim*. Sobre a história do gênero cf. Zimmermann, B., *Dithyrambos*, Göttingen, 1989.

etapas intermediárias no desenvolvimento da tragédia e da comédia, porque no caso do "cantor solista" um indivíduo se confronta com o coro em figuração pré-dramática, mesmo que ainda não o faça (como o posterior ator) em um papel próprio, delimitado em relação ao coro. Porém, dado que Aristóteles não informa quem, no sentido técnico, introduziu o primeiro ator na tragédia (foi o poeta Téspis, c. 533 a.C.), mas logo observa que Ésquilo acrescentou o segundo ator e Sófocles o terceiro ator da tragédia já estabelecida, ele parece ter visto o "cantor solista" como a forma original do primeiro ator[12]. A introdução do segundo e terceiro atores não significa que a tragédia tivesse preenchido apenas dois ou então três papéis, mas quer dizer que apenas dois ou então três atores atuavam ao mesmo tempo no palco, cada um deles desempenhando um papel diferente, o que facilmente se pode verificar nas tragédias conservadas.

Especialmente difícil de compreender é a informação de que a tragédia teria se desenvolvido "a partir do satírico" e só mais tarde teria alcançado a sublimidade (seriedade). Aristóteles não diz que a tragédia surgiu a partir da peça satírica; ele nem sequer se refere a conteúdos, mas à linguagem e à métrica dos versos. Quando ele, ao lado de uma linguagem ainda não bem polida, chama o tetrâmetro trocaico (quatro vezes $- \cup - x$) de "satírico" como um metro que tem afinidade com a dança, ele pode estar pensando naquele pré-estágio da tragédia que é caracterizado pela forma desenvolvida do ditirambo que Árion de Metimna (século VII a.C.) inaugurou mediante a introdução de sátiras na forma de representação de papéis[13].

As características restantes que Aristóteles cita como passos no caminho para o aperfeiçoamento da tragédia são plausíveis de imediato: a utilização do começo ao fim do trímetro iâmbico (três vezes $\cup - \cup x$) como verso falado, a extensão da ação da tragédia "a uma única circunvolução do sol" (5, 1449b 13), a introdução de figuras cênicas por Sófocles (c. 496-406 a.C.). De modo geral, Sófocles deu forma final a todos os elementos da tragédia, que então chegou à sua florescência.

O breve esboço de Aristóteles sobre a gênese da poesia, especialmente da tragédia (sobre a comédia há apenas poucas observações nesse contexto), foi muito criticado. O principal ponto de censura foi o fato de Aristóteles nem sequer ter mencionado a ligação entre a tragédia e o culto a Dionísio e culto e religião de modo geral.

---

12. Primavesi, in: Höffe (ed.), 2009, 60.
13. Ibid., 61-64.

Podemos considerar como elucidador autêntico da tragédia ática um homem que não gastou nenhuma palavra para dizer que ela faz parte do culto divino e que sua trama se desenrola no mundo heroico, que ela é encenada na festa estatal e que o poeta fala ao seu povo como encarregado do povo?[14]

Porém, Aristóteles nem teve essa pretensão. A *Poética* é um escrito especializado que apresenta o objeto como um todo, não tendo, no entanto, uma orientação em primeira linha histórica, mas elabora material e critérios de avaliação e os põe à disposição do poeta (como a *Retórica* faz com o orador). A pesquisa moderna confirmou, diante de dúvidas manifestadas no passado, que as informações individuais estão corretas (mesmo que não estejam completas).

De resto Aristóteles nada disse sobre um declínio real ou suposto da tragédia após o ponto alto alcançado por Sófocles. Não existe nenhuma curva descendente explícita, como supõe grande parte da pesquisa moderna, influenciada em muitos aspectos por Nietzsche, que, em *O nascimento da tragédia*, faz com que a tragédia acabe em "suicídio" (em Eurípides). Porém, não é a tragédia que acaba depois de (ou com) Eurípides, mas a nossa tradição sobre a múltipla produção da tragédia do século IV a.C. Para Aristóteles a tragédia do século V não é um fenômeno de época fechado em si. Ele está muito longe de pensar que nela estaria dada uma época clássica, irrecuperavelmente passada.

ESSÊNCIA E INFLUÊNCIA DA TRAGÉDIA

A tragédia é, portanto, a representação que imita (*mímesis*) uma ação séria e completa e de certa duração, feita em linguagem poética – sendo que cada um desses recursos artísticos é empregado de diferentes maneiras em cada uma das partes – por atores e não por meio de uma narrativa que, provocando a compaixão (comoção) e o temor (terror), termina por efetuar uma purificação dessas paixões (*Poética* 6, 1449b 24-27).

Dificilmente haverá uma frase da obra aristotélica que tenha sido discutida com mais frequência e de modo mais controverso do que essa definição de tragédia. Nessa discussão, a controvérsia nem se refere às características principais da definição, mas ao efeito. Pois que a tragédia é representação de uma ação séria (em contraposição à ação divertida da comédia), que ela precisa ter certo tamanho,

---

14. POHLENZ, M., *Die griechische Tragödie*, Göttingen, 1930, ²1954, 490.

que ela é formulada em linguagem própria da arte mediante aplicação específica às partes da tragédia (partes declamadas, hinos do coro), que recorre à atuação de pessoas e não se faz uma simples narrativa (como na epopeia), tudo isso é, em grande parte, decorrência do que fora exposto e nem um pouco controvertido. A controvérsia se refere ao que se quer dizer com compaixão (ἔλεος [*éleos*]) e temor (φόβος [*phóbos*]) e qual o papel da purificação (κάθαρσις [*kathársis*]).

A grande quantidade de interpretações desde a redescoberta da *Poética* de Aristóteles (primeira impressão em 1498) até hoje tornou-se, ela própria, parte da história intelectual. É possível diferenciar, quanto a isso, a grosso modo duas linhas principais, a interpretação moral e a interpretação médica. A diferenciação dessas duas tendências interpretativas e de seus subgrupos já aconteceu na Renascença italiana, primeiro por Lorenzo Giacomini em seu tratado *De la purgazione de la tragedia* [*Da purificação da tragédia*] (1586), que diferencia entre uma "teoria do enrijecimento", uma "teoria da repressão" e um princípio moralizante[15]. Os representantes da interpretação moral entendem o genitivo dependente de "catarse" como *genitivus objectivus* e traduzem: "purificação *pelas* paixões" [isto é, as paixões servem para purificar], ao passo que os representantes da tendência médica preferem a tradução: "purificação *das* paixões" [isto é, as pessoas são purificadas das paixões] no sentido de um *genitivus separativus*. Até boa parte do século XIX a interpretação moral era predominante. A tradição francesa de uma poética classicista regrada foi influenciada por longo tempo pela interpretação desenvolvida pelo dramaturgo Pierre Corneille (que, ao lado de muitos dramas, também escreveu um *Oedipe* [*Édipo*]) em seus *Trois discours* [*Três discursos*] (1660). A expressão *rectificier les passions*, usada por ele, tem em mente uma "retificação" das paixões, e a "catarse" provoca, então, uma depuração das paixões e sua transformação em virtudes. Especificamente Corneille, sendo dramaturgo e, por conseguinte, sempre tendo em vista também o teatro da sua época, pensa que o espectador se compadece do infortúnio de um personagem do palco e isso suscita nele o temor de lhe suceder a mesma coisa. Esse temor desperta o desejo de evitar tal infortúnio e tal processo leva à purificação, à moderação dos desejos e, desse modo, à depuração moral. A discussão crítica de Lessing com a definição aristotélica de tragédia (*Hamburgische Dramaturgie* [*Dramaturgia*

---

15. Cf. a introdução à coletânea de Voehler, M.; Seidensticker, B. (ed.), *Katharsiskonzeptionen vor Aristoteles*, Berlin, 2007. Material abrangente em Kappl, B., *Aristoteles in der Dichtungstheorie des Cinquecento*, Berlin, 2006. Cf. também Huss, B., Die Katharsis, Jean Racine und das Problem einer "tragischen Reinigung" bei Hofe, *Philologie im Netz*, v. 49 (2009) 35-55.

hamburguense], Peças 74-78, janeiro de 1768) não está tão distante assim da posição de Corneille quanto faz parecer a polêmica de Lessing. Para Lessing, na era da sensibilidade e da filantropia, a "compaixão" ocupa inteiramente o primeiro plano. O "temor" é a "compaixão" relacionada conosco mesmos, no sentido de que "nosso destino facilmente pode assemelhar-se ao seu (ao do protagonista trágico) tanto quanto nós próprios nos sentimos como ele: e é justamente esse temor que faz como que maturar a compaixão" (Peça 75). A "purificação" é, então, "a transformação das paixões em habilidades virtuosas". A definição de tragédia de Aristóteles converte-se tanto em Corneille quanto em Lessing em uma determinação moral de cunho finalista.

Em contrapartida, em sua *Nachlese zu Aristoteles Poetik* [*Suplemento à Poética de Aristóteles*] (1827) e em algumas cartas, Goethe volta-se para a interpretação harmonizadora clássica de que a catarse seria uma "reconciliação dessas paixões", mais exatamente das paixões das próprias figuras trágicas e não das do espectador. "Como Aristóteles poderia [...] pensar no efeito remoto que uma tragédia talvez fosse provocar no espectador? De jeito nenhum!" Portanto, é a própria obra de arte da tragédia que termina com um "arredondamento reconciliador", enquanto o espectador "voltará para casa sem nenhuma melhoria". Quase simultaneamente o professor berlinense de ciências políticas, Friedrich von Raumer, redigiu um ensaio extenso sobre *Die Poetik des Aristoteles und sein Verhältniß zu den neueren Dramatikern* [*A Poética de Aristóteles e sua relação com os dramaturgos mais recentes*] e o apresentou pela primeira vez no dia 18 de janeiro de 1828 na Academia Prussiana de Ciências[16]. No ensaio que em grande parte evidentemente já estava pronto antes disso e que contém vasta documentação (Raumer enumera 21 traduções da proposição aristotélica sobre a tragédia), ele ainda logrou tratar brevemente de Goethe, refutar a relação estabelecida por ele entre a catarse e as figuras dramáticas e voltar a relacioná-la com o espectador. Em seguida, ele enviou seu ensaio a Goethe, que o qualificou de "meritório" e admitiu que Raumer "desenvolvera deduções boas e aceitáveis". Goethe prossegue: "Eu, porém, preciso manter a minha convicção, pois não posso prescindir das consequências que tirei dela" (carta ao músico Zelter em 31 de dezembro de 1829).

Que os poucos exemplos aqui citados possam evidenciar, em sua mescla de esforços filológicos e apropriação produtiva, as dimensões da história do pensamento em que foi postada essa proposição de Aristóteles no decurso dos séculos.

---

16. O tratado de Raumer foi impresso na louvável coletânea de LUSERKE, 1991, 1-68.

Com o despontar de uma filologia clássica crítica no século XIX, a proposição sobre a tragédia seguidamente passa por um novo exame. Os dois tratados de Jacob Bernays (p. 142) fizeram com que a interpretação médica se impusesse, reforçada pelo influente tratado de Wolfgang Schadewaldt[17], no qual ele considera que as paixões φόβος [phóbos] e ἔλεος [éleos], mencionadas por Aristóteles, não foram adequadamente traduzidas pelos conceitos alemães *Furcht* [= temor] e *Mitleid* [= compaixão], entendendo-as como as paixões elementares do horror (ou terror) e da comoção (ou do lamento), que a tragédia provoca no espectador pela primeira vez quase como um choque e do qual ele acaba sendo "purgado". Trata-se, portanto, de uma purgação das paixões sem qualquer determinação moral de cunho finalista.

Na tradução mais recente (2008): "Por meio de compaixão e temor ela causa uma purificação exatamente desses sentimentos", o helenista Arbogast Schmitt parece retornar a Lessing, mas ele não tem em mente um simples processo de depuração no sentido de uma transformação de paixões em virtudes. Muito antes, ele insiste (em vários trabalhos) no aspecto cognitivo inerente às paixões e que consiste em uma percepção prévia racionalmente determinada, por exemplo, daquilo que há a temer e a ter compaixão[18]. Encontram-se em consonância com isso as determinações mais precisas que Aristóteles dá sobre as paixões em geral no Livro II da *Retórica*. O "temor" é definido como "uma espécie de dor ou inquietação, oriunda da representação de um mal iminente de consequências funestas ou que pode causar dor" (*Retórica* II, 5, 1381b 22), e a "compaixão" é definida como "uma espécie de dor devida a um suposto mal que tem consequências funestas ou é doloroso para alguém que não mereceu que lhe sucedesse algo assim" (*Retórica* II, 8, 1385b 13). Não se trata aqui de simples paixões elementares, mas de fenômenos complexos que transcendem a "pele arrepiada" e "o lenço molhado".

Se, não obstante, mantenho a variante médica do purificar-se das paixões, faço isso em consonância com a única passagem em que Aristóteles aclara o procedimento da catarse (*Política* VIII, 7, 1342a 11), e porque desse modo fica evidenciado com maior clareza o caráter da resposta a Platão. Platão fundamentara a periculosidade da poesia trágica com o fortalecimento pernicioso das paixões.

---

17. SCHADEWALDT, W., 1955, 129-171. Reimpresso várias vezes, também em LUSERKE, 1991, 246-288.

18. Cf. CESSI, V., 1987, e agora sobretudo SCHMITT, A., in: *Werke*, 5, 2008, 333-348. Justificação de Lessing em KERKHEKER, A., Furcht und Mitleid, *Rheinisches Museum*, v. 134 (1991) 288-310.

Aristóteles está empenhado em mostrar que, no final, o espectador também se livra dessas paixões, e que a tragédia representa, portanto, um "prazer não nocivo" e a catarse um "alívio prazeroso" (*Política* VIII, 7, 1342a 14). De resto, o conceito "catarse" foi onerado, no decurso dos séculos, com uma importância desproporcional ao uso escasso que Aristóteles fez dele.

Tanto mais importantes são as paixões. E, nesse ponto, sua caracterização como "paixões elementares" não é suficiente. A sensação elementar ou até o abalo são só o aspecto exterior da paixão, que pode nos acometer mesmo sem "temor" e "compaixão", e até sem qualquer relação com o conteúdo da tragédia, mas, por exemplo, por meio da música. Essa diferença praticamente não foi vista em todas as discussões. Na parte final da *Política*, Aristóteles "admitira" um efeito emocional e então também catártico de certas melodias e tonalidades sobre determinados grupos de pessoas (cf. acima p. 140 s.), ao passo que na *Poética* o conceito da catarse está livre dessas restrições e, ao mesmo tempo, a ocorrência de emoções como "temor" e "compaixão" é vinculada à condição de que a ação trágica tenha um formato correspondente[19]. Isso significa que a catarse trágica não é nem um laxante medicinal nem um êxtase ritual, mais um "prazer bem próprio" (οἰκεία ἡδονή [*oikéia hedoné*]) da tragédia (*Poética* 14, 1453b 11), que consiste em um alívio advindo da constatação de que a ameaça experimentada não é real, mas encenada. A intensidade que tal efeito pode ter decorre claramente do postulado de que o efeito emocional supostamente se instaura, independentemente da encenação, também pela simples leitura da tragédia (*Poética* 14, 1453b 1-8), o que decerto no caso da música só excepcionalmente decorreria do puro estudo de uma partitura.

Como já ocorreu na abordagem da gênese da tragédia, também na discussão em torno da sua essência e do seu efeito, Aristóteles foi avaliado e julgado pelo critério se teria descrito o fenômeno da tragédia não só correta, mas também suficientemente. Ele não deveria ter visualizado ainda outros modos de ação bem diferentes do puramente emocional da "purificação" libertadora, como, por exemplo, a função de promoção da identidade na *pólis*? O grande filólogo Ulrich von Wilamowitz-Moellendorff considerou dispensável a proposição aristotélica sobre a catarse e acreditou que deveria desculpar Aristóteles por isso: "Essa joia

---

19. O conceito da catarse e seu âmbito de aplicação está mais desenvolvido na *Poética* do que na *Política*; é o que procurei expor em: Die musikalische und die poetische Katharsis, in: VOEHLER, M.; SEIDENSTICKER, B. (ed.), *Katharsiskonzeptionen vor Aristoteles*, Berlin, 2007, 173-179.

da doutrina aristotélica não tem utilidade para nós. [...] Ora, podemos desculpar Aristóteles por isso, pois ele não tinha muita simpatia pela devoção religiosa, e o apátrida não tinha nenhum patriotismo. Porém, os velhos atenienses tinham ambas as coisas"[20]. Inversamente os representantes da variante interpretativa médica tendem a negar que a tragédia mesma tenha qualquer intenção de exercer um efeito moral, sendo que, nesse caso, a "purificação das paixões" foi vista, com o auxílio de um conceito um tanto problemático, como uma "higiene estatal bem conceituada"[21] que teria lugar na *pólis*.

Porém, vinculada com a decisão fundamental em favor da interpretação médica e do *genitivus separativus* (purificação *das* paixões) está também a concepção de que as paixões "temor" e "compaixão" são geradas pela tragédia mesma e não dizem respeito a uma constituição emocional geral do ser humano, que seria temperada pela catarse até atingir uma proporção normal. Muito antes, o que se quer é que o espectador vivencie o temor de maneira tão intensa e ameaçadora como se a ameaça estivesse sendo feita a ele próprio, tendo como consequência as mesmas reações fisiológicas de uma ameaça autêntica (horror, pulso acelerado etc.). Ao mesmo tempo, na própria peça deve estar embutida uma purificação agradável, divertida dessas paixões. Nos anos de 1960, ainda assisti na Grécia a encenações de tragédias antigas, numa época em que o público ainda não era formado predominantemente por turistas e teatrólogos, mas por gregos e a economia emocional das pessoas ainda não havia sido embotada pela televisão e outros meios de comunicação de massa. Era possível observar exatamente o que ocorria. Emoções colossais, empatia com os atores e, assim, com os personagens trágicos nos sentimentos de temor, compaixão e emoções parecidas, e, no final, o alívio tranquilizador e decerto também a reflexão sobre caráter, culpa e destino. Chamar isso de catarse é secundário.

AÇÃO, PERSONAGEM E CULPA TRÁGICA

As demais determinações de Aristóteles sobre a tragédia não chamaram a atenção geral na mesma medida que a questão da catarse, mas, transcendendo a referência temporal, tornaram-se importantes para toda a poética europeia.

---

20. WILAMOWITZ-MÖLLENDORFF, U. von, *Einleitung in die griechische Tragödie I*, Berlin, 1895, reimpressão: Darmstadt, 1959, 110 s.
21. SCHADEWALDT, W., in: LUSERKE, 1991, 279.

Nesse caso, a descrição do que perfaz uma tragédia assume a forma de postulados. Aristóteles apresenta requisitos, em parte a cada tragédia, em parte a uma boa e à "mais bela tragédia" (*Poética* 13, 1452b 31; 1453a 22). O grau da "beleza" é medido pela qualidade do efeito produzido; predomina a categoria da estética da recepção. Isso vale acima de tudo para o conceito central da ação. Também nesse ponto – como faz em toda parte – Aristóteles parte dos fatos naturais dados e emite seu juízo como biólogo. Uma tragédia bem estruturada é como um ser vivo que se pode abarcar com o olhar. Sua beleza consiste em não ser minúscula nem gigantesca, pois "o belo se apoia na grandeza e na ordem" (*Poética* 7, 1450b 37). A tragédia deve, portanto, ter uma certa extensão temporal que torne possível a visualização da ação. Porém, Aristóteles rejeita fixar o limite temporal da extensão de uma peça pela situação dos concursos (*Poética* 7, 1451a 8) – que sem dúvida tinha de ser observada pelos poetas dramáticos para que a encenação de suas obras pudesse ser admitida nas festas dionisíacas. Para ele, de modo geral, a encenação (que, pelo menos na tragédia – em oposição à comédia –, era executada pelos próprios poetas), assim como a atividade de confeccionar máscaras e palcos era "desprovida de arte", exatamente também no que dizia respeito ao efeito produzido. "Pois a tragédia exerce seu efeito também sem encenação e atores" (*Poética* 6, 1450b 18); esse efeito, se o poeta for bom, é mais forte em virtude do simples ouvir (nós diríamos: ler; pensa-se na práxis antiga da leitura em voz alta) do que da encenação (*Poética* 14, 1453b 1-7). Nesse tipo de juízo percebe-se o contexto cultural do século IV, com sua práxis já habitual de leitura e recitação. Para Ésquilo, Sófocles e Eurípides a tragédia se realizava na encenação.

Ao lado da grandeza adequada, a ação da tragédia precisa constituir uma unidade, um todo com início, meio e fim, no sentido de um nexo causal necessário ou provável. Ademais, a tragédia deve ter ao mesmo tempo como objeto ações de validade geral que possam ter acontecido. É isso que diferencia o poeta do historiador, que está amarrado a coisas e fatos individuais (capítulo 9). Aristóteles argumenta que a obra historiográfica de Heródoto continua sendo historiografia mesmo que seja posta em versos, ao passo que a poesia, graças à sua concentração no que é possível em termos gerais, seria mais filosófica e mais séria do que a historiografia (*Poética* 9, 1451b 1-6). Essa observação surpreendente provocou muita crítica, pois o historiador, Tucídides mais do que Heródoto, não é um cronista que enfileira fatos, mas seleciona e organiza seu material, valoriza e, desse modo, também atinge certo grau de generalização. Mas Aristóteles não quis desvalorizar a historiografia, mas expressar que a unidade da ação exigida pela tragédia não se encontra simplesmente pronta na história, mas precisa ser produzida a partir da profusão de fatos e vivências de muitas pessoas[22].

A estrutura da ação exigida por Aristóteles para a tragédia apresenta algumas características irrenunciáveis. Ele precisa conter uma virada repentina de sorte (*peripéteia*) e uma ação de conhecer ou reconhecer (*anagnórisis*), e ambas como decorrência necessária do curso da ação. Aristóteles enfatiza seguidamente a primazia da ação em relação aos personagens; ele a chama de "princípio e alma da tragédia" (*Poética* 6, 1450a 37), pois "a tragédia não é imitação (representação) de pessoas, mas de ação e maneira de viver" (*Poética* 6, 1450a 16). Sem uma ação bem organizada não há tragédia. O enfileiramento de vivências de algum herói (por exemplo, de Hércules) ainda não resulta em uma tragédia. Como, porém, são essencialmente heróis humanos que promovem a ação, a atenção se volta para os caracteres e comportamentos humanos (capítulos 13-15), e isto sempre em relação à ação. Num primeiro momento, a questão é saber qual personagem básico encarna apropriadamente o "herói trágico". Não é nem o moralmente perfeito, o imaculado, nem o crápula, o moralmente degenerado, mas o "herói intermediário" que se situa entre os extremos (*Poética* 13, 1453a 7), e naturalmente só quando o percurso da ação trágica leva da felicidade para o infortúnio, como formula Aristóteles um tanto esquematicamente. Esse "herói intermediário" não é nenhum tipo mediano, mas um personagem forte de boa reputação que comete um "erro" (ἁμαρτία [*hamartía*]), e o faz sem premeditação nem maldade, desconhecendo, por seu envolvimento emocional, as circunstâncias do agir e a consequência do fracasso. O conceito de *hamartía* (*Poética* 13, 1453a 10) que caracteriza esse comportamento constitui o ponto de partida de todas as discussões modernas sobre a culpa trágica, cuja determinação oscila entre um erro moralmente indiferente, puramente intelectual, uma culpa moralmente imputável ou até uma culpa metafísica[23]. Na literatura grega, a palavra *hamartía* possui um amplo espectro de significados; na *Ética a Nicômaco*, Aristóteles delimita seu significado em relação a "infortúnio", de um lado, e "injustiça", de outro, e a define mais precisamente como comportamento faltoso, cuja origem está no próprio faltoso, ao passo que a "injustiça" é levada a cabo com plena ciência do ato (*Ética a Nicômaco* V, 8, 1135b 16-22). Portanto, os conceitos "culpa"

---

22. SCHMITT, in: *Werke*, 5, 2008, 387. Esclarecedor sobre o conceito da ação KANNICHT, R., 1976, 326-335.

23. Cf. LURJE, M., *Die Suche nach der Schuld*, München/Leipzig, 2004 (orientado para a história da ciência). Esclarecedor LEFÈVRE, E., *Die Unfähigkeit, sich zu erkennen*, Leiden, 2001, sobre a *hamartía*: 6-11.

e "injustiça" devem ser afastados, mas a *hamartía* trágica certamente tem um componente ético.

Entretanto, deve ser difícil encontrar tal *hamartía* em todas as tragédias (por exemplo, na *Antígone* ou no *Filoctetes* de Sófocles)[24]. O próprio Aristóteles volta a referir-se, nesse capítulo 13 da *Poética*, à "tragédia mais bela" (13, 1452b 31), isto é, à tragédia capaz de gerar temor e compaixão no mais alto grau. Além disso, ela se caracteriza pelo fato de, nela, a virada da sorte (*peripéteia*) e o reconhecimento coincidem, estando, portanto, "entrelaçados" (*Poética* 13, 1452b 32) e, ainda assim, constituírem uma única linha de ação, isto é, referirem-se a uma única figura central. Está claro que essas condições não se cumprem em todas as tragédias, mas se cumprem plenamente no *Édipo rei* de Sófocles, que se tornou modelo de tragédia. Desse modo, remontando a uma tragédia composta cerca de 80 anos antes, Aristóteles involuntariamente promoveu a constituição do que é um clássico, como de fato por todas as teorias poéticas situadas na tradição da *Poética* aristotélica e depois também amplamente pela consciência pública sobretudo nos países românicos, o *Édipo rei* foi e é tido como norma e modelo de tragédia, ao passo que, para a filosofia do idealismo alemão e também para Goethe, o *Édipo em Colono* ocupou o primeiro plano, "pois decerto não há catarse mais intensa do que o *Édipo em Colono*, no qual um criminoso parcialmente culpado [...] acaba sendo conciliadoramente reconciliado [...]" (Goethe, *Nachlese zu Aristoteles Poetik*, 1827). Só em meados do século XIX a *Antígone* assumiria a primeira colocação, tanto em virtude de ponderações de ordem teórico-poética quanto no quadro da tragédia antiga que chegava ao palco naquela ocasião, ao passo que a *Antígone* não tem nenhuma importância no quadro de referência da *Poética* aristotélica (apenas uma vez ela é alvo de uma observação antes crítica em função de um tema secundário, 1454a 1), sendo relevante, porém, na *Retórica*, em que o descumprimento da proibição do sepultamento é posto como exemplo do que é justo por natureza[25].

Aristóteles não vê o modelo do *Édipo rei* como ideal de uma época desaparecida, mas argumenta e emite juízos indistintamente com base em numerosos exemplos de tragédias de todas as épocas. Assim, ele coloca, por exemplo, o *Alcméon* de Astidamas (século IV a.C.) ao lado do *Édipo* de Sófocles e considera-o inclusive superior a este em um pormenor (se o temível acontece fora

---

24. Análise detida da relação entre a teoria da tragédia e as tragédias conservadas em Söffing, W., 1981.

25. *Retórica* I, 13, 1373b 9-12; I, 15, 1375a 34; III, 16, 1417a 29; III, 17, 1418b 32.

ou dentro da ação cênica) (*Poética* 14, 1453b 33). Ele não denomina Sófocles, mas Eurípides de o "poeta trágico" (*Poética* 13, 1453a 29), claramente tendo em vista o efeito obtido no teatro ("no palco e nas competições dramáticas", 1453b 27), visto que Eurípides figura entre os trágicos mais seguidamente encenados à época de Aristóteles. Ocasionalmente Aristóteles até chega a formular uma diferença (dificilmente se pode chamar isso de antagonismo) entre os "antigos" e um "agora" (13, 1453a 17), mas na argumentação sobre o tema as tragédias de Astidamas, Teodecto e Cárcino encontram-se no mesmo plano das de Sófocles e Eurípides (Ésquilo não é levado em conta). Nesse mister, Aristóteles percebe perfeitamente mudanças e tendências na tragédia, mas isso não aponta para uma decadência do gênero, nem mesmo na nota, dizendo que antigamente os discursos (nas tragédias) obedeciam à lei da política, e agora obedecem à da retórica (*Poética* 6, 1450b 8), ficando em aberto se Eurípides está incluído na tendência retórica ou não.

Uma tendência para o negativo no desenvolvimento da tragédia é vislumbrada por Aristóteles no tratamento do coro próprio da tragédia. Ele exige que o coro seja tratado "como um dos atores" (*Poética* 18, 1456a 26), que ele seja uma das partes do todo e "participante do *ágon*", o que não quer dizer que ele deva encarnar um papel coerente, mas que deve estar integrado na trama global da tragédia e não pretender ser, por exemplo, "o espectador ideal" (August Wilhelm Schlegel). Aristóteles constata aqui uma desintegração do coro que começa em Sófocles, passa pelo Eurípides (tardio) e avança na tragédia posterior ao ponto de usar canções que podiam ser trocadas a bel-prazer (*Poética* 18, 1456a 25-32).

Aristóteles comprova cada detalhe de suas análises sobre o primado da ação, sobre a unidade, extensão, visibilidade da ação, sobre a configuração dos personagens, do reconhecimento, da relação entre saber e conhecer, sobre a tragédia ideal e sua constelação, mediante uma estupenda profusão de material extraído de numerosas tragédias antigas e novas (na sua época), em parte lidas e em parte assistidas por ele. Assim, por exemplo, a observação de que o *Anfiarau* de Cárcino (c. 420-341) não foi aprovado pelo público presente ao teatro porque uma parte dos espectadores não conseguiu ver o momento em que Anfiarau entrou em cena (*Poética* 17, 1453 a 26–29) pressupõe experiência direta com o teatro[26]. A alternativa entre a representação teatral pública e a leitura não pública é refletida expressamente na *Poética* (6, 1450b 16-20; 14, 1453b 1-10) e se tornou

---

26. Cf. MARZULLO, B., Die visuelle Dimension des Theaters bei Aristoteles, *Philologus*, v. 124 (1980) 189-200.

possível nessa forma só no século IV com a expansão do cultivo da leitura. O volume de textos lidos por Aristóteles foi enorme, pois ele foi confrontado com centenas de tragédias que não se conservaram até nossos dias[27].

LINGUAGEM E ESTILO

Para Aristóteles, da plena apreensão do fenômeno da tragédia faz parte também uma investigação da linha de pensamento (capítulo 19), da linguagem (capítulos 20-21) e do estilo (capítulo 22). Quanto à linha de pensamento, ele remete à *Retórica* e demanda que as falas usadas no drama tenham uma coerência adequada às ações, em correspondência com os tipos discursivos, como ordem, súplica, ameaça, pergunta, resposta.

Na notável investigação sobre a linguagem – uma a duas gerações antes que o estoicismo viesse a projetar uma gramática sistemática – Aristóteles se distancia um pouco da referência à tragédia e até da poesia em geral, e investiga a linguagem como tal, mais precisamente como fisiologista da linguagem. Ele começa com o menor componente da expressão linguística, com a letra. Ela é "indivisível", mas não constitui um som qualquer, como o que pode ser emitido também por animais, mas precisa poder entrar na composição com outras letras. Ele aclara a diferenciação entre vogal, semivogal e consoante em termos puramente fisiológicos com base no contato entre lábios e língua, na conformação da boca, na aspiração ou ausência dela, no comprimento, na brevidade, altura e profundidade do fonema.

A sílaba é um fonema composto de consoante e vogal que, por si só, não possui significado. Dentre as palavras enquanto portadoras de significado Aristóteles menciona o substantivo e o verbo, conectivos, oração verbal ou não verbal. Quanto às formas de expressão, ele distingue a expressão normal, em seguida diferencia entre glosa, metáfora, enigma e floreio, e, além disso, entre

---

27. Expus em várias ocasiões minha concepção sobre a relação entre a teoria aristotélica da tragédia (incluindo a teoria da catarse) e a tragédia, mais exatamente, em 1956, 12-48, e 1984, 1-23. Além disso, cf. em: Aristoteles und die Tragödie der Klassik, in: Pöhlmann, E.; Gauer, W. (ed.), *Griechische Klassik*, Nürnberg, 1994, 17-24. Reimpressão em Flashar, H., *Spectra*, Tübingen, 2004, 31-41 (Classica Monacensia 29); e: Die Poetik des Aristoteles und die griechische Tragödie (não é idêntico ao ensaio de mesmo título mencionado anteriormente), in: Flashar, H., (ed.), *Tragödie. Idee und Transformation*, Stuttgart/Leipzig, 1997, 50-64. Reimpressão em: *Spectra*, 43-59.

formulação nova, ampliação, abreviação ou modificação da expressão linguística e sua apropriação para o uso na poesia. Embora alguns trechos dessas passagens possam ser lidos como puro tratado de linguística, Aristóteles não chega a perder de vista o aspecto central para a *Poética*, a saber, como escrever poesia. Especialmente a abordagem da metáfora e seus diferentes gêneros (sob outro aspecto, tratada também na *Retórica* III, 2-5 e 10-11) foi muito considerada em vista da potencialidade semântica da linguagem figurada para produzir o efeito da estranheza. Também nesse caso a perspectiva é a demanda ao poeta para "formular boas metáforas" mediante o reconhecimento das semelhanças (*Poética* 22, 1459a 8).

Aristóteles aborda essas questões de modo bastante comprimido em apenas poucas páginas e, não obstante, apresenta muitos exemplos da epopeia e da tragédia. Fica claro que, por trás disso, há um vasto saber sobre todas as partes da gramática e da estilística. No entanto, Aristóteles não pôde (como nós hoje podemos) simplesmente compulsar uma gramática para instruir-se sobre os fenômenos linguísticos, ainda que não possamos estimar com exatidão se naquela época já havia e em que proporção havia literatura especializada pertinente. Foi transmitido até nós como escrito de Górgias o título de um léxico de conceitos (*Onomasticon*), cujo conteúdo é completamente desconhecido; com certeza, também Górgias foi capaz de distinguir e classificar sistematicamente os diferentes recursos de linguagem e de estilo. Para Platão, a linguagem está ancorada nas referências filosóficas no que se refere à sua potencialidade e limitação. Especialmente do seu diálogo *Crátilo* é possível inferir uma discussão contemporânea sobre a diferença entre a forma do fonema e o significado nele contido, sobre a exatidão da denominação linguística e sobre questões da etimologia. Tudo isso Aristóteles elaborou como que ao natural[28].

A EPOPEIA

Dado que a epopeia, junto com a tragédia e a comédia (tratada no Livro II, que se perdeu), figura entre as poesias miméticas, é natural que fosse tratada no quadro de uma *Poética*, ainda que de modo bem mais breve do que a tragédia (capítulos 23-26). Diferentemente da parte dedicada à tragédia, faltam aqui todas as indicações a respeito do que se deve observar na composição poética de

---

28. A respeito dos demais nexos cf. Ax, W., *Laut, Stimme und Sprache*, Göttingen, 1986.

uma epopeia. A epopeia já não era mais um gênero poético atual (em todo caso, não no sentido produtivo); a florescência tardia de Apolônio de Rodes (século III a.C.) ainda estava por vir. De modo correspondente, Aristóteles se refere a Homero e às assim chamadas "epopeias cíclicas" que tratam de modo global os acontecimentos em torno de Troia. Homero estava onipresente no consciente daquela época; ele era *o* poeta por excelência, leitura obrigatória no ensino escolar. Aristóteles cita-o, fora da *Poética* e dos *Aporemata Homerica* mais ou menos cem vezes e fundamenta questões da ética, da política, da psicologia e até da metafísica (*Metafísica* XII, 10, 1076a 4) com uma profusão de passagens de Homero. O mesmo faz Platão, o maior dos críticos de Homero, em cerca de 150 passagens. *Íon*, um dos primeiros diálogos de Platão, mostra que, ainda no século IV, ocorriam recitações públicas de Homero em forma de competições. O próprio Aristóteles menciona dois rapsodos ou então cantores, dos quais nada sabemos, em conexão com recitações públicas de epopeias (*Poética* 26, 1462a 7). Assim, também nessa parte, Homero é efusivamente louvado; ele seria o único poeta épico que saberia como proceder (*Poética* 24, 1460a 5). Na condição de "divino Homero", ele é confrontado com os demais poetas épicos e apresentado como exemplo (*Poética* 23, 1495b 29).

A despeito do fato de as epopeias às quais Aristóteles se refere terem surgido séculos antes da tragédia, ela as avalia pelos critérios que elaborara para a tragédia. Mais do que encorajar um futuro poeta épico, a formulação dizendo que a ação da epopeia deve ser composta do mesmo modo "que a das tragédias" (*Poética* 23, 1459a 18) visa fornecer critérios para a avaliação da epopeia. Assim, vale para a boa epopeia que sua ação seja um todo com início, meio e fim, "como um ser vivo" (*Poética* 23, 1459a 20). E que ela também proporcione um "prazer específico"; que se diferencie da historiografia dedicada a sequenciar fatos, que tenha o momento da virada da sorte e do reconhecimento disso, que apresente os personagens como unidades em si mesmas, em suma: que faça tudo como é adequado às tragédias.

Aristóteles argumenta que Homero realizou tudo isso de modo exemplar. Ele não narrou toda a guerra troiana, mas preservou a justa medida ao selecionar apenas uma parte em que a ação dura 51 dias. Assim, a partir da *Ilíada* e da *Odisseia* só se poderia compor uma, no máximo duas tragédias, mas a partir da *Pequena Ilíada* pelo menos oito, que Aristóteles também enumera individualmente. Nesta, porém, as muitas partes não resultam em um todo bem proporcionado, o que Homero conseguiu produzir mediante a concentração em uma ação que pode ser visualizada em seu conjunto, sendo que ele soube entretecer habilmente como episódios as ações secundárias características da epopeia (como o famoso catálogo de navios no livro II da *Ilíada*).

A composição épica, da qual Aristóteles se distancia criticamente consiste no assim chamado "*kýklos* épico". Trata-se de epopeias pós-homéricas, mas baseadas em fontes pré-homéricas, detectáveis apenas em poucos fragmentos e nos sumários do neoplatônico Proclo (século V d.C.); essas epopeias fazem uma exposição sequencial dos acontecimentos de toda a guerra troiana antes e depois da ação contida na *Ilíada*[29]. Desse ciclo épico Aristóteles menciona as *Cíprias* (história que antecede a *Ilíada*) e a *Pequena Ilíada* (eventos situados entre a ação da *Ilíada* e a destruição de Troia). Do pouco que se sabe sobre essas epopeias se depreende, contudo, que a pluralidade das partes reunidas aditivamente e que constituem as ações individuais diferencia-se fortemente da concentração com que foi conduzida a ação na *Ilíada*. A diferença de nível é considerável.

Aristóteles investiga mais precisamente as diferenças específicas de gênero entre a epopeia e a tragédia (capítulo 24)[30]. Quanto à extensão da epopeia, deveria ser possível, como no caso da tragédia, visualizá-la em seu conjunto; ela deveria ter a dimensão de tantas tragédias quantas fosse possível apresentar em uma mesma sessão das festas dionisíacas (ou seja, três tragédias). Isso corresponde a apenas cerca de um quarto da *Ilíada*, mas é preciso ponderar que Aristóteles está falando de encenações e que, pela natureza dos atos, a epopeia pode ser mais rapidamente recitada do que a tragédia é encenada. Contudo, apesar de toda a admiração por Homero, resta uma considerável diferença entre a extensão que as epopeias homéricas têm de fato e a concepção ideal de Aristóteles. Não obstante, Aristóteles também vê uma vantagem na extensão da epopeia. Diferentemente da tragédia, ela pode apresentar, na execução da narrativa, ações parciais que ocorrem simultaneamente. Esse procedimento confere à epopeia certa "grandiosidade" (*Poética* 24, 1459b 28) – Aristóteles não diz por que – e a variação que reside no entrelaçamento de diferentes episódios, previne uma sensação de tédio que facilmente pode se instalar no caso da linha de ação única da tragédia. É por isso que as tragédias também são reprovadas no teatro (na avaliação em conexão com as encenações), como observa Aristóteles um tanto enigmaticamente, já que nós consideraríamos a encenação de uma tragédia concentrada uniformemente em uma linha de ação como bem mais interessante do que a recitação ou leitura de uma epopeia. O que também contribui para a sublimidade da epopeia é o

---

29. Cf. KULLMANN, W., *Die Quellen der Ilias*, Wiesbaden, 1960 (Hermes-Einzelschriften 14).
30. Cf. SCHWINGE, E.-R., Aristoteles und die Gattungsdifferenz von Epos und Drama, *Poetica*, v. 22 (1990) 1-20; KOSTER, S., *Antike Epostheorien*, Wiesbaden, 1970.

"verso heroico" (ou seja, o hexâmetro dactílico), oposto ao trímetro iâmbico, o qual tem afinidade com a linguagem cotidiana, e, por conseguinte, prestava-se de modo especial a um modo de expressão que pelo emprego, por exemplo, de metáforas, diverge do uso linguístico ordinário e, por seu turno, constitui a forma adequada de exposição do extraordinário.

A segunda vantagem da epopeia em relação à tragédia reside, para Aristóteles, na maior facilidade em fazer o público maravilhar-se e admirar-se, o que aumenta o nível de atenção. Na epopeia também é mais fácil introduzir ilusões. Todo contador de histórias exagera, às vezes até o nível da fábula, ao passo que na tragédia se vê o que está ocorrendo e que, por isso mesmo, não pode ser tão impossível assim. A falta da dimensão visual (que está implantada na tragédia inclusive quando não se assiste diretamente à representação) evidencia-se, pois, como uma vantagem da epopeia.

Exatamente na questão da representação correta do impossível na epopeia, Aristóteles intervém em um animado debate da sua época (capítulo 25). Na forma típica da resolução de controvérsias, a saber, a formulação de um problema e sua refutação, Aristóteles discute doze objeções contra Homero, especialmente contra a representação do que não é correto e do que não é verdadeiro, e as refuta; mas ele trata também de questões referentes à compreensão da linguagem. As minúcias são bem refinadas e permitem depreender que, na época de Aristóteles, havia uma exegese de Homero que pode muito bem ser considerada crítica, da qual o escrito perdido dos *Aporemata Homerica* é um testemunho cabal[31]. Talvez a louvação hínica da excelência de Homero também seja a justificação de um grande homem contra críticos menores.

Enquanto aqui se tratava dos críticos de Homero, no capítulo final da *Poética* (capítulo 26) Aristóteles é forçado a debater, por seu turno, com uma corrente do seu tempo que coloca Homero acima da tragédia. A epopeia seria algo distinto para pessoas cultas, ao passo que a tragédia se volta para a massa. Por isso a epopeia estaria acima da tragédia.

Aristóteles tira a força dessa avaliação, apontando para as práticas de representação do seu tempo, que injustamente teriam rebaixado o nível da tragédia. Uma vez mais, temos um vislumbre da atividade teatral daquela época. Aristóteles lamenta que os atores se encontram em constante movimento, supondo que o público não conseguirá acompanhar a fala se eles não acrescentarem algo por si mesmos. Flautistas rodopiam como um disco lançado ao ar enquanto tocam o

---

31. Detalhes em BREITENBERGER, B., in: *Werke*, 20, I, 2006, 305-321.

instrumento; tudo é levado ao exagero. O que Aristóteles teria dito do moderno teatro a cargo de um dirigente? De qualquer modo, ele se recusa a inferir do tipo de encenação a qualidade da poesia.

Na análise restrita à estrutura interna da poesia, sem levar em conta as circunstâncias exteriores da representação (também na apresentação da epopeia poderia haver exageros), Aristóteles coloca a tragédia acima da epopeia. Uma comparação seria admissível porque a temática e as partes constitutivas da poesia são comuns aos dois gêneros. Quanto à coerência e visibilidade do conjunto da ação (para o que Aristóteles seguidamente usa a palavra "mito" na *Poética*), a tragédia ocupa o primeiro lugar. Ela permite visualizar melhor o conjunto da ação e possibilita representar uma ação completa em dimensão menor. A título de exemplo, Aristóteles propõe imaginar a ação do *Édipo* com a extensão da *Ilíada* e logo se compreenderia a vantagem da tragédia, que possibilita atingir o efeito específico por meio de uma ação mais direta. Pois a hierarquia da poesia se determina pela capacidade que ela tem de provocar as sensações de temor e compaixão quando se acompanhar uma ação grave, o que evidentemente é suposto como objetivo também da epopeia. Em todo caso, o resumo conclusivo diz que a tragédia leva vantagem em relação à epopeia.

RESUMO E PERSPECTIVA

A peculiaridade da *Poética* aristotélica pode ser determinada também, em um primeiro passo, pela indicação daquilo que nela não foi tratado ou que foi tratado marginalmente. Trata-se, em primeiro lugar, de uma teoria que também já estava teoricamente formulada na sua época, a saber, a da inspiração do poeta, do entusiasmo, da constituição psíquica do próprio poeta. Em conexão com isso, a desconsideração de questões como a da cosmovisão religiosa e a da função cúltico-religiosa e também diretamente política da tragédia. Para Aristóteles, o puro analista da coisa concreta, isso não fazia parte de uma poética. Nesse aspecto, sua concepção tem analogia com desenvolvimentos da sua época. Certa "secularização" da tragédia no século IV a.C., permite que Aristóteles use a palavra "mito" apenas como uma ação organizada no sentido de um *plot* ["enredo, trama"].

Totalmente singular também é o conceito da mimese, que Aristóteles restringe à imitação ou então representação feita por pessoas que atuam e, portanto, ao drama e à epopeia, as únicas que são tidas como "poesia", mediante exclusão de todas as formas do lírico e do panegírico (hinos), nas quais também pode haver pessoas atuando, mas não no sentido do conceito da ação organizada do início ao fim, como explicitado por Aristóteles. Mimese e ação constituem as categorias fundamentais da teoria aristotélica da poesia. Tragédia e epopeia conservam, dentro da casca do mito, estruturas arcaicas de ação, que – especialmente nas formas do possível fracasso – adentram um mundo político moderno, no qual a questão do correto agir do ser humano é objeto de análise na *Ética*. Assim, as formas do agir expostas na *Poética* e na *Política* (incluindo a *Ética*) encontram-se em uma relação reciprocamente complementar. Nesse ponto, fica evidente o quanto os princípios da *Poética* estão ancorados, em termos globais, na filosofia de Aristóteles.

Isso também vale para o terceiro grande complexo da *Poética*, a teoria do efeito produzido pela tragédia. A alternativa simples entre se o poeta deve instruir/beneficiar ou alegrar (*prodesse aut delectare* ["ser útil ou deleitar"], como formularia mais tarde Horácio) é superada pela concepção específica da catarse e sobretudo das paixões e alçada a um patamar bem diferente. A teoria sofista e platônica das paixões, na sua aplicação à poesia, converteu-se na relação antropológica geral entre tragédia e receptor e foi intensificada de tal maneira que a consecução do efeito próprio da tragédia tornou-se a instância suprema da qualidade da poesia. Quanto a isso, a concepção de Aristóteles é que esse efeito específico da poesia não é apenas um efeito colateral exterior, mas já vem implantado na própria poesia, desde que a ação seja configurada de modo correspondente pelo poeta.

Por conseguinte, a descrição da gênese da poesia, de suas partes e de seu arranjo se converte em valorações e postulados. Aristóteles pretende oferecer critérios para a avaliação sobretudo da tragédia e, além disso, fazer exigências bem concreta aos poetas, pois a produção de tragédias ainda estava em pleno andamento. Sendo assim, apesar de sua pretensão de validade geral, a *Poética* foi enunciada dentro de uma situação bem atual, na qual encontravam-se a tragédia, a epopeia e o teatro. Nesse contexto, a *Poética* não está endereçada só e talvez nem em primeira linha ao candidato a poeta, ao poeta imaginário, mas na mesma medida ao cidadão da *pólis*, ao qual se oferece informação e orientação para lidar com a poesia, visto que ele era confrontado com impressões em profusão. Ele podia ler *e* assistir no teatro tanto as antigas quanto as novas tragédias – Sófocles e Eurípides também no quadro das reapresentações que passaram a ser admitidas. A exemplo do discurso público, o teatro possuía uma função social e assim também política.

Essa referência atual se perdeu com o declínio da tragédia e da antiga estrutura da *pólis* depois de Aristóteles – não antes disso. De modo correspondente, as teorias sobre a poesia formuladas pelo helenismo (que só conhecemos de maneira muito incompleta) são raquíticas e anêmicas. Nelas, a poesia é misturada com a retórica, a teoria dos tipos de estilo ocupa o primeiro plano, acrescidas de biografias dos poetas; todo o complexo é vertido para o puramente literário. Ainda assim, do entorno do Perípato pode-se citar Neoptólemo de Párion (século III a.C.), que, em sua obra (perdida) *Sobre a arte poética*, cunhou a fórmula adotada mais tarde por Horácio, o poeta deve "ser útil e deleitar". Na mesma direção vai o escrito *Sobre poesias* do epicurista Filodemo, da primeira metade do século I a.C., do qual foram encontrados extensos fragmentos em papiro em Herculano e no qual a questão aristotélica da qualidade da poesia é retomada e respondida mediante adoção do critério da alegria provocada (τέρψις [*térpsis*]) e rejeição da categoria da utilidade, sendo que Filodemo provavelmente não tinha conhecimento da *Poética* de Aristóteles, que havia desaparecido no porão de Escépsis (cf. p. 67-68).

Nessa tradição encontra-se a *Ars poetica* (título original: *Epistula ad Pisones*) de Horácio (65-8 a.C.), que, em distinção a todos os tratados teóricos sobre a poesia, é, ela própria, poesia, ou seja, uma epístola versificada em hexâmetros. Ela retoma temas da teoria aristotélica e helenista da poesia, transplantando-os para o mundo romano. A primeira parte trata da obra, do material lexical, de questões referentes ao estilo adequado, da ação (não com a mesma ênfase dada por Aristóteles) e dos personagens. Na segunda parte, estão em primeiro plano o poeta, sua constituição (gênio, posição do poeta tomado de entusiasmo diante da sociedade) e o efeito intencionado (exigência de unir a utilidade à diversão). Trata-se de uma poética regrada com numerosos mandamentos e proibições. De graves consequências é um deslocamento da concepção aristotélica da mimese para o conceito da *imitatio*. Esta não é só uma representação da realidade, mas uma competição estilística com um modelo literário, e isto significa: com o modelo grego, com as *exemplaria Graeca*, que o poeta romano deve "compulsar de dia e compulsar de noite" (*Ars poetica* 269). Esse conceito da *imitatio* que, em última análise, provém da retórica, foi misturado com a mimese aristotélica na recepção da *Poética*, como, de resto, a *Ars poetica*, que jamais caiu no esquecimento, foi colocada ao lado da *Poética* de Aristóteles, redescoberta na Renascença, como um dos dois pilares principais da teoria poética da Antiguidade.

A primeira recepção produtiva da *Poética* aristotélica após a redescoberta do texto ocorreu na Renascença italiana do século XVI. Naquela ocasião, surgiram não só comentários à *Poética*, mas também poéticas próprias, nas quais o conjunto de regras da *Ars poetica* de Horácio foi transposto para a *Poética* aristotélica, como, por exemplo, a teoria das três unidades (tempo, lugar, ação), que não ocorre nesses termos em Aristóteles, e o conceito modificado da mimese no sentido de uma *imitatio* literária, por um lado, e de uma imitação poética da natureza, por outro. Desse modo, esse conceito, e sua aplicação, começou a ser desvinculado das premissas aristotélicas de uma ação estruturada do início ao fim[32]. A teoria da catarse também passa a ser animadamente discutida (cf. p. 177). Testemunhos impressionantes dessa apropriação são as poéticas de Marco Girolamo Vida (1520), Julius Caesar Scaliger (1551) e Lodovico Castelvetro (1570), para mencionar só as mais importantes.

O estágio seguinte da apropriação da *Poética* aristotélica teve início com os escritos sobre a teoria da poesia da primeira fase do classicismo francês, começando com Jean Chapelain – que, no ano de 1630, escreveu um tratado poetológico sobre as três "unidades", reportando-se a Aristóteles –, passando por Hédelin, o Abade de Aubignac – com seu escrito *Pratique du théâtre* [*Prática do teatro*] (1657), em que sintetizou as discussões havidas em Paris – e chegando aos *Trois Discours* [*Três discursos*] de Pierre Corneille (1660). Trata-se, uma vez mais, das três unidades em formulação ainda mais estrita, da mimese, da catarse e dos demais temas norteadores da *Poética*, só que agora visando não mais a explicação do escrito aristotélico, mas a aplicação à própria produção e à explicitação do melhoramento moral a ser logrado com ela. A maioria dos teóricos da poesia no classicismo francês foram, eles próprios, autores dramáticos. Nesse contexto, o *Édipo* representa a culminância da tragédia, sua apreciação por Aristóteles foi superada e, desse modo, ele se tornou o modelo de tragédia na tradição francesa.

Cem anos depois, Gotthold Ephraim Lessing publicou sua *Hamburgische Dramaturgie* [*Dramaturgia hamburguense*] (1769), composta de 104 "peças", como resultado de suas críticas de 52 apresentações teatrais no Teatro Nacional de Hamburgo, na sua função de "dramaturgo e consulente". As "peças" de modo nenhum contêm apenas críticas, mas também reflexões teóricas em discussão com o teatro francês, que levaram ao estabelecimento de um drama trágico [*Trauerspiel*] burguês e analogamente a isso a um teatro nacional alçado acima do nível das trupes teatrais itinerantes[33]. A fundamentação teórica para isso

---

32. Sobre a transformação do conceito de mimese cf. KABLITZ, A., Mimesis versus Repräsentation, in: HÖFFE (ed.), 2009, 215-232.

33. Fundamental é KOMMERELL, M., 1940.

veio da *Poética* de Aristóteles. Em nome de Aristóteles, Lessing polemiza tanto contra o drama cristão dos mártires quanto contra os dramaturgos franceses, que interpretando Aristóteles equivocadamente procuram legitimar teoricamente suas tragédias *a posteriori* com base em Aristóteles. Os temas norteadores da *Poética* voltam à discussão, sobretudo a teoria (já comentada) da catarse. No centro está a compaixão como categoria central do drama trágico, entendido como fenômeno humano-cristão e simultaneamente estético. Lessing foi influenciado nisso pela teoria das "sensações mistas" de Moses Mendelssohn (como mostra a troca de cartas entre Lessing e Mendelssohn), que ele aplica à tragédia sob o signo do Iluminismo.

Disso faz parte a consciência da força do ser humano humanamente esclarecido, que ao mesmo tempo assume sua responsabilidade na sociedade. Em consonância com a teoria de Aristóteles, o herói da tragédia deve ser "feito do mesmo barro que nós" (peça 75). Também na polêmica contra a aplicação mecânica e contrária ao sentido das três unidades (peças 44-46), Lessing está mais próximo de Aristóteles do que os franceses, e isso certamente também na superação de uma concepção estreita do efeito de melhoramento moral da tragédia. Pois o compadecer-se trágico como participação no destino do outro não redunda na redução de vícios e fraquezas no espectador, mas diz respeito ao ser humano todo com sua capacidade de sentir compaixão alçada acima da indiferença. O fato de a assim dita "transformação das paixões em habilidades virtuosas" (peça 78) não se coadunar com a afirmação da proposição aristotélica sobre o efeito catártico da tragédia, não torna a discussão com a *Poética* de Aristóteles menos profunda.

Enquanto Goethe pôde se ocupar de maneira crítica e produtiva com a *Poética* de Aristóteles (cf. p. 178), o ensaio *Über den Grund des Vergnügens an tragischen Gegenständen* [*Sobre a razão do divertimento com objetos trágicos*] (1792) de Schiller, cujo título soa tão aristotélico, não tem por base ou, quando muito, tem apenas indiretamente por base a *Poética* aristotélica. Com o desaparecimento quase simultâneo de uma estética da imitação em geral e o avanço de um novo voltar-se para a genialidade, a originalidade e a vivência subjetiva, relacionada com a poesia, a *Poética* perde terreno. Tão somente a problemática da culpa desenvolvida a partir da *hamartía* aristotélica movimenta a dramaturgia do século XIX e a questão da catarse acirra os ânimos até hoje inclusive sem referência concreta a alguma poesia.

Em diversos esboços teóricos e depois sinteticamente no escrito *Kleines Organon für das Theater* [*Pequeno órganon para o teatro*] (1948), formulado ao estilo de aforismos, Bertolt Brecht desenvolveu o modelo oposto, ou seja, o de uma "dramaturgia não aristotélica" no sentido de um novo teatro dialético. Na verdade, ele não se volta contra o próprio Aristóteles, mas tanto mais contra uma dramaturgia da ilusão, postada na tradição da *Poética* aristotélica e caracterizada pela fascinação pelo que acontece no palco e pela identificação com a figura cênica. No entanto, toda essa discussão é levada a termo nas categorias e na terminologia da *Poética* aristotélica. A antítese pré-aristotélica de "teatro de diversão ou teatro didático", de "empatia" e "estranhamento" e muitas outras coisas são exemplos disso. Ocasionalmente Brecht também se refere ao próprio Aristóteles. Ele conhece e parafraseia a famosa proposição sobre o efeito da tragédia e, ao fazer isso, ele caracteriza a catarse como uma "lavagem": "E aquela catarse de Aristóteles, a purificação por meio do temor e da compaixão ou do temor e da compaixão" – Brecht conhece, portanto, a discussão em torno do genitivo – "é uma lavagem que foi promovida não só de modo a divertir, mas bem propriamente com a finalidade de divertir" (*Pequeno órganon* 4). A *Poética* aristotélica sobrecarregada com todas as peculiaridades do teatro de ilusão torna-se o ponto de atrito em que Brecht procura fundamentar sua concepção de um teatro épico[34]. Mas também essa discussão faz parte da história e é irrelevante para a dramaturgia do presente.

Tanto mais notável é que o redator-chefe da televisão finlandesa YLE, Ari Hiltunen, desenvolve, no seu livro *Aristoteles in Hollywood* [*Aristóteles em Hollywood*] (2001), um esquema universal de histórias com base na *Poética* aristotélica com organização da ação, *peripéteia*, *anagnórisis* (reconhecimento) e divertimento trágico, que ele procura comprovar com base em uma análise detida da estrutura de numerosos filmes, séries televisivas e até de jogos para computador. Quando faz isso, a referência a Aristóteles não é nem um pouco nebulosa, mas bem concreta. Pelo visto, a *Poética* é conhecida em Hollywood, tanto é que o diretor do Departamento para o Desenvolvimento de Materiais da Twentieth Century Fox, Christopher Vogler, relata no prefácio: "Quando comecei a trabalhar na indústria de filmes e elaborava pareceres sobre roteiros para estúdios de cinema em Hollywood, conheci muitos autores e diretores profissionais que tinham familiaridade com as ideias aristotélicas" (p. 11). O próprio Hiltunen projeta para o século XXI a visão de uma sociedade pós-informação, que,

---

34. Sobre os detalhes cf. FLASHAR, H., Aristoteles und Brecht, *Poetica*, v. 6 (1974) 17-37; reimpressão em ID., *Eidola*, Amsterdam, 1989, 179-199. Complementando e modificando SEECK, G. A., Aristotelische und Brechtsche Theatertheorie, *Gymnasium*, v. 83 (1976) 389-404.

superando uma comunicação baseada em puros dados e em busca de plenitude emocional, inaugura um novo mundo das "histórias" que são configuradas de acordo com os princípios da *Poética* aristotélica, incluindo uma catarse entendida como libertação de compaixão e temor[35].

---

35. Hiltunen vê a catarse como a "diversão característica" e formula acertadamente: "Aristóteles quis simplesmente dizer que uma ação deve ser construída de forma a despertar compaixão e temor da maneira mais intensa possível. Dessas emoções a peça deve, em seguida, livrar o espectador de uma maneira divertida. Isso é a catarse" (47). Com o auxílio das categorias de Aristóteles Hiltunen analisa, entre outras coisas, alguns filmes de sucesso de Hollywood como: *O fugitivo* (*The Fugitive*); *Ghost: do outro lado da vida*; [o filme francês] *Os incompreendidos* (*Les Quatre Cents Coups*), [de François Truffaut], bem como o filme sueco *Fanny e Alexandre* (*Fanny och Alexander*) de Ingmar Bergman.

CAPÍTULO SÉTIMO

Lógica, linguagem, dialética – estratégias de argumentação

OS DOCUMENTOS BÁSICOS

Os escritos *Categorias*, *Sobre a interpretação* (*De interpretatione*), *Analíticos anteriores* (*Analytica priora*), *Analíticos posteriores* (*Analytica posteriora*), *Tópicos* e *Elencos sofísticos* formam um grupo que os autores da Antiguidade tardia, mas supostamente também já Andrônico de Rodes, reuniram sob a designação *Órganon*. Aristóteles usa a palavra *órganon* em uma vasta gama de aplicações. Ela pode significar o órgão sensitivo de um ser vivo, uma ferramenta como o machado, mas também o instrumento musical, e justamente também "recurso auxiliar" para obtenção de conclusões lógicas (*Tópicos* I, 13-18). É daí que provém a designação dos escritos lógicos como *Órganon*. Ligada a isso está a concepção de que esse grupo de escritos seria anteposto às obras filosóficas e constituiria a "ferramenta" do pensamento científico. Esta certamente não é a concepção de Aristóteles. Obras como a *Ética*, a *Política* e a *Poética* podem ser entendidas também sem essa pré-escola lógica. Porém, ao colocar esses escritos (lógicos) no começo de sua edição, Andrônico (e depois dele também todos os comentaristas da Antiguidade tardia e da fase inicial da Era Moderna) quis expressar a ideia do sistema inerente à obra aristotélica.

Segundo a opinião unânime dos pesquisadores, esse grupo de escritos surgiu em rápida sucessão com um intervalo curto entre cada um dos textos na época em que Aristóteles atuou na Academia platônica, mas não na sequência em que os escritos individuais foram colocados por Andrônico e, correspondentemente, como constam nos manuscritos. Ao passo que as objeções da pesquisa mais antiga contra a autenticidade de *Categorias* silenciaram, há várias teorias divergentes nos detalhes sobre a sequência cronológica dos escritos. É consenso que *Categorias* não foi escrito de uma só vez e que *Tópicos* não foi escrito antes, mas deve ter sido escrito depois dos *Analíticos*, sendo que as opiniões divergem sobre se alguns livros de *Tópicos* devem ser situados em parte ainda antes de *Categorias*, em parte entre trechos dos *Analíticos*. É provável que o primeiro livro de *Tópicos* tenha surgido antes de *Categorias*, porque, ao que tudo indica, ele contém a versão mais antiga da teoria das categorias.

A sequência genuína dos escritos do *Órganon* espelha a progressão do simples para o composto, de tal modo que *Categorias* trata das formas enunciativas de palavras individuais, ainda não conectadas em proposições, *Sobre a interpretação* trata do juízo que se expressa na proposição, *Tópicos* segue com o silogismo dialético, *Elencos sofísticos* trata do sofisma, os *Analytica priora*, do silogismo em sua forma perfeita e, por fim, os *Analytica posteriora*, do silogismo apodítico.

Mas isso é pensado a partir de uma compreensão moderna da lógica. É muito duvidoso que Aristóteles tenha concebido a sequência desses escritos como um desdobramento do problema lógico. Nenhum desses escritos contém qualquer referência cruzada a algum outro escrito do mesmo grupo. Tanto *Tópicos* quanto os *Analíticos* representam, cada um para si, o esboço próprio de uma lógica.

CATEGORIAS

A palavra "categoria" significa literalmente: "fala contra alguém", "recriminação", "inculpação" e, como termo técnico da área jurídica, "acusação". Ela aparece pela primeira vez na obra historiográfica de Heródoto (segunda metade do século V a.C.) (VI, 50 *passim*). Ela é usada nesse sentido com frequência pelos historiadores e oradores dos séculos V e IV e depois também por Platão. Aristóteles foi o primeiro a fazer dela um termo filosófico[1].

Curiosamente a palavra "categoria" ocorre apenas casualmente para designar as dez categorias no escrito com o título *Categorias* (que presumivelmente nem

---

1. Fundamentais são a tradução e comentário das *Categorias* por OEHLER, K., in: *Werke*, 1, I, 1984. Sobre a categoria "ter" e sua relevância para a história do espírito com muitos exemplos esclarecedores da literatura de todas as épocas cf. agora WEINRICH, H., *Über das Haben*, München, 2012.

provém de Aristóteles), não ocorrendo sobretudo onde é introduzida a tabela que contém as dez categorias[2]. Evidentemente ela já está sendo pressuposta. Assim, o escrito começa com discussões que, à primeira vista, nada têm a ver com a teoria das categorias, mas, ainda assim, servem à sua preparação. No início, consta a diferenciação entre designações homônimas, sinônimas e parônimas de coisas.

Homônimas são coisas com os mesmos nomes e diferentes significados, consequentemente também diferentes definições. Um exemplo (fictício) é "banco" como local para sentar ou como instituição financeira. (Não é possível reproduzir adequadamente em tradução alemã o exemplo utilizado por Aristóteles.) Sinônimas são coisas individualmente diferentes, que, no entanto, possuem um nome comum e uma definição comum. Aristóteles menciona como exemplos "rês" e "ser humano", pois a ambos se aplica a designação "ser vivo" e, desse modo, "a definição do seu ser" (*Categorias* 1, 1a 10). Por parônimas entende-se coisas (ou entes) que são derivadas de um conceito no sentido gramatical. Assim, o valente se chama assim em função da valentia, o saudável em função da saúde. Por meio da simples modificação da desinência pode surgir um adjetivo concreto de um substantivo abstrato. Com essas diferenciações Aristóteles quer mostrar que existem três diferentes relações (homônima, sinônima, parônima) entre coisas e suas denominações e, logo, definições. Ao fazer isso, ele tem em vista, num primeiro momento, apenas a palavra individual.

No que segue (capítulos 2-3), trata-se da combinação de palavras para formar enunciados. A palavra para "combinação", que significa literalmente "entrelaçamento" (συμπλοκή [*symploké*]) já havia sido cunhada por Platão como termo técnico. No seu diálogo *Sofista*, que surgiu quando Aristóteles já estava na Academia, Platão analisou as questões ontológicas que surgem da combinação e, portanto, do "entrelaçamento" de palavras para formar proposições (*Sofista* 262-264). Ao fazer isso, Platão diferencia entre possibilidades corretas e falsas de combinação. A proposição falsa designa o "não existente" que é apresentado como "existente", no que Platão vislumbra uma característica essencial dos sofistas. Essa discussão (à qual só se pode aludir neste ponto) está por trás da abordagem de Aristóteles. Ele deixa totalmente de lado as premissas platônicas e argumenta com o conceito "o substrato" (ὑποκείμενον [*hypokeímenon*]), a respeito do qual algo é predicado ou não. Aristóteles faz um esboço (não é mais que isso) do que e de como algo substancial geral e não individual pode ser dito de um substrato

---

2. O verbo κατηγορεῖσθαι [*kategorêisthai*] ocorre várias vezes em diferentes formas no sentido de "enunciado sobre algo" nas *Categorias* (por exemplo, 3, 1b 10-12). O substantivo κατηγορία [*kategoría*] 5, 3a 36; 8, 10b 19.

ou em um substrato. Deve-se diferenciar disso substâncias individuais que são idênticas ao "substrato" na medida em que a substância individual, como, por exemplo, o ser humano individual, precisa cumprir a determinidade universal do gênero "ser humano". Trata-se da possibilidade de enunciar a respeito de um sujeito todas as determinações genéricas e todas as diferenças características. Tudo isso serve para preparar a tabela de categorias que é introduzida em seguida (no capítulo 4 de *Categorias*).

Categorias:	Exemplos citados no texto:
1. Substância (οὐσία [*ousía*])	Ser humano, cavalo
2. Quantidade: "quanto"	Dois ou três côvados de comprimento
3. Qualidade: "como é"	Branco, apto a ler e escrever
4. Relação: "qual a proporção entre uma coisa e outra"	Dupla, meia, maior
5. Lugar: "onde"	No Liceu, no mercado
6. Tempo: "quando"	Ontem, ano passado
7. Posição	Sentar, deitar
8. Ter	Calçado, armado
9. Atuar	Cortar, queimar
10. Sofrer	Ser cortado, ser queimado

Esta tabela das dez categorias só aparece completa em uma única passagem da obra aristotélica além desta, a saber em *Tópicos* (I, 9, 103b 20-29), e isto em posição subordinada como sistema de subdivisão que é aplicado às diferentes espécies de possibilidades enunciativas (*predicabilia*), sem que se torne manifesta aqui a relevância ontológica das categorias, que Aristóteles de resto (a começar pelo escrito das *Categorias*) sempre ressalta. Por conseguinte, vislumbrou-se em *Tópicos* a forma mais antiga da explicação das dez categorias. Na *Metafísica* (V, 7, 1017a 25-30), são enumeradas oito categorias (sendo omitidas "posição" e "ter"), em outras passagens seis ou quatro, ou o texto remete de modo bem genérico à variedade categorial do existente e dos modos enunciativos.

O que as categorias são e o que realizam foi explicitado por Aristóteles não só nos capítulos seguintes (5-9), mas também em diversas passagens da sua obra. Faremos um resumo. Na formulação das dez categorias sob o aspecto da linguagem, Aristóteles evita – com exceção da designação da primeira categoria como "substância" (οὐσία [*ousía*]) – o uso de substantivos. Ele não diz "qualidade" ou "quantidade", mas "como é", "quanto". Assim, na enumeração das categorias, seis têm a forma interrogativa (o que, quanto, como, referente a que, onde, quando; também para a primeira categoria usa-se, ao lado de "substância", o simples "o que"), enquanto quatro (ter, atuar, sofrer, posição) facilmente podem ser explicadas como resposta a uma pergunta. Evidencia-se aqui, como de resto também nos escritos lógicos no sentido estrito, que a concepção de Aristóteles não é o resultado de ruminação solitária, mas ele se encontra em um contexto de discussão como o que havia na Academia platônica.

A intenção de Aristóteles é denominar linguisticamente um objeto (ou então um ser vivo) como o auxílio das categorias e, ao fazer isso, determinar a estrutura gramatical e lógica do enunciado. Porém, a discussão não se restringe ao domínio da linguagem, mas, ao mesmo tempo, possui uma relevância ontológica. As categorias dizem respeito à linguagem e à realidade a um só tempo. Elas constituem pontos fixos para um enunciado, na medida em que se enuncia um predicado Y de um determinado sujeito X. Mas as categorias oferecem concomitantemente um instrumental conceitual para a análise das próprias coisas existentes. No escrito *Categorias*, Aristóteles não chegou a desenvolver uma ontologia que fosse estruturada segundo o esquema das categorias, mas na aplicação da teoria das categorias ao âmbito do existente Aristóteles enfatiza constantemente que se trata de uma análise das coisas existentes, na medida em que estas são enunciadas: "O ser em si é enunciado em tantos significados quantas são as formas das categorias: pois estas designam essa quantidade de significados do ser" (*Metafísica* V, 7, 1017a 22-24).

Portanto, quando quer designar a diferenciação categorial do ser, Aristóteles ressalta que o ser é "enunciado" nas diversas categorias. A questão do ser aparece no horizonte da linguagem.

Ao mesmo tempo, a teoria das categorias é uma dentre as muitas respostas à teoria platônica das ideias e, dessa forma, é empregada como argumento crítico. Ao passo que em Platão o ser de uma coisa é determinado por sua participação na ideia, para Aristóteles o ser, a "primeira substância" (πρώτη οὐσία [*próte ousía*]) reside na própria coisa particular que é designada pela primeira categoria. Nesse caso, essa "primeira substância" não é suficientemente determinada por meio de uma simples classificação por gêneros (ser humano = ser vivo), mas por meio das demais categorias que não são deriváveis umas das outras. Em vários escritos, Aristóteles serve-se dessa argumentação no sentido crítico, como, por exemplo, na rejeição de uma ideia do bem como norma para a ética. Não existe "o bem em si" (como supunha Platão), mas "bom" só existe em cada uma das coisas, ou, então, nas pessoas boas, no enunciado diferenciado por categorias (*Ética a Nicômaco* I, 4, 1096a 34-b 2; *Ética a Eudemo* I, 8, 1217b 25 ss.).

Na continuidade do escrito *Categorias* (capítulos 5-9), Aristóteles fornece explicações bem detalhadas sobre cada uma das categorias, sem, no entanto, abordar as categorias "quando", "onde" e "ter", das quais se diz que não carecem de maiores explicações. Nos capítulos 10-15, seguem os assim chamados "pós-predicamentos", cuja autenticidade foi objeto de controvérsia por longo tempo. Eles não têm diretamente nada a ver com a teoria das categorias e foram posteriormente apensados ao escrito *Categorias*. Nesse escrito, Aristóteles (ele decerto é o autor) diferencia vários tipos de opostos, de movimento e de "ter" (ter um casaco, ter uma mulher etc.), sem fazer referência à categoria "ter" no sentido da teoria das categorias.

O pequeno escrito *Categorias* figura entre as obras mais lidas e comentadas de Aristóteles. Nesse procedimento, a interpretação do texto está de muitas formas imbricada com o desenvolvimento ulterior da teoria das categorias[3]. De muitas formas também é modificada a quantidade das categorias. Assim, o estoicismo helenista conhecia só quatro categorias. No caso dos comentaristas de Aristóteles que viveram na Antiguidade tardia, no neoplatonismo, nos tratados da Renascença, em Tomás de Aquino e mesmo depois disso até Kant, todas as discussões em torno de categorias encontraram-se na tradição do escrito aristotélico. No centro das discussões, estava antes de tudo a questão de uma derivação puramente lógico-linguística ou ontológica das categorias. Kant fez essa discussão ingressar em um novo estágio. Na *Kritik der reinen Vernunft* [*Crítica da razão pura*], ele emite o seguinte juízo sobre Aristóteles: "A procura desses conceitos fundamentais constituiu um plano digno de um homem perspicaz como Aristóteles. Entretanto, por não possuir nenhum princípio catou-os como se lhe deparavam, reunindo primeiramente dez, que denominou categorias (predicamentos)" (B 107)[4]. Mediante dedução metafísica e sistemática, Kant elaborou uma tabela completa das categorias entendidas como juízos. Trata-se de quatro categorias principais, cada uma delas com três categorias individuais, ou seja, doze no total: (1) Quantidade com as categorias unidade, pluralidade, totalidade; (2) Qualidade com as categorias realidade, negação, limitação; (3) Relação com as categorias substância, causa, ação recíproca (atuar e sofrer) e (4) Modalidade com as categorias possibilidade, existência, necessidade. Desde Kant há, assim, duas linhas tradicionais de uma filosofia das categorias com tentativas de mediação e reformatações. Uma cesura importante representa a teoria das categorias de Charles S. Peirce (1839-1914), que, em discussão com Kant, admitiu só três categorias: (1) "primeiridade" (*firstness*), (2) "secundidade"

---

3. Exposição detalhada da história da influência em OEHLER, in: *Werke*, 1, I, 1984, 43-96.

4. KANT, I., *Crítica da razão pura,* trad. Valerio Rohden e Udo Baldur Moosburger, São Paulo, Abril Cultural, 1983, 74. (N. do T.)

(*secondness*), (3) "terceiridade" (*thirdness*), entendendo isso como (1) o ser como simples possibilidade, (2) a determinação concreta de um existente e (3) uma legalidade vinculada aos fenômenos (por exemplo, que uma porta está aí para ser aberta) como relação triádica que seria irredutível, a partir do que Peirce desenvolveu, então, uma lógica relacional e uma semântica.

Esses poucos exemplos e alusões possam transmitir uma noção da força heurística que provém da concepção das categorias, formulada por Aristóteles[5].

SOBRE A INTERPRETAÇÃO
(*PERI HERMENEIAS*)

Por hermenêutica entende-se a arte (ou a teoria) do compreender, da interpretação principalmente de textos. Há uma hermenêutica teológica, uma jurídica e (desde Schleiermacher) também uma hermenêutica geral. O escrito de Aristóteles não tem nada a ver com todo esse complexo, cujo título (provavelmente pós-aristotélico) Aristóteles não usa em nenhuma outra parte. A palavra ἑρμηνεία (*hermenéia*) ocorre ocasionalmente na obra de Aristóteles e significa, em um sentido bem geral, "entendimento/acordo" entre os seres humanos (e, aliás, também entre os animais).

O *Sobre a interpretação*[6] trata da proposição como portadora de significado, e isto tanto no sentido linguístico quanto no sentido lógico. Os domínios da linguagem e da lógica ainda não foram separados. Na primeira parte do escrito (capítulos 1-5) predomina o aspecto linguístico, na segunda parte (capítulos 6-14), o aspecto lógico.

No início constam determinações de princípio sobre a função dos enunciados linguísticos.

> Os enunciados (linguísticos) da nossa voz são um símbolo daquilo que sucede à nossa alma, e aquilo que enunciamos por escrito (é, por sua vez, um símbolo) dos enunciados linguísticos da nossa voz. E como nem todos (os seres humanos) falam com as mesmas letras, eles tampouco falam a mesma língua. Porém, os sucedimentos

---

5. Sobre Peirce cf. Oehler, K., *Sachen und Zeichen*, Frankfurt a.M., 1995, especialmente o capítulo *Sobre a delimitação de propriedades na teoria das categorias de Peirce*. Para tudo mais cf. o artigo (de vários autores) "Kategorie" ["Categoria"] de *Historisches Wörterbuch der Philosophie*, v. 4, 1976, 714-780.

6. Fundamentais são a tradução e o comentário de Weidemann, H., in: *Werke*, 1, II, 1994. As citações no texto são baseadas em sua tradução.

psíquicos, dos quais esse (falado e escrito) é em primeiro lugar um sinal são os mesmos em todos (os seres humanos); e, além disso, também as coisas das quais esses (sucedimentos psíquicos) são figurações são as mesmas (para todos) (*De interpretatione* 1, 16a 3-8).

Nesse modelo teórico-linguístico, o mais importante é o conceito do "símbolo", do "sinal", com a ajuda do qual Aristóteles eleva as discussões da Academia sobre a função da linguagem a um novo patamar. Pois são essas discussões que formam o pano de fundo. Isso fica claro de modo exemplar no diálogo *Crátilo*, de Platão, que aplica e discute a antítese sofística de *nómos* (estipulação, convenção) e *physis* (natureza), tendo em vista o potencial da linguagem para o conhecimento das coisas. O Crátilo que entra em cena no diálogo defende a tese da exatidão verbal natural. Para cada coisa haveria apenas uma denominação correta, que seria a mesma em todos os povos (*Crátilo* 383a 4-b 2). Hermógenes afirma, em contrapartida, que a denominação das coisas se baseia no hábito e no acordo. Platão examina as duas teses tendo em vista o potencial cognitivo da linguagem. Ao fazer a designação basear-se "na convenção" (κατὰ συνθήκην [*katá synthéken*], *De interpretatione* 2, 16a 19), Aristóteles retoma o velho chavão, mas lhe confere uma interpretação totalmente diferente. Ele não o relaciona com a natureza das coisas, mas dos fonemas. Pois as formas das palavras não são para ele símbolos das coisas, mas sinais que procedem de paixões da alma. Do mesmo modo que a palavra escrita se torna simbolicamente sinal da palavra falada, a palavra falada é "sinal" das ideias e reações psíquicas. Nesse plano, a questão da verdade da linguagem nem mesmo é formulada. Aqui o plano das impressões e emoções psíquicas é interposto entre a coisa (o objeto) e a palavra, o que se vincula à concepção platônica do ato de pensar como um falar afônico da alma (*Teeteto* 189e-190a; *Sofista* 263e-264a), só que na direção inversa. Não é a linguagem que é posta em relação com processos psíquicos, mas são estes que fazem a mediação das coisas para a comunicação linguística.

Aristóteles prossegue perguntando quando um enunciado linguístico se torna um portador de significado e encontra a resposta na vinculação de substantivo (mais exatamente: "palavra denominativa") e verbo (mais exatamente: "palavra enunciativa"[7]) como componentes fundamentais de uma proposição enunciativa simples (ou "encadeamento de palavras"). Essa "proposição assertiva" (λόγος

---

7. WEIDEMANN, 1994, 158, aponta para o fato de que a tradução muito comum por "substantivo" e "verbo" é muito estreita, porque também adjetivos podem exercer a função de predicados.

ἀποφαντικός [*logos apophantikós*]) pode ser verdadeira ou falsa; ela pode ser afirmativa ou negativa. Por meio da afirmação ou negação ela pode expressar coisas verdadeiras ou coisas falsas. Essa propriedade cabe apenas à "proposição assertiva", e não a outras formas discursivas, como, por exemplo, a oração (ou "pedido"; a palavra εὐχή [*eukhé*] significa ambas as coisas), que representa um encadeamento de palavras, ao qual não compete ser verdadeiro ou falso (*De interpretatione* 4, 17a 4). Apenas se alude ao fato de haver ainda outras formas do discurso não apofântico, como, por exemplo, a fala poética. O objeto da investigação é, como Aristóteles ressalta expressamente (*De interpretatione* 4, 17a 6), o discurso apofântico que encontra sua expressão na proposição assertiva.

Desse modo, Aristóteles retoma, também nesse contexto, discussões que foram travadas na Academia platônica. Deve-se remeter especialmente ao diálogo *Sofista*. Nele, Platão discute em um excurso (261e-264a) as possibilidades de combinação de palavras para formar proposições em que são expressos juízo e opinião. Todo juízo possui certa dualidade; ele pode ser verdadeiro ou falso e na sua base está uma pessoa ou um objeto. Como exemplo Platão cita: "Teeteto está sentado" e "Teeteto está voando". Na base das duas proposições está o nome Teeteto, só que a primeira proposição é verdadeira e a segunda falsa (em uma época anterior ao trânsito aéreo). O discurso falso é a combinação incorreta de sujeito e predicado. Até esse ponto Aristóteles concorda com Platão. Porém, Platão havia vinculado essa análise com a problemática do ser. A proposição falsa apresenta o não existente como existente e, sendo assim, a discussão desemboca na questão da relação entre ser e não-ser que domina todo o *Sofista*. De novo se vê que Aristóteles não apresenta suas análises como um pensador solitário, mas retoma discussões que foram travadas na Academia e, ao fazer isso, liberta as questões concretas da vinculação ontológica estrita em que haviam sido postas por Platão. Aristóteles se interessa unicamente pela estrutura lógica da linguagem e por sua função.

A partir do resultado, segundo o qual todo enunciado feito no quadro do discurso apofântico é afirmativo ou negativo, Aristóteles obtém o conceito da contradição (ἀντίφασις [*antíphasis*]), que ocorre quando os enunciados são opostos de tal modo que uma mesma coisa é afirmada ou negada para o mesmo objeto. Com isso está dada a transição para a segunda parte do escrito, na qual Aristóteles discute as diferentes formas da contradição.

Aristóteles diferencia primeiramente (no capítulo 7) quatro classes de pares de enunciados, em que um dos dois membros do par é afirmativo e o outro negativo. No detalhe, Aristóteles investiga de modo muito compacto e complexo as relações lógicas que se estabelecem entre um enunciado afirmativo geral (ou: universal), um enunciado negativo geral, um enunciado afirmativo particular e um enunciado negativo particular.

Por fim, Aristóteles ingressa no campo complicado da lógica modal. No capítulo 9[8], que entre os pesquisadores foi discutido de maneira sumamente controversa, ele aborda a questão se enunciados sobre acontecimentos que no futuro podem tanto ocorrer quanto deixar de ocorrer são caracterizáveis já no presente como verdadeiros ou falsos, o que Aristóteles rejeita. Ficou famoso o exemplo da batalha naval[9] para o fenômeno da *contigentia futuri*.

> Com isso quero dizer que, por exemplo, é necessário que amanhã ou ocorra ou não ocorra uma batalha naval, mas não é necessário que amanhã ocorra uma batalha naval nem é necessário que amanhã não ocorra uma batalha naval. Contudo, que amanhã ou ocorra ou não ocorra uma batalha naval é necessário (*De interpretatione* 9, 19a 29-32).

À primeira vista, o exemplo parece banal, mas ele leva à questão se, se um de dois enunciados contraditórios é necessariamente verdadeiro já neste momento, já estaria determinada a ocorrência de um evento situado no futuro. E Aristóteles está interessado em prover evidência formal para essa questão no quadro do seu sistema lógico. Um dos dois membros relacionados entre si na forma da contradição é verdadeiro ou falso. Diferentemente do que ocorre nos enunciados sobre eventos passados ou presentes, só o futuro dirá qual dos dois membros é verdadeiro.

No final desse escrito, que em seu conjunto acaba sendo bastante complexo, constam discussões sobre diferentes espécies de relações lógicas.

TÓPICOS

O leitor não fica sabendo logo de início por que esse escrito volumoso, subdividido em oito livros, traz o título de *Tópicos*[10]. No início, Aristóteles anuncia o seu programa:

---

8. O comentário de Weidemann só sobre esse capítulo abrange 100 páginas.
9. Destaca-se dentre a abundância de bibliografia: FREDE, D., 1970.
10. Isso talvez esteja relacionado com o fato de que o Livro I (como o Livro VIII) só deve ter sido escrito depois dos livros II-VII. Sobre os *Tópicos* como um todo é muito útil

O objetivo do presente tratado é encontrar um método que nos capacite a tirar conclusões de qualquer problema proposto a partir de opiniões reconhecidas, e isto de tal modo que não incorramos em contradição ao defender um argumento (*Tópicos* I, 1, 100a 18-21).

Logo em seguida, Aristóteles define o silogismo: "O silogismo é, portanto, um argumento no qual, quando algo é estabelecido, necessariamente decorre disso algo distinto do que foi estabelecido" (*Tópicos* I, 1, 100a 25 s.).

Depois disso, Aristóteles diferencia três espécies de silogismos: o silogismo apodítico, que representa uma dedução de proposições primeiras e verdadeiras (este é tratado nos *Analíticos posteriores*), o silogismo dialético (que é objeto de investigação em *Tópicos*) e o silogismo erístico (que é tratado em *Elencos sofísticos*).

Em *Tópicos* trata-se, portanto, do silogismo dialético. Característico dele é que suas premissas consistem "de opiniões reconhecidas" (ἐξ ἐνδόξων [*en endóxon*]), não de verdades científicas. Desse modo, aflui todo o domínio das opiniões (δόξαι [*dóxai*]), ao qual Aristóteles confere uma valoração bem diferente da de Platão. Para Platão, a opinião estava ligada ao pseudossaber, sobretudo quando se faz passar por saber. Ela precisa ser submetida a um exame e sua pretensão deve ser desmascarada. Para Aristóteles, a "opinião" é algo fundamentalmente positivo. Em toda discussão de um problema, seu ponto de partida são as "opiniões" de outros. O que todos pensam não pode estar totalmente errado[11]. Algo parecido se dá com o conceito da dialética, que é bem diferente em Platão e em Aristóteles. Para Platão, a dialética é a atividade mais elevada do filósofo, o caminho que leva ao conhecimento do ser, das ideias e dos princípios. Aristóteles reconduz o conceito da dialética ao seu significado original como arte de travar um diálogo, e isto sobre todos os temas possíveis. A dialética refere-se, portanto, ao mesmo plano em que se encontram as "opiniões" aceitas de modo geral. Mas isso não significa que as operações lógicas ligadas ao silogismo devam ser executadas com menos rigor. Aristóteles ressalta expressamente que a *conclusio* ["conclusão"] deve decorrer "necessariamente" das premissas.

Depois da aclaração do tema, Aristóteles demonstra de imediato a utilidade de seu tratado (ou então, de sua preleção). É próprio da tradição sofística demonstrar a utilidade do que se tem a oferecer. É um tanto de "propaganda"; faz-se a

---

a tradução, acompanhada de introdução e notas, de WAGNER, T.; RAPP, C., Stuttgart, 2004.

11. Cf. OEHLER, K., Der Consensus omnium als Kriterium der Wahrheit in der antiken Philosophie und in der Patristik, *Antike und Abendland*, v. 10 (1961) 103-129.

propaganda da sua causa mediante a prova da utilidade a ser esperada. No caso concreto, isso é expressão da situação de concorrência em que Aristóteles se encontra na Academia. Ele vê uma utilidade tripla para esse tratado que certamente também foi apresentado na Academia (*Tópicos* I, 2): (1) serve para fins de treinamento, para uma "ginástica" intelectual (πρὸς γυμνασίαν [*prós gymnasían*], *Tópicos* I, 2, 101a 27); (2) serve "para os encontros". Evidentemente pensa-se aqui no encontro do filósofo (ou de um especialista) com a massa. Nesse contexto, argumentar como perícia no sentido do silogismo dialético permite verificar as opiniões indiferenciadas e, assim, preparar a base para um entendimento; (3) serve "para as ciências filosóficas". Isso não se refere à dialética no sentido platônico, mas quer dizer que alguém escolado no método da dialética (aristotélica), procedendo com perícia, tem melhores condições de enxergar o verdadeiro e o falso ao passar pelas aporias (διαπορῆσαι [*diaporésai*]), tendo em vista "os dois lados" da questão. Aristóteles manifestamente tem em mente aquilo que ele próprio propõe no Livro III da *Metafísica* ao tratar antiteticamente 15 aporias não resolvidas. Ele enfatiza expressamente que tal discussão deve ser travada com perícia, mas tendo como base as opiniões reconhecidas.

No restante do primeiro livro de *Tópicos*, Aristóteles discute os elementos fundamentais da dialética. Trata-se primeiramente dos quatro *praedicabilia*, isto é, os tipos de predicados que formam o esqueleto de todas as proposições (premissas e *conclusio*) que ocorrem em um silogismo dialético. São eles: (1) a definição e, portanto, a determinação do conceito, "o que significa ser isso" (*Tópicos* I, 5, 101b 38); (2) "o próprio" (ἴδιον [*ídion*]). Refere-se à peculiaridade específica que não faz parte da definição propriamente dito de uma coisa. Como exemplo, Aristóteles cita a peculiaridade do ser humano de saber ler e escrever. Trata-se, nesse caso, de uma característica relativa e temporária; (3) o gênero como aquilo que é enunciado como característica essencial comum a diversas coisas individuais (ser vivo como gênero de ser humano e animal); (4) acidência (συμβεβηκός [*symbebekós*]). Esse é o "casual", que não representa nenhuma característica essencial de uma coisa, mas ocorre, como, por exemplo, que um ser humano esteja sentado ou que, em termos de comparação, uma coisa seja mais bela que outra. Também nesse caso trata-se de algo que é temporário e relativo em relação ao peculiar.

Outro elemento é "o idêntico" (I, 7), que Aristóteles subdivide três vezes: segundo o número, segundo a espécie ou segundo o gênero. Ele se reveste de importância porque, no contexto do silogismo dialético, a definição não precisa ser idêntica ao que é definido. Além disso, são elencadas ainda as dez categorias que são capazes de captar uma coisa no enunciado diferenciado por categorias (I, 9). Outro recurso daquele que discute com o auxílio do silogismo dialético é o conhecimento da "indução" (ἐπαγωγή [*epagogué*]) como "ascender do particular para o geral" (I, 12) e que constitui, portanto, o caminho inverso da conclusão a partir de premissas.

Por fim, Aristóteles ainda trata das quatro "ferramentas" (ὄργανα [*órgana*]) que permitem chegar a conclusões (I, 13-17). A saber: (1) a apreensão e seleção das premissas. Aqui se deve prestar atenção para utilizar como premissas proposições reconhecidas de modo geral ou que ocorrem com frequência. Estas podem ser extraídas também de fontes escritas e é possível confeccionar índices subdivididos por campos do saber (ética, lógica, ciência da natureza) (I, 14, 105b 12-29). Os exemplos mencionados são, entre outros: o cosmo é eterno ou não? Ou: quando os pais e as leis pedem algo diferente, a qual deles deve-se obedecer de preferência? A partir desses exemplos é possível perceber que se trata de alternativas, de modo que a premissa escolhida (por exemplo, é preciso obedecer aos pais) pode ser contestada na discussão dialético. (2) A diferenciação dos múltiplos significados das palavras. Trata-se aqui de um princípio da filosofia aristotélica como um todo, a saber, atentar para o fato de que uma mesma palavra pode ter diferentes significados em diferentes contextos, o que decorre sobretudo dos respectivos opostos. O oposto de "belo" no caso de um corpo é "feio", no caso de uma casa é "pobre". (3) Observar as diferenças dentro de um mesmo gênero, como, por exemplo, dento do gênero "virtudes", a inter-relação diferenciada entre virtudes individuais como valentia, prudência, inteligência e justiça. (4) Observação das semelhanças entre as coisas que pertencem a gêneros diferentes, como, por exemplo, a capacidade de ver dos olhos é semelhante ao entendimento (νοῦς [*noûs*]) na alma. Trata-se do método da analogia para a apreensão do existente, mais tarde explicitado na *Metafísica* (V, 6, 1016b 34 ss.). Aristóteles mostra a utilidade de todas as quatro "ferramentas" para a dialética (no sentido aristotélico).

Só no segundo livro emerge, primeiro mais casualmente, a palavra *tópos*, que deu nome ao escrito todo. Certa dificuldade consiste em que Aristóteles não define com precisão o conceito *tópos*. *Tópos* quer dizer "local", "lugar". Essa versão literal ainda reverbera em nossa palavra "lugar-comum". E assim já na retórica pré-aristotélica *tópoi* são "lugares-comuns", na maioria das vezes como substitutivos pré-formulados, como, por exemplo, para estimular à compaixão, para louvar a beleza e a saúde, para asseverar a dificuldade da acusação etc. Os tópicos de *Tópicos* não são assim, e não são porque os tópicos retóricos têm como referência uma situação e, por conseguinte, seu conteúdo material é limitado, ao passo que os tópicos de *Tópicos* reivindicam validade geral. Trata-se, muito antes, de "regras" no sentido de instruções de argumentação precípua, mas não exclusivamente visando encontrar premissas na controvérsia e evitar falhas lógicas e contradições. Eles consistem de indicações, exemplos, diferenciações conceituais e são muitas vezes introduzidas com fórmulas como: "é preciso verificar se", "é preciso ver se". Nesse sentido, Aristóteles cita, na parte principal de *Tópicos* (Livros II-VII), mais de 300 tópicos, classificados por alto segundo os quatro *praedicabilia*, mais exatamente de tal modo que o Livro II traz tópicos no âmbito da acidência, o Livro III complementarmente tópicos no âmbito do desejável, o Livro IV no âmbito do gênero, o Livro V no âmbito da especificidade e os Livros VI e VII no âmbito da definição.

Sejam citados pelo menos alguns exemplos. Um *tópos* (portanto, uma regra) é este: na hora de estabelecer uma premissa, transformar uma palavra em uma expressão mais conhecida, como, por exemplo, "exato" em "claro" ou "operosidade" em "sem descanso". Esse procedimento (difícil de reproduzir numa tradução) facilita tanto a proposição quanto a refutação de uma tese formulada como premissa (*Tópicos* II, 4, 111a 8-13). Todos os exemplos apontam para um problema geral e pretendem desencobrir concessões inconsistentes em um procedimento correto em termos lógicos. Assim, por exemplo, pondera-se as consequências advindas de o mesmo saber se referir a vários domínios do saber. Um mesmo saber pode se referir a um objeto primário do conhecimento ou a uma forma concreta de manifestação mediante o acréscimo de uma acidência. Assim, sabe-se a respeito do triângulo "em si" que ele tem uma determinada soma de ângulos que corresponde a dois ângulos retos (ou seja, 180°). Porém, a respeito do triângulo equilátero só se sabe isso acidentalmente por competir ao triângulo equilátero ser um triângulo, pois o triângulo equilátero, enquanto "acidência", é uma forma modificada de manifestação do triângulo "em si" (II, 3, 110b 21-25). Nesse exemplo, como em muitos outros, vê-se que os tópicos também se referem ao domínio da ciência, embora o silogismo dialético tenha por objeto a disputa no quadro das "opiniões" aceitas de modo geral. Uma grande quantidade desse tipo de tópicos (que não poderão ser todos elencados aqui) preenche a extensa parte central de *Tópicos*.

O Livro VIII, que conclui a obra, reconduz à disputa como um todo. Nele, Aristóteles também esboça em breves traços a postura do filósofo na disputa:

> O filósofo e aquele que pesquisa por conta própria não se preocupam se, mesmo sendo as proposições mediante as quais se constitui um silogismo verdadeiras e de

conhecimento geral, o respondente não as admite, [...] mas talvez ele, ainda assim, faça um esforço para tomar como ponto de partida os axiomas mais conhecidos possíveis e que estejam estreitamente inter-relacionados (*Tópicos* VIII, 1, 155b 10-15).

Aqui reluz em poucas palavras o vulto do filósofo pesquisador que, a despeito de toda a disputa acadêmica, não procura ganhar a discussão, mas busca a verdade, ainda que, no diálogo, procure ir ao encontro do interlocutor no plano da dialética. Pois na disputa não se deve oferecer as premissas e as conclusões logo de cara e, dependendo das circunstâncias, até ocultá-las. Oportunamente é preciso levantar objeções contra si mesmo, fazer isso com cuidado e não argumentar com demasiada veemência (*Tópicos* VIII 1-3).

Além disso, Aristóteles diferencia a disputa do diálogo entre docentes e discentes. Pois os objetivos não são os mesmos nos dois casos. Nenhum docente tenta ensinar algo falso e o discente sempre tem de aceitar o que parece ser plausível (*Tópicos* VIII, 5, 159a 26-30). Na disputa, em contrapartida, o "respondente" se arma de antemão para o contra-ataque. Nesse caso, Aristóteles parte da situação em que a disputa ocorre entre dois participantes, entre um "que pergunta" e outro "que responde" (*Tópicos* VIII, 4) ou um que ataca e outro que se defende. Um deles propõe as premissas, enquanto o outro deve procurar refutar o que é inaceitável mediante a revelação de erros e discrepâncias (VIII, 9). É minuciosamente explicitado o que deve ser ponderado e observado nesse momento. Entre outras coisas, é preciso que se tenha à disposição da memória um acervo de argumentos e teses para que se possa argumentar de modo ágil e preciso (VIII, 14, 163b 17-20).

Embora Aristóteles diferencie entre argumentação filosófica e dialética, as numerosas determinações individuais referentes ao silogismo dialético espelham as discussões filosóficas da Academia, do mesmo modo que a silogística científica se originou da silogística dialética. De modo correspondente, Aristóteles muitas vezes se vale de exemplos que têm tudo a ver com o contexto de sua posição. Assim, ele se manifesta de várias formas sobre a relação entre ideias e coisas, sobre a relação entre substância e acidência, sobre a eternidade do cosmo, sobre a relação entre corpo e alma, sobre justiça, amizade, prazer, dor, vida boa e muitas outras coisas, sem que seja possível destilar de *Tópicos* o estágio inicial de uma ética[12]. Chega a ser provocante a proposição muito discutida: "O deus e a pessoa boa também podem fazer o que é ruim" (IV, 5, 126a

---

12. Isso foi tentado em tempos passados por ARNIM, H. von, 1927.

34). Aristóteles quer mostrar o que é teoricamente possível, mas não acontece, em contraposição ao que é absolutamente impossível. Ao lado de uma alusão à doutrina do semelhante, de Espêusipo (I, 18, 108b 7-10), é possível identificar numerosas reminiscências dos diálogos platônicos *Fedro, Sofista* e *Político*. E, de modo geral, todo o procedimento da elêntica platônico-socrática está por trás das discussões sobre o silogismo dialético. Pois esse procedimento consiste em levar o interlocutor a concordar com premissas estabelecidas de comum acordo para tirar daí conclusões que fazem o interlocutor enredar-se em contradições e revelar-se como inferior na disputa dialética. Sócrates dispõe (na exposição de Platão) de uma profusão de modelos de argumentação, cuja recondução sistemática a um arcabouço lógico se manifesta nos *Tópicos* aristotélicos. Por fim, Aristóteles não vê a dialética como uma acrobática lógica neutra em termos de valores, mas acentua expressamente o aspecto ético:

> Um talento realmente bom é o de estar em condições de escolher o verdadeiro e evitar o falso de maneira correta, algo que conseguem fazer os que têm esse talento por natureza. Pois quem avalia o que foi exposto com o amor e o ódio corretos decide corretamente o que é o melhor (*Tópicos* VIII, 14, 163b 13-16).

O oposto disso é explicitado nos *Elencos sofísticos*, que, em alguns manuscritos, funcionam como o Livro IX de *Tópicos* e de fato são a continuação destes. Em *Tópicos* (IV, 5, 126a 31), Aristóteles já havia caracterizado os sofistas, de modo um tanto malicioso em um só fôlego com difamadores e ladrões, como pessoas capazes de roubar furtivamente a propriedade alheia; trata-se, agora, da utilização abusiva do silogismo pelos sofistas. Ela consiste na indução a fazer afirmações inverossímeis, a cometer erros de linguagem e ao falatório vazio, bem como a produzir falácias de todo tipo. Desse modo, é formulado o "silogismo erístico", que Aristóteles já havia mencionado no início de *Tópicos* (I, 1, 101a 3). Agora ele explicita que o erístico está para o dialético como o "pseudógrafo" (desenhista de figuras falsas) para o geômetra. Este parte de cálculações geométricas, aquele desenha com base em pressupostos gerais, mas alega que o desenho é correto.

O capítulo final se refere a *Tópicos* como um todo. Nele, Aristóteles se vê em uma situação especial. Via de regra, todas as realizações estão baseadas em trabalhos prévios de antecessores que são então desenvolvidos. Porém, da teoria aqui apresentada não havia até ali nem alguma coisa já elaborada nem outras coisas ainda não elaboradas, mas simplesmente não havia nada (34, 183b

34-36). Os sofistas apenas faziam decorar discursos; o ensino era breve e não estava embasado em uma teoria científica. Na silogística, em todo caso, até aquele momento o máximo a que se chegara fora gastar muito tempo e esforço para investigar aleatoriamente. Por conseguinte, Aristóteles tivera de começar de novo desde a base. E, assim, para terminar ele diz que os ouvintes (que são expressamente mencionados) sejam não só indulgentes com as deficiências de sua teoria, mas também muito gratos por suas conquistas (34, 184b 3-8).

Não resta dúvida: Aristóteles busca – na Academia – reconhecimento para sua realização e esta de fato é considerável. De resto, a partir de *Tópicos* desenvolveu-se um estilo de pensamento e argumentação bem determinado, que encontra expressão na maneira de trabalhar de Aristóteles, que é focada no problema, e que se sedimentou em toda parte nos escritos pragmáticos. É o procedimento de sempre partir das "opiniões" reconhecidas, não rejeitá-las, mas verificá-las, para, a partir disso, penetrar na discussão do problema. Trata-se também da força do exemplo e do caso individual, dos quais emana – especialmente na ética – uma atitude aberta diante da vida, aliada à mostra de consideração pelo outro e de respeito pelas realizações coletivas[13].

Assim, pois, o pensamento tópico formulado por Aristóteles se revestiu de enorme importância até o presente, transcendendo em muito os campos da dialética e da silogística, e alcançando domínios como a jurisprudência, política e poética, até a "Topologia do ser" de Heidegger, sendo que, no entanto, o conceito e o objeto de *tópos* e tópica foram submetidos a muitas transformações.

OS ANALÍTICOS

Os quatro livros dos *Analíticos* foram subdivididos em dois escritos de dois livros cada, em *Analíticos anteriores* (*Analytica priora*) e *Analíticos posteriores* (*Analytica posteriora*). O tema em comum é a prova científica. O fato de e o modo como ela é encontrada na forma do silogismo é exposto nos *Analíticos anteriores*. A exposição de uma conclusão correta é chamada por Aristóteles *análysis* (*Analíticos anteriores* I, 38, 49a 19), de onde provém o título do escrito.

No início dos *Tópicos,* Aristóteles havia mencionado, entre os diversos tipos de silogismo, também o silogismo apodítico (demonstrativo), que estrutura o pensamento científico e que representa uma dedução a partir de proposições

---

13. Cf. sobre isso especialmente Zumsteg, 1989.

verdadeiras e primeiras. Porém, sua investigação nos *Analíticos* não constitui mero complemento a *Tópicos*, mas significa algo inteiramente novo, embora a definição de silogismo seja quase literalmente igual à que se encontra em *Tópicos*, como também esse escrito anterior de modo nenhum é encarado como ultrapassado.

Diferentemente de *Tópicos*, porém, agora o material ilustrativo concreto passa inteiramente para o segundo plano. Ao passo que em *Tópicos* Aristóteles havia citado uma quantidade sobremodo grande de exemplos, acima de tudo para a formação das premissas com a ajuda dos tópicos, agora a maioria das operações lógicas quase não é exemplificada. Em vez disso, em *Analíticos* Aristóteles passa a operar com símbolos que são designados por meio de letras. O exemplo também recua porque os passos lógicos sinalizados com letras reclamam validade geral e não estão vinculados a casos individuais. Só bem ocasionalmente são usadas como exemplo algumas palavras como "ser humano", "animal", "cavalo". Desse modo, Aristóteles tornou-se o inventor da lógica formal, e justamente isso impõe limites à compreensão direta por parte do leitor despreparado[14].

O Livro I da *Analytica priora* tem uma estrutura clara. Após uma introdução (capítulos 1-3), Aristóteles proporciona uma visão geral de todos os silogismos válidos (capítulos 4-26). A isso se segue uma investigação tendo em vista a aplicação dos conhecimentos sobre a estrutura dos silogismos (incluindo os silogismos inválidos, fala-se de "modos silogísticos") em forma de regras, visando encontrar os conceitos e as proposições individuais (capítulos 27-31). Em seguida, Aristóteles discute as questões referentes à recondução dos argumentos em pauta à possibilidade de formulá-los como silogismo válido (capítulos 32-45). O Livro II possui caráter de complemento. Ele contém um tratamento aprofundado dos silogismos e das possibilidades de demonstração. Erros de dedução e demonstração são especificados; são apresentados elementos adicionais como "indução", "abdução", bem como outras formas de silogismo (por exemplo, o "silogismo fisionômico").

Aristóteles leva em conta exclusivamente proposições assertivas que podem ser afirmadas ou negadas, não, portanto, proposições que têm o caráter de oração ou ordem. Fala-se, nesse caso, de lógica assertórica. Ela volta sua atenção primeiramente ao conceito da *prótasis* (πρότασις), que se refere ao enunciado usado no silogismo como premissa. De novo ele a delimita em relação à *prótasis* dialética. Ao passo que esta tem diante do interlocutor o caráter de

---

14. Fundamental agora é a tradução com comentário exaustivo (700 páginas) de Ebert, T.; Nortmann, U., in: *Werke*, 3, I, 2007, todavia apenas do Livro I. Ali se encontra também toda a bibliografia que a seguir não é mencionada especificamente.

questões contestáveis, aquela constitui uma estipulação apodítica. Porém, isso não interfere no rigor do procedimento dedutivo. Em seguida, Aristóteles definiu o conceito *terminus* (ὅρος [*óros*]) como aquilo em que se pode desmembrar um enunciado. É o sujeito (S) ou o predicado (P), ligados pela cópula "é" ou "não é" em uma *prótasis*, ou seja, S é P ou S não é P. No entanto, Aristóteles não escolhe (com poucas exceções) a formulação S é P, mas P inere a S. Desse modo o predicado antecede o sujeito posto no dativo. Desse modo, o silogismo ou então – incluindo os silogismos inválidos – o "modo silogístico" não é uma série de três proposições, mas uma proposição coesa. Um exemplo: se todos os mamíferos são vivíparos e se todos os golfinhos são mamíferos, então inere a todos os golfinhos ser vivíparos.

Aristóteles diferencia, ademais, entre silogismos perfeitos e imperfeitos. Perfeito é o silogismo imediatamente evidente, ao passo que os silogismos imperfeitos necessitam de passos adicionais para tornar fatos evidentes (*Analíticos anteriores* I, 1, 24b 22-26). Nesse processo, o silogismo imperfeito deve ser reduzido a um silogismo perfeito. Para isso, oferecem-se três possibilidades: (1) a conversão, (2) a *reductio ad impossibile* ["redução ao impossível"], (3) a *ékthesis* ["explicação"]. A conversão (*Analíticos anteriores* I, 2-3) é a reformulação de um enunciado silogístico, uma espécie de "troca de papéis" entre sujeito e predicado, de tal modo que o conceito que detém o papel de sujeito assume o lugar do predicado ou o inverso. Aristóteles discute o tipo de inferências em que isso é possível, e propõe regras detalhadas para tal. No caso da *reductio ad impossibile* trata-se da demonstração de uma contradição quando se aceita o oposto (capítulo I, 7). No caso da *ékthesis*, cuja ocorrência é rara, trata-se do emprego de um subconceito.

De importância decisiva é a teoria das figuras silogísticas (σχήματα [*skhémata*]), cuja marca é a respectiva posição do termo médio (B). Aristóteles reconhece três figuras:

1ª figura: A x B & B x C → A x C
2ª figura: B x A & B x C → A x C
3ª figura: A x B & C x B → A x C

Na notação aqui reproduzida, x representa a cópula ("inere a/é predicado de"), & a ligação entre as duas premissas e → a *conclusio*. Aristóteles obviamente utiliza como símbolos letras gregas e (como já foi observado) antepõe o predicado ao sujeito. A interconexão lógica dos termos individuais pode ocorrer de quatro modos diferentes, a saber, universalmente afirmativo (a), universalmente negativo (e), particularmente afirmativo (i), particularmente negativo (o). Essas letras são as vogais dos versos de memorização "Barbara", "Celarent", "Darii", "Ferio", compostos pela lógica medieval. Desse modo, resultam para a primeira figura as seguintes possibilidades:

Barbara	A a B	A inere a todo B
	B a C	B inere a todo C
	---------	---------------------
	A a C	A inere a todo C
Celarent	A e B	A inere a nenhum B
	B a C	B inere a todo C
	---------	---------------------
	A e C	A inere a nenhum C
Darii	A a B	A inere a todo B
	B i C	B inere a qualquer C
	---------	---------------------
	A i C	A inere a qualquer C
Ferio	A e B	A inere a nenhum B
	B i C	B inere a qualquer C
	---------	---------------------
	A o C	A não inere a qualquer C

Estas são as possibilidades de combinação da primeira figura, na qual o termo médio pode ser tanto sujeito quanto predicado. Algo similar pode ser apresentado para a segunda e a terceira figura[15]. Não está claro por que Aristóteles não menciona uma quarta figura (na qual a posição do termo médio é invertida na primeira e na segunda premissas). Teofrasto acrescentou essa figura.

Porém, dado que Aristóteles tem em vista apenas três figuras, ele também pode denominar a segunda figura de "a do meio" (*Analíticos anteriores* I, 7, 29b 16). Os silogismos perfeitos são os da primeira figura. A eles são reduzidos, por meio das reformulações correspondentes, os silogismos imperfeitos da segunda e terceira figuras. Nos modos da primeira figura, são mostradas as razões e feitas as demonstrações científicas, ao passo que nas outras duas figuras não podem ser feitos em parte nem enunciados positivos nem enunciados gerais.

Aristóteles ampliou essa lógica assertórica de maneira a modificar os quatro tipos dos enunciados silogísticos por meio de expressões modais. Enquanto trata da silogística assertórica em *Analíticos anteriores* I, 4-7, volta-se para a lógica modal nos capítulos 8-22, com a qual complementa sua lógica assertórica. Trata-se, nesse caso, da questão referente ao que resulta quando os silogismos válidos

---

15. Quadro geral de todas as possibilidades em EBERT; NORTMANN, 2007, 897-906.

expostos nos capítulos 4-6 são modificados em termos modais por expressões que indicam uma possibilidade ou a negação dela (possível, talvez, por acaso, impossível). A silogística da possibilidade (a partir do capítulo 14) examina pares de premissas silogísticas, nos quais ocorrem enunciados de possibilidade em uma ou em ambas as premissas. Para dar uma noção do estilo abstrato de argumentação de Aristóteles, seja citado um trecho (na tradução alemã de Ebert e Nortmann[16]):

> Em primeiro lugar, será demonstrado que o enunciado de possibilidade negativo não pode ser convertido de modo nenhum, isto é, que, caso A não possa ser predicado de B, de modo nenhum é necessário que também B não possa ser predicado de A. Isso seja pressuposto, e ademais B não será predicado de A. Dado que os enunciados de possibilidade afirmativos podem ser reformulados nas negações [correspondentes], e isto tanto os contrários [a estes] quanto os contraditoriamente opostos, e dado que ademais B possivelmente é predicado de nenhum A, logo fica claro que possivelmente teria de ser predicado de todo B. Mas isso é falso. Pois não é verdade que necessariamente, se uma coisa possivelmente é predicado de toda outra, também esta [possa ser predicado geral] daquela – de modo que o [enunciado de possibilidade] negativo não é convertível (*Analíticos anteriores* I, 17, 36b 35-37a 3).

A silogística aristotélica de modo nenhum se esgota na elaboração de um procedimento de demonstração, no qual de premissas conhecidas são tiradas conclusões desconhecidas. O processo cognitivo também pode andar na direção contrária, a saber, a partir de uma conclusão como fato previamente conhecido encontrar as premissas adequadas, que comporão a explicação científica para o fato previamente conhecido. Em *Tópicos* (I, 12, 105a 13 s.), Aristóteles chama esse caminho inverso de *epagogué* (ἐπαγωγή), "indução". Entretanto, Aristóteles não esboça nenhuma teoria coesa da *epagogué* e, ademais, nos *Analíticos* (*Analíticos anteriores* II, 23, 68b 15 ss.; *Analíticos posteriores* I, 18, 81a 38 ss.; II, 19, 100b 3), usa esse conceito (também na forma verbal) no sentido literal de um "aduzir" de casos individuais genuínos visando a obtenção de um saber real sobre coisas individuais, que acaba levando também à compreensão de um nexo geral. Na opinião de Aristóteles, é preciso que haja, no domínio das ciências, verdades indemonstráveis, que podem ser formuladas como premissas evidentes que a alma humana é capaz de apreender a partir de casos individuais em virtude de uma faculdade intuitiva que lhe é inerente quando ocorre uma determinada indicação. Nesse caso, uma indução entendida nesses termos não é propriamente

---

16. A tradução para o português foi baseada nesta tradução alemã (N. do T.).

o oposto do procedimento silogístico dedutivo, mas complementa-o, trazendo à consciência os pressupostos que tornam a silogística possível e compreensível.

Desse modo, já foi mencionada a ideia básica da *Analytica posteriora*, que de início já se evidencia como teoria da ciência, estando relacionada com a essência de uma ciência rigorosamente demonstrativa[17].

> Toda instrução e toda aquisição racional de saber se origina de um conhecimento já disponível. Pois tanto os conhecimentos matemáticos quanto as formas práticas do saber surgem desse modo. [...] Pois a respeito de algumas coisas é necessário assumir de antemão que elas são, a respeito de outras é necessário entender o que delas é dito [...] como, por exemplo, da circunstância de que, conforme a verdade, de tudo se afirma ou se nega que [o afirmado ou o negado] é; a respeito do triângulo que ele designa [um triângulo] (*Analíticos posteriores* I, 1, 71a 1-16).

O que interessa a Aristóteles são as possibilidades e condições de saber e ciência em termos gerais. Disso faz parte, de um lado, a suposição de proposições verdadeiras, imediatamente evidentes, indemonstráveis, a partir das quais se pode obter deduções cientificamente válidas pela via da silogística e, de outro lado, uma compreensão metodologicamente assegurada dos princípios supremos, entendida no sentido de um ascender até os princípios. No entanto, na *Analytica posteriora* não se trata em primeira linha de métodos e prescrições visando a obtenção de conhecimentos científicos anteriormente desconhecidos, mas da explicação científica de resultados já descobertos e estabelecidos em uma forma e estrutura silogisticamente irrepreensível. Em *Tópicos*, axioma (ἀξίωμα, ἀξιοῦν [*axíoma, axiûn*]) significa "demanda" do interlocutor para que se forme uma base universalmente aceita para uma discussão (*Tópicos* VIII, 1, 156a 23; 13, 163a 3 ss.), ao passo que, nos *Analytica posteriora*, ele é entendido como a proposição inicial verdadeira, autoevidente, irredutível da ciência demonstrativa, ou seja, em primeira linha, o princípio da contradição (P não pode ao mesmo tempo ser e não ser predicado de um Sujeito), que é tido por Aristóteles como o axioma mais seguro e que ele também investiga na *Metafísica* (Livro IV) quanto às suas consequências lógicas, cosmológicas e ontológicas, além do princípio do terceiro excluído.

No Livro I dos *Analytica posteriora*, Aristóteles se norteia principalmente pelo modelo da geometria, ao passo que, no Livro II, o primeiro plano é ocupado

---

17. Fundamentais são a tradução e o comentário volumoso de DETEL, W., in: *Werke*, 3, II, 1993, em dois volumes com extensa exposição de todos os detalhes lógicos.

pela questão da causa no domínio da física e da astronomia, ilustrada por numerosos exemplos que agora voltam a aparecer mais intensamente.

Se já em *Tópicos* a reunião do material e sua elaboração visando uma análise do silogismo dialético constituiu uma realização impressionante, nos *Analíticos* a realização de Aristóteles em termos de pensamento foi nada menos que colossal. Ela se manifesta sobretudo em um grau estupendo de abstração no esboço de uma lógica formal e modal, que não existia antes nesse formato. O próprio Aristóteles diz que, para fazer isso, é preciso perspicácia e a apreensão instantânea de fatos lógicos (*Analíticos posteriores* I, 34, 89b 10).

Apesar desse edifício lógico abstratamente construído, a silogística se encontra imersa no contexto das discussões da Academia. A ideia de que todo saber parte de um saber antecedente associa-se perceptivelmente à teoria platônica da *anámnesis* ("rememoração"), desdobrada sobretudo no diálogo *Mênon*. A crítica ao método da *dihaíresis* (*Analíticos anteriores* I, 31), na forma como esta é desenvolvida por Platão nos diálogos tardios *Sofista* e *Político*, por assim dizer diante dos olhos de Aristóteles, incide em meio às discussões acadêmicas. Por *dihaíresis* entende-se uma divisão ou então subdivisão como classificação de gêneros e subgêneros até não ser mais possível encontrar um subgênero. Desse modo ele pretende determinar, por exemplo, "o sofista" ou "o político". Aristóteles critica Platão porque, no caso da *dihaíresis* – na medida em que ela é vista como um método de demonstração análogo ao silogismo –, trata-se de um silogismo fraco, por já estar pressuposto o que deve ser demonstrado e porque nenhuma refutação é possível, sendo, portanto, de pouca utilidade.

Mas também os demais membros da Academia participaram das discussões sobre as questões da lógica. De Heráclides do Ponto, quase coetâneo de Aristóteles, foi transmitido o título de um escrito, a saber, *Axioma*, de Espêusipo o título *Definições* (ὅροι [*hóroi*]) de cujo conteúdo, no entanto, nada se sabe, e de Xenócrates nada menos que nova livros de *Discussões lógicas* (λογιστικά [*logistiká*]). Também quanto a isso fica evidente que a perda de todos esses escritos significa que conseguimos uma visão apenas incompleta das discussões ocorridas na Academia.

Também no Perípato, os problemas lógicos continuaram a ser discutidos em conexão com Aristóteles. Tem-se uma ideia de como essa conexão foi estreita no fato de Teofrasto ter acrescentado uma quarta figura ao sistema aristotélico das três figuras lógicas, que, na forma de B a A & C a B → A a C, representa a imagem espelhada da primeira figura.

Evidentemente Teofrasto – em companhia de Eudemo de Rodes – modificou também a lógica modal aristotélica, mais precisamente no sentido de uma simplificação[18]. Retraçar brevemente a recepção, a discussão e o desenvolvimento ulterior da silogística aristotélica na lógica estoico-megárica, na lógica neoplatônica, na lógica escolástica-medieval e, por fim, na lógica clássica, bem como as formas da lógica matemática moderna, é uma empresa inviável. É preciso contentar-se com poucas observações[19].

Na medida em que podemos reconhecer a partir dos parcos testemunhos, a lógica estoica fundamentou, em controvérsia com a silogística peripatética (provavelmente mediada por Teofrasto e, portanto, essencialmente aristotélica), uma lógica autônoma de enunciados. Principalmente Crisipo – se quisermos dar crédito a Diógenes Laércio – reduziu, em nada menos que 311 (!) escritos só sobre a lógica (dos quais Diógenes Laércio VII, 189-200 cita cerca de 70 títulos), a variedade dos silogismos aristotélicos a cinco figuras evidentes e discutiu pormenorizadamente suas formas de ligação. Pela própria natureza da coisa, uma controvérsia explícita com os *Analíticos* aristotélicos só pôde ter lugar após a divulgação destes pela edição de Andrônico de Rodes. Um primeiro testemunho disso é o comentário de Alexandre de Afrodísias (c. 200 d.C.) sobre os *Analytica priora* (preservou-se apenas o comentário ao Livro I). Daí o caminho segue até os neoplatônicos, que conectaram a lógica de enunciados aristotélica com a estoica, mediante inclusão de elementos platônicos. Seus trabalhos encontram-se resumidos na *Isagoge* de Porfírio (segunda metade do século III d.C.). Esse livro elementar da lógica exerceu forte influência na Idade Média principalmente em virtude da tradução latina de Boécio (primeira metade do século VI d.C.). Essa suposta restauração da lógica aristotélica, na qual estavam integrados sobretudo os escritos *Categorias* e *Sobre a interpretação*, era tida pela escolástica como *Logica vetus* ["Lógica antiga"]. A esta se associou na alta escolástica uma assim chamada *Logica nova*, baseada em traduções latinas de *Tópicos* e dos *Analíticos* de Aristóteles. Os principais testemunhos disso são as obras *Summulae logicales* [*Súmulas lógicas*] de Pedro Hispano (c. 1225-1277), mais tarde Papa João XXI, e a *Summa logica* [*Suma lógica*] de Guilherme de Ockham (c. 1300-1350). O desenvolvimento posterior naturalmente também foi influenciado pelos escritos

---

18. Detalhes na edição de GRAESER, A., *Die logischen Fragmente des Theophrast*, Berlin, 1973.

19. Exposição detalhada da história da tradição e da influência dos *Analíticos anteriores* em EBERT; NORTMANN, in: *Werke*, 3, I, 2007, 116-176 (até 1831). Válido também STEKELER-WEITHOFER, P., *Grundprobleme der Logik*, Berlin, 1986.

de Aristóteles que passaram a estar acessíveis em toda parte no original por meio da primeira edição impressa. Uma etapa importante nesse processo é constituída por um manual concebido no espírito do cartesianismo e, por sua vez, influente por séculos, a saber, a assim chamada lógica de Port-Royal, mais exatamente: *La logique ou l'art de penser* [*A lógica ou a arte de pensar*] de Antoine Arnauld e Pierre Nicole (1662), na qual a lógica com suas operações de compreender, julgar, inferir e ordenar foi encarada como constituída de puras operações básicas subjetivas do entendimento, isoladas de todos os nexos argumentativos significativos para Aristóteles, correspondendo à virada subjetiva inaugurada por Descartes (*cogito ergo sum* ["penso, logo existo"]). Com a *Logica Hamburgensis* de Joachim Jungius (1635-1638) a silogística de Aristóteles continuou a viver como escola de pensamento, até entrar em crise diante de Kant. Na seção sobre os *Limites da lógica*, no prefácio à 2ª edição (1787) da *Crítica da razão pura* e na parte principal intitulada *Do fio condutor para a descoberta de todos os conceitos puros do entendimento*, Kant critica as categorias aristotélicas, dizendo que seriam "rapsódicas", resultantes de uma busca realizada a esmo, e no escrito *Die falsche Spitzfindigkeit der vier syllogistischen Figuren* [*A falsa sutileza das quatro figuras silogísticas*], de 1762, Kant quis ressaltar um *deficit* de sistemática e um grau insatisfatório de silogística para a descrição objetiva do mundo. A teoria da ciência dos filósofos na primeira metade do século XIX está muito distante da lógica aristotélica quanto ao ponto de partida e ao método. Isso ainda vale para a lógica matemática moderna fundada por Gottlob Frege (*Begriffsschrift*, 1879) com sua "linguagem formal do pensamento puro", composta nos moldes da aritmética. Quando veio a público a edição-base ("Edição da Academia") das obras de Aristóteles por Immanuel Bekker (1831) foi disponibilizada uma base textual confiável que abriu a possibilidade de retomar a reflexão sobre a lógica aristotélica. Ao lado do esforço de interpretação que então se iniciava, surgem então (a partir de 1920) concepções de uma lógica plurivalente e de uma lógica operacional, que em suas ideias básicas retomam Aristóteles[20]. Isso vale sobretudo para a lógica plurivalente de Jan Łukasiewicz (1878-1956), que parte de uma lógica trivalente (verdadeiro, neutro, falso), e para a lógica operacional de Paul Lorenzen (1915-1994), fundamentada em numerosos trabalhos, com sua teoria do cálculo, a qual Kurt Ebbinghaus (1964) voltou a aproximar mais

---

20. Visão geral sobre a lógica plurivalente e a lógica operacional no artigo – bastante informativo em seu conjunto – "Logik" ["Lógica"] no *Historisches Wörterbuch der Philosophie*, v. 5, 1980, 358-482; sobre a lógica plurivalente, dialógica e operacional: 440-462 (KEMPSKI, J. von).

da silogística aristotélica. Uma lógica dialógica desenvolvida nesses termos volta a aproximar-se da peculiaridade da silogística dialética aristotélica como procedimento de decisão na discussão científica dos problemas. A realização específica de Aristóteles como fundador da lógica ocidental ganha uma visibilidade impressionante nesses formatos modernos da lógica e também em muitas interpretações intensivas da silogística aristotélica pelos especialistas em lógica dentre os historiadores da filosofia[21].

---

21. Tudo o mais em EBERT; NORTMANN, 2007.

CAPÍTULO OITAVO

Metafísica – a filosofia primeira

OS DOCUMENTOS BÁSICOS

A *Metafísica*, subdividida em 14 livros, não é uma obra fechada e coerente. O conceito "metafísica" nem provém de Aristóteles. Foi o primeiro editor da obra aristotélica, Andrônico de Rodes, quem reuniu vários tratados avulsos do âmbito que Aristóteles chama de "filosofia primeira" (*Metafísica* VI, 1, 1026a 16; *Física* I, 9, 191a 36; II 2, 194b 17) e os chamou de "os [escritos] que vêm depois da física" (τὰ μετὰ τὰ φυσικά [*tá metá tá physiká*]), por ter posicionado esses tratados depois dos escritos de ciência natural. A designação do título que, num primeiro momento, referiu-se apenas à técnica editorial, foi entendida mais tarde pelos comentaristas de Aristóteles (atestada pela primeira vez em Simplício, no século VI) como um complexo de escritos que trata de temas situados "além da natureza". Desse modo foi assentado o fundamento para a denominação do âmbito da filosofia que ingressou no pensamento ocidental com o nome de "metafísica".

Uma visão panorâmica inicial sobre os 14 livros mostra que o procedimento de Andrônico não deixou de ser habilidoso. Pois os primeiros Livros ΑΒΓ (= I, III, IV)[1] compõem uma espécie de investigação prévia sobre a "ciência

---

1. Na pesquisa, usa-se sempre a contagem com letras para os livros da *Metafísica* (*Metafísica* A etc.). Uma dificuldade consiste em que, entre os livros A e B foi inserido posteriormente

buscada" (ἡ ἐπιζητουμένη ἐπιστήμη [*hé epitzetuméne epistéme*], III, 1, 995a 24), que mais tarde (VI, 1, 1026a 16) seria chamada de "filosofia primeira". Após uma extensa doxografia (Livro I), Aristóteles formula 15 aporias (Livro III) relativas à ciência do (exist)ente, que são discutidas apenas provisoriamente e sem um resultado claro, correspondendo ao significado que Aristóteles atribui à aporia como pressuposto para encontrar soluções e conhecimentos. No Livro IV, o foco é dirigido, então, para a ciência do (exist)ente como (exist)ente e delimitada em relação às demais ciências, na medida em que se trata do "do (exist)ente como (exist)ente" (ὄν ᾗ ὄν [*ón hê ón*]). Porém, da ciência do ser faz parte também uma investigação dos axiomas, especialmente do princípio da contradição (é impossível que uma designação ao mesmo tempo seja e não seja predicado de alguma coisa) e do princípio do terceiro excluído (pode-se afirmar ou negar uma coisa; *tertium non datur* ["não há terceira possibilidade"]). São discutidos, portanto, os pressupostos básicos do pensamento. O Livro V (Δ) é um léxico da terminologia filosófica. São discutidas pormenorizadamente ao todo 30 expressões diferentes (princípio, causa, necessidade etc.). No importante Livro VI (E), é apresentada a ciência do (exist)ente como tal. Os Livros VII, VIII, IX (Z, H, Θ) formam um bloco à parte. Trata-se dos assim chamados livros sobre a substância, nos quais são analisados os diferentes significados de "substância" (universal, gênero, substrato). O Livro X (I) versa sobre o "Uno" e conceitos afins (identidade, não identidade, semelhança, oposto). O Livro XI (K), que discute problemas fundamentais da Filosofia Primeira, é tido pela maioria dos pesquisadores como uma compilação pós-aristotélica. O famoso Livro XII (Λ) contém a teoria do motor imóvel, entendida como teologia. Os Livros XIII e XIV (M, N), que formam um conjunto, tratam das ideias, ideias-números e princípios, contendo uma crítica extensa às teorias pitagóricas e acadêmicas correspondentes.

Na pesquisa está em curso uma animada discussão sobre a sequência cronológica dos livros individuais da *Metafísica*, com posições muito diferentes, cujo resultado objetivo não é tão considerável quanto se acreditou por longo tempo.

---

o α, ou seja, o assim chamado *álfa élatton* ("alfa minúsculo"), constando nessa forma nos manuscritos. De acordo com um escólio ao Codex E, esse livro não é de Aristóteles, mas do seu aluno Pasicles de Rodes. Cf. sobre isso SZLEZÁK, T., Alpha elatton. Einheit und Einordnung in die *Metaphysik*, in: MORAUX, P.; WIESNER, J. (ed.), *Zweifelhaftes im Corpus Aristotelicum* (10. Symposion Aristotelicum), Berlin, 1983, 221-259. Trata-se de uma breve introdução ao estudo da filosofia. No emprego dos sinais numéricos para os livros da *Metafísica* é preciso observar que o Livro B = III, Γ = IV etc.

CONCEPÇÕES DO SER ANTERIORES A ARISTÓTELES
(*METAFÍSICA* A)

Aristóteles inicia quase toda discussão passando criticamente em revista as opiniões já existentes sobre a mesma temática. A questão do ser, que Platão havia chamado de "batalha de gigantes" (γιγαντομαχία [*gigantomachía*]) (*Sofista* 246a), atinge o centro de toda e qualquer filosofia e, de modo correspondente, Aristóteles dedicou, nesse caso, um livro inteiro à exposição dos pareceres dos antecessores[2].

Nos três capítulos introdutórios, ele situa a investigação sobre as opiniões dos filósofos mais antigos em um horizonte amplo, formulando, logo de início, as seguintes palavras que se tornaram famosas:

> Por sua natureza, todos os seres humanos buscam conhecimento. Um sinal disso é a valorização das percepções dos sentidos. Pois independentemente de sua utilidade, elas são apreciadas por si sós, e acima de tudo a percepção por meio dos olhos. Pois não só para agir, mas também quando não queremos fazer nada, preferimos a visão às demais [percepções]. A razão disso é que esse sentido é o que mais nos proporciona conhecimento e nos revela muitas diferenças (*Metafísica* I, 1, 980a 21-27).

Também nesse ponto, Aristóteles parte da naturalidade de todas as relações, uma vez mais adotando uma análise de cunho biológico, como mostra sobretudo a continuação do texto:

> Por natureza os animais têm percepção sensível e da percepção sensível origina-se em alguns a memória, em outros não, e por isso aqueles são mais inteligentes e aprendem mais facilmente do que os que não têm memória (*Metafísica* I, 1, 980a 27-b 2).

Somente o ser humano tem real experiência e é capaz de "arte" (τέχνη [*téchne*]) e "raciocínio" (λογισμός [*logismós*]). Esta é uma das passagens centrais sobre o conceito aristotélico da "experiência". A experiência surge da grande quantidade de memórias que se tem de um mesmo objeto e, de certo modo, é o fundamento da arte e da ciência, com a ressalva de que estas se referem ao geral, ao passo que a experiência ao individual concreto. Visando o agir, ela é de grande valor e mais certeira do que um mero lidar com conceitos, como

---

2. Sobre livro como um todo cf. STEEL, 2012. Este volume contém interpretações detalhadas de cada capítulo e uma edição do texto por Oliver Primavesi com base em novas colações de manuscritos.

observa Aristóteles, em indireta às manifestações da Academia (*Metafísica* I, 1, 981a 21). E, não obstante, a "arte" (ou então o "saber fazer") e a ciência são superiores porque apuram as causas e as razões. Sumamente característica para a compreensão de ciência é a observação de que esta, diferentemente da simples experiência, precisa ser ensinada (*Metafísica* I, 1, 981b 7-10). Para Aristóteles, pesquisa e ensino andam juntos. Na maneira tipicamente grega de remontar todas as conquistas a um "primeiro artífice", Aristóteles pressupõe que os seres humanos viveram primeiramente apenas no horizonte de suas percepções sensíveis, mas que, em algum momento, alguém "inventou" uma habilidade, voltada primeiramente para a satisfação das necessidades básicas e mais tarde para a fruição da vida, enquanto apenas depois disso despontaram as ciências puras e isentas, como a matemática entre os egípcios. A escala vai dos artesãos experientes, passando pelo especialista na esfera do conhecimento e, de modo correspondente, pelas ciências "produtoras", chegando às ciências "teóricas". Suas causas e seus princípios constituem o tema da *Metafísica*.

O saber a respeito desses princípios do ser é chamado por Aristóteles de *sophía* (σοφία), algo que traduzimos de modo muito imperfeito com "sabedoria". Para Aristóteles é de grande valor que essa "sabedoria" seja um saber em seu sentido mais elevado, ou seja, em função de si mesmo, alçado acima do mundo dos fins e das ações.

Mas ela não está desvinculada da esfera do agir e do mutável, pois: "Ela sabe porque cada coisa deve ser feita, pois isso é o bom em cada caso individual e o melhor em toda a natureza quando visto no seu conjunto" (*Metafísica* I, 2, 982b 5-7).

O fato de essa "sabedoria" mesma não ter relação com fins nem ações é atestado por Aristóteles mediante recurso aos "primeiros filósofos" que, no início, foram tomados de um simples admirar-se (θαυμάζειν [*thaumázein*]).

> Pois foi por se admirarem que os seres humanos filosofam agora e começaram a filosofar há tempos, ao admirar-se de início sobre as curiosidades mais próximas e, então, gradativamente foram quebrando a cabeça sobre coisas maiores, como fenômenos na lua, no sol e nas estrelas, e então também sobre a gênese do universo (*Metafísica* I, 2, 982b 12-17).

Trata-se aqui de uma alusão clara a uma famosa passagem do diálogo *Teeteto*, de Platão: "De fato é isto que sucede ao filósofo, a admiração. Pois a filosofia não tem outra origem além dessa" (*Teeteto* 155d).

Esse admirar-se ainda não é propriamente um duvidar, nenhuma autoasseguração mediante a dúvida, como em Descartes (*dubito ergo sum*, "duvido, logo existo"), mas uma admiração que provoca o impulso de buscar explicações para algo que no primeiro deslumbramento parece inexplicável. Com esse impulso para o pensamento Aristóteles se situa não só na tradição de Platão, mas de toda a filosofia desde seus primórdios. Ele busca – e encontra – uma linha de continuidade do problema desde esses primórdios até sua própria filosofia.

Isso fica especialmente evidente na teoria das quatro causas, exposta aqui (*Metafísica* I, 3) apenas brevemente, mas em outra passagem (*Física* II, 3, 194a 16-195b 30) bem mais extensamente. Aristóteles conhece quatro causas ou então princípios: (1) A "substância" (οὐσία [*ousía*]), que ele seguidamente em sua obra também chama de "aquilo que é propriamente ser" (τὸ τί ἦν εἶναι [*tó tí ên eînai*]). Ao fazer isso, ele utiliza uma expressão artificial, criada por ele, muito utilizada em sua obra (por exemplo, em *Metafísica* VII, 1030a 2 s.), praticamente intraduzível, que foi discutida de modo sumamente controvertido e é traduzida de maneiras bem diferentes por "o quê da essência" [*Wesenswas*], "conceito de essência", "o que significa ser isto", "o que significa ser, ser para algo", "o que foi ser", para mencionar apenas alguns exemplos[3]. Entendo a palavra ἦν [*ên*] como um assim chamado imperfeito definidor e traduzo: "aquilo que de fato é". (2) A matéria (ὕλη [*hýle*]); a substância que "está na base" (ὑποκείμενον [*hypokeimenon*]) de tudo e, portanto, a (mais tarde assim chamada) *causa materialis*. (3) O ponto de partida do movimento (*causa agens*), o impulso que desencadeia um movimento. (4) O "a fim de que – por causa de que" (οὗ ἕνεκα [*hoû héneka*]), como Aristóteles formula, valendo-se uma vez mais de uma expressão artificial, a finalidade como o momento desencadeador e, portanto, como *causa finalis* concebida ao inverso do princípio do movimento desencadeador.

Ora, a opinião de Aristóteles é que, além dessas quatro causas, não existe nenhuma outra causa nem princípio para todo (exist)ente. Ele também chega a mencionar que nenhum dos filósofos mais antigos mencionou alguma outra causa (*Metafísica* I, 7, 988b 18). Desse modo, está posta a moldura para passar em revista as teorias disponíveis sobre a problemática do ser.

Ora, essa revisão é organizada de tal maneira que primeiramente são referidas em conjunto as teorias dos antecessores desde os primórdios até Platão (*Metafísica* I, 3, 983b 6-6, 988a 17) e, em uma segunda parte, elas são comentadas

---

3. Panorama em SZLEZÁK (tradução), 2003, XXIX; análise em WEIDEMANN, H., Zum Begriff des ti ên einai (Z 4), in: RAPP (ed.), 1996, 75-101.

criticamente (*Metafísica* I, 7, 988b 18-9, 993a 10). Tendo em mente a tradição fragmentária dos textos dos assim chamados pré-socráticos, toda a exposição de Aristóteles foi entendida como fonte de informação nos termos de uma história da filosofia. Isso, porém, só é possível de modo muito restrito, porque Aristóteles agrupa e argumenta de modo bem diferente do que se espera de uma exposição orientada na história. Pois ele se atém à análise precedente das quatro causas e ressalta desde o início que a maioria dos "primeiros filósofos" considerou como princípios de todas as coisas somente as causas materiais. Portanto, esses "primeiros filósofos" são inquiridos se assumiram uma ou mais causas substanciais.

Ponderável é o início com Tales e sua teoria da água como elemento básico, à qual ele teria chegado mediante observação e não pela especulação poética, como fizeram os "bem antigos" (*Metafísica* I, 3, 983b 27), que converteram "Oceano e Tétis em progenitores da gênese" (*Ilíada* XIV 201). Esse recurso curioso "àqueles que se ocuparam com coisas divinas", que interrompe a argumentação ao modo de um excurso, denuncia a fonte de Aristóteles. Trata-se de um escrito do sofista Hípias que, na esteira de Heráclito, quis provar que "tudo flui" – inclusive a água –, e procurou impor esse dogma ao maior número possível de autoridades[4]. Outros representantes de princípios materiais dos séculos VI e V são mencionados (Anaxímenes, Diógenes, Hípaso, Empédocles e Parmênides, este de modo notavelmente breve), mas não Anaximandro, cuja (suposta) teoria do "ilimitado" (ἄπειρον [*ápeiron*]), no entender de Aristóteles, não se enquadra nessa série e, por fim, Anaxágoras (c. 500-428) é exaltado por causa de sua teoria do espírito (νοῦς [*noûs*]) como causa de toda beleza e ordem, tanto no ser vivo como na natureza, na condição de "sóbrio entre tagarelas" (*Metafísica* I, 3, 984b 17). De modo similar procede Aristóteles com aqueles pensadores antigos, que supuseram dois princípios fundamentais (de modo rudimentar Hesíodo, depois Empédocles, Leucipo e Demócrito). Vê-se que esse panorama bastante condensado quanto à seleção e à avaliação é tudo menos uma história da filosofia. Isso vale também para a caracterização um tanto mais extensa dos pitagóricos e sua teoria dos números como elementos de todas as coisas.

Incomparavelmente mais interessante é o relato sobre a teoria de Platão (*Metafísica* I, 6), porque nesse caso Aristóteles dispõe de informações mais diretas do que no caso dos filósofos mais antigos. A seu ver, o desenvolvimento filosófico de Platão se consumou em três etapas. No início está a teoria de

---

4. Sobre os demais nexos cf. PATZER, A., *Der Sophist Hippias als Philosophiehistoriker*, Freiburg/ München, 1986.

Heráclito sobre o fluxo, que teria sido transmitida a Platão já na juventude por Crátilo, aluno de Heráclito, e que Platão mais tarde teria mantido, na medida em que considerou que todas as coisas dos sentidos estão em constante fluxo. A segunda etapa foi marcada pelo encontro com Sócrates e leva à aceitação de conceitos fixos acima da esfera dos sentidos, que Platão chamou primeiramente de definições e, depois, de "ideias do (exist)ente", nas quais as coisas da percepção sensível têm apenas "parte" (κατὰ μέθεξιν [katá méthexin], 987b 12). Depois Platão – em uma terceira etapa – teria sofrido a influência dos pitagóricos, que encararam todo o (exist)ente como "imitação dos números". Platão teria meramente modificado as palavras e, no lugar de "imitação" teria posto "ter parte" e em vez de "números", "ideias" (I, 6, 987b 10-14). Desse modo, com os números ele teria englobado a matemática em seu pensamento, mas, ao fazer isso – diferentemente dos pitagóricos –, designado ao mundo dos números uma posição intermediária entre as ideias e o mundo dos sentidos. Por outro lado, porém, Platão teria fornecido a fundamentação última de todo (exist)ente e também das ideias em forma de ideias-números, a saber, por meio do "Uno" e da "Díade ilimitada", assumindo, portanto, dois princípios.

Esse relato muito discutido, nos seus detalhes formulado com complexidade, deverá ser caracterizado como essencialmente correto, tendo em conta que o contexto se resume à questão das causas e dos princípios; há, no entanto, uma limitação muito grave: a enorme influência da ontologia de Parmênides (primeira metade do século V) sobre Platão é totalmente desconsiderada. Aristóteles realmente não teria tido "noção suficiente" da teoria de Parmênides?[5] Por outro lado, o relato aristotélico confirma claramente a existência (controvertida na pesquisa moderna) de uma teoria dos princípios que não há como extrair inteiramente dos diálogos platônicos (culminando nos dois princípios "Uno" e "Díade indefinida"), que Platão expôs oralmente na Academia e que Aristóteles registrou no escrito perdido *Sobre o bem*[6].

À guisa de resumo de toda a revisão das teorias desde as dos primeiros filósofos, Aristóteles registra que todos os mais antigos apenas intuíram de modo muito indistinto as quatro causas, na maioria das vezes nominando apenas uma, ocasionalmente duas causas e, ao fazer isso, teriam se enredado em contradições. Porém, limitando-se a apenas uma causa ou a várias causas materiais, eles, em todo caso, não conseguem explicar outras causas, como, por exemplo, a origem do movimento.

---

5. KRÄMER, *Arete*, 1959, 531.
6. A respeito do escrito *Sobre o bem* cf. FLASHAR, H., in: *Werke*, 20, I, 36-39, 147-152.

A crítica da teoria de Platão exibe algumas peculiaridades. Ao passo que o relato e a crítica dos filósofos mais antigos guardam uma inter-relação ponderada, a crítica à teoria platônica é cerca de três vezes mais extensa do que o relato precedente. Aristóteles expõe 23 argumentos contra a teoria das ideias e dos números, que inclusive não se originam todos do relato sobre a teoria de Platão, mas vão muito além dele.

Para explicar isso melhor, é necessário um excurso breve, mas de grande impacto, que inevitavelmente leva a detalhes filológicos. Os manuscritos, aos quais remonta nosso texto, podem ser divididos, com base em seus pontos em comum e suas dependências, em duas "famílias" (a e b), sendo que *a*, via de regra, parece oferecer a tradição mais antiga e melhor[7]. No capítulo 9 do Livro I da *Metafísica* (A, 9), os dois grupos de manuscritos exibem, em seis passagens, sempre a mesma diferença, que consiste no uso da primeira pessoa (grupo *a*) ou da terceira pessoa (grupo *b*) para designar a teoria de Platão que está sendo criticada. Esclareçamos isso como auxílio de dois exemplos (entre parênteses a tradição *b*): "Não há evidência das demonstrações que nós apresentamos (que eles apresentam) em favor da existência das ideias" (I, 9, 990b 8-11); ou: "Pela concepção, segundo a qual nós dizemos (eles dizem) que há ideias, deveria haver ideias não só de substâncias, mas também de muitas outas coisas" (I, 9, 990b 23 s.). De modo similar em uma série de outras passagens. Aparentemente, ao usar a primeira pessoa, Aristóteles se declara, mediante o uso de vários verbos ("nós mostramos", "nós cremos", "nós dizemos", "nós queremos", "nós provamos"), adepto da teoria platônica das ideias, que ele, no entanto, está se preparando para combater, e isto de uma maneira fundamental e bastante incisiva. Ele não diz "no passado, nós cremos", não diz "nós dissemos", mas "nós cremos agora", "nós dizemos". Ele usa do começo ao fim formas no presente. As dificuldades de compreensão associadas a isso se aguçam em uma passagem, na qual Aristóteles se refere ao diálogo platônico *Fédon*: "No *Fédon*, dizemos que as ideias são a causa tanto do ser quanto do devir" (I, 9, 991b 3 s.). Não consta ali, por exemplo, "lemos", mas "dizemos" (assim no grupo de manuscritos *a*). Pode-se escrever dessa maneira sobre a obra de outra pessoa? Não foi Aristóteles quem escreveu o *Fédon*! Então a intenção teria sido expressar o seguinte: "Dizemos que as ideias são a causa de tudo, como também consta no *Fédon*". Foi nesses termos

---

7. Oliver Primavesi (in: Steel, 2012) examinou a tradição de *Metafísica* A e editou o texto com base em novas colações de manuscritos. Os resultados a que chegou são tomados como base neste texto. Permanece válido Harlfinger, D., Zur Überlieferungsgeschichte der Metaphysik, in: Aubenque, 1979, 7-36.

que Alexandre de Afrodísias concebeu a proposição. No grupo de manuscrito *b*, consta na passagem correspondente: "No *Fédon* se diz". De resto, nas repetições quase literais da crítica às ideias no Livro XIII da *Metafísica* (M, 4-5), correspondentes às passagens do Livro I (A, 9) em que os grupos de manuscritos oscilavam entre a primeira e a terceira pessoa, a tradição uniforme de todos os manuscritos apresenta o texto na terceira pessoa, ou seja, do começo ao fim: "eles dizem", "eles creem" etc.

Todas as edições mais recentes seguem a linha da tradição que em A, 9 traz a primeira pessoa (portanto: "dizemos"), com exceção da observação sobre o *Fédon*, em que a expressão "no *Fédon*, dizemos" pareceu linguisticamente inviável e, por conseguinte, não foi acolhida pelas edições. Essa incoerência foi removida por Werner Jaeger em seu último ensaio inconcluso, na medida em que inseriu também ali a primeira pessoa[8].

O que Aristóteles escreveu nessas passagens? "Nós" ou "eles"? É preciso ponderar, em relação a isso, que Alexandre de Afrodísias (c. 200 d.C.) já tinha conhecimento da "versão do nós" e a citou sem se ocupar mais de perto com o problema[9]. Se Aristóteles usou o tempo todo (e, portanto, também em A, 9) a terceira pessoa ("eles dizem"), não existe nenhuma dificuldade de compreensão. Só que, nesse caso, seria preciso supor que, ainda antes do ano 200, alguém converteu, em todas essas passagens, a terceira pessoa em primeira, decerto com a intenção de criar a maior afinidade possível entre Aristóteles e a teoria de Platão. Essa modificação teria, então, penetrado no grupo *a* da tradição.

Se o próprio Aristóteles usou a primeira pessoa em A, 9, há várias possibilidades de interpretação. Werner Jaeger fixou nessa constatação sua concepção do desenvolvimento de Aristóteles. Aristóteles diz "nós" em A, 9 porque ele próprio teria sustentado a teoria das ideias, da qual ele acabou se desvencilhando e, mais tarde (em M, 4-5), já com um distanciamento maior, fala dos representantes da teoria das ideias na terceira pessoa. Werner Jaeger imagina que o texto do Livro I da *Metafísica* tenha sido apresentado em Assos, pouco depois da morte de Platão, como expressão da aporia com que Aristóteles se deparara naquele momento. Mas para quem? Para Hérmias, o amigo de Platão, para Espêusipo

---

8. Assim em JAEGER, W., "We say in the Phaedo", in: *Harry Austryn Wolfson Jubilee Volume I*, Jerusalem, 1965, 407-421 (dica de O. Primavesi). Na sua edição da *Metafísica*, Jaeger ainda havia mantido a terceira pessoa no corpo do texto, mas apontado no aparato crítico para a versão na primeira pessoa e acrescentado "an recte?" ["seria correto?"].

9. CIA I, 106, 6 ss. Alexandre apenas acrescenta que Aristóteles estaria citando a teoria de Platão "como se fosse sua".

e Xenócrates, que há muito já haviam trilhado caminhos próprios? Tudo isso é muito improvável e hoje ninguém mais defende isso nesses termos. Outros veem o "estilo do nós" meramente como manifestação visível do pertencimento institucional à Academia platônica, que não existia mais quando Aristóteles, mais tarde, apresentou o Livro XIII (M) da *Metafísica* supostamente para um público bem diferente. Um pouco diferente é a concepção de que, no Livro I da *Metafísica*, Aristóteles teria pretendido meramente apresentar (e então também submeter à crítica) a teoria de Platão como introdução a uma "filosofia primeira". Diante de uma audiência vinculada à Academia, ele teria se valido da primeira pessoa para criar uma identificação, visando conquistar seus ouvintes passo a passo, e então, depois de estabelecer uma ontologia alternativa em M, 4-5, passara a usar a terceira pessoa[10]. Nesse caso o "nós" em A, 9 não seria um *pluralis maiestatis* ("nós" na função de "eu") referindo-se apenas a Aristóteles, mas um "nós" integrador que inclui o ouvinte. Desse modo, entra em jogo um aspecto retórico persuasivo. Aristóteles quis levar os ouvintes da Academia, para os quais ele estava falando e que naturalmente tinham conhecimento dos argumentos, a acompanhá-lo na transição para a crítica. Só assim seria possível resolver a dificuldade que, numa primeira leitura do texto, consiste em que Aristóteles simultaneamente teria defendido e combatido a teoria das ideias. Ele se solidariza com seus ouvintes.

Um outro ponto talvez seja até mais importante. O fato de Aristóteles repetir no Livro XIII da *Metafísica* grande parte da crítica à teoria platônica literalmente como a apresentou no Livro I significa inversamente que, para ele (quando ele talvez ainda podia dizer "nós" referindo-se aos platônicos), a crítica já estava estabelecida em todos os seus detalhes. Em todo caso, ele se originou das discussões travadas na Academia. A favor disso consta também o modo abreviado de citação dos argumentos que eram conhecidos na Academia, como, por exemplo, "o argumento das ciências" (I, 9, 990b 12) ou "o terceiro ser humano" (I, 9, 990b 17), sem que seja dito do que se trata mais exatamente.

Não podemos expor aqui essa complexa argumentação em todas as suas minúcias, mas destacaremos apenas a linha básica. Aristóteles critica, em primeiro lugar, o fato de que a aceitação das ideias representaria uma desnecessária duplicação do mundo, caso existisse uma ideia homônima de cada coisa individual. Se existissem ideias de tudo o que é objeto de uma ciência, também deveria haver ideias de relações, de negações e de coisas passadas. Disso resultariam ideias de coisas para as

---

10. Esta é a posição de Primavesi, in: Steel, 2012, 413.

quais os platônicos (na maioria das vezes, Aristóteles fala no plural) nem assumiram ideias. Porém, a aceitação desse tipo de ideias leva a contradições e incoerências. Por exemplo, o relativo precisa de um objeto de referência e, desse modo, de uma substância como base da existência, a única da qual poderia haver uma "ideia". Totalmente incompreensível é a observação em forma de palavras-chave: "Há os que citam o terceiro ser humano" (I, 9, 990b 16). Isso se refere a um argumento discutido em diversas variantes na Academia, mencionado por Aristóteles também em outras passagens (*Metafísica* VII, 13, 1039a 2; XI, 1, 1059b 8; *Tópicos* IX, 178b 36). Aristóteles explicitou esse argumento em seu escrito perdido *Sobre as ideias*, que Alexandre de Afrodísias, no século II d.C., ainda tinha em mãos ao escrever seu comentário ao Livro I da *Metafísica* aristotélica. De acordo com esse escrito, o argumento do "terceiro ser humano" possui várias variantes; duas são especiais: (1) Ao lado do ser humano individual e da ideia do ser humano precisa haver ainda um terceiro elemento, um conceito universal do ser humano que engloba todos os seres humanos. (2) O ser humano vai passear. Não há a ideia do ser humano que vai passear, pois ela é imutável, e nem é propriamente um ser humano individual, porque não sabemos disso. Cada ser humano individual é diferente de caso para caso. A palavra "ser humano" se refere tanto ao ser humano individual quanto à ideia. Ambos exigem um terceiro ao qual se subordinam, o "terceiro ser humano", e depois um quarto etc., de modo que daí se origina um *regressus ad infinitum*. Essa variante é remontada ao sofista Polixeno (cunhado de Dionísio II)[11]. Em todas as variantes, o argumento do "terceiro ser humano" não implica uma teoria positiva, mas uma consequência absurda que resultaria da teoria das ideias e, portanto, um argumento contra a teoria das ideias. Aliás, Platão conhecia o argumento e o discutiu no *Parmênides* (132a) entre as objeções contra uma conceituação que existe por si só. No conjunto, percebe-se que a crítica da teoria platônica no Livro I da *Metafísica* não só brotou das discussões da Academia, mas também foi articulada para dentro delas, pois uma simples alusão ao "terceiro ser humano" deveria ser entendida na hora, mesmo que Aristóteles tenha detalhado esse aspecto oralmente. De modo global, Aristóteles quer mostrar que assumir ideias no sentido de Platão e seus adeptos leva a contradições.

Posto que houvesse tais ideias – Aristóteles prossegue em sua argumentação –, elas não poderiam ser causa de movimento e mudança. Elas tampouco poderiam ser "paradigmas" (*paradeígmata*), isolados no plano suprassensível,

---

11. Cf. GRAESER, A., Der dritte Mensch des Polyxeno, *Museum Helveticum*, v. 31 (1974) 140-143.

para as coisas singulares. Nesse caso, o ser humano teria de ser determinado logo por três ideias, pela do "ser humano em si", pela ideia do "ser vivo" e pela ideia do "bípede".

Na segunda parte da crítica da teoria platônica, Aristóteles faz uma extensa abordagem da complexa teoria dos princípios numéricos de Platão. Sua objeção tem o seguinte teor: ideias não podem ser números, pois de vários números surge um número, mas de várias ideias não surge uma ideia. Muito mais resolutamente Aristóteles rejeita a teoria platônica das ideias-números, que deveriam fundamentar a sequência dimensional "ponto – linha – superfície – espaço" como princípios também das ideias. Nesse caso, a filosofia estaria sendo substituída pela matemática. Apenas palavras vazias estariam sendo compostas em torno das substâncias das coisas visíveis.

Em uma observação final, Aristóteles emite um juízo bastante incisivo, ao chamar a fase inicial "da filosofia primeira" (aqui entendida no sentido temporal) de "gaguejar balbuciante", por não ter captado com clareza as quatro causas. De modo geral, seria impossível chegar a um resultado na pesquisa dos elementos do (exist)ente, enquanto não se atentar para o fato de que "o (exist)ente é enunciado de múltiplas maneiras" (*Metafísica* I, 9, 992b 19). Desse modo, foi enunciado o princípio básico da Filosofia Primeira aristotélica, que nos livros seguintes da *Metafísica* desempenhará um papel central.

A CIÊNCIA DO SER
(*METAFÍSICA* IV-VI)

> Há uma ciência que investiga o (exist)ente enquanto (exist)ente e tudo o que diz respeito a ele [ao (exist)ente enquanto (exist)ente]. Essa ciência não é idêntica a nenhuma das ciências individuais. Pois nenhuma das demais ciências tem por objeto de investigação o (exist)ente enquanto tal. Muito antes, elas recortam uma parte dela [da ciência do ser] e investigam o que resulta para essa parte, como, por exemplo, as ciências matemáticas (*Metafísica* IV, 1, 1003a 21-26).

Aristóteles enfatiza que existe mesmo uma ciência do ser enquanto tal, evidentemente contra toda a relativização na sofística, contra as concepções míticas de um criador do mundo (demiurgo), contra a mistura das ciências individuais, inclusive da matemática, com a ciência do ser. A ciência das causas e dos princípios do ser é anteposta às demais ciências. Seu objeto é duplo. Por um lado, no sentido de uma ontologia universal, ela investiga as características estruturais e os princípios mais gerais de tudo o que existe e, por outro lado, refere-se ao que é autônomo de acordo com o ser, ao "separado" (χωριστά [*choristá*]) (do mundo dos sentidos), ao imutável (ἀκίνητα [*akíneta*]). Por muito tempo, viu-se uma contradição entre essas duas metas. A concepção em que a rigorosa separação (*chorismós*) entre o mundo dos sentidos e o âmbito do imutável, do puro ser, está em primeiro plano ainda seria platônica, nem seria propriamente metafísica, ao passo que o projeto de uma ciência universal do ser retrataria a teoria propriamente aristotélica. Contudo, o próprio Aristóteles percebeu a dificuldade: "Poder-se-ia levantar a pergunta se a filosofia primeira é geral ou se se refere a um âmbito bem determinado e a uma única entidade. [...] Ela é geral no sentido de que ela é a primeira" (*Metafísica* VI, 1, 1026a 23-30).

Aristóteles exemplifica essa relação peculiar recorrendo à matemática. A geometria e a astronomia tratam, cada uma delas, de um âmbito individual, mas a matemática em seu conjunto abrange os dois âmbitos. Pode até ser que essa fundamentação não nos convença inteiramente, mas o que Aristóteles quer é integrar os dois aspectos da ciência do ser em uma "filosofia primeira". Em diversas passagens da *Metafísica* (IV, 2; IX, 1), isso é feito por meio da assim chamada relação de identidade (na pesquisa anglo-saxônica: *focal meaning* ["significado focal"]), que, como estrutura relacional e ordenadora, deriva o ser individual de um primeiro ser, que é simultaneamente princípio e causa de todas as outras espécies do ser. No fundo, deparamo-nos com a mesma estrutura que determina a teoria das categorias, já que também os aspectos linguístico e objetal se compenetram na teoria do ser. Aristóteles não formula: "O ser é múltiplo", mas: "O ser é enunciado de múltiplas maneiras" (*Metafísica* I, 9, 992b 19; IV, 2, 1003b 32; VI, 4, 1028a 5; VII, 1, 1028a 10; XIV, 2, 1089a 7). A questão do ser aparece no horizonte da linguagem.

A "multiplicidade" com que são feitos enunciados sobre o ser significa também que há ainda outras vias de apreensão do ser além da assim chamada relação de identidade (enquadramento na ordem do ser), a saber, a analogia como instância que promove a unidade dentro da multiplicidade do ser e o meio de interpretação por aspectos, que está embutido no par de conceitos "possibilidade" e "realidade". Diferentemente do direcionamento vertical da relação de identidade, a analogia significa uma vinculação de membros de mesma hierarquia, mas de espécies distintas, no plano horizontal, enquanto a aplicação do par de conceitos "possibilidade" e "realidade" indica o processo em que a matéria se torna forma e, desse modo, se torna ser no sentido da substância. Mas isso é explicado de modo mais preciso nos assim chamados livros da substância.

OS LIVROS DA SUBSTÂNCIA
(*METAFÍSICA* VII-IX)

Esses livros formam uma unidade coesa e são caracterizados de modo geral como "livros da substância"[12]. Eles tratam, portanto, da "substância" (οὐσία [*ousía*]), e, em reiteradas tentativas, servem para demonstrar que a substância tem a precedência em relação a tudo o mais. Recorrendo à fórmula: "O ser é enunciado de múltiplas maneiras", Aristóteles pensa a substância primeiramente como a coisa individual concreta, a respeito da qual se formulam enunciados no sentido da teoria das categorias. Ele então amplia esse conceito de substância em vários aspectos que se sobrepõem, e faz isso em discussão com outras teorias da Academia; Platão e Espêusipo são mencionados nominalmente no Livro VII da *Metafísica* (*Metafísica* VII, 2, 1028b 20; 22).

Portanto, Aristóteles fala de substância de múltiplas maneiras e, ao fazer isso, diferencia entre (1) a essência de uma coisa, expressa na forma típica – cunhada por Aristóteles para composições de palavras a partir de verbos – "aquilo que é propriamente ser" (τὸ τί ἦν εἶναι [*tó tí ên eînai*]), (2) o universal, (3) o gênero, (4) o "substrato" (ὑποκείμενον [*hypokeímenon*], *Metafísica* VII, 3, 1028b 33-36). Aristóteles, no entanto, não trata das formas de manifestação da substância nessa ordem, mas volta-se primeiramente para o "substrato". Enquanto "substância", ela é aquilo que permanece para além da mudança das diferentes propriedades, aquilo "que está na base" de tudo o mais, bem no sentido da teoria das categorias. A questão é o que sobra quando se tira todas as propriedades. Dado que a simples negação de propriedades não é capaz de constituir substância, o que sobra na redução continuada é a matéria pura (ὕλη [*hýle*]), *prima materia*. Mas Aristóteles logo rejeita essa ideia ("isso é impossível", VII, 3, 1029a 27), porque tal matéria pura não seria cognoscível. Assim ele se volta para o que chama de "aquilo que é propriamente ser" (VII, 4). Com essa expressão ele se refere ao núcleo essencial de uma substância singular.

É a forma (εἶδος [*eîdos*]) de um gênero (γένος [*guénos*]) que existe quando, na condição de algo individual (ὅπερ τόδε τι [*hóper tóde ti*]), pode ser objeto de uma definição conceitual (*Metafísica* VII, 4). As consequências dessa abordagem desembocam em uma investigação não menos complexa sobre o devir (surgimento) de coisas (*Metafísica* VII, 7-9). Aristóteles diferencia, primeiramente,

---

12. Instrutivo é Rapp, C., 1996. Ali mais bibliografia sobre o Livro Z (= VII). Importante: Frede; Patzig, 1988, além de Detel, 2009 – tradução com notas explicativas extensas (600 páginas!).

entre o devir pelo crescimento natural, o devir pela produção artificial e o devir pelo surgimento espontâneo ("automático"). Aristóteles trata mais extensamente de todo esse complexo no escrito *Sobre a geração e a corrupção*. Aqui, na *Metafísica*, o que lhe importa é a gênese da substância individual, na qual, por se tratar de um processo natural de vir a ser, é preciso que predomine uma igualdade qualitativa do que gera e do que é gerado. Aristóteles expressa essa relação por meio da fórmula: "Um ser humano gera um ser humano" (*Metafísica* VII, 8, 1033b 33; cf. também *Metafísica* XII, 3, 1070b 33; XIV, 5, 1092a 16; muitas vezes também na *Física*).

> Pois, na reprodução dos seres vivos de determinada espécie, o conceito geral de espécie se divide em indivíduos sempre novos dessa mesma espécie e, desse modo, realiza sua verdadeira essência, a saber, sua generalidade atemporal, e isto com uma constância que só na natureza se torna realidade[13].

Nesse exemplo fica claro por que Aristóteles rejeita a ideia platônica. A "forma" (εἶδος [*eîdos*]) está presente na realidade, em tudo que vive. Por conseguinte, na concepção aristotélica, as "substâncias" não são ideias platônicas (*Metafísica* VII, 14), mas certamente são "primeiras causas do ser" (*Metafísica* VII, 17, 1041b 27) das coisas individuais.

Enquanto o Livro VIII da *Metafísica* é dedicado às substâncias perceptíveis com os sentidos, contendo sobreposições e repetições de exposições mais antigas, o Livro IX contém o significativo tratado sobre "possibilidade" (δύναμις [*dýnamis*]) e "realidade" (ἐνέργεια [*enérgeia*]) (*Metafísica* IX, 1-9). Na linguagem pré-aristotélica, a palavra *dýnamis* quer dizer "força" e "capacidade", ao passo que o conceito *enérgeia* é um termo criado por Aristóteles sem ocorrência anterior comprovável. Com esse par de conceitos Aristóteles obtém um recurso adicional de interpretação para evidenciar ao modo de aspectos a multiplicidade da unidade do (exist)ente.

Nesse contexto, a "possibilidade" não deve ser entendida como modalidade lógica (no sentido de um "talvez"), mas como categoria ontológica. Enquanto ainda não (exist)ente, ela é de antemão disposta para a realização; ela como que pressiona para a realização e o movimento. Todo devir constitui um movimento do (exist)ente segundo a possibilidade para o (exist)ente segundo a realidade. De acordo com isso, todos os processos de devir são finalistas. Esse caráter finalístico

---

13. OEHLER, K., Ein Mensch zeugt einen Menschen, in: OEHLER, K., *Antike Philosophie und Byzantinisches Mittelalter*, München, 1969, 95-145, aqui 127 (1. ed. 1962).

também se expressa no fato de que, em vez de "realidade", também se pode dizer completude, *entelèchia* (*Metafísica* IX, 8, 1050a 23). Nesse caso, "realidade" é tanto a realização quanto o estar-realizado de algo que antes era apenas possível. Ao par de conceitos "possibilidade" e "realidade" correspondem os termos "matéria" (ὕλη [*hýle*]) e "forma" (εἶδος [*eidos*]). Para Aristóteles não existe nenhuma matéria pura, independentemente de qualquer formatação[14]. A matéria é sempre também projetada para ser formatada, ela pressiona por ser formatada, ela é potencialmente forma. Pois a transição de possibilidade para realidade é levada a termo de tal modo que, em processo direcionado a um fim, a matéria se torna forma ou da matéria é feita a forma. As quatro causas e princípios que, como algo não derivável, são para Aristóteles ponto de partida e fundamento da teoria do ser, correspondem ao esquema estrutural "possibilidade – realidade" e "matéria – forma", na medida em que a causa formal (*causa formalis*) designa o ser realizado, a substância enquanto forma, a causa material (*causa materialis*) designa a matéria que, no sentido da possibilidade, impele para a formatação, a causa eficiente (*causa efficiens*) designa o impulso que inaugura o processo de formatação da matéria, a causa final (*causa finalis*) designa o direcionamento representado pela meta da realização do possível.

Nesse tocante, "possibilidade" e "realidade" encontram-se em analogia com "matéria" e "forma". A analogia (*Metafísica* V, 6, 1016b 34 ss.; IX, 6, 1048a 35; XII, 4-5) constitui, em Aristóteles, uma equação proporcional, como, por exemplo: *dýnamis* (possibilidade) é o x que está para a *enérgeia* (y) como o que dorme (x 1) está para o que está acordado (y 1) ou o bloco de mármore (x 2) está para a estátua (y 2). O requisito tem o seguinte teor: "com base na analogia ver o que há em comum"[15]. Ao lado da "relação de identidade" de orientação vertical, a analogia constitui, no plano horizontal, um recurso de interpretação do tipo aspectual visando a apreensão do ser, sendo que as duas orientações figuram lado a lado, mas não são explicitamente vinculadas uma com a outra – a aceitação de um desenvolvimento no pensamento aristotélico que vai do plano vertical, supostamente ainda platônico para o plano horizontal da analogia é bastante problemática. Os dois complexos e, desse modo, toda a questão do ser em todas as suas configurações situam-se no horizonte das teorias e discussões feitas na Academia, não obstante toda a crítica quanto aos detalhes.

---

14. Sobre todas as questões atinentes ao conceito da matéria é fundamental a obra monumental de HAPP, H., *Hyle*, Berlin, 1971.

15. Sobre a dificuldade de crítica textual da passagem (1048a 37) cf. 158, nota 5, da tradução de SZLEZÁK, 2003.

Também fica claro na concepção de Aristóteles que a forma e, desse modo, a realidade são anteriores à matéria e à possibilidade. Nós pensaríamos o oposto. Da matéria anteriormente existente devém mais tarde a forma, da madeira vem uma cadeira. Aristóteles, porém, em diversas passagens de sua obra (a mais extensa é a de *Metafísica* V, 11), diferencia entre vários aspectos e significados de "mais cedo" e "mais tarde". Em conexão com a discussão sobre "possibilidade" e "realidade", Aristóteles aduz os seguintes argumentos e exemplos (*Metafísica* IX, 8-9): (1) O conceito (*logos*) de uma coisa precede à capacidade. Temos um conceito de casa antes de poder construir uma casa. (2) A capacidade de construir uma casa é ativada pela atividade e, desse modo, por um real existente. (3) Um tocador de cítara possui a capacidade de tocar a cítara, porque ele a aprendeu anteriormente por meio do exercício ativo e, portanto, de uma atividade. (4) Também de acordo com o ser, a forma existe antes da possibilidade. O homem como forma realizada é anterior à criança que tem a capacidade de tornar-se um homem. (5) O eterno é anterior ao passageiro. Nada do que é eterno o é apenas segundo a possibilidade. O que apenas possivelmente é, é passageiro. Percebe-se como Aristóteles concorda com Platão na concepção da prioridade da forma em relação à matéria, da realidade em relação à possibilidade, mas fundamenta isso mediante outra referência a um conceito concreto de substância, não separado do mundo do visível.

Característico da consciência que Aristóteles tem de um "mundo dos valores" é que ele valora eticamente, também no contexto de uma metafísica, o primado da atividade em relação à simples capacidade. Quando se trata de fins bons, a atividade é melhor do que a capacidade, quando se trata de fins maus, ela é pior. A simples capacidade pode levar a fins opostos. O médico pode curar, mas também provocar a doença. É melhor, é certo, quando ele cura. Contudo, se sua intenção for oposta, é melhor que ele não leve a cabo a sua aptidão. Fazer as duas coisas ao mesmo tempo não é viável. Por trás da dicção sóbria dessa seção (*Metafísica* IX, 9, 1051a 4-21), vislumbra-se apenas implicitamente a relevância ética do enunciado. Ele lembra a incômoda proposição: "Quem é capaz de agir, também é capaz de não agir" (cf. acima p. 87). As seguintes palavras chamam a atenção:

> O ruim não está ao lado das coisas. Pois por sua natureza o ruim é posterior à capacidade de fazê-lo. Logo, está claro que nas coisas eternas que existem desde o início não há nada de ruim, nada de errado, nada pervertido. Pois também a perversão faz parte do que é ruim (*Metafísica* IX, 9, 1051a 17-21).

A ruindade que existe no mundo não é nenhuma categoria metafísica, nenhuma "sina", capaz de abater-se inexoravelmente sobre alguém; ela está vinculada única e exclusivamente ao agir humano.

O capítulo final (IX, 10) dos livros da substância reveste-se de importância especial em função do conceito de verdade nele exposto. Em termos mais precisos, trata-se de dois conceitos de verdade, que Aristóteles coloca um ao lado do outro, a saber, em primeiro lugar, a "verdade" como interconexão do que combina e separação do que não combina, ou seja, como verdade julgadora, e, em segundo lugar, a verdade como experiência pensante do ser, ou seja, como resultado da ativação da faculdade de pensar. A inter-relação dos dois conceitos de verdade consiste, no primeiro caso, em uma interconexão (de diversos elementos em uma proposição), no segundo caso, em coisas não conectadas (apreensão do ser). Em ambos os casos – e este é o objetivo da demonstração –, trata-se da prioridade da realidade em relação à possibilidade. Não é porque nossa opinião sobre um fato é verdadeira que se trata de um fato verdadeiro, mas falamos a verdade porque nominamos um fato na composição logicamente correta dos seus elementos. Na Idade Média, esse conceito de verdade foi chamado de "concordância entre coisa e mente" (*adaequatio rei et mentis*). No caso da apreensão do ser (não conectado) (ou seja, no caso do conceito de verdade mencionado em segundo lugar), este tem prioridade em relação ao nosso ato de pensar porque ele tem duração eterna. Nesse caso, não há como se iludir. Ninguém pode afirmar que um triângulo não é um triângulo. Só existe "pensar ou não pensar" (IX, 10, 1051b 31). No primeiro caso, trata-se de um conceito de verdade subordinado, no segundo caso, de um conceito de verdade superior.

O conceito de verdade superior é o mais antigo. No contexto filosófico, nós o apreendemos pela primeira vez no poema didático de Parmênides. Nele, a verdade é o ser como constituição verdadeira do próprio ser. A ela se contrapõe o mundo da aparência, a simples opinião, pela qual falamos e julgamos. A verdade é a "desocultação" (no sentido etimológico de ἀλήθεια [*alétheia*]) do próprio ser, como principalmente Heidegger trouxe à consciência de maneira renovada[16]. Segundo Heidegger, o conceito da verdade teria sido deturpado por séculos de tradição filosófica que o vinculou à linguagem e ao juízo, mas não à coisa. Todo o empenho da filosofia de Heidegger está voltado para reverter essa "decadência". Segundo Heidegger, a "decadência" já começa

---

16. HEIDEGGER, M., *Platons Lehre von der Wahrheit*, Bern, 1947. Cf. sobre isso HELTING, H., ΑΛΗΘΕΙΑ, in: GÜNTHER, H.-J.; RENGAKOS, A. (ed.), *Heidegger und die Antike*, München, 2006, 47-61 (Zetemata 126).

com Platão. É certo que também Platão conhece o conceito "verdade" como a "desocultação", ou melhor: a "realidade" do ser como objeto do conhecimento (*República* VI, 508e)[17], mas nos diálogos tardios, especialmente no *Sofista*, o conceito de verdade é usado no contexto de verdade e falsidade como propriedade de juízos. Portanto, Aristóteles não foi o primeiro a desvincular o conceito de verdade da ligação rigorosa com o ser, mas, também nesse ponto, ele se encontra na tradição de Platão[18]. No entanto, quando, em seguida, fala de "tocar" e "nominar" a verdade no sentido da realidade do ser (*Metafísica* IX, 10, 1051b 24), ele se associa ao conceito de verdade mais antigo (parmenídico), que de maneira inteiramente irrefletida está na base também do anúncio inicial de que Aristóteles quereria investigar o que os pensadores mais antigos disseram "sobre a verdade", isto é, "sobre a realidade do ser" (*Metafísica* I, 3, 983b 3). Naturalmente há em Aristóteles também um uso bem coloquial do conceito "verdade" (isento da conotação de "desocultação") e, por fim, há também a virtude ética da "veracidade" (*Ética a Nicômaco* II, 7, 1108a 20), que é designada com a mesma palavra *alétheia*.

O PRIMEIRO MOTOR – TEOLOGIA
(*METAFÍSICA* XII)

No capítulo inicial programático do Livro VI da *Metafísica,* Aristóteles havia agrupado as ciências teóricas em: matemática, ciência natural e "teológica" (*Metafísica* VI, 1, 1026a 19). Esta diz respeito ao "gênero mais venerável" do ser. Porém, no restante do Livro VI e nos "livros da substância", praticamente não se fala de uma esfera do divino. Isso tem a ver com o fato de que, nesses livros, Aristóteles colocou em primeiro plano o aspecto da teoria do ser que se refere à "filosofia primeira" enquanto teoria geral do ser.

---

17. Cf. as exposições detalhadas de Szaif, J., *Platons Begriff der Wahrheit*, München, 1996, que à interpretação da verdade como "desocultação" [*Unverborgenheit*] por Heidegger contrapõe o conceito "realidade" (como "realidade do ser"), com o argumento de que no uso linguístico grego a raiz etimológica dessa palavra (*a-letheia* = "desocultação") não estaria mais consciente desde o século IV. Rejeição total do conceito de "verdade" como "desocultação" em Friedländer, P., Aletheia, in: Id., *Platon I*, Berlin, ²1954, 233-248. Sobre o desenvolvimento ulterior do conceito da verdade cf. Szaif, J., et al., Wahrheit, *Historisches Wörterbuch der Philosophie*, v. 12 (2004) 48-169.

18. Sobre o conceito da verdade em Aristóteles cf. Tugendhat, E., Der Wahrheitsbegriff bei Aristoteles, in: Id., *Philosophische Aufsätze*, Frankfurt a.M., 1992, 161-176.

No livro que se tornou famoso como Livro *Lambda* (XII), é exposto, então – uma única vez –, o conjunto da esfera divina do ser puro[19]. Essa "teologia do ser" exerceu enorme influência, exatamente também sobre a tradição cristã da Idade Média e do início da Era Moderna. Só que esse livro é marcado, em extensos trechos, por um estilo de anotações, evidentemente para servir de base para uma preleção consistente. Só no capítulo VII, no qual é introduzido o conceito de Deus, percebe-se também uma pretensão literária, em uma dicção que, nas passagens centrais, chega a assumir a forma de hino. Mas também como preleção em seu conjunto (provavelmente ainda feita na Academia), essa "teologia" deve ter tido de imediato um grande impacto.

A perspectiva inicial é a da física, na medida em que a Parte I do livro (capítulos 1-6) trata das substâncias perceptíveis, e faz isso de modo relativamente extenso, tratando primeiro das substâncias mutáveis perceptíveis (capítulos 1-5) e depois do postulado de uma substância eterna, imóvel (capítulo 6), ao passo que a Parte II do livro (capítulos 7-10) é dedicada às substâncias eternas inteligíveis. A teologia recebe, portanto, um substrato ontológico-físico. Pois isto fica claro de imediato: a investigação das substâncias perceptíveis, que dá a impressão de uma síntese comprimida da ontologia da substância dos "livros da substância" (*Metafísica* VII-IX) (sendo que a relação cronológica fica em aberto), não está posta ali em função dela mesma, mas tem um propósito e desemboca em um processo progressivo de redução à instância suprema do ser, ao "primeiro motor", mais exatamente: a um "Primeiro Movimentador". De modo correspondente, o conceito e a ideia do movimento, da "mudança" (μεταβολή [*metabolé*]), ocupam o primeiro plano. São denominados os tipos de mudança da substância individual (qualidade, quantidade, movimento de um lugar para outro), é postulado um substrato para cada mudança e delineada a transição da matéria para a forma como um processo que vai da possibilidade para a realidade. Nessa exposição, a matéria e a forma aparecem como pontos finais de processos de mudança; a última forma e a última matéria não têm gênese. Forma, matéria e sua "privação" (por exemplo, destruição) são tratadas como aspectos do ser, a exemplo da "analogia" – em suma: aqui reverbera tudo que é explicitado em diferentes contextos também de outros livros da *Metafísica*.

---

19. Importantes são os trabalhos de Oehler, K., 1984, a começar por sua dissertação: *Die Lehre vom noetischen und dianoetischen Denken bei Platon und Aristoteles*, München, 1962; Hamburg, ²1985, 186-212. Cf. ainda: Frede; Charles, 2000. Tradução com comentário de Bordt, M., Darmstadt, 2006.

O postulado de um ser, ele próprio imóvel, que é a causa de todo movimento e mudança no mundo perceptível pelos sentidos, tem seu ponto de partida na ideia da eternidade de movimento e tempo. O movimento como tal, a exemplo do tempo, não pode surgir nem desaparecer; ambos sempre foram e sempre são, como Aristóteles expõe mais detalhadamente na *Física*. O movimento individual, perceptível, tem início e fim, mas existe *um* movimento perceptível e, ao mesmo tempo, sem início e fim, que é o movimento circular. Do fato de todo movimento estar ligado a uma substância decorre que o movimento circular eterno e incessante se manifesta como o movimento dos astros fixos. Aristóteles denomina essa esfera de "primeiro céu" (*Metafísica* XII, 7, 1072a 23). Desse modo, um componente cosmológico passa a integrar o raciocínio e, de fato, a ontologia de Aristóteles é simultaneamente cosmologia, tanto é que a discussão com os filósofos mais antigos (capítulo 6) volta a aflorar e orienta-se nas concepções cósmicas destes. Nela, Aristóteles rejeita estritamente, contrariando Platão (e outros), a possibilidade de um automovimento eterno. "Tudo que move é movido por algo": este é seu princípio (*Metafísica* XII 8, 1073 a 26). Portanto, também o "primeiro céu" (segundo a imagem de mundo cosmológica de Aristóteles) tem de ser movido por algo, e isto é "o primeiro motor", "o primeiro movimentador". Sua peculiaridade é a falta de todas as propriedades que competem a toda outra forma do ser. Ele é imóvel; todo movimento, inclusive o simples movimento circular, seria mudança. Ele não se encontra na relação entre possibilidade e realidade, pois é pura realidade. Ele é, portanto, eterno, imóvel, mas por sua simples existência desencadeia um movimento "como algo que se ama", e "por meio de uma coisa posta em movimento, ele movimenta tudo o mais" (*Metafísica* XII, 7, 1072b 3). Essa "coisa posta em movimento" é o "primeiro céu". Portanto, o restante do mundo é movido apenas indiretamente pelo primeiro motor. Aristóteles caracteriza esse primeiro motor como "pensamento" (νοῦς [*noûs*]). Sendo realidade pura, ele tem de, ademais, estar ativo. Sua ação se volta para o melhor no sentido mais elevado, e isto é ele próprio. Portanto, ele pensa a si próprio. Com o "pensamento do pensamento" (νόησις νοήσεως [*nóesis noéseos*]), Aristóteles constitui uma "metafísica do espírito" que é, ao mesmo tempo, teologia, pois esse ser supremo é chamado de "Deus".

> Desse princípio depende, portanto, o céu e a natureza. Seu modo de viver, porém, é como aquele que nós somente temos por breve tempo. Pois aquele ser vive sempre assim; para nós isso não é possível. Sua atividade também é prazer e, exatamente por isso, estar atento, perceber, pensar são tão prazerosos e, por meio deles, vêm as esperanças e as memórias. O pensamento em si se dirige para o melhor em si, mais

precisamente, o (pensamento) em seu grau máximo para o (melhor) em seu grau máximo. Portanto, o pensamento pensa a si mesmo ao apreender o que é pensável. Pois ele se torna objeto do pensamento, ao tocar este (diretamente) e (nisso) pensar, de modo que o pensamento e o que pode ser pensado ser tornam a mesma coisa. [...] Ora, se Deus sempre se encontra em um estado tão excelente como nós nos encontramos somente às vezes, então isso é maravilhoso, mas se ele se encontrar em um grau ainda mais elevado (em relação ao ser humano), então isso é mais maravilhoso ainda. Mas seu estado é esse mesmo. Também a vida lhe compete com toda certeza. Pois a realidade do pensamento é vida, e aquele (Deus) é essa realidade. Pois a realidade que lhe compete é a vida melhor e eterna. Por conseguinte, dizemos que Deus é o melhor ser vivo, o ser vivo eterno, de tal modo que a Deus compete vida e duração ininterrupta e eterna (*Metafísica* XII, 7, 1072b 13-30).

Essa passagem, enfaticamente sobrelevada até no estilo, foi chamada de "ponto culminante da filosofia antiga" (OEHLER, 1984, 105).

Se procurarmos entender essa concepção um pouco melhor ainda, temos de partir da base de toda a argumentação, segundo a qual Aristóteles diferencia três espécies de substâncias, a saber, (1) a substância individual, sobre a qual se pode formular enunciados categoriais (qualidade e quantidade etc.), que se situa no campo de tensão entre possibilidade e realidade dentro do nosso mundo da experiência sensível e no qual existem as mais diferentes espécies de movimento e, desse modo, de mudança. Como Aristóteles detalha no escrito *Sobre o céu* (cf. p. 297), essa esfera vai da Terra até a lua; é a esfera sublunar; (2) substâncias que são movidas e perceptíveis, mas também eternas, ou seja, os planetas que circulam na campânula do céu; (3) o motor imóvel, que está separado de tudo que pode ser percebido pelos sentidos. Uma tripartição parecida das esferas do ser encontra-se também em Platão, Xenócrates e outros membros da Academia. Todos eles descrevem um "ascenso" (*ánodos*) de muitos para o um só. O nome "Deus" para o princípio supremo do ser fora cunhado na tradição filosófica por Xenófanes e encontra-se explicitamente em alguns dos filósofos pré-socráticos e também no próprio Platão e em seu aluno Xenócrates. O ponto que essas concepções filosóficas têm em comum é que, contrariamente às concepções de Deus da religiosidade popular e de modo geral toda e qualquer experiência religiosa, a existência de Deus pode ser derivada cientificamente, a cada vez com ênfases diferentes. O Deus de Aristóteles, embora seja caracterizado como "ser vivo", não é uma pessoa, mas um modelo de pensamento; ele não é nenhum criador do mundo, nenhum poder do destino; ele é sem matéria. Embora sua essência seja a realidade pura, ele não se preocupa com o mundo, visto que ele, por sua vez, tampouco pode ser influenciado, não se pode dirigir orações a ele. Combina com isso o fato de Aristóteles sempre usar a forma no neutro – "aquele que movimenta sem ser movido" – e que esse "Deus", portanto, aparece despersonalizado. Ou seja, Aristóteles desenvolve a sua teologia no que se refere à estrutura da argumentação, apesar de todas as marcas específicas, no quadro de um arcabouço de pensamentos previamente dado por Platão[20].

Mas as diferenças fundamentais também aparecem claramente. Elas residem visivelmente na concepção cosmológica. Em um dos seus diálogos tardios, no *Timeu*, supostamente redigido em um período próximo ao do Livro XII da *Metafísica* aristotélica, Platão desenvolveu uma cosmologia, da qual Aristóteles se afasta implícita, mas nitidamente. Para Platão, há um criador do mundo que forma o mundo ao estilo de um artesão ("demiurgo") como retrato de uma ideia perfeita. Esse criador é chamado de "produtor", "pai do universo" (*Timeu* 28c) e "Deus" (30a), sendo o mundo criado por ele um "ser vivo" (30b). Em um legítimo ato de criação, esse "demiurgo" construiu o universo com base em dados matemáticos, ou seja, a partir de uma esfera e de quatro poliedros regulares. Nesse processo, ele criou também uma "alma cósmica" implantada no corpo cósmico e também o tempo como retrato da eternidade (37c). Os astros são tidos como "ferramentas do tempo", na medida em eles permitem medir a vias planetárias denominadas ano, mês, dia e noite. O demiurgo também criou deuses, seres vivos e astros que giram em torno do seu próprio eixo (40a-c).

Essas poucas alusões à complexa cosmologia de Platão, por ele mesmo caracterizada como "discurso provável" (29d) – nós diríamos: como modelo cósmico[21] –, servem para mostrar do que Aristóteles se distancia, apesar de assumir alguns vocábulos. A concepção aristotélica não sabe de nenhum ato de criação, de nenhuma matematização de princípios cósmicos e naturalmente tampouco de uma gênese do tempo e do movimento. Como reverberação de uma formulação platônica pode-se encarar, quando muito, o que Aristóteles explicita sobre o motor imóvel enquanto "ser vivo". No entanto, essa noção se baseia inteiramente em consequências do enfoque aristotélico. Pode até ser uma concepção curiosa para nós que um pensamento imaterial que pensa a si mesmo seja um ser vivo, cuja única atividade é a perene "contemplação" (θεωρία [*theoría*]) que além

---

20. O quanto a concepção aristotélica constitui uma alternativa a modelos similares na Academia foi evidenciado por Krämer, H.-J., *Arete*, 1959.

21. Sobre os detalhes cf. Schadewaldt, W., Das Weltmodell der Griechen, in: Id., *Hellas und Hesperien*, Zürich, ²1970, v. I, 601-625. À semelhança do mito da criação no *Político* 268d-274d.

do mais seria o "mais prazeroso e o melhor" (7, 1972b 23). Aristóteles, porém, quer produzir aqui uma analogia (nada mais que isso) com a suprema atividade humana, a teórica, isto é, produzir uma "teoria" direcionada para os objetos eternos da ciência, como ele descreveu no Livro X da *Ética a Nicômaco* (cf. p. 107). No entanto, a analogia só funciona no plano fundamental, não quanto aos traços individuais. Pois não pensamos – como faz o motor imóvel – a nós mesmos, mas os objetos da "teoria". Nosso pensamento é referente a um objeto; ele não é reflexivo.

Depois de expor, no famoso capítulo VII do Livro *Lambda* da *Metafísica*, a singularidade daquele um motor imóvel, Aristóteles surpreende no capítulo VIII com a informação de que não existe só um, mas, dependendo do cálculo astronômico, existem 47 ou 55 motores primeiros, imóveis. Essa descoberta levou a um animado debate sobre se os conteúdos do pensamento daquele um motor imóvel não seriam justamente esses 47 ou 55 motores imóveis e, portanto, igualmente substâncias eternas, imateriais, que o motor imóvel pensaria ao percorrer os conteúdos do seu pensamento[22].

Em contrapartida, nos últimos capítulos do livro, é enfatizada a singularidade do princípio supremo; as últimas palavras são uma citação de Homero: "Nada de bom traz o domínio de muitos: um deve ser senhor" (*Ilíada* II, 204). É possível coadunar com isso a suposição de uma pluralidade de motores imóveis?

Nessa questão complicada e controversa, a seguinte hipótese me parece ser a mais provável: Aristóteles expôs na Academia a teoria do motor imóvel único com o final triunfante: "Um deve ser senhor". Então, (suponho que) os astrônomos presentes disseram: todo esse edifício não explica suficientemente os movimentos circulares fáticos dos planetas. Em reação a isso, Aristóteles redigiu um adendo para a posterior elaboração por escrito, que é o capítulo VIII, que se diferencia também estilisticamente do estilo telegráfico dos outros capítulos do livro[23].

O capítulo claramente interrompe a argumentação do livro inteiro, mas não se encontra em contradição com a concepção do motor imóvel único. Isso fica

---

22. Esta é a posição de KRÄMER, H.-J., Grundfragen der aristotelischen Theologie, *Theologie und Philosophie*, v. 44 (1969) 363-382; 481-505. A posição contrária em OEHLER (cf. acima, n. 19).

23. JAEGER, W., *Aristoteles*, 1923, 366-392, havia reconhecido corretamente que o capítulo VIII é um acréscimo posterior, mas tirara disso conclusões inaceitáveis sobre a história do desenvolvimento ("Dokument aus der Zeit des Zweifels" ["Documento da época da dúvida"], "Auslieferung der Metaphysik an die Fachwissenschaft" ["A entrega da Metafísica nas mãos da ciência especializada"]).

claro já no fato de que, no início, Aristóteles resume brevemente toda a teoria do motor até a do motor imóvel, para então prosseguir:

> Vemos que, além da órbita simples do céu, que, como dizemos, é mantido em movimento pela substância primeira e imóvel, ainda existem outras órbitas, as dos planetas, que são eternas. [...] Por conseguinte, também cada um desses movimentos precisa ser causado por uma substância em si imóvel e eterna (*Metafísica* XII, 8, 1073a 28-34).

De acordo com isso, a teoria de um motor imóvel único não é substituída, mas complementada pela suposição de que deve haver a mesma quantidade de motores imóveis quantos são os sistemas planetários que se encontram em movimento. Para obter detalhes sobre isso é preciso interrogar os especialistas, como Aristóteles comenta expressamente (1073b 14). Esses especialistas são os mais renomados daquele tempo, Eudoxo de Cnido e Calipo. Eudoxo (c. 400-347), amigo de Platão, mesmo que não tenha sido membro formal da Academia, muito apreciado pelo quase 20 anos mais jovem Aristóteles (cf. p. 101-102), o mais importante matemático e astrônomo daquele tempo, desenvolveu um sistema de 27 esferas concêntricas, no qual o movimento (aparente) dos planetas (incluindo o sol e a lua) é explicado pela rotação uniforme combinada de uma certa quantidade de esferas, 27 ao todo, que foram implantadas nos planetas. Ele supôs quatro esferas para cada um dos cinco planetas, três para o sol e três a lua. Nesse sistema, a primeira esfera sempre ocasiona a órbita diária e a segunda a órbita anual. Os cálculos feitos por Eudoxo, combinando empiria e formulação de teoria, constituem um exemplo significativo de seu lema: "resgatar os fenômenos" (σώζειν τὰ φαινόμενα [*sótzein tá phainómena*]). Para o bem mais jovem Calipo (c. 370-300), as 27 esferas imbricadas de Eudoxo não eram suficientes para explicar satisfatoriamente os fenômenos celestes. Ele acrescentou sete esferas, duas para o sol e a lua e uma para cada um dos demais planetas. Aristóteles diferenciou ainda mais esses modelos, supondo que, entre cada uma das esferas, existem adicionalmente, visando sua interconexão, as assim chamadas "esferas retrógradas" (1074a 12), de modo que ele chega ao todo a 55 esferas ou então a 47, caso não se queira acrescentar essas esferas retrógradas ao sol e à lua. De modo correspondente, há ao todo 47 ou 55 motores imóveis. Mesmo sem detalhar os cálculos complexos (o que aqui ficaria muito extenso), fica claro que esses 55 motores imóveis são nitidamente diferenciados do único motor imóvel do universo e, pelo visto, subordinados a ele. Desse modo, é praticamente impossível que essa pluralidade de motores perfaça o conteúdo do pensamento do motor imóvel único, mesmo que a relação entre esses motores e o primeiro motor ao qual estão subordinados não fique cabalmente claro a partir do texto. A maioria das razões, por conseguinte, fala a favor da hipótese de que com a concepção do "pensamento do pensamento" Aristóteles tenha criado um conceito limítrofe puramente reflexivo, que decorre logicamente da concepção do ser como um todo[24]. Com a suposição de 55 motores imóveis adicionais Aristóteles estruturou, então, toda a esfera transcendente do ser mediante uma demonstração astronômico-física e, desse modo, transpôs para a realidade verificável o espaço que Platão havia ocupado com a teoria das ideias e das ideias-números (remete-se a isso expressamente no início do capítulo VIII, 1073a 16-22). Diante de uma dezena de ideias-números estabelecidas especulativamente (como em Platão), Aristóteles pretende apurar a quantidade exata das entidades transcendentes mediante recurso a cálculos e especialistas no assunto.

IDEIAS E NÚMEROS – MATEMÁTICA
(METAFÍSICA XIII-XIV)

Os demais livros da *Metafísica* não foram alvo do mesmo interesse por parte dos intérpretes dos tempos antigos e novos, porque neles predominam as discussões internas das escolas conduzidas polemicamente mediante múltiplas repetições. No entanto, os dois livros finais da *Metafísica* merecem perfeitamente alguma atenção, porque neles se revela a apreciação da hierarquia e do significado da matemática por parte de Platão, seus alunos e Aristóteles[25].

O Livro XIII tem uma estrutura clara. Após uma introdução (capítulo 1), Aristóteles trata os objetos matemáticos puramente como tais (capítulos 2-3), depois aborda a teoria platônica das ideias sem referência aos números (capítulos 4-5) e, por fim, os números em combinação com ideias e princípios (capítulos 6-9, até 1085b 34). Numa parte final (9, 1085b 35-1086a 20), todas as teorias então existentes sobre números como princípios do ser são declaradas falsas. No capítulo 9, 1086a 21, uma repetição parcial dá início a uma nova abordagem[26]

---

24. Assim Oehler (cf. acima n. 19).
25. Valiosas são a contribuição de Annas, 1976, e a coletânea de Graeser (ed.), 1987. Sobre a problemática como um todo cf. Radke, G., *Die Theorie der Zahl im Platonismus*, Tübingen/Basel, 2003.
26. Jaeger, W., *Aristoteles*, 1923, 183-199, identificou essa cesura, mas tirou conclusões hipotéticas referentes à história do desenvolvimento.

que faz a transição para o Livro XIV, que, uma vez mais, contém uma crítica às teorias dos platônicos e pitagóricos sobre os princípios e a matemática.

Tendo em vista a enorme importância que tinha a matemática não só para Platão, mas para a Academia como um todo, na qual entravam e saíam os matemáticos mais famosos da época, Aristóteles foi obrigado a discutir as questões dadas com a matemática, especialmente a do *status* ôntico dos números, não só em observações ocasionais, que se encontram espalhadas por suas obras, mas também em seu conjunto. Ele começa a fazer isso com muita cautela – decerto também por causa da hierarquia da matemática na Academia:

> Temos que analisar primeiro as opiniões dos outros pensadores, para que, caso eles digam algo que não está correto, nós não nos enredemos nas mesmas opiniões, e, caso tenhamos uma concepção em comum, não fiquemos nos esfalfando sozinhos com o assunto. Pois é preciso dar-se por satisfeito quando se consegue expor melhor isto e não piorar aquilo (*Metafísica* XIII, 1, 1076a 15-17).

A matemática lida com números. É evidente que estes existem. De modo correspondente, a discussão não gira em torno da existência dos objetos matemáticos em geral, mas do seu modo de existência e, portanto, da questão se números possuem a hierarquia ontológica de substâncias. Nesse tocante, Aristóteles quer expor todas as variantes concebíveis e assim criar um quadro de referência, no qual podem, então, ser integradas as concepções sustentadas.

A discussão com os "matemáticos" (capítulos 2-3), várias vezes mencionados, mas sempre de forma anônima, leva ao resultado de que os objetos matemáticos (números, figuras geométricas, como, por exemplo, triângulos) não estão *dentro* do corpo nem existem "separados" das coisas sensíveis. Nos nossos corpos não *existem* números nem triângulos; tampouco pode haver dois corpos no mesmo lugar.

Porém, os objetos da matemática não existem nem mesmo como substâncias inteligíveis. Falta-lhes o princípio da unidade e, caso se quisesse encará-los como substâncias inteligíveis, resultaria um aglomerado de linhas, superfícies etc. sem um princípio identificável. Porém, o matemático certamente pode – e isso é uma diferença considerável – conceber seus objetos conceitualmente como se fossem substâncias separadas do corpo. O aspecto matemático pode "ser abstraído" do corpo. Pode-se, por exemplo, visualizar em um muro, excetuando todas as outras propriedades, apenas seu comprimento, como se não tivesse largura. Isso foi chamado de o método da "abstração" (αφαίρεσις [*aphairesis*]) ou – mediante uma expressão feia – a "teoria do *qua*"[27]. Porém, outras ciências também podem fazer isso; como exemplos, são mencionadas (capítulo 3) a medicina, a harmonia, a óptica e a mecânica, cada uma delas podendo "extrair" de seu objeto apenas um aspecto. De forma esquemática vai ficando claro o que a matemática representa para Aristóteles. Ela é uma ciência entre várias outras, sem possuir um *status* ôntico que transcenda isso. Procedendo assim, porém, Aristóteles de modo nenhum priva a matemática de sua dignidade; ele até lhe dá um destaque especial.

> As principais formas de manifestação do belo são ordem, simetria e precisão. Nisso atingem o grau máximo as ciências matemáticas. E dado que estas – refiro-me à ordem e à precisão – se evidenciam como causa de muitas coisas, é claro que elas (as ciências matemáticas), de certo modo, também formulam enunciados de uma causa como essa que efetiva o belo (*Metafísica* XIII, 3, 1078b 3-5).

A discussão que segue sobre a gênese da teoria das ideias e sua crítica (capítulos 4-5) nada tem propriamente a ver com o tema "matemática", como diz o próprio Aristóteles ("sem ligação com a natureza dos números", XIII, 4, 1078b 10). Isso pode ser uma das razões pelas quais Aristóteles assume todo esse texto quase literalmente do Livro I da *Metafísica* (I, 9), que é seu lugar genuíno. Entre as minúsculas modificações que ele agora introduz figura a mudança da primeira para a terceira pessoa quando fala dos representantes da teoria das ideias ("nós dizemos" – "eles dizem", cf. p. 235). Aristóteles já não se vê mais como membro da Academia. Mas ele precisa desse texto como base de onde brotou a teoria acadêmica dos números, à qual ele agora voltará sua atenção. Ao fazer isso, trata-se sempre da hierarquia ontológica dos números e, portanto, da questão se são "primeiras causas das coisas existentes" (XIII, 6, 1080a 14) e, desse modo, podem ser substâncias que existem separadas das coisas sensíveis e, portanto, situam-se no mesmo patamar das ideias supostas por Platão. Após uma visão geral de todas as variantes concebíveis (capítulo 6), Aristóteles discute três possibilidades, sustentadas na sua época, de encarar números como substâncias autônomas. Nesse processo, entra em jogo uma importante diferenciação entre duas espécies de números, que Aristóteles inclui na argumentação sem explicá-la porque podia pressupô-la como conhecida dos seus ouvintes e leitores.

---

27. ANNAS, J., Die Gegenstände der Mathematik bei Aristoteles, in: GRAESER (ed.), 1987, 131-147. O exemplo do muro consta no fragmento 29 R^3 = 149, 2 Gigon (do escrito *Sobre o bem*).

Enquanto os pitagóricos consideravam que o mundo era composto dos números matemáticos, Platão vinculou (segundo Aristóteles, em um estágio posterior) a teoria das ideias com os números de modo a prover, ao lado dos números matemáticos, um tipo especial de números, que ele chamou de "ideias-números". Eles só vão até o número dez e são inoperáveis, isto é, com eles não se pode executar operações matemáticas (adição, subtração etc.). Eles são encabeçados pelo "Um" (ἕν [hén]) – discutido por Aristóteles em muitas passagens de sua obra – e a "díade indeterminada" (ἀόριστος δυάς [aóristos dyás], Metafísica XIII, 7, 1081a 15 passim) como princípios da unidade e da pluralidade, aos quais está subordinado todo o ser restante, tanto dos números (matemáticos) como também das ideias. Essa teoria não é apreensível (para nós) nos diálogos (quando muito, há bem poucas alusões), mas está suficientemente assegurada pelos relatos de diversos autores[28]. Nela, essas "ideias-números" (a expressão é mais correta do que "números ideais") são concebidas por Platão simultaneamente como grandezas espaciais, mais precisamente no sentido da correlação da sequência de dimensões "monas (ponto), linha, largura e profundidade" com os números 1, 2, 3 e 4. Esses números são diferenciados entre si em termos de essência e incompatíveis um com o outro. Por isso, certamente acompanhando a formulação de Platão, Aristóteles não chama as ideias-números de dois, três, quatro, mas, muito antes, de "díade", "tríade", "tétrade" (XIII, 7, 1081b 15-24).

Aristóteles critica duramente essa teoria; ele a chama de "absurda e inventada" (XIII, 7, 1081b 30) e, por meio de raciocínios complexos, demonstra seu caráter contraditório. Ao fazer isso, Aristóteles pressupõe que as próprias "ideias-números" sejam "ideias" (no sentido de Platão), e chega à conclusão de que esse tipo de números não é inoperável nem operável.

Em seguida Aristóteles aborda as concepções de outros dois pensadores sem citar seus nomes. De acordo com a primeira, não há nenhuma diferenciação entre diferentes espécies de números, mas existem apenas os números matemáticos, que, não obstante, são encabeçados pelo "Um em si" como princípio do ser (XIII, 8, 1083a 20-b 1). Trata-se da concepção de Espêusipo, cuja refutação (fácil) requer apenas poucas linhas. Se o "Um" fosse princípio, ele teria de ser inoperável (no sentido de Platão) e não poderia funcionar ao mesmo tempo como início de uma série numérica habitual. De certo modo, Platão, que é mencionado nominalmente esta única vez em todo contexto argumentativo do Livro XIII da Metafísica (1083a 32), é o trunfo usado contra Espêusipo.

---

28. Quanto aos detalhes cf. GAISER, K., Platons ungeschriebene Lehre, 1963.

Aristóteles usa uma formulação ainda mais sucinta na discussão da terceira teoria, que seria a "mais fraca" de todas (XIII, 8, 1083b 1-8). Trata-se da teoria de Xenócrates, segundo a qual ideia-número e número matemático são uma e a mesma coisa sem nenhuma instância superior a eles. Essa teoria exigiria a formulação de pressupostos muito especiais e, desse modo, estenderia muito a argumentação. Aristóteles não diz o que isso significa[29]. Ele se contenta com a constatação de que essa teoria reúne as desvantagens das duas anteriores.

Em XIII, 9, 1086a 22 começa uma nova preleção que vai até o final do Livro XIV. Os temas são os mesmos; trata-se, uma vez mais, da crítica à teoria dos princípios por sua vinculação com dados matemáticos. O estilo, contudo, é diferente; a linguagem é mais metafórica e a polêmica mais ácida. "A exposição é maldosa do começo ao fim"[30].

É preciso ponderar que, nessas discussões, só marginalmente se trata da matemática. A pergunta norteadora é se e em que medida objetos matemáticos têm relevância ontológica. É por isso que Aristóteles se manifesta preferencialmente sobre as ideias-números de Platão, e bem menos sobre sua concepção do domínio matemático no sentido tradicional. Se este for levado em conta, evidencia-se que as opiniões dos dois filósofos nem divergiram tanto assim. Platão atribuiu aos objetos da matemática uma posição intermediária entre os fenômenos sensíveis e as ideias, porque – como refere o próprio Aristóteles acertadamente (*Metafísica* I, 6, 987b 14-18) – os objetos matemáticos, por um lado, são atemporalmente válidos, permanentemente disponíveis e destituídos de movimento e, por outro lado, haveria uma gama de exemplares semelhantes da mesma espécie. Assim, em Platão, o campo matemático aparece como pertencente, por um lado, às ideias e, por outro lado, aos fenômenos e, não obstante, distinto dos dois domínios[31]. Aristóteles igualmente assenta os objetos da matemática em um campo intermediário. Na esteira da subdivisão das ciências (*Metafísica* VI, 1), ela passa a fazer parte das ciências teóricas, que são superiores às práticas. Contudo, ela é subordinada à "filosofia primeira", porque se "ocupa com objetos que, mesmo sendo imóveis, podem talvez ser encontradas em alguma matéria" (*Metafísica*

---

29. Mais detalhes em THIEL, D., *Die Philosophie des Xenokrates im Kontext der Alten Akademie*, München, 2006.

30. DÜRING, I., *Aristoteles*, 1966, 260. Breve análise do livro em ID., 254-260.

31. A abordagem mais extensa de todo o complexo se encontra em GAISER, K., *Platons ungeschriebene Lehre*, 1963, especialmente o capítulo: *Die ontologische Mittelstellung der "Mathematica" und die Seele* [A posição mediadora ontológica da "mathematica" e a alma] (89-106).

VI, 1, 1026a 14). A diferença reside na integração do domínio matemático no sistema filosófico global. Por conseguinte, para Aristóteles, a ocupação crítica com as ideias-números assume, em uma "metafísica", um lugar mais importante do que a discussão sobre dados puramente matemáticos.

RESUMO E PERSPECTIVA

Os escritos reunidos sob o título de *Metafísica* buscam determinar mais precisamente sob diversos aspectos o "(exist)ente, na medida em que é (exist)ente". Esses escritos são bastante díspares quanto ao estilo. Ao lado de trechos em formato telegráfico encontram-se passagens estilisticamente polidas, ao lado da argumentação árida, uma linguagem metafórica vigorosa. O Livro V, como léxico composto puramente de conceitos, extrapola totalmente o quadro de uma exposição discursiva. Um espaço incomumente amplo é ocupado pela discussão crítica em parte tranquila, em parte culminando na polêmica com as teorias de outros, especialmente de Platão. Em toda parte, pode-se sentir que as concepções do ser de autoria de Platão e de seus alunos proporcionam o arcabouço, no qual Aristóteles assenta sua "filosofia primeira".

Trata-se essencialmente de quatro domínios parciais que se entrecruzam e se sobrepõem de muitas formas: (1) Uma ontologia geral que capta o (exist)ente enquanto (exist)ente, investigando todas as configurações do ser quanto às suas interconexões; (2) Uma teologia que examina o modo de ser da suprema substância eterna quanto a sua relação com o mundo em movimento; (3) Uma ciência dos princípios que se entende como investigação das causas e dos princípios do ser; (4) Uma teoria da substância que pesquisa o caráter ôntico dos diferentes estágios da substância, procurando superar a separação (*chorismós*) platônica entre o mundo inteligível e o mundo dos sentidos mediante graduação e sequenciamento.

A estrutura da argumentação evidencia uma dimensão vertical tanto quanto uma dimensão horizontal. No sentido vertical, trata-se da "relação de identidade", que deriva uma estrutura de relação e de ordem do (exist)ente de um "primeiro (exist)ente", e, no sentido horizontal, trata-se, antes de tudo, do modelo da analogia, que, na estruturação do ser, produz vinculações entre os seus diferentes membros, como, por exemplo, entre os aspectos "matéria e forma" como possibilidade e realidade do ser. Somam-se a isso, as quatro causas não deriváveis, que se encontram em sintonia com o esquema estrutural "possibilidade

– realidade", na medida em que a matéria representa a causa material, o ser realizado, a causa formal, o impulso que inaugura o processo de formação da matéria, a causa eficiente e o direcionamento da realização do possível, a causa final. Todos os aspectos estão unificados neste princípio: "O ser é enunciado de múltiplas maneiras".

É óbvio que cada uma das atividades didáticas de Aristóteles sobre a filosofia primeira foi imediatamente discutida na Academia e – na medida em que se trata de versões tardias – no Perípato. Em termos cronológicos, seria perfeitamente possível que já Xenócrates tenha respondido a Aristóteles, mas não é possível comprovar isso com clareza a partir dos fragmentos[32]. Contudo, é isso que acontece com Teofrasto, cuja *Metafísica*[33] permite identificar uma crítica cautelosa à teoria do primeiro motor. O texto complexo, que antigamente foi chamado de "fragmento metafísico", decerto por causa do seu pequeno volume (cerca de 20 páginas impressas e, portanto, um rolo menor de papiro), é um atestado de aporia e ceticismo. Muitas ideias são apresentadas em forma de pergunta; seguidamente se encontram formulações como esta: "É preciso continuar investigando isso"; "talvez nem seja exatamente assim" etc. Teofrasto está de acordo com Aristóteles quanto à rejeição da teoria platônica das ideias-números. Uma referência crítica à teoria aristotélica do motor imóvel pode bem ser vista nas seguintes palavras: "O primeiro e o mais divino de todos certamente quer que tudo corra da melhor maneira possível. Isso, porém, vai um pouco além da conta e não pode ser exigido" (6a 1-3). Algo similar se dá com esta proposição: "A questão da quantidade de esferas exige uma explicação mais detalhada de sua causa, mas não da parte dos astrólogos" (5a 21-23).

A atitude cética de Teofrasto com sua aporética fundamental constitui a transição para a renúncia a toda e qualquer transcendência no Perípato pós-teofrástico. As questões metafísicas deixaram de ser objeto de interesse.

Só quando a obra de Aristóteles ficou conhecida por meio da edição de Andrônico de Rodes, os primeiros comentários à *Metafísica* (Alexandre de

---

32. Certamente é possível identificar suficientemente o sistema de Xenócrates, que representa uma alternativa às teorias platônica e aristotélica; a pergunta que fica em aberto é se alguma coisa disso pode ser a resposta a Aristóteles.

33. Novas edições com traduções e comentários: LAKS, A.; MOST, G., Paris, 1993; HENRICH, J., München/Leipzig, 2000; GUTAS, D., Leiden, 2010. Texto, tradução alemã e introdução abrangente em DAMSCHEN, G.; KAEGI, D.; RUDOLPH, E., *Theophrast, Metaphysik,* Hamburg, 2012. É controvertido se o pequeno escrito de Teofrasto foi redigido somente após a morte de Aristóteles ou se, pelo contrário, o Livro XII da *Metafísica* constitui uma resposta a Teofrasto (o que me parece improvável).

Afrodísias, c. 200 d.C.) provocaram uma renovação da Filosofia Primeira, que – misturada com o ideário do neoplatonismo – foi transmitida à filosofia escolástica da Alta Idade Média[34]. Nesse processo, foi aproveitada sobretudo a teologia de Aristóteles para a concepção das diversas provas (da existência) de Deus e adaptada a uma compreensão de um Deus pessoal.

    Uma recepção mais profunda de Aristóteles foi possibilitada pelas traduções latinas publicadas a partir do século XII, do que a *Metaphysica novae translationis* (1271), de Guilherme de Moerbeke constitui um testemunho impressionante. O desenvolvimento da metafísica de toda essa época é levada a termo sobre a base da questão aristotélica fundamental do propriamente (exist)ente e de sua determinação geral. Ele passa por Tomás de Aquino (1224-1274), que se apoia fortemente na metafísica aristotélica como ciência *post physicam*, pela *Metaphysica* (c. 1260) de Tomás de York, pela *Summa Philosophiae* (c. 1270) de (Pseudo-)Roberto Grosseteste e, ademais, por uma renascença de Aristóteles no Humanismo (época em que o texto grego se torna conhecido), até chegar às *Disputationes Metaphysicae* (1597) do jesuíta Francisco Suárez, que sintetiza a tradição escolástica e a tradição humanista, até que, em virtude de uma nova compreensão de método, orientada na matemática e nas ciências naturais, por Francis Bacon (1561-1626) e René Descartes (1596-1650), o *status* científico de uma metafísica se tornou questionável. A sistematização mais abrangente de toda a tradição da metafísica foi levada a cabo, no século XVIII, por Christian Wolff em várias obras, especialmente na *Philosophia prima sive Ontologia* (1730). A partir daí praticamente não se pode mais falar de um desenvolvimento sistemático posterior da metafísica aristotélica propriamente dita. Mesmo porque o que a partir daí é chamado de metafísica está apenas tenuemente vinculado com o projeto específico da *Metafísica* aristotélica, sobretudo porque seu componente cosmológico há muito já tinha se tornado obsoleto diante da nova compreensão de mundo das ciências naturais. Consequências graves trouxe, então, a crítica geral à metafísica por parte de Kant, que na *Crítica da razão pura* (1781) declarou como objetos do conhecimento humano apenas objetos existentes no espaço e no tempo como "formas da intuição". Contra a hostilização da metafísica por parte de diversas correntes empíricas e positivistas do século XIX e do início do século XX, a metafísica foi reabilitada como disciplina filosófica, de maneiras diferentes, sobretudo por Alfred North Whitehead (1861-1947), com base em um retorno

---

    34. Uma exposição detalhada da história da metafísica encontra-se no *Historisches Wörterbuch der Philosophie*, Basel, 1980, v. 5, 1186-1294 (diversos autores). Aqui deve bastar o breve esboço apresentado.

a Tomás de Aquino caracterizado como neotomismo, e por Nicolai Hartmann (1882-1950). Hartmann, que também formulou uma *Ética* (1928) apoiando-se fortemente em Aristóteles, ampliou a tradicional "metafísica de áreas/disciplinas" e a "metafísica" especulativa por meio de uma "metafísica dos problemas", com a qual tem em mente os conteúdos básicos do ser, que jamais poderão ser totalmente compenetrados, e, para isso, toma como ponto de partida a "grande arte da aporética" de Aristóteles (*Grundzüge einer Metaphysik der Erkenntnis* [*Rudimentos de uma metafísica do conhecimento*], 1921, 4 s.). Uma redefinição radical da metafísica como ontologia é empreendida concomitantemente por Martin Heidegger, que reposiciona a questão do sentido do ser no horizonte do tempo (Sein und Zeit [*Ser e tempo*], 1927), mas depois (na preleção intitulada *Einführung in die Metaphysik* [*Introdução à metafísica*], 1935) chega a acusar a metafísica tradicional de "esquecimento do ser", de modo que seria preciso levantar de maneira nova a questão do sentido do ser. Desde então, a discussão crítica sobre todo esse complexo de questões, inclusive sobre o ensaio de Rudolf Carnap (dirigido contra Heidegger e) intitulado *Die Überwindung der Metaphysik durch logische Analyse* [*A superação da metafísica pela análise lógica*] (1931), é tema não só da filosofia, mas também do campo teológico, como se pode ver, por exemplo, na reivindicação de Wolfhard Pannenberg de que a teologia deve "coadministrar o legado da metafísica" (*Grundfragen systematischer Theologie* [*Questões básicas da teologia sistemática*], 1971, 346). Isso volta a ter grande afinidade com Aristóteles.

CAPÍTULO NONO

Física – a filosofia segunda

OS DOCUMENTOS BÁSICOS

O termo "física" é entendido aqui no sentido abrangente de teoria da natureza. Na condição de "Filosofia Segunda" (*Metafísica* VII, 11, 1037a 14-16), é-lhe designada a investigação das substâncias perceptíveis com os sentidos. Isso é exposto nos oito livros da *Física*, que, no entanto, não constituem um conjunto bem elaborado em termos de composição literária. Numerosas repetições, especialmente sobre a temática central do movimento, mostram que diversos tratados individuais sobre o tema da física foram posteriormente reunidos.

REFLEXÕES METODOLÓGICAS PRÉVIAS

À análise propriamente dita dos conceitos básicos da física, que começa no Livro II da *Física*[1], são antepostas, no Livro I, reflexões metodológicas, que desembocam, então, em uma discussão com opiniões já existentes, como Aristóteles costuma fazer. Trata-se aí de "princípios, causas e elementos" (logo no início, 184a 11) no sentido de fundamentações últimas, a exemplo das que são discutidas na *Metafísica*. A questão dos princípios é articulada no

---

1. A tradução de WAGNER, H., in: *Werke*, 11, Berlin, 1967 (^{2}1972) é bastante voluntariosa. O comentário é valioso, mas deve ser usado criticamente.

quadro de uma *Física*, o que tem a ver também com o fato de que os princípios dos pensadores mais antigos (anteriores a Parmênides) são, por sua vez, concebidos "como materiais" e, portanto, caem no domínio de uma física. Aristóteles está praticamente empenhado em restabelecer o velho conceito de natureza no sentido do devir e da mudança naturais, só que em um plano inteiramente novo, inserido no contexto da teoria aristotélica do ser em sua totalidade. Também aqui se evidencia que a formulação da questão e o modo de tratá-la foram previamente cunhados pela tradição filosófica. De modo correspondente, a *Física* aristotélica não é nenhuma física experimental. Ela não é abstração de um material experimental obtido pela observação, embora Aristóteles claramente tenha operado com experimentos, sobretudo no domínio da biologia. Em contrapartida, ela se diferencia das duas outras ciências teóricas, da matemática e da ontologia pura (ou seja, da "filosofia primeira"), pelo fato de que nela as estruturas gerais só são analisadas na medida em que aparecem no plano material.

Entre as reflexões metodológicas prévias encontra-se uma diferenciação que Aristóteles faz também em outras passagens de sua obra (por exemplo, no início dos *Analytica posteriora* I, 2, 71b 34), a saber, a diferenciação entre o "compreensível para nós" (γνώριμον [*gnórimon*], traduzido por alguns intérpretes por "conhecido") e evidente, de um lado, e o "conhecido em si" e "evidente", de outro. Nós apreendemos primeiro uma coisa singular concreta em meio a uma multiplicidade.

> O percurso vai metodologicamente ao natural daquilo que nos é mais compreensível e mais evidente para aquilo que é mais evidente e mais compreensível por sua essência. Pois de modo nenhum o compreensível para nós coincide com o que é pura e simplesmente compreensível. Por conseguinte, é preciso progredir desse modo daquilo que ainda é menos evidente por sua essência, ainda que seja mais evidente para nós, para aquilo que é mais evidente e mais compreensível por sua essência. Pois o que primeiramente está claro e evidente para nós é, na realidade, uma multiplicidade desordenada. Só mais tarde, durante a análise que se segue, poderão ser apreendidos os elementos e princípios (*Física* I, 1, 184a 16-23).

Aristóteles aclara isso mediante a relação entre palavra e coisa.

Temos a mesma situação na relação entre palavra e conceito. A palavra "círculo", por exemplo, significa de algum modo algo inteiro, e isto de modo ainda bem indefinido, ao passo que sua definição traz uma diferenciação até os detalhes. As crianças, de fato, primeiramente chamam todos os homens de "pai" e todas as mulheres de "mãe". Só mais tarde conseguirão apreender a individualidade do pai e da mãe (*Física* I, 1, 184a 26-b 14).

Portanto, o percurso vai da coisa individual concreta, ainda difusa (um círculo) para o geral definido (o círculo). A palavra como tal ainda não diz nada; é a definição que traz o conhecimento. O que está sendo descrito é o percurso que leva do individual difuso para o geral definido, por um lado, e do geral difuso para o individual definido, por outro lado, a cada um em uma direção diferente. Isso tem a ver com a figura de pensamento do "mais cedo" e "mais tarde" em sua respectiva referência a "nós" ou à "essência da coisa". Ela ganha expressão também na designação da "metafísica" como uma "filosofia primeira" (primeiramente segundo a coisa, mais tarde "para nós") e na concepção de um "primeiro (exist)ente".

Todo o percurso ulterior do Livro I da *Física* é voltado para a questão dos princípios referentes ao que acontece na natureza. Desse modo, toca-se as questões que têm sua hierarquia ontológica na "Filosofia Primeira", cuja discussão na *Física*, contudo, não pressupõe a exposição na *Metafísica*. Tampouco se trata agora dos princípios como tais, mas de saber para que servem os princípios. Como quase sempre acontece, também aqui Aristóteles chega à sua posição a partir da discussão com opiniões já existentes e, portanto, dos princípios dos pensadores mais antigos. Ele enumera todas as alternativas possíveis e, portanto, se existe apenas um princípio ou se existem vários princípios, se um ou vários são mutáveis ou imutáveis. No caso de haver *um só* princípio que é imutável e simultaneamente abrange a totalidade do ser (como em Parmênides) e que, se aceito, leva à negação geral do movimento (Melisso), nenhuma ciência natural é possível. De modo incoerente, Aristóteles também se ocupa criticamente com essas teorias, porque seu exame "é de interesse filosófico" (*Física* I, 2, 185a 20). Assim, ele discute as teorias de Parmênides e Melisso e, em seguida, a concepção dos "filósofos da natureza" Anaximandro, Anaxágoras e Empédocles.

A concepção própria de Aristóteles parte de uma pluralidade de princípios. Tudo o que acontece na natureza, ao modo como se desenrola no horizonte do devir e do desvanecer, pressupõe uma pluralidade de princípios que, na maioria das vezes, ocorrem em pares opostos (matéria – forma; possibilidade – realidade etc.). Aristóteles opera "com uma pluralidade de sistemas de princípios não interconectados", porque a tarefa da ciência natural é tornar uma coisa dada compreensível a partir de princípios[2]. Os princípios são sempre princípios para algo; eles não podem coincidir com a coisa para a qual são princípios, como assumira, por exemplo, Parmênides. Os princípios tampouco são deriváveis uns dos outros nem podem ser remontados a um terceiro elemento. Porém, certamente se faz necessário um terceiro elemento, o "substrato", no qual se manifestam os princípios concebidos como pares opostos (capítulo 7). Por fim, Aristóteles delimita sua concepção contra a teoria dos princípios de autoria de Platão, o qual, no entanto, não faz referência por nome, mas mediante a forma típica do "plural da citação" ("outros pensam que...").

CONCEITOS BÁSICOS DA NATUREZA

A parte principal da *Física* aristotélica (Livros II-VII) contém uma análise do que acontece na natureza à luz desses conceitos básicos.

O conceito da natureza em si não é definido como suma de tudo que é abrangido por uma "natureza", mas para designar as coisas naturais em distinção a artefatos produzidos pelo ser humano.

> De todas as coisas existentes, algumas são da natureza, as outras têm outras causas. Da natureza são os seres vivos e seus membros, as plantas e os corpos elementares como terra, fogo, ar e água, pois dizemos que essas coisas são da natureza. Porém, todas essas coisas se diferenciam das formações não naturais. Cada uma das primeiras tem dentro de si o princípio de movimento e duração, umas no que se refere ao lugar, outras no que se refere a crescer e decrescer, outras ainda no que se refere à mudança qualitativa (*Física* II, 1, 192b 8-15).

Aristóteles parte, portanto, de imediato do caráter da naturalidade do (exist) ente individual (ou então, do gênero). Os seres vivos podem se movimentar por si mesmos no espaço, as plantas podem crescer e desaparecer, os elementos naturais podem mudar suas propriedades; a água pode ficar quente ou fria. A esses Aristóteles contrapõe os produtos criados por seres humanos. Uma cama, um casaco ou algo parecido não pode se mover por si mesmo, crescer etc. Ou inversamente: seres vivos ou corpos elementares não são criados por mão humana. Em relação ao conceito de natureza dos pensadores mais antigos (dos assim

---

2. WIELAND, 1962 (1992), 58. Sobre o livro todo cf. FRITSCHE, 1986, e sobretudo a análise minuciosa de HORSTSCHÄFER, 1998.

chamados pré-socráticos), que abrange o cosmo inteiro, Aristóteles restringe natureza e naturalidade à esfera do ser em que ocorre movimento e mudança[3]. Na obra aristotélica, a palavra "natureza" (φύσις [*physis*]) é examinada sob diversos aspectos[4], mas sempre com referência ao mundo sublunar dos fenômenos e das mudanças.

Porém, a *Física* de Aristóteles não tem a ver só com as "coisas naturais", mas com todos os corpos, seus estados, movimentos e os princípios que fundamentam as condições e modalidades da mudança. Aqui entram em jogo novamente as quatro causas principais (matéria, essência, causa do movimento, finalidade) (*Física* II, 3-9), que aparecem em diversas passagens da obra aristotélica (cf. p. 232). Todo movimento e toda mudança se realizam no quadro dessas quatro causas. Nesse caso, a "causa final" quer dizer que todo movimento e toda mudança estão direcionados para um fim, na medida em que não houver um impedimento exterior. Toda produção artesanal visa um fim; todo percorrer de um trecho constitui um movimento de um lugar para outro direcionado para um fim. Nesse processo, as quatro causas não competem entre si, mas se complementam visando processos de movimento e mudança direcionadas para um fim. Este é o cerne da "teleologia" de Aristóteles.

Se, de acordo com isso, todos os processos no mundo dos fenômenos têm orientação "teleológica", levanta-se a difícil questão de como explicar as aparentes perturbações da teleologia, ou seja, processos que transcorrem ateleologicamente como o automatismo cego e acasos reais ou aparentes (*Física* II, 4-6). Para Aristóteles, o acaso não é um poder universal, mas acontece no mundo do agir, quando – no caso da conotação positiva da palavra "acaso" (τύχη [*týche*]) – se atinge casualmente um fim que não era intencionado. O exemplo citado por Aristóteles aclara o tema: alguém foi ao mercado e encontrou ali "por acaso" um devedor e, embora o encontro com ele tivesse sido muito oportuno, não tinha contado com a presença dele no mercado (*Física* II, 4, 196a 1-5). Trata-se da confluência de um agir perfeitamente determinado por um fim (ida ao mercado) com a consecução de um fim intencionado de modo geral, mas não nas

---

3. Sobre a história da palavra *physis* cf. PATZER, H., *Physis. Grundlegung einer Geschichte des Wortes*, Stuttgart, 1993 (Sitzungsberichte der Wissenschaftlichen Gesellschaft, Frankfurt a.M., 30, 6).

4. No "léxico" dos conceitos filosóficos *Metafísica* V, Aristóteles diferencia os seguintes significados da palavra *physis*: o crescimento orgânico; a fonte de todo crescimento; o componente básico de uma coisa, como, por exemplo, a "natureza" de uma estátua; os elementos naturais como fogo, terra, ar, água (*Metafísica* V, 4).

circunstâncias dadas (encontrar lá o devedor). O acaso assume assim o caráter do casual dentro de um contexto globalmente teleológico. Nesse caso, o acaso não representa uma perturbação da teleologia, que deixa aberta a possibilidade de causas casuais como as do acaso[5].

Naturalmente Aristóteles também conhece o acaso com desfecho infeliz. Ele remete à forma de falar em que dizemos que, por obra do acaso, tivemos sorte quando um grande infortúnio quase nos atingiu, ao passo que, em contrapartida, tivemos azar quando quase nos sucedeu algo que nos encheria de alegria. Tendo em vista a sua ética, Aristóteles não omite a observação de que, por ser um acontecimento que não se enquadra na regra, esse tipo de "sorte" não é duradouro, não podendo ser confundido com a *eudaimonía* como alvo da realização do ser humano.

Muito parecido com o conceito "acaso" (τύχη [*týche*]) é o outro conceito que inclui o do "acaso", a saber, o do (literalmente) "automático" (ταὐτόματον [*tautómaton*]). As traduções oscilam ("o espontâneo", "acaso cego"); nós traduzimos por: "automatismo cego". A diferença em relação ao "acaso" ("destino") é que este só se aplica a seres dos quais se pode dizer que tiveram sorte ou azar, ao passo que o "automatismo cego" se refere ao que acontece na natureza.

No contexto de uma física, Aristóteles aproveitou o ensejo para ocupar-se criticamente com os pensadores mais antigos que encararam o mundo como produto do puro acaso ou do automatismo cego.

> Alguns filósofos indicam como causa desse edifício celeste [visível] e de todos os mundos em geral um automatismo cego. Assim, teriam surgido inteiramente por si mesmos o vórtice originário e todo movimento que gerou as diferenciações em todo o mundo e o dispôs na ordem atual. Porém, justamente isso é sumamente estranho: enquanto, por um lado, dizem que animais e plantas não devem sua existência nem seu surgimento ao acaso, [...] afirmam, por outro lado, que o edifício celeste e [os astros,] as mais divinas entre as formações visíveis surgiram de um automatismo cego (*Física* II, 4, 196a 24-34).

Nesta passagem, Aristóteles entra em discussão com filósofos como Empédocles, Anaxágoras e os atomistas, que – na sua opinião – até conhecem e descrevem a ordem que existe no mundo dos fenômenos, mas não são capazes de explicá-la a contento. Em contrapartida, ele também se distancia (aqui implicitamente) da teoria de Platão, que pretendeu explicar a ordem do mundo

---

5. Assim a interpretação convincente de WIELAND, 1962 (1992), 257-261.

mediante a hipótese de um construtor do cosmo (cf. p. 250). Para Aristóteles, não existe nenhuma "instância planejadora por trás das coisas naturais"[6], porque o mundo de modo nenhum foi criado, mas é eterno.

Este mundo foi organizado de tal maneira que a natureza, isto é, todos os processos regulares que ocorrem na natureza estão direcionados para um fim. Nessa linha, pode causar estranheza à nossa compreensão de "física" que Aristóteles tenha incluído seguidamente a atividade humana voltada para um fim na análise da natureza. Sua suposição básica é que a estrutura da produção humana coincide completamente com a estrutura daquilo que a natureza produz (*Física* II, 8, 199a 9-11). Se uma casa fosse um produto da natureza, ela passaria a existir pela mesma via como se tivesse sido feita por mão humana. Do mesmo modo que a construção de uma casa remonta a uma causa final – a intenção de construir uma casa –, todas as obras dos seres naturais têm igualmente estrutura finalista. Aristóteles cita como exemplos as formigas, as aranhas e as andorinhas, que constroem suas teias e seus ninhos do mesmo modo que fariam os seres humanos, mas sem que para isso tivesse sido necessário um planejamento racional ou uma decisão prévia.

Do mesmo modo, existe nas plantas uma finalidade, só que ela não é tão nitidamente perceptível. Em todos os casos, o caráter finalístico já está implantado na semente que leva ao desdobramento orgânico caso não suceda nenhum fator de perturbação. Todos os processos naturais decorrem por "necessidade". Aristóteles diferencia duas nuanças de significado de "necessidade": uma "necessidade pura e simples" e uma "necessidade condicionada" (ἀνάγκη ἐξ ὑποθέσεως [*anánke ex hypothéseos*]). A "necessidade pura e simples" se refere a uma causalidade da natureza, que Aristóteles restringe à esfera dos astros, cuja órbita não depende de outras condições. A "necessidade condicionada" significa a subordinação da necessidade a um fim (*télos*). É certo que todo processo de devir depende de uma matéria (*causa materialis*), mas ele nada efetua sem um *télos*. Aristóteles ilustra isso com o exemplo da serra. Para que uma serra possa se tornar efetiva, é preciso que ela seja constituída de um material de dureza correspondente. Mas ela só se torna efetiva mesmo quando é empregada para a consecução de um fim. No caso, não há como atingir o fim sem o material, mas este por si só, sem o direcionamento para um fim, de nada adianta (*Física* II, 8). Portanto, o material é um pressuposto necessário[7].

---

6. Ibid., 273.
7. Cf. Happ, *Hyle*, 1971, 721-724.

MOVIMENTO

Na condição de fenômeno básico da natureza, o "movimento" é o conceito-chave para a compreensão da *Física* aristotélica: "Quem não conhece o movimento não conhece a natureza" (*Física* III, 1, 200b 15-16).

Extensos trechos da *Física* aristotélica tratam dos processos de movimento e mudança na natureza, mediante múltiplas repetições e delimitação contra outros conceitos. Neste ponto, podemos apenas resumir o mais importante.

Tanto o conceito grego *kínesis* (κίνησις) quanto a palavra "movimento" designam em primeiríssima linha o movimento de um lugar para outro. Nas duas línguas, também há os modos metafóricos de utilização da palavra "movimento", como, por exemplo, movimento político, emoção interior etc. Porém, especificamente aristotélica parece ser a forte ampliação do conceito de movimento para além do mero movimento de um lugar para outro. Pois Aristóteles inclui nesse conceito também todas as outras formas de mudança – portanto, surgir e fenecer, mudanças quantitativas e qualitativas como crescimento, diminuição etc. –, de modo que se tentou de diversas maneiras apanhar em uma tradução adequada todas essas nuanças de significado. Contudo, a tradução "processo" ou "processualidade" (de Hans Wagner, 1967) não conseguiu se impor, sendo recomendável ficar com o termo "movimento". Em todo caso, Aristóteles usou um conceito uniforme para designar todos os processos de mudança – nós costumamos chamar de "movimento" apenas uma parte destes –, desde o simples crescimento das plantas, passando pelos processos manufatureiros e os movimentos irregulares na atmosfera, até o movimento circular dos astros e o "motor imóvel". Ele compreendeu como "movimentos" até mesmo fenômenos como aprender, curar, amadurecer e envelhecer, incluindo-os no seu modelo de movimento.

O próprio Aristóteles usou, ao lado da palavra *kínesis*, ocasionalmente o conceito "mudança" (μεταβολή [*metabolé*]), para explicitar a abrangência do conceito de movimento (*Física* III, 1, 201a 2 *passim*). Um conceito de movimento relativamente amplo já havia sido cunhado pela tradição filosófica em que Aristóteles se encontrava. Os primeiros a transformar o fenômeno do movimento em objeto de discussão foram Parmênides e seus alunos Zenão e Melisso, os chamados eleatas, assim denominados pelo local de nascimento de Parmênides e Zenão, a cidade de Eleia (Vélia), situada no sul da Itália. Pois com a concepção do ser único e puro e do movimento, desqualificado como mera ilusão dos sentidos, fora criada uma situação provocadora, que imediatamente suscitou objeções. Isso levou, então, aos famosos paradoxos de Zenão, segundo os quais – para citar só um exemplo – o veloz Aquiles jamais conseguiria alcançar a lenta tartaruga, se esta tivesse uma pequena vantagem na largada, que o veloz corredor só alcançaria quando a tartaruga de novo estivesse um pequeno trecho à frente. A aparência oposta seria ilusão de óptica. Aristóteles se ocupou criticamente com esses paradoxos em conexão com a questão se um trecho em linha reta pode chegar ao infinito[8]. O modelo para aquilo que significa "movimento" é aqui primeiramente o ato de percorrer um trecho visando um destino. Porém, dado que se trata de mudança pura e simples, o movimento de um lugar para outro serve de exemplo para todo tipo de movimento em relação a um ser imutável como fora concebido por Parmênides. Depois, na esteira do relaxamento da separação rigorosa de ser e não-ser em Parmênides, Platão consegue reabilitar de certo modo o conceito de movimento no contexto ontológico em uma investigação dos três conceitos "ser", "paralisação" e "movimento", como se encontra no diálogo tardio *Sofista* (254b-259c). Movimento e paralisação não podem se misturar, mas ambos se misturam com o ser. O movimento tem parte no ser, e também no não-ser, sendo, portanto, ser e não-ser ao mesmo tempo. É como Platão expõe o assunto.

Obviamente Aristóteles tem um enfoque bem diferente do fenômeno do movimento; mas, quanto à conceituação e ao estado da discussão filosófica, ele podia tomar Platão como ponto de partida sem estar confrontado unicamente com a rejeição brusca de todo e qualquer movimento por Parmênides.

O mais importante na concepção aristotélica de movimento é que este nem existe como algo abstrato, independente das coisas individuais, mas sempre como algo relacionado com uma coisa movida (*Física* III, 1, 200b 33). Nesses termos, movimento é um conceito de relação, não um conceito universal superior às coisas. Aristóteles explica os cursos dos movimentos com o auxílio de concepções interpretativas básicas, das categorias individuais, das quatro causas e, acima de tudo, do par de conceitos "possibilidade e realidade", que está na base de todos os processos de mudança compreendidos como "movimento". O movimento, formulado nesse sentido bem amplo, significa a realização da possibilidade de uma coisa ou de um ser vivo, que, por sua vez, já é realidade em potência. Valendo-se do exemplo da construção de uma casa, Aristóteles aclara que a "efetividade" (*enérgeia*) não é a casa pronta, mas o próprio processo de construção da casa, que "é uma espécie de movimento" (*Física* III, 1, 201b 14).

---

8. Assim *Física* VI, 2 e VIII, 8; ademais Schramm, 1962.

Ao lado dessas distinções fundamentais (*Física* III, 1-3), todo o Livro V da *Física* é dedicado à discussão detalhada das diferentes espécies de movimento e mudança. Ele trata da relação entre o que move e o que é movido, do ponto inicial e final do movimento, da unidade e disparidade de processos de movimento, dos antagonismos entre repouso, duração e movimento, de movimentos de ascenso e descenso naturais e não naturais. Em termos globais, correspondendo à sua importância central para a compreensão de mundo de Aristóteles, o conceito de movimento figura entre os conceitos mais minuciosamente discutidos nos domínios da física e da ontologia.

O INFINITO

O resultado do tratado relativamente extenso sobre o infinito (*Física* III, 4-8)[9] pode ser resumido em poucas palavras: para Aristóteles não existe o infinito como grandeza física. A extensão da abordagem tem a ver com a tradição filosófica. Pois, desde que Anaximandro (c. 610-547 a.C.) declarara o *ápeiron* (o ilimitado; o infinito) como princípio cósmico, o conceito e o objeto do infinito tiveram um papel importante na filosofia, seja como infinitude de um substrato (água, ar, fogo) para os pensadores mais antigos ou no sentido de uma quantidade infinita de componentes originários (Anaxágoras, atomistas), seja como grandeza autônoma para os pitagóricos ou como princípio da pluralidade para Platão. Essa temática era para Aristóteles uma questão não só da história da filosofia, mas também da sua atualidade, e uma questão eivada de problemas: "A teoria do infinito tem suas dificuldades; quer se aceite a existência de um infinito ou não, imediatamente resultam daí muitas consequências desagradáveis" (*Física* III, 4, 203b 30-32).

Aristóteles deixa em aberto se, no domínio da matemática pura há grandezas infinitas (*Física* III, 5, 204b 1); ademais ele admite a possibilidade de pensar para além de todo limite aceito. É possível pensar um ser humano infinitas vezes maior do que nós mesmos somos. Só que tal ser humano não existe realmente, mas só como mera possibilidade do pensamento. Aristóteles restringe a investigação à questão se existe o infinito no domínio da física. Dado que o infinito, como no caso do movimento, não possui existência como entidade para si, trata-se apenas

---

9. Cf. Fritz, K. von, Das ΑΠΕΙΡΟΝ bei Aristoteles, in: Id., *Grundprobleme der Geschichte der antiken Wissenschaft*, Berlin, 1971, 677-700.

de dizer se existe uma grandeza infinita como substância no domínio do mundo perceptível com os sentidos. Essa questão é respondida negativamente sobre o pano de fundo das teses fundamentais de Aristóteles. Todo corpo tem seu lugar determinado, tem um "em cima" e um "embaixo", está em movimento ou em repouso. Tudo isso não pode ser correto em relação a um corpo infinitamente grande. A infinitude não inere a nenhuma coisa como propriedade. Nosso mundo tampouco confina com um universo infinito, porque para Aristóteles só existe um mundo, envolto pela abóbada celeste contendo os planetas, e para além disso só existe o "primeiro motor", com o qual Aristóteles não vincula a ideia do infinito.

E, não obstante, Aristóteles não exclui toda e qualquer infinitude. Ele a assume para o tempo, que, do contrário, deveria ter início e fim, e para o número, que, se excluída a infinitude, deveria exibir uma série numérica finita. Ademais ele assume a divisibilidade infinita de grandezas, por exemplo, de uma linha, mesmo que apenas teoricamente, apenas quanto à possibilidade. Assim existe para ele uma "infinitude quanto à possibilidade" (*Física* III, 6, 206a 18). Como Aristóteles observa expressamente, trata-se, nesse caso, de um conceito de possibilidade diferente daquele que pressiona por realização. Trata-se aí, muito antes, de uma possibilidade que nunca poderá se tornar realidade. Não existe um corpo infinitamente dividido no modo da realidade, mas ele é infinitamente divisível quanto à possibilidade. A dificuldade de compreensão reside no fato de que Aristóteles introduz expressamente o par de conceitos "possibilidade – realidade" nesse ponto, mas o usa em um sentido diferente do usual. O infinito como pura possibilidade constitui o oposto daquilo que de resto se considerou como o infinito.

> Disso resulta que o infinito (o ilimitado) constitui o oposto daquilo que se considera que ele seja. Ele não é aquilo em que, fora dele, não existe mais nada, mas aquilo em que, fora dele, sempre ainda há alguma coisa (*Física* III, 6, 207a 1-3).

Portanto, para Aristóteles, o infinito não é aquilo que abarca o universo, a causa primordial de todo o devir, mas aquilo que, fora dele, mediante divisibilidade teoricamente infinita ainda haveria algo mais que poderia continuar a ser dividido.

O resultado não deveria ser superestimado. Trata-se de um acordo de cavalheiros entre distintas posições em uma discussão animada. E a via até a matemática infinitesimal (logaritmos, séries infinitas) não parte de Aristóteles, mas do famoso matemático Euclides (c. 300 a.C.), passando pela matemática da Renascença e, a partir desta, até as modernas teorias sobre a matemática infinitesimal.

ESPAÇO E LUGAR

"Espaço" é uma categoria física fundamental de primeira grandeza. A existência de um espaço em que se encontram todas as coisas é uma hipótese universal que se acha já na poesia pré-filosófica. O próprio Aristóteles cita a sentença de Hesíodo (*Teogonia* 116), segundo a qual a primeira coisa a surgir teria sido o "caos" como espaço que abrange tudo (*Física* IV, 1, 208b 31). Um espaço autonomamente existente era previsto, então, pelos atomistas (Leucipo, Demócrito), enquanto no mito da criação do mundo do *Timeu* de Platão um espaço chamado *chôra* (χώρα) é concebido como aquilo que abrange o universo, o qual é introduzido como um terceiro elemento ao lado do modelo inteligível das ideias e do retrato perceptível com os sentidos; esse espaço acolhe tudo e oferece a tudo que está em devir um lugar para ficar (*Timeu* 48e-53c). Aristóteles conhece e cita essa teoria (*Física* IV, 2, 210a 2), mas a põe de lado como incoerente.

Para Aristóteles, não existe um espaço existente para si, assim como não existe o infinito como algo com existência autônoma. Em vez de um espaço que a tudo abrange, Aristóteles põe o "lugar" (*tópos*, τόπος). Esse termo se refere ao "local" preenchido por um corpo, que não possui existência fora e acima das coisas, que, no entanto, marca a delimitação dos corpos entre si e de sua posição específica. O "lugar" é algo como um recipiente que é, por assim dizer, preenchido com um determinado conteúdo (o corpo). Aristóteles chama isso de um "lugar próprio" (ἴδιος τόπος [*idios tópos*], *Física* IV, 2, 209a 33). Todo corpo possui um "lugar natural", que é determinado pela oposição de direções "em cima" e "embaixo". Corpos leves são impelidos para cima e têm ali seu "lugar natural" e, de modo correspondente, os corpos pesados o têm embaixo. O objeto individual pode deixar seu "lugar" costumeiro ao ser movido em outra direção por uma incidência externa. Nesse caso, contudo, de modo nenhum surge um vazio ou um espaço oco, mas o lugar liberado é ocupado por outro corpo, de modo que acontece uma troca de lugares. Água e ar trocam de lugar; o ar flui para dentro de onde escoa a água.

Nesse caso, o "lugar" é a respectiva superfície limítrofe do corpo individual. Desse "lugar próprio" Aristóteles diferencia um "lugar comum" (κοινὸς τόπος [*koinós tópos*], *Física* IV, 2, 209a 31), no qual se encontram todos os corpos. Isso evidentemente se refere a um lugar universal partilhado por todos os corpos físicos. Mas, desse modo, Aristóteles volta a aproximar-se da ideia de um espaço físico universal, como ele costuma ser assumido. A diferença reside em que esse lugar universal aristotélico está preenchido até a última frincha com os lugares individuais, de modo correspondente à dinâmica do movimento do leve para cima e do pesado para baixo, sendo que a Terra com ponto central do cosmo permanece sempre em seu lugar e, em correspondência, a superfície limítrofe voltada para nós do sistema celeste em rotação permanece a mesma. Assim, a teoria do *tópos* também é uma consequência da imagem de mundo geocêntrica, fisicamente estruturada de Aristóteles. Aristóteles quis transformar em realidade física a idealidade matemática do espaço abstrato em Platão.

O detalhamento da argumentação comprobatória é intrincado, seguidamente impregnado de polêmica e difícil de entender. O que no final das contas não fica claro é a relação entre "lugar" e corpo. Como pode um "lugar" consistir em ser meramente a linha divisória entre um corpo e outro corpo?[10]

VÁCUO

Nessa passagem (*Física* IV, 6-9), Aristóteles discute, acima de tudo, com os atomistas, para os quais a tese de um espaço vazio representa um fator importante de sua teoria. Essa teoria, desenvolvida por Leucipo (c. 500 a.C.) e consolidada por Demócrito (c. 460-370), representou um grande progresso em relação às cosmologias mais antigas, porque os princípios do ser não estão mais amarrados a determinadas matérias (água, ar, fogo), mas são chamados por meio de uma abstração conceitual de "átomos". Entre as esquisitices inexplicáveis figura a de que Platão não fez nenhuma menção do nome e da teoria de Demócrito. Platão deve ter conhecido Demócrito, pois o tempo de vida deste e de Platão coincidem em parte. Tanto mais extensamente Aristóteles se ocupa criticamente em diversas passagens de sua obra com Demócrito e a teoria atomista. Nesse contexto, o ensejo concreto para isso é o dogma atomista do espaço vazio.

Aristóteles tem jogo fácil com a opinião corrente ingênua de que um recipiente está vazio depois que o líquido escorreu de dentro dele. Nós também falamos irrefletidamente que, nesse caso, o recipiente está "vazio". Em tom um tanto zombeteiro, mas com razão, Aristóteles avalia que se considerou vazio aquilo que, na verdade, está cheio de ar (*Física* IV, 6, 213a 31). Desse modo, não se comprovou a realidade do vácuo, mas a do ar.

Bem mais séria é a discussão com as visões baseadas na teoria dos atomistas, para quem o vácuo representa uma parcela de espaço, na qual não se encontra

---

10. Análise detalhada e crítica em Zekl, 1990.

nenhum corpo perceptível, nem mesmo ar. Os atomistas partiam do fato de que existe uma profusão de corpos indivisíveis ("átomos") intercalados de espaços vazios. Segundo eles, de outro modo não se poderia explicar fenômenos como diluição e adensamento, crescimento e, de modo geral, o movimento. Nesse caso, o vazio seria uma lacuna no mundo dos corpos, para dentro do qual um corpo podia se dilatar e, de modo geral, ser movimentado.

A discussão sobre a existência do vazio deve ter sido muito atual no tempo de Aristóteles. Apontam para isso também alguns experimentos referidos por Aristóteles. Assim, ao ser retirado dos barris e posto dentro de odres, o vinho toma menos lugar do que antes e, portanto, perde volume, ao ser comprimido pela penetração em espaços vazios. Algo similar se dá com o recipiente cheio de cinzas que pode receber tanta água como se estivesse "vazio".

Obviamente Aristóteles rejeita – nem sempre com argumentos fáceis de discernir – a existência de um espaço vazio. Tal hipótese estaria em contradição com todos os princípios de sua física. Ela estaria em contradição sobretudo com os princípios aristotélicos do movimento. Estes preveem movimentos naturais para cima e para baixo, ao passo que o espaço dos atomistas contém movimentos puramente mecânicos e nenhuma direcionalidade, sendo, portanto, "isotrópico". Por fim, Aristóteles chega à constatação formulada em tom zombeteiro de que a hipótese do vácuo seria, na realidade, uma "hipótese vazia" (*Física* II, 8, 216a 26). O atomismo não sabe de nenhuma teleologia, nenhuma disposição finalista da natureza, nenhum princípio imaterial do ser, mas tão somente de conglomerados de átomos de diversas grandezas e formas. A imagem de mundo de Aristóteles é o oposto disso tudo. Sua concepção de movimento, crescimento, causa final e acontecimento da natureza em sua totalidade logicamente não admite a suposição de um "espaço vazio".

Mas isso não resolveu o problema. O segundo mestre após Aristóteles na condução do Perípato, Estrato de Lâmpsaco (primeira metade do século III a.C.), desconectado dos demais princípios dos atomistas, formulou uma teoria totalmente peculiar sobre espaços vazios descontinuados e escreveu sobre isso um texto (perdido) intitulado *Sobre o vácuo*. Ele partiu do fato de que os raios solares, mas também o calor, o frio e o ar podem penetrar em outros corpos, que, nesse caso, teriam de exibir cavidades vazias. Pelo visto, Estrato acolheu em seu escrito o exemplo aristotélico do recipiente que comporta a mesma quantidade de cinzas e água juntas quanto comporta de cada uma em separado (*Física* IV, 7, 214b 5-10), mas de modo não aristotélico desvirtuou-o como prova da existência de cavidades vazias nos corpos, neste caso, nas cinzas[11]. Estrato foi chamado de "o físico", porque renunciou a todo tipo de fundamentação metafísica.

TEMPO

O complexo tratado sobre o tempo (*Física* IV, 10-14) atraiu desde sempre a atenção dos intérpretes, pois o tempo é peça central de toda e qualquer física. O ponto de partida é a questão referente a como o tempo se comporta em relação ao ser[12]. *Ser e tempo* é o título de uma das principais obras de Martin Heidegger (1927)[13]; o tema "em que medida o (exist)ente se mostra no tempo" é explosivo e atual: "Um pedaço de tempo passou e não é mais, o outro ainda vem e ainda não é. É desses pedaços que se compõe tanto o tempo infinito quanto cada pedaço do tempo posto em evidência" (*Física* IV, 10, 217b 33-218a 2).

Aristóteles claramente opera com dois conceitos diferentes de tempo: de um lado, o do tempo infinito, eterno, sem início e fim, e, de outro, o do intervalo de tempo como fronteira entre passado e futuro. Ele também chama esse intervalo de tempo de "o agora" (τὸ νῦν [*tó nŷn*]).

Ora, no que se refere à essência do tempo, Aristóteles não encontra informações claras na tradição. Para os pensadores gregos mais antigos o tempo era um poder autônomo, suprarreal. Para Platão, o tempo associado ao cosmo é a obra de um demiurgo divino, criado como retrato de uma eternidade (*Timeu* 37c-39d), que, por sua vez, é eterno, na medida em que tem duração ilimitada depois de criado. Aristóteles volta-se contra essas representações, bem como contra a concepção de que o tempo nada seria além da rotação celeste, e ainda mais resolutamente contra as teorias (dos atomistas) segundo as quais haveria vários mundos, do que resultaria a existência de vários tempos. Para Aristóteles, o tempo é eterno, sem início e fim, mas não é autônomo, estando intimamente ligado ao conceito do movimento, sem ser idêntico a ele. Sua definição deixa

---

11. O texto consta no escrito pseudoaristotélico *Problemata physica* XXV, 8, surgido em meados do século III; a fonte é o escrito perdido de Estrato *Sobre o vácuo*. Cf. a comprovação detalhada em FLASHAR, H., in: *Werke*, 19, 1962, 668.

12. Cf. RUDOLPH (ed.), 1988; KULLMANN, W., Konstanten und Varianten antiker Zeitauffassung, in: ID., *Philosophie und Wissenschaft in der Antike*, Stuttgart, 2010, 223-246.

13. Cf. também HEIDEGGER, M., Die Grundprobleme der Phänomenologie (1927), in: *Gesammelte Werke*, v. 24, 1975, 369 e 371.Trad. bras.: *Os problemas fundamentais da fenomenologia*, Petrópolis, Vozes, 2012.

isso claro: "O tempo é o número do movimento tendo em vista o mais cedo e o mais tarde" (*Física* IV, 11, 219b 1).

A palavra "número" não significa que o tempo consiste de unidades numéricas, mas que ele é calculável, mais precisamente, pelo ser humano. Isso introduz um fator subjetivo no conceito de tempo. Do mesmo modo que existe movimento apenas em relação a coisas, o tempo só existe em relação ao ser humano, que experimenta o tempo como sequência de minutos, horas e dias e pode projetar sua experiência temporal no passado e no presente. O tempo está ancorado na alma humana. O ser humano tem uma consciência de tempo, com a qual ele nota mudanças no mundo das percepções e registra em forma de números no tempo.

Em contrapartida, na concepção de Aristóteles, o tempo existe também quando o ser humano não o está calculando. Para demonstrar isso, Aristóteles recorre a lendas de dorminhocos míticos. Depois de despertar, eles conectam o presente que então se apresenta diretamente com o intervalo de tempo vivido por último, anulando por assim dizer o tempo intermediário como não existente em sua consciência. Inversamente, no estado desperto, permanece uma consciência de tempo mesmo na escuridão e na total ausência de impressões exteriores (*Física* IV, 11, 218b 21-219a 5). O tempo está fundamentalmente vinculado ao ser humano e sua faculdade de percepção, mas quando esta cessa temporariamente, falha também a consciência do tempo, ao passo que o tempo continua existindo.

Muito importante para a teoria de tempo de Aristóteles é o que ele chama de "o agora" (τὸ νῦν [*tó nŷn*]) (*Física* IV, 11 e VI, 3). O "agora", por seu turno, só é possível em relação ao ser humano. É um "recorte de tempo" feito pelo ser humano para realçar uma fase temporal no contínuo fluente do tempo. Para isso, precisa-se de dois recortes de tempo denominados "o agora", sempre para o início e o fim da respectiva fase do tempo. Aristóteles chama "o agora" de "limite" (*Física* IV, 10, 218a 24) entre o "mais cedo" e o "mais tarde", entre passado e futuro. "O agora", porém, não designa um presente difuso, mas de modo preciso o recorte que por um momento torna experimentáveis como aquilo que elas são as coisas que, no fluxo do tempo, estão envolvidas no constante devir e perecer[14]. Nesse sentido, o "agora" é a delimitação de uma fase. Com o "agora" o tempo contém um momento indivisível. Se o "agora" fosse divisível, passado e presente ficariam imbricados e passariam a ser uma coisa só. Porém, o "agora" não é um trecho de tempo, mas apenas o recorte como limite. Aristóteles

---

14. Exposto de modo convincente por Most, G. W., Ein Problem der aristotelischen Zeitabhandlung, in: Rudolph (ed.), 1988, 11-25.

distingue esse uso terminologicamente fixado da palavra "agora" do emprego dessa expressão na linguagem cotidiana, de acordo com a qual se diz: "Ele virá agora"; "ele veio agora" (*Física* IV, 13, 222a 22). Nesses casos, usa-se a palavra "agora" para designar a proximidade em relação a um intervalo de tempo no passado ou futuro. Por essa razão tampouco se pode dizer "agora a guerra troiana já aconteceu", porque, embora seja um contínuo único, o tempo até a guerra troiana está muito distante para que se possa dizer "agora".

Em contrapartida, o tempo não consiste de um simples enfileiramento de pontos sem duração chamados de agora; se fosse assim, o tempo constituiria uma sequência de movimentos que se desenrola aos trancos. Ele não é, como Heidegger pensa com relação à teoria aristotélica, uma "sequência de agoras pairando livre no ar", mas um contínuo de movimentos sem fase, do qual o ser humano pode realçar intervalos de tempo de variados tamanhos. Somente assim o tempo passa a ser mensurável. A unidade de medida do tempo é o número, e ser capaz de medir o tempo constitui uma realização essencial do número. Esse processo se consuma na alma humana, que desse modo é associada ao tempo. Porém, o tempo não é o conteúdo da consciência da alma, pois o tempo não está dentro da alma. O transcurso de fases do movimento como substrato do tempo é independente da alma humana. Porém, é a atividade da alma calculadora que faz dela tempo real. Nesse caso, o número possui um caráter bem diferente do que na teoria platônica dos números. Ele não é uma instância ontológica na graduação do ser, mas um instrumento, com o qual o ser humano explora o mundo a seu favor, mas tão só o mundo do movimento e da mudança, ao passo que o domínio do eterno escapa ao tempo. O "motor imóvel" está postado fora do espaço e do tempo.

A teoria aristotélica do tempo é parte integrante de sua física do movimento e não pode ser dissociada desta sem mais nem menos. Assim, Espêusipo e Xenócrates mantiveram a relação entre tempo e movimento, mas não a subjetivização do conceito de tempo com o aspecto da contagem dentro da alma. A filosofia helenista trilhou caminhos bem diferentes; o estoicismo substituiu, na teoria do tempo, o conceito do número pelo do intervalo; Epicuro também se posicionou a favor da tradição atomista na questão da teoria do tempo (o tempo eterno põe os átomos em movimento, mas não o cosmo); o neoplatonismo, seguindo os passos de Platão, compreende o tempo como retrato da eternidade. Daí partem os caminhos que levam às teorias do tempo da Idade Média e da fase inicial da Era Moderna.

Por um longo período, as representações modernas do tempo tiveram como norma a teoria de Isaac Newton (1643-1727) sobre o número absoluto como forma matemática sem relação com um objeto exterior e independente de toda e qualquer recepção. Isso ainda vale para Kant, para quem o "tempo matemático absoluto, real" representa uma "forma pura da intuição sensível". A teoria da relatividade de Einstein foi a primeira a abalar a compreensão absoluta de tempo mediante a concepção da mudança do eixo do tempo em relação ao sistema de movimento do observador.

Digno de nota é que numerosas teorias filosóficas sobre o tempo do século XX – em distinção a Aristóteles – não têm o pé no chão dos conhecimentos das ciências naturais contemporâneas. Isso vale, por exemplo, para Heidegger, que, por um lado, via o tempo existindo só na dimensão presente como horizonte do ser, mas, por outro lado, entendeu-o na condição de fenômeno no presente como retrato tênue de uma eternidade, como puro presente, aproximando-se, desse modo – como fez também em outras áreas – mais de Platão do que de Aristóteles.

De resto, o fenômeno do tempo é associado – de modo totalmente não aristotélico – com experiências e visões, que se dissociam inteiramente do espaço físico e, como "tempo cultural", "cronopatologia", levam a experiências limítrofes, a uma negatividade da experiência do tempo (Gadamer), podendo chegar a utopias aterrorizantes temporalmente fixadas (George Orwell)[15].

CONTÍNUO

Enquanto o Livro V da *Física* trata mais uma vez dos diversos tipos de movimento e mudança (por ora podemos dispensar os detalhes), todo o Livro VI é dedicado ao contínuo (συνεχές [*synechés*]). Mas esse conceito também já havia sido explicado introdutoriamente e está intimamente relacionado com as representações de Aristóteles acerca do tempo e especialmente do movimento. O aspecto que governa todo o debate é o da divisibilidade. Com ele Aristóteles toca em uma temática que, pelo visto, foi objeto de animadas discussões na sua época. Isso mostra também um escrito transmitido como de autoria de Aristóteles, mas que certamente não procede dele próprio, intitulado *Sobre linhas indivisíveis*, que se distingue pela polêmica de aspereza incomum. De fato, na *Física*, Aristóteles se volta contra várias correntes filosóficas. "A teoria das 'linhas de

---

15. Tudo o mais no artigo abrangente (de vários autores) "Zeit" ["Tempo"] de *Historisches Wörterbuch der Philosophie*, v. 12, 2004, 1186-1262. Muito instrutivo é SCHMIDT, E. A., *Platons Zeittheorie*, Frankfurt, 2012, em que discute as diferentes teorias do tempo de Homero à Antiguidade tardia.

átomos' parece ter desempenhado um papel considerável na escola platônica; depois de Platão, essa teoria foi sustentada especialmente por Xenócrates"[16]. Mas ela está ancorada primeiramente na ontologia platônica em conexão com a assim chamada série de dimensões, segundo a qual linhas e superfícies são consideradas incomensuráveis e, por conseguinte, indivisíveis, dado que essas grandezas se diferenciam por sua essência.

Do mesmo modo, ainda que em um plano bem diferente, a teoria dos atomistas – como já diz o nome – parte da indivisibilidade das menores unidades, justamente dos átomos. Por fim, Aristóteles se debate com os assim chamados paradoxos de Zenão de maneira tão extensa que, um século depois, essa discussão ainda parece atual. A resolução desses paradoxos evidentemente ainda era difícil até para Aristóteles: "Zenão propôs quatro argumentações acerca do movimento que provocam uma verdadeira dor de barriga (δυσκολίας [*dyskolías*]) naqueles que tentam resolvê-las" (*Física* VI, 9, 239b 9-11).

A refutação feita por Aristóteles de fato foi formulada de maneira tão complexa que Hans Wagner, em seu representativo comentário (1967, 639) observa o seguinte: "Do início até hoje muita arte de interpretação foi aplicada a esse trecho e, não obstante, nada real e cabalmente satisfatório foi obtido. Da minha parte, após ter estudado as tentativas de outros e feito as minhas próprias, rendo-me incondicionalmente". Temos de contentar-nos aqui com poucas observações. Os quatro argumentos de Zenão, refutados por Aristóteles, são estes:

1. O corredor. Ele não conseguirá atingir o fim de um percurso em tempo limitado, dado que, no caso da bipartição do percurso total, ele tem de atingir primeiro o final do primeiro percurso parcial, ou seja, a metade. Para isso, ele teria de atingir primeiro a metade do percurso parcial e depois a metade do percurso parcial dividido ao meio etc. Dado que a quantidade de divisões em seções do percurso é ilimitada, o corredor jamais conseguirá atingir a meta em um tempo limitado.
2. Aquiles. O mais rápido velocista não consegue ultrapassar o mais lento dos seres vivos (a tartaruga) se este tiver uma vantagem. Pois Aquiles precisa primeiro atingir o ponto do qual a tartaruga partiu e depois o ponto ao qual ela chegou nesse meio tempo e assim sucessivamente em distâncias de vantagem cada vez menores, mas que nunca chegam a zero.
3. A flecha em repouso. Se uma flecha ocupar um espaço exatamente igual a ela mesma e o tempo for concebido como uma sucessão de pontos denominados agora, a flecha repousa no instante do ponto chamado agora.

---

16. Assim GAISER, K., *Platons ungeschriebene Lehre*, Stuttgart, 1963, 158.

4. O estádio. Dois grupos de corpos de tamanho exatamente igual movem-se um ao encontro do outro em um estádio, um deles partindo da beirada, o outro do centro do estádio, e isto na mesma velocidade. Não fica claro a partir do texto de Aristóteles se, conforme a teoria dos percursos parciais dos três exemplos anteriores, Zenão quis dizer que os dois grupos jamais se encontrariam, principalmente porque Aristóteles introduz um terceiro grupo que está em repouso. O texto não está claro.

Em Zenão, o respectivo ponto alto é que o Aquiles que visivelmente ultrapassa na corrida e a flecha que visivelmente está voando baseiam-se em ilusões dos sentidos e que não existe nenhum movimento. É surpreendente como a refutação é difícil para Aristóteles. Ele a faz recorrendo aos princípios da intuição do tempo e do movimento e, portanto, ao fato de que o tempo não é uma sucessão de pontos chamados agora, mas um contínuo fluente, que não existe o infinito no espaço, que a adição de pontos não resulta em uma linha, que no tempo finito só pode ser suposta uma quantidade finita de percursos parciais.

Pela tradução literal da palavra *synechés* (συνεχές), o contínuo é "algo coeso" que não tem início nem fim. O tempo é um contínuo porque ele é eterno e em toda parte "continuado". Não é possível deter o tempo. Quando muito, pode acontecer que indivíduos percam temporariamente a consciência do tempo, mas o tempo continua. O movimento em termos globais pressupõe o contínuo, dado que ele sempre ocorre em lugar e tempo. No plano individual, pode-se deter um corpo em movimento e, desse modo, deter o movimento, mas só existe repouso em um corpo no caso de movimento potencial e, portanto, quando o corpo puder voltar a ser movido. O estado de repouso constitui um correlato de movimento e mudança. O movimento pressupõe o contínuo, porque se consuma em lugar e tempo.

Aliás, é digno de nota que, com suas noções de tempo e contínuo, Aristóteles não propõe uma teoria propriamente matemática de estruturas (somente a refutação dos paradoxos de Zenão é feita com a ajuda de símbolos matemáticos), mas procura apreender de modo imediato a estrutura fundamental do mundo que se pode intuir.

Quando Carl Friedrich von Weizsäcker, segundo sua própria declaração, leu pela primeira vez a *Física* de Aristóteles na década de 1950, ele se sentiu "feliz com a concepção aristotélica do contínuo"[17]. Era a época em que Weizsäcker – inicialmente ainda em Göttingen, mas a partir de 1957 como professor de filosofia na Universidade de Hamburgo – discutia regularmente sobre Platão e

---

17. WEIZSÄCKER, C. F. von, Das Kontinuum, in: RUDOLPH (ed.), 1988, 144-167, aqui 165.

Aristóteles com o seu amigo Georg Picht, o diretor do Arquivo de Platão em Hinterzarten[18]. Weizsäcker já tinha obtido seus conhecimentos e feito suas descobertas no domínio da física. Agora ele sentencia: "A descrição que Aristóteles faz do contínuo, do tempo e do movimento é mais bem fundamentada do que costuma ser na física atual"[19]. "Enquanto isso, a matemática infinitesimal com o postulado das quantidades reais independentes bandeou-se, na segunda metade do século XIX, para a concepção do infinito, bem mais difícil de justificar"[20].

E sobre a refutação dos paradoxos de Zenão por Aristóteles, Weizsäcker observa o seguinte: "Nenhuma teoria quântica teria conseguido dizer isso melhor".

A PONTE PARA O PRIMEIRO MOTOR

O Livro VII da *Física* é composto de diversos esboços, originalmente com certeza sem ligação entre si, sobre o tema do movimento e da mudança no mundo físico[21]. Ao lado dos princípios já conhecidos, como, por exemplo: "Todo objeto movido é movido por algo", emerge o conceito der "alteração da qualidade" (ἀλλοίωσις [*alóiosis*]), cuja peculiaridade e limites são tematizados. Ao fazer isso, Aristóteles distingue a "alteração da qualidade" ou então o "tornar-se diferente" e o "surgir". O devir de um ser humano ou o surgimento de uma casa não representam nenhum "tornar-se diferente" do ser humano ou da casa. "Diferente" sempre se torna só a matéria subjacente (*Física* VII, 3). Na discussão sobre a eternidade do movimento, Aristóteles enfatiza repetidamente em tom polêmico – sobretudo contra Platão (por exemplo, *Fedro* 245c ss.) –, que não existe automovimento.

A atualidade do debate em torno do automovimento e movimento alheio naquela época é evidenciada também pela extensão e intensidade com que Aristóteles discute o (aparente) automovimento dos seres vivos, que de fato podia ser observado. No caso dos objetos inorgânicos está claro que eles não são capazes de pôr-se em movimento por si mesmos, mas necessitam de um impulso de fora. O caso dos seres vivos é diferente:

---

18. Na época, eu era colaborador científico no *Platon-Archiv* ["Arquivo de Platão"] e em parte testemunhei os encontros.

19. Cf. Rudolph (ed.), 1988, 145.

20. Weizsäcker, C. F. von, Möglichkeit und Bewegung. Eine Notiz zur aristotelischen *Physik*, in: Fries, E., (ed.), *Festschrift für Joseph Klein*, Göttingen, 1967, 73-84; reimpressão em: Weizsäcker, C. F. von, *Die Einheit der Natur*, München, 1971, 428-440.

21. Sobre os complexos problemas singulares, cf. Manuwald, 1971.

Às vezes não se efetua em nós nenhum movimento, mas estamos em repouso completo. Subitamente, porém, colocamo-nos em movimento e o início do movimento se origina dentro de nós e a partir de nós mesmos, sem que algum movimento seja causado a partir de fora. Porém, se isso é possível no ser vivo, o que nos impede de supor que a mesma coisa poderia suceder também com relação ao universo? Pois se isso sucede no microcosmo, por que não também no macro[cosmo]? (*Física* VIII, 2, 252b 18-27).

O trecho é interessante também porque, com a menção da analogia entre microcosmo (ἐν μικρῷ κόσμῳ [*en mikrô kósmo*]) e universo, remete-se à concepção correspondente que foi sustentada uma geração antes de Aristóteles por Demócrito em obra intitulada *Microcosmo*, segundo a qual o ser humano, sendo um retrato do universo, representa um mundo correspondente em miniatura. Aristóteles combina essa posição com a concepção de Platão a respeito do automovimento da alma e visivelmente tem dificuldade em refutá-la. Ele discute a relação entre automovimento e movimento alheio e chega a um princípio natural do movimento que abarca os dois tipos de movimento e que é comum a todas as coisas – animadas e inanimadas. Nesse contexto, o aparente automovimento dos seres vivos, que Aristóteles reconhece até certo ponto como realidade observável, é derivado, em última análise, de um impulso externo, de tal modo que o ser vivo que aparentemente movimenta a si próprio carrega dentro de si, na posição de repouso, um impulso dado a partir de fora na forma de "possibilidade" (do movimento).

A exemplo de Platão e Demócrito, Aristóteles também procura estabelecer uma conexão entre os movimentos físico-biológicos individuais e o sistema de movimentos do cosmo. Porém, ele não faz isso no sentido de uma analogia antecedente entre macrocosmo e microcosmo, mas como postulado lógico.

Caso se queira evitar uma corrente ou série de elos que tanto são postos quanto põem outra coisa em movimento, um *regressus ad infinitum* (um retroceder até o infinito), é preciso que haja um "primeiro movimentador" (*Física* VII, 1, 342a 53). Essa ideia acaba levando, no oitavo e último livro da *Física*, para além do mundo físico do movimento e da mudança para o domínio metafísico, isto é, para os nexos que Aristóteles expôs no Livro XII da *Metafísica*. Ao fazer isso aqui, ele evita chamar o "primeiro motor" de "Deus" e, de modo geral, caracterizar mais precisamente seu modo transcendente de ser. A única coisa que se informa é que ele não é composto de partes nem se expande no espaço. Aristóteles trava o debate no terreno da física e, ainda assim, tem como fundamento o ensino sobre o primeiro motor imóvel.

Importante para o conceito do mundo físico é registrar que o "primeiro motor" não pode ser entendido como "primeiro" em termos temporais. Pois Aristóteles não se cansa de enfatizar a eternidade e, desse modo, a ausência de um início do movimento. A expressão "primeiro motor" é entendida, portanto, primordialmente no sentido ontológico, da qual depende secundariamente o eterno movimento circular e, deste, todas as outras formas de movimento e mudança (*Física* VIII, 5-10).

RESUMO E PERSPECTIVA

Uma visão geral dos oito livros da *Física* nos faz atentar, em primeiro lugar, para o fato de que não se trata de uma obra inteiriça, mas de diversos esboços sobre o mesmo tema em diferentes níveis de elaboração. Os tratados reunidos desse modo estão mais permeados de enérgica polêmica enérgica e em parte mordaz do que o restante da obra. Essa polêmica é expressão da atualidade do debate, no qual Aristóteles expõe sua teoria dos fundamentos da física com considerável empenho argumentativo e isenta de contradições em si mesma.

O quanto Aristóteles se encontrou em meio a uma animada discussão tanto na Academia quanto mais tarde também no Perípato, mostram os títulos de escritos perdidos dos demais filósofos contemporâneos e posteriores. Xenócrates escreveu uma *Física* subdividida em seis livros; de Teofrasto são conhecidos 19 títulos de escritos (perdidos) só sobre a mesma temática, entre eles oito livros de *Física*, três livros *Sobre o movimento* e, acima de tudo, a grande obra doxográfica *Teorias dos físicos*, na qual foram expostas as teorias dos pensadores mais antigos sobre a natureza e seus princípios. O sucessor de Teofrasto, Estrato, tinha o apelido de "o físico". Ele havia composto uma série de escritos sobre tempo, movimento e vácuo. Trata-se, em última análise, de três concepções que estavam em discussão naquela época:

1. A teoria atômica de Demócrito. De acordo com ela, existia o cheio e o vácuo. O vácuo deve ser concebido como espaço vazio; o cheio é constituído dos átomos que preenchem o espaço como volumes parciais. Os átomos são não originados e perenes. Eles são "indivisíveis" (*a-toma*). Tamanho, forma e posição dos átomos fornecem razão suficiente para explicar toda a transformação dos fenômenos.
2. A teoria de Platão sobre a matematização dos processos físicos (*Timeu* 47e-57d). Platão parte da teoria dos quatro elementos "fogo", "água", "terra" e "ar", que, no entanto, não podem ser os elementos fundamentais de todo ser, mas são

derivados de formações espaciais geométricas imateriais, mais exatamente dos cinco corpos regulares, chamados de "platônicos", que, no entanto, provêm do matemático Teeteto, muito famoso naquela época, membro da Academia platônica, que deu nome ao diálogo homônimo de Platão. Detalhando, o tetraedro (a pirâmide) é o arquétipo do fogo, o octaedro (a pirâmide dupla) é arquétipo do ar, o icosaedro com suas vinte faces é arquétipo da água, o hexaedro (cubo) é arquétipo da terra e o dodecaedro com suas doze faces regulares em forma de cubo é o arquétipo da abóbada celeste das estrelas fixas[22].

3. A teoria de Aristóteles sobre o movimento (a mudança) dos processos físicos no tempo e no espaço no quadro de um contínuo. Aristóteles rejeita estritamente tanto a teoria atômica de Demócrito com a hipótese de um espaço vazio quanto a matematização da física por Platão.

Essas concepções fundamentais influenciaram de múltiplas maneiras a formação da física da Era Moderna e da atual, em parte diretamente, em parte indiretamente passando por muitas fontes intermediárias[23]. Quanto a isso, é preciso ponderar o *status* totalmente díspar dos textos. A obra de Demócrito se perdeu na fase final da Antiguidade. Por conseguinte, sua teoria do átomo pôde ser recebida somente a partir dos relatos críticos de Aristóteles e também dos Padres da Igreja, que condenaram essa teoria como ímpia. A concepção de Platão consta em um diálogo e é apresentada ali como um mito, na forma de "discurso provável". Somente no caso de Aristóteles dispõe-se de um ensaio de primeira mão e ao mesmo tempo argumentativo. A partir dele os conceitos básicos, como tempo, espaço, movimento e contínuo ingressaram na física moderna. Mas é claro que as conquistas da física do nosso tempo, com a mecânica quântica, a teoria da relatividade, a física das partículas elementares, a teoria dos campos, distanciam-na muito de Aristóteles, e a descoberta das leis da queda, do caráter ondulatório da matéria e da suposição de um espaço vazio a colocam em evidente contradição com a teoria aristotélica. O vácuo combatido com tanta veemência por Aristóteles inaugurou um enorme campo de pesquisa. Existe uma revista intitulada *Vacuum in forschung und praxis* [*Vácuo na pesquisa e na práxis*], que se entende como a "única revista em língua alemã especializada em todos os campos da tecnologia do vácuo". Nessa pesquisa, as observações e

---

22. Cf. Schadewaldt, W., Das Welt-Modell der Griechen, in: Id., *Hellas und Hesperien*, Zürich, ²1970, 601-625.

23. O desenvolvimento da física moderna naturalmente não poderá ser exposto aqui. Um panorama de feitio bastante subjetivo é oferecido por Weizsäcker, C. F. von, *Große Physiker*, München, 1999 (coletânea de palestras).

os experimentos têm um papel incomparavelmente mais importante do que em Aristóteles. No entanto, seguidamente acontece que também físicos modernos formulam uma teoria que só *a posteriori* é confirmada pela observação. Albert Einstein é autor das seguintes sentenças: "É a teoria que decide o que poderá ser observado" e: "Antes de ter a teoria, o senhor nem mesmo sabe quais são as grandezas que podem ser observadas"[24]. Essa compenetração de empiria e teoria poderia muito bem ser chamada de aristotélica.

Contrariando Aristóteles, a física moderna assumiu de Demócrito o conceito do átomo, mas contrariando o seu sentido literal ("indivisível") demonstrou que ele é divisível em partículas elementares menores e ínfimas. E Platão cunhou a concepção de Werner Heisenberg (prêmio Nobel de física de 1932). Heisenberg diferenciou – do mesmo modo que Platão – duas espécies, ou melhor, duas funções da matemática: em primeiro lugar, a matemática como instrumento na pesquisa individual no campo da física e, em segundo lugar, as formações matemáticas como entidades imateriais e fundamentações últimas da ordem da realidade, como expressa por Heisenberg em sua famosa "Fórmula cósmica" [= "Teoria de tudo"] (1958), que, entretanto, não foi aceita pela corporação dos físicos. Heisenberg sempre se reportou diretamente a Platão[25] e Carl Friedrich von Weizsäcker sentencia: "No *Timeu* de Platão, ele (Heisenberg) encontrou pré-formado o significado que as simetrias têm na física matemática da atualidade"[26]. Para Heisenberg, a beleza artística do diálogo platônico também teve sua importância, pois simbolizava para ele que também no mundo da física o belo é o verdadeiro. E, por fim, ele tinha afinidade com o caráter do modelo de pensamento do projeto platônico. Os principais representantes da física teórica pesquisam não só o que se pode observar, mas também o que se pode pensar. Aristóteles está muito distante disso tudo. Para ele, o pensamento físico se refere à realidade do que se pode observar e ordenar em conceitos. Só que entrementes o campo da observação ampliou-se de tal maneira em consequência de novas teorias e de uma forte matematização da física que, apesar da aclaração dos conceitos básicos da física, a posição aristotélica e a posição moderna em lugar nenhum estiveram tão distanciadas uma da outra do que no campo da física e naturalmente também no da cosmologia (cf. sobre isso as p. 318-320). Não obstante, Aristóteles foi o primeiro a tornar possível uma ciência da física.

---

24. Apud ibid., 276 e 322.
25. Assim em HEISENBERG, W., *Schritte über Grenzen*, München, 1971, ⁴1977; *Der Teil und das Ganze*, München, 1987, ⁴2006, e Elementarteilchen und platonische Philosophie, in: ID., *Gesammelte Werke*, Abteilung C. III, München, 1985, 321-334.
26. WEIZSÄCKER, *Große Physiker*, 1999, 310.

CAPÍTULO DÉCIMO

Cosmologia, meteorologia, teoria dos elementos, química – a Terra no centro

OS DOCUMENTOS BÁSICOS

Esses temas são expostos em um grupo de escritos interligados pelo seu conteúdo. Em detalhes: os quatro livros *Sobre o céu* formam uma compilação de três tratados diferentes, a saber, (1) os Livros I e II tratam dos corpos celestes e da esfera translunar em sua totalidade; (2) o conteúdo do Livro III é a esfera sublunar, em interseção com o teor da *Física*; (3) o Livro IV é um tratado sobre os conceitos "pesado" e "leve" em conexão com a estratificação dos elementos. O final desse tratado constitui o ponto de partida do escrito subdividido em dois livros e intitulado *Sobre a geração e a corrupção*. Os quatro livros com o título *Meteorologia* reúnem dois tratados bem diferentes. Os Livros I-III tratam de fenômenos meteorológicos na esfera sublunar; o Livro IV constitui um tratado químico originalmente autônomo, cujo conteúdo é a transformação de materiais por meio das qualidades primárias "quente", "frio", "úmido" e "seco". Comum a todo o grupo de escritos é que ele não consiste de preleções propriamente ditas, mas de documentos oriundos de trabalho erudito, que passaram por várias revisões ao longo do tempo. Isso fica evidente de modo exemplar no longo intervalo de tempo que é sugerido na *Meteorologia* por indícios exteriores. Em I, 7, 345a 1, é mencionado o arcontado de Nicômaco (341-340), em III, 1, 371a 31, o incêndio no templo de Éfeso (356); em III, 2, 372a 28, Aristóteles comenta que, "em 50 anos", viu apenas duas vezes um arco-íris lunar. Essa observação só pode ter sido formulada nos últimos anos de vida de Aristóteles.

No caso desses escritos, não é possível fazer uma datação coerente em um intervalo limitado de tempo.

COSMOLOGIA

Curiosamente a palavra "cosmologia" não aparece nem em Aristóteles nem em parte alguma da Antiguidade, mas só a partir do século XVI como formação análoga a astrologia[1]. Aristóteles usa a palavra "astrologia" (ἀστρολογία [*astrología*], *Física* II, 2, 193b 26) ou expressões como "o universo" ou "a natureza do universo" (*De caelo* I, 2, 286b 12 *passim*) para designar a totalidade do mundo. Nós enquadraríamos as exposições correspondentes dos Livros I e II do escrito *Sobre o céu* na astrofísica.

Ponto de partida da abordagem do tema no escrito *Sobre o céu*[2] é o conceito de corpo. Diferentemente da simples linha ou superfície, o corpo é caracterizado pela tridimensionalidade. Não há nenhuma outra grandeza e nenhuma outra dimensão que vá além desta. Para a tríade Aristóteles se reporta expressamente à tradição. A tríade de fato representa uma primeira pluralidade – para a díade a língua grega dispõe da forma gramatical do dual – e uma totalidade com início, meio e fim: "Por essa razão, tiramos esse número da natureza, como se ele fosse uma de suas leis e servimo-nos dele em nossa adoração cúltica dos deuses" (*De caelo* I, 1, 268a 1315).

Dado que Aristóteles ademais se reporta ao significado da tríade para os pitagóricos (para designar o universo), ele cita três correntes da tradição ao mesmo tempo: a filosofia (pitagóricos), a lei da natureza e a religião, na qual a tríade tem importância nas invocações dos deuses, nas libações etc. – o que atesta o comprometimento de Aristóteles com a tradição. Ele também se expressa na contemplação dos corpos celestes e seu eterno movimento circular que expressa a perfeição do universo.

> Todos os seres humanos têm uma representação de deuses e todos, tanto bárbaros quanto gregos, na medida em que creem em deuses, designam ao divino o lugar

---

1. Cf. Wildberg, C., in: Rapp, C.; Corcilius, K. (ed.), *Aristoteles-Handbuch*, Stuttgart, 2011, 84 e 259. Sobre o desenvolvimento do conceito "cosmo" cf. Kerschensteiner, J., *Kosmos*, München, 1962 (Zetemata 30).

2. Tradução com comentário detalhado por Jori, A., in: *Werke*, 12, 2009. Os exemplos textuais se baseiam nessa tradução. Cf. também Bowen, A.; Wildberg, C. (ed.), *New Perspectives on Aristotle's* De caelo, Leiden, 2009.

mais alto. Evidentemente eles concebem o imortal (os deuses) ligado ao imortal (o céu), e nem poderia ser diferente. [...] Em todo o tempo passado, pelo visto nada se modificou na tradição que foi transmitida de geração em geração nem no que se refere à totalidade do céu mais remoto nem no que se refere a qualquer das partes que lhe são próprias. É preciso considerar que nos deparamos com os mesmos pontos de vista, não uma ou duas vezes, mas incontáveis vezes (*De caelo* I, 3, 270b 5-21).

Essas observações entremeadas são extremamente esclarecedoras no que se refere ao *êthos* científico pessoal de Aristóteles. A partir de apenas poucas suposições fundamentais e em constante discussão com seus predecessores, Aristóteles explicita, no Livro I do escrito *Sobre o céu*, como resultado, a eternidade, a perfeição, a limitação e a singularidade do universo.

A abordagem dos processos naturais se baseia também aqui na teoria do movimento. Na base estão as duas formas do movimento natural, o movimento retilíneo e o movimento circular (*De caelo* I, 2, 268b 18). É com essas formas do movimento que os corpos e elementos são relacionados. Aos corpos simples competem, como movimentos naturais, não conduzidos à força, ou o movimento retilíneo ou o movimento circular, ao passo que dos corpos compostos é próprio um movimento misto. Aristóteles entende por corpos simples, antes de tudo, os elementos tradicionais: fogo, água, terra e ar. Eles buscam pelo movimento natural chegar ao seu "lugar natural", em parte para cima, em parte para baixo. Porém, nenhum dos quatro elementos executa um movimento circular natural. Isso fazem os corpos celestes. O movimento circular é visto como o mais perfeito: ele é o único que não tem início nem fim. A ausência de início e fim no movimento circular corresponde à ausência de início e fim dos astros e, desse modo, do próprio mundo.

Essa concepção fácil de compreender leva a duas consequências de peso, divergentes de todas as teorias dos pensadores mais antigos, próprias apenas da teoria aristotélica.

Primeira: quase todos os cosmólogos, desde os tempos mais antigos até Platão e Espêusipo, consideraram o mundo como surgido a partir de certos componentes originários ou a partir do nada e, na maioria das vezes, também como perecível. A palavra ἀρχή (*arché*) com seu significado duplo de "início" e "princípio" representa isso. Como totalmente incoerente Aristóteles percebeu a teoria da criação do mundo no *Timeu* platônico, segundo o qual o mundo é eterno e, não obstante, surgiu por obra de um criador do mundo. O que é eterno não pode ter surgido. A concepção aristotélica da eternidade do mundo representa uma ruptura com séculos de tradição.

Segunda: a maioria dos pensadores gregos antigos considerou como princípio último (segundo a hierarquia ontológica: primeiro) um, alguns ou todos os quatro elementos: fogo, água, terra e ar. Da teoria aristotélica do movimento resulta, pois, forçosamente a suposição de um quinto elemento. Pois se os movimentos naturais retilíneos com suas diferentes direcionalidades são associados aos respectivos quatro elementos e se existe um movimento circular superior, este precisa ser associado a um corpo e, desse modo, a um elemento situado além dos quatro elementos e sua esfera de influência. Aristóteles chama esse quinto elemento de "éter" (αἰθήρ [*aithér*], *De caelo* I, 3, 270b 22). Para isso, ele tinha como ponto de partida uma discussão em andamento na sua época. Anaxágoras e os atomistas já haviam assumido que por trás dos elementos materiais havia componentes originários; Platão foi além, remontando esses elementos a estruturas matemáticas (cf. p. 286). Platão assumiu cinco corpos geométricos, quatro dos quais ele relacionou com os quatro elementos, ao passo que o dodecaedro de alguma maneira é associado à abóbada celeste, mas permanece curiosamente indefinido. Essa lacuna é preenchida pelos alunos de Platão (Espêusipo, Xenócrates, Filipo de Opunte) de maneiras bem diferentes. Assim, na *Epínomis* pseudoplatônica, o adendo às *Leis* de Platão, da qual Filipo de Opunte é considerado autor, o éter é posicionado entre o fogo e o ar, ao passo que em Xenócrates os corpos celestes são compostos de vários materiais, para mencionar só estes exemplos. Em Filipo aparece pela primeira vez a expressão "quinto elemento" para designar o éter (981c: πέμπτον δὲ αἰθέρα [*pémpton dé aithéra*]), de cuja tradução latina *quinta essentia* é derivada a expressão "quintessência", corriqueira na linguagem coloquial.

Aristóteles evita a expressão "quinto elemento", decerto porque não queria suscitar a impressão de que ele estaria no mesmo nível dos outros elementos. Ele usa expressões como "primeiro corpo", "primeiro elemento", "o corpo divino". Pois sua intenção era delimitar o *aithér* em relação aos demais elementos e designá-lo para o domínio dos astros. Desse modo, ele logra estabelecer a separação entre uma esfera sublunar e uma esfera translunar. O lugar dos quatro elementos tradicionais é a esfera situada entre a Terra e a lua. Nela se consumam todas as incidências dos elementos na natureza, toda a mudança de quente, frio, seco e úmido na ordem rítmica de todo o devir e perecer e do ciclo biológico da natureza. Com essa separação está dada então também a possibilidade de estabelecer uma meteorologia científica, cujo objeto são os processos da natureza na esfera sublunar.

A CAMADA TRANSLUNAR DO ÉTER

Desse modo se pode, acima de tudo, alçar a esfera estelar da camada do éter acima de todos os processos que ocorrem na esfera sublunar. Assim, os astros e com eles toda a camada do éter, em claro contraste com a esfera sublunar, são chamados de não surgidos, não perecíveis, não sujeitos a mudanças quantitativas nem qualitativas, eternos, divinos, que não podem ser afetados de modo nenhum e que são elevados acima de todo o terreno em seu modo de ser. A sublimidade das estrelas é ressaltada com tanta veemência que se tem a impressão de que, na descrição feita por Aristóteles, elas praticamente não são inferiores ao "motor imóvel".

> Os antigos designaram o céu e o lugar mais alto aos deuses, e fizeram isto achando que só ele seria imortal. O presente tratado mostra, pois, que ele é imperecível e não surgido e, ademais, que ele não está exposto a nenhuma adversidade mortal, e, além disso, não padece de nenhuma fadiga, por não precisar de nenhuma necessidade forçada que o detivesse e impedisse de fazer outro movimento além daquele que lhe corresponde por sua disposição natural (*De caelo* II, 1, 284a 12-16).

Quase não se fala de "motor imóvel", porque nesse texto Aristóteles argumenta em termos físicos e não metafísicos. Trata-se da explicação da esfera translunar dos astros em sua delimitação em relação ao mundo sublunar do devir e do perecer. No entanto, na época da redação da *Física*, Aristóteles já dispunha da concepção de um primeiro motor imóvel, o que está claro pelo fato de pelo menos mencioná-lo uma vez (*De caelo* II, 6, 288a 27-33). Ademais, ao determinar mais precisamente a esfera do éter, Aristóteles não teve ensejo para aplicar seu modelo de interpretação "possibilidade – realidade", cuja ausência não deve ser entendida como se ele ainda nem dispusesse desse recurso interpretativo, como se pensou. Aristóteles constantemente operava com uma pluralidade de princípios, que ele empregava de caso para caso sempre que o tema exigia.

Apesar da ausência de qualidades físicas do espaço etéreo, a esfera do éter aparece perfeitamente estruturada. É preciso chamar de singulares e até de voluntariosas as determinações de Aristóteles – também diante do pano de fundo das teorias dos seus contemporâneos. Aristóteles atribui à esfera do éter um em cima e um embaixo, direita e esquerda, na frente e atrás, sempre do ângulo de visão do ser humano (*De caelo* II, 2). O universo constitui uma esfera atrelada a dois polos, e Aristóteles imagina que o ser humano se encontra do lado esquerdo do hemisfério inferior (portanto, mais perto do polo Sul do que do polo Norte). O movimento circular dos astros ruma para a direita e, portanto, no sentido horário

(*De caelo* II, 2, 285b 20), o que, segundo a concepção generalizada entre os gregos, é a "direção mais honorável" (*De caelo* II, 5, 288a 11), sendo que a rotação do céu transcorre em velocidade uniforme. Dado que o movimento circular do céu é eterno, ele naturalmente não tem início. Não obstante, Aristóteles prevê hipoteticamente um ponto inicial do movimento "do qual ele teria começado se alguma vez tivesse tido um início e do qual recomeçaria caso cessasse" (*De caelo* II, 2, 285b 7 s.). Isso é "onde os astros nascem" (II, 2, 285b 18).

Enquanto a abóbada celeste com as estrelas fixas executa essa rotação uniforme para a direita, os planetas realizam diversos tipos de movimentos eclípticos, em parte acompanhando o curso da esfera das estrelas fixas, em parte movendo-se ao contrário (*De caelo* II, 12, 293a 1). As estrelas, todavia, não têm movimento próprio. Elas encontram-se, muito antes, fixadas em altas esferas, acomodadas em conchas esféricas, pelas quais são movimentadas, e isto de tal modo que as estrelas se projetam como um capitel para fora da concha esférica em movimento (*De caelo* II, 3-12). Extremamente curiosa e certamente também singular é a concepção de Aristóteles de que não vemos as estrelas mesmas, mas apenas um brilho e uma incandescência que advém do calor gerado pela fricção decorrente do movimento rápido da esfera estelar. No ponto em que toca a estrela, o ar se incendeia e brilha devido à fricção, sem que a estrela mesma seja ou fique clara[3]. Com essa construção peculiar, Aristóteles quis escapar à concepção de resto corriqueira da substância ígnea dos astros, porque o fogo, sendo um dos quatro elementos, tem seu lugar apenas na esfera sublunar. E, de fato, ele faz com que os astros sejam compostos de éter, da mesma matéria, portanto, de que se compõe toda a esfera translunar, o que não deixa claro como uma estrela se delimita em relação ao seu entorno. Porém, totalmente incoerente e inexplicável é a suposição de que o ar esquenta pela fricção com o astro e se torna incandescente, pois o ar, que é expressamente mencionado nesse contexto (*De caelo* II, 7, 289a 20; 29 s.), sendo um dos elementos, tem tão pouco a ver com a camada translunar quanto o fogo. Em todo caso, aqui há uma incoerência no sistema.

Essa incoerência é atenuada pelo fato de Aristóteles não conceber a esfera do éter em sua globalidade como tão homogênea como seria de esperar em vista de sua subdivisão fundamental entre uma esfera sublunar e uma esfera translunar. Pelo visto, há certas porosidades ou, pelo menos, um efeito de sucção da esfera sublunar sobre as camadas mais baixas da esfera translunar. Esta aparece estruturada de modo correspondente. O "primeiro céu", como

---

3. Análise detida de todo o contexto em HAPP, H., *Hyle*, 1971, 474-503.

instância do mais alto grau entre os corpos perceptíveis pelos sentidos, pode pôr em movimento muitas estrelas ao mesmo tempo com um único movimento circular completo, ao passo que com a diminuição da distância a quantidade dos movimentos fica maior e as órbitas mais eclípticas. Por meio dessas graduações em forma de pontos de transição mais deslizantes, Aristóteles evita um *chorismós* estrito, uma separação em dois mundos. Com o conceito do movimento ele pode conceber, sem prejuízo da separação em esfera sublunar e esfera translunar, todo o mundo perceptível como coeso, como unidade da natureza. Pois a crescente irregularidade e imperfeição – consideradas de cima para baixo – que já se encontram na região inferior da esfera do éter prosseguem na esfera sublunar por meio da disparidade e irregularidade dos movimentos, até que, por fim, a Terra é destituída de todo e qualquer movimento por encontrar-se à maior distância possível do céu (*De caelo* II, 13-14). Sua forma esférica é fundamentada com o fato de não ter nenhum órgão para o movimento. Portanto, ela repousa em seu centro. Assim chegamos ao centro da cosmovisão geocêntrica.

> Sucede, porém, que o centro da Terra é idêntico ao centro do universo. [...] Desse modo, portanto, é evidente que a Terra necessariamente se encontra no centro e tem de estar imóvel. [...] Também é necessário que ela tenha uma forma esférica (*De caelo* II, 14, 296b 15-297a 8).

Aristóteles não facilitou as coisas para si mesmo. É certo que ele podia partir da longa tradição dos pensadores mais antigos com sua determinação fundamental da Terra como imóvel e situada no centro. Porém, nos detalhes ele discute extensamente as teorias dos assim chamados pré-socráticos, dos pitagóricos e de Platão, e o faz com uma intensidade que nem sempre contribui para a legibilidade do texto. Ele rejeita, acima de tudo, qualquer fundamentação matemática dos dados cosmológicos e entende seu sistema como puramente físico. Ele tem clareza sobre as dificuldades da matéria.

> Pois cremos que o zelo deva ser estimado como sinal de modéstia mais do que como sinal de intrepidez, como quando alguém, movido pela sede de saber, aprecia também pequenos vislumbres nas questões que nos causam as maiores dificuldades (*De caelo* II, 12, 291b 25-28).

> Nessas questões, é honroso aspirar a uma compreensão cada vez mais profunda, embora nossos recursos sejam modestos e encontrarmo-nos tão distantes daquelas situações (*De caelo* II, 12, 292a 14-17).

A concepção aristotélica não é nenhuma especulação do tipo praticado pelos cosmólogos antigos. Ela tampouco é uma construção matemática como a que foi proposta pelos pitagóricos e por Platão. Ela está, muito antes, baseada na empiria. Aristóteles parte dos fenômenos observáveis, que ele classifica em poucas categorias básicas, especialmente no conceito central do movimento em conexão com o pensamento teleológico. Trata-se, em parte, de observações simples, como as da direção e velocidade da queda de objetos, ou da contemplação imediata, (aparentemente) evidente, até a observação de dados astronômicos complexos.

> Vemos que o céu descreve um ciclo e estipulamos por meio da reflexão racional que o movimento circular é próprio de um corpo (*De caelo* I, 5, 272a 5-7).
>
> A observação mostra que a lua é esférica, pois, se não fosse, não assumiria a forma de foice ou a forma curva quando cresce ou míngua nem uma vez (por mês) a forma de semicírculo (*De caelo* II, 11, 291b 18-21).
>
> Observamos que, quando assumiu a forma de semicírculo, a lua passou por baixo do planeta Marte e que este ficou encoberto pelo lado escuro da lua e voltou a emergir do seu lado radiante e claro (*De caelo* II, 12, 292a 3-7).

Johannes Kepler apurou a data desse evento: 4 de abril de 357[4], quando Aristóteles tinha 27 anos de idade, já estava há dez anos vivendo na Academia e já havia se destacado pelo modo próprio de filosofar.

No empenho por ordenar as observações em categorias cosmológicas e estas, por sua vez, em um sistema global, Aristóteles chega a introduzir um paralelismo entre as atividades dos astros e as ações de seres vivos, até mesmo de plantas. Pois dado que Aristóteles compreende os astros como seres vivos, os movimentos destes têm o caráter de ações "do mesmo gênero do agir de seres vivos e plantas" (*De caelo* II, 12, 292b 2). O ser humano executa a maioria de suas ações visando atingir um fim, os animais menos e as plantas conhecem apenas uma "ação", a do crescimento. A analogia à esfera cósmica não é totalmente conclusiva. A Terra não "age" de modo nenhum, por não ter uma meta própria; o primeiro céu atinge sua meta por meio de uma única "ação"; os planetas, em evidente analogia aos seres humanos, atingem sua meta por meio de uma quantidade maior de ações. Aristóteles está empenhado em fundamentar sistematicamente a unidade da natureza por meio de graduações ascendentes e descendentes, chamadas de *scala naturae* ["escala da natureza"].

---

4. *Astronomica Nova*, Praga, 1609, 323. Cf. sobre isso Jori, 2009, 455.

Por fim, Aristóteles se empenhou em harmonizar seus princípios cosmológicos com as sabedorias antiquíssimas dos egípcios e babilônios (*De caelo* II, 12, 292b 8) e com convicções religiosas pré-filosóficas (*De caelo* I, 3, 270b 5-17), visando apresentar um todo coeso em forma de fusão das mais diversas ponderações. Disso resultou uma "mistura singular de verdade e erro" e, ao mesmo tempo, uma "junção cativante de exatidão lógica e *páthos* religioso"[5].

OS ELEMENTOS SUBLUNARES
(*DE CAELO* III)

O Livro III do escrito *Sobre o céu*, por um lado, dá continuidade lógica ao tratado sobre os corpos celestes em *De caelo* I e II, mas deve ter sido originalmente um tratado autônomo, que dá sinais de incompletude, é inteiramente marcado pela discussão com as teorias de outros pensadores e apenas alusiva e imperfeitamente dá a entender a concepção própria de Aristóteles. Esta fica mais clara no escrito *Sobre a geração e a corrupção*. De novo Aristóteles se volta contra todas as teorias que preveem apenas um elemento ou uma quantidade restrita deles, e especialmente contra a redução dos elementos a figuras geométricas por parte de Platão. A tentativa de vincular os corpos simples com determinadas figuras seria completamente sem sentido (*De caelo* III, 8, 306b 3). Quando, por exemplo, o fogo é deduzido da figura da pirâmide, comenta Aristóteles sarcasticamente (*De caelo* III, 8, 307a 1-4), esta deveria esquentar e queimar por todos os seus ângulos. Dado que Platão deduz todos os elementos de figuras geométricas, todos os elementos deveriam esquentar e queimar, porque todas as figuras consistem de ângulos. Essa crítica não fez jus à teoria platônica, o que certamente deve ter sido percebido também pelos ouvintes (ou leitores) do tratado na Academia.

Aristóteles define o "elemento" como o produto da divisão de corpos que, por sua vez, não podem continuar a ser subdivididos em corpos (*De caelo* III, 3, 302a 16-20). Ele discute a passagem de um elemento para outro e as condições dessa passagem. Ele rejeita as hipóteses que operam com apenas um elemento ou com uma quantidade ilimitada de elementos e pleiteia a pluralidade deles, sem dizer aqui, de quantos se trata. A partir de outros tratados fica claro que se trata

---

5. JORI, 2009, 332.

dos quatro elementos: fogo, água, terra e ar. Uma única vez aflora o conceito de um substrato inferior na forma de matéria pura (*De caelo* III, 8, 306b 20), sem que, contudo, seja dada uma explicação mais exata.

O PESADO E O LEVE
(*DE CAELO* IV)

O Livro IV do escrito *Sobre o céu* tem como tema uma teoria cinética dos elementos. Ela contém, em primeiro lugar, a determinação de que existe o pesado e o leve tanto no sentido relativo quanto no sentido absoluto. Outros também já haviam notado que existem diferenças de peso entre os corpos. Mas Aristóteles reivindica para si ser capaz de determinar o pesado absoluto e o leve absoluto dos corpos. Não existem o pesado e o leve para si, mas como correlatos de corpos. Ora, Aristóteles parte do pressuposto de que o pesado possui uma tendência centrípeta e o leve uma tendência centrífuga. O fogo é leve em todo lugar e executa um movimento ascendente. A terra é pesada em toda parte e tende para baixo. Os outros dois elementos, o ar e a água, situam-se no meio. Esses dois elementos são apenas relativamente pesados e leves, mais pesados e simultaneamente mais leves que outros. Aristóteles chega assim a uma teoria peculiar de estratos com quatro estratos verticais, que ele, uma vez mais, desenvolve em discussão com Platão e os atomistas. Todos os corpos tendem por meio do movimento natural, isto é, não influenciado de fora, para o seu "lugar natural", sendo que o movimento dos corpos não é determinado por sua forma, mas por sua velocidade.

No detalhe, Aristóteles entremeia observações, como, por exemplo, que objetos pesados como ferro e chumbo boiam na água quando têm uma superfície plana, ao passo que outros com outras formas, uma agulha, por exemplo, afundam na água (*De caelo* IV, 6, 313a 15-21). Aristóteles soluciona o problema mediante a ponderação de que corpos mais planos cobrem uma superfície maior da água e não a fendem. Um corpo plano não se sustenta no ar porque este se fende com mais facilidade.

Apesar desse recurso à observação, a pesquisa moderna caracterizou a teoria dos estratos de Aristóteles como uma dedução esquemática ousada, de teor incorreto[6].

---

6. Além do comentário de Jori cf. especialmente SEECK, G. A., 1964.

SOBRE A GERAÇÃO E A CORRUPÇÃO[7]

Esse escrito dividido em dois livros, coeso quanto ao raciocínio e rigoroso na argumentação[8] conecta-se diretamente ao final do escrito *Sobre o céu*. No Livro I são examinados os processos físicos do surgir e do fenecer, primeiramente (capítulos 1-5) os próprios conceitos "surgir" e "fenecer" em distinção a outras formas de mudança e, em seguida (capítulos 6-10), as condições materiais do surgir em geral. No Livro II, o primeiro plano é ocupado pelo conceito de matéria.

Depois de (nova) rejeição da concepção de outros (Empédocles, atomistas), Aristóteles propõe uma "espantosa aporia" (I, 3, 371b 18), a saber, se existe mesmo um devir simples e como ele existe. Nós dizemos: há um devir. Porém, tudo o que existe possui o caráter de substância. Seria o devir uma substância? Nesse caso, deve-se poder descrevê-lo com categorias como qualidade, quantidade etc. Ou seria o devir um (exist)ente segundo a possibilidade? Aristóteles soluciona o problema mediante a concepção de que devir e perecer estão estreitamente acoplados, de tal modo que o devir de um (exist)ente está vinculado ao perecer de outro (exist)ente e que, nessa mutação de devir e perecer, o devir representa uma "intensificação do ser"[9]. O devir é, portanto, o caminho para o (exist)ente.

O devir é algo diferente de simples mudança (I, 4, 319b 6-320a 6). A mudança ocorre em uma substância já existente; fala-se do devir quando, por ocasião da mudança, não resta nenhum núcleo perceptível de continuidade. Mas existem imbricações complexas de devir e mudança (capítulo I, 5), como, por exemplo, durante o crescimento de um organismo. Aristóteles considera o crescimento uma mudança que não procede de uma matéria inerente a outro corpo. Somente organismos podem crescer e não elementos como água e ar, nem objetos. Dado que todas essas questões são aprofundadas até os mínimos detalhes em discussão com as teorias de outros, é preciso supor que esse tipo de trabalho no detalhe era prática corrente na Academia (ou no Perípato).

A questão das causas do devir e do perecer leva ao problema da matéria, isto é, dos componentes materiais que se interligam mediante contato, ação recíproca

---

7. O título desse escrito de Aristóteles foi traduzido por *Sobre a geração e a corrupção* (trad. Edson Bini, São Paulo, Edipro, 2016), acompanhando a tradução latina *De generatione et corruptione*. Em função da clareza da argumentação a seguir, usa-se no corpo do texto os termos tradicionais para *Werden* (= vir a ser, devir) e *Vergehen* (= deixar de ser/existir, perecer, fenecer). (N. do T.)

8. Tradução e comentário exaustivo agora em Buchheim, T., in: *Werke*, 12, 2010.

9. Ibid., 131-135.

(atuar – sofrer) e mistura (capítulos 6-10). Isso fica mais claro no significativo tratado sobre a matéria (Livro II, 1), que deveria preceder mais propriamente à discussão do Livro I sobre as modalidades do seu modo de ação.

MATÉRIA

A determinação do que Aristóteles entende por "matéria" é difícil e controvertida. A palavra que Aristóteles usa para "matéria" é *hýle* (ὕλη)[10]. Na literatura desde Homero, ela ocorre com o significado de "madeira", "mato", "graveto". Ainda em Platão a palavra é empregada exclusivamente nesse significado original. É nas discussões acadêmicas entre Espêusipo, Xenócrates e Aristóteles que, pela primeira vez, se converte em termo filosófico. Não sabemos qual dos três foi o primeiro a dar esse passo. Quanto ao tema, há muito já se discutia sobre um último substrato (o mais baixo de todos), que está na base de todos os elementos. No mito da criação do mundo do *Timeu* platônico, é "o que acolhe tudo" (πανδεχές [*pandechés*], ou χώρα [*chôra*], *Timeu* 50e-52c), que permanece totalmente indeterminado, cujo significado Aristóteles critica como obscuro e incoerente (*De generatione et corruptione* II, 1, 329a 13-23). Aristóteles usa a palavra que Cícero já traduziu por *materia*, não no sentido de um substrato material, embora a palavra *materia* leve a pensar em "material" concreto. É evidente que os quatro elementos tradicionais não são as unidades últimas, que, muito antes, deve haver uma "primeira matéria" (II, 1, 193a 23; 29 *passim*). Ora, o específico da teoria aristotélica é que essa "primeira matéria" não pode ter existência separada dos elementos, não é dissociável dos corpos, do mesmo modo que Aristóteles tampouco concede separabilidade ontológica às factualidades universais como tempo e movimento. A questão controvertida na pesquisa e que não foi claramente respondida por Aristóteles é se a "primeira matéria" representa uma qualidade de substrato, como simples potencialidade de ser um determinado corpo, ou se lhe compete uma constituição específica. Deve ser encarado como uma matéria amorfa desse tipo o princípio (dependente) da conservação de energia e da mudança em todos os corpos[11]. Nesse caso, a matéria é a causa originária do equilíbrio de energias no acontecimento físico. Ela é como a massa de vidraceiro que mantém unidos todas as energias e todos

---

10. A discussão mais detalhada e mais instrutiva encontra-se em Happ, 1971.
11. Assim Buchheim, 2010, 135-147, ao qual me associo amplamente.

os elementos, é o garante de tudo que é gerado e que perece. Nisso reside a "potência da matéria" (BUCHHEIM, 2010, 456), sendo que nós temos de nos desvencilhar do conceito latino de *materia* e da palavra "matéria" formada a partir dele, cuja nuança de significado é mesmo um tanto diferente do da *hýle* aristotélica. Talvez com a noção de "madeira", como, por exemplo, escoras de madeira para manter coesas as partes de um corpo, aproximemo-nos um pouco mais da concepção de Aristóteles. É preciso deixar registrado que, para Aristóteles, não existe uma matéria pura, dissociada das coisas e, caso existisse, não seria possível conhecê-la[12]. Portanto, matéria só existe nos corpos.

Para os "corpos simples" (ou seja, os quatro elementos) Aristóteles desenvolve, no Livro II do escrito *Sobre a geração e a corrupção* uma teoria bem peculiar dos estratos (II, 2-11), que estruturam o espaço sublunar, associando os elementos às qualidades básicas "frio e quente", "úmido e seco", como respectivos opostos.

Os movimentos naturais no espaço sublunar são ascendentes ou descendentes. Isso vale em primeiro lugar para o fogo como elemento leve, centrífugo, ascendente, e para a terra como elemento pesado, centrípeto, cadente. Ora, o espaço sublunar é subdividido de tal modo que resultam ao todo quatro estratos verticais, ao serem posicionados entre fogo e terra o ar como elemento relativamente leve e a água como elemento relativamente pesado. A esses quatro elementos são então associadas as quatro qualidades básicas, e isto de tal maneira que cada elemento é determinado por duas das quatro qualidades básicas "seco", "úmido", "frio" e "quente", sendo que, em cada caso, um elemento é dominante. Isso resulta das possíveis relações de paridade das qualidades básicas. Quente e frio podem, um de cada vez, ser vinculados com o seco e o úmido, de modo que daí resultam as seguintes relações de correspondência com os elementos: o fogo vinculado com o quente e o seco, o ar com o quente e o úmido, a água com o frio e o úmido, a terra com o frio e o seco. Entre as qualidades básicas, Aristóteles diferencia ainda entre duas ativas (ποιητικά [*poietiká*]), o quente e o frio, e duas passivas (παθητικά [*pathetiká*]), o seco e o úmido.

Desse modo já está indicado que os elementos e suas propriedades não ocorrem de forma pura nas reais condições da vida no mundo, mas só em constante mistura e mutação, sendo que todos os corpos mistos sempre contêm todos os

---

12. É preciso diferenciar do conceito de matéria desenvolvido aqui o uso da palavra ὕλη [*hýle*] como "matéria" pelos pensadores gregos antigos para designar o princípio do ser (*Metafísica* I, 3, 983b 7). Para estes, ὕλη [*hýle*] é o conceito maior para os elementos fogo, água, terra, ar.

quatro elementos. Aristóteles exemplifica isso com a alimentação, que consiste de todos os elementos e qualidades que contém o que é alimentado. Nem mesmo as plantas se alimentam só de água, porque na água vem misturada a terra (adubo), razão pela qual "os agricultores fazem misturas para regar" (II, 8, 335a 14).

O modo mais fácil de efetuar as constantes mutações dos elementos e das qualidades é um ciclo (II, 4, 331b 4), na sequência dos elementos afins para os quais já existe, em cada caso, um *Brückenprofil* ["perfil-ponte"] (σύμβολον [*sýmbolon*], tradução de Buchheim) e, portanto, uma qualidade comum a dois elementos respectivos. Assim, – sob condições naturais e, portanto, não artificialmente produzidas – o ar e o fogo são quentes, o fogo e a terra secos, a terra e a água frias, a água e o ar úmidos. Desse modo, obtém-se um ciclo, no qual as mutações dos elementos de um para o outro "imitam" (II, 10, 337a 3) o ciclo eterno dos astros, como observa Aristóteles aqui perfeitamente no sentido de Platão.

Desse modo, nos capítulos finais do escrito *Sobre a geração e a corrupção* (II, 10-11), volta a efetivar-se o princípio da teleologia. Esta se manifesta no caráter incessante do devir e na mutação periódica do devir em fenecer na natureza. A periodicidade é de importância decisiva para Aristóteles no que se refere à ordem da natureza e do ser humano.

> Por conseguinte, tanto os tempos quanto os cursos da vida de cada qual têm um número e são determinados por ele. Pois todas as coisas têm uma ordem e todo tempo e todo curso de vida são medidos por meio de um período, só que não todos por meio do mesmo, mas uns por meio de um período mais curto, outros por meio de um período mais longo. Pois para uns o período e, desse modo, a medida é o ano, para outros um intervalo de tempo maior, para outros ainda um intervalo de tempo menor (*De generatione et corruptione* II, 10, 336b 9-15).

Responsável por isso é o sol, que dessa maneira se reveste de importância especial entre os astros, mesmo que, correspondendo à cosmovisão geocêntrica, ele não represente o centro do universo. Mediante sua aproximação, ele gera devir e, mediante seu desaparecimento, perecer, evidentemente em virtude da irradiação de calor. Ele estrutura as estações do ano e, além disso, por força de sua translação ele é base e causa das fases da vida de toda a natureza orgânica e inorgânica[13]. Aristóteles alega aqui e em muitas outras passagens que "a natureza" sempre busca obter o melhor e instala tudo da melhor maneira. Nesse ponto, porém, surpreendentemente Deus entra no jogo. A ideia é esta: do estrato

---

13. Sobre o significado do sol em Aristóteles cf. HAPP, 1971, 505-512.

translunar para baixo existe uma redução do ser. Porém, para que tudo não acabe em um não-ser vazio, "Deus" preencheu a totalidade, criando o devir incessante (II, 10, 336b 27-33). De que Deus se fala aqui? Do motor imóvel? Dificilmente. Ou de um produtor do mundo ao estilo platônico? Parece-me que, nesse ponto, Aristóteles abandona a sistemática rigorosa e recorre metaforicamente a um modo de expressão corriqueiro e popular. Mas, a rigor, trata-se de uma rachadura no sistema. Pois Aristóteles diz aqui expressamente que Deus teria "criado" (ποιήσας [*poiésas*]) o eterno devir. Isso se coadunaria com Platão, mas não com a sua própria concepção. Temos de conceder-lhe essa incoerência.

METEOROLOGIA
A TERRA

Foi Aristóteles quem fez da meteorologia uma ciência específica[14]. Ela é uma das consequências da separação entre a esfera translunar e a esfera sublunar. A filosofia da natureza jônica mais antiga abrangia "as coisas que pairam" (τὰ μετέωρα [*tá metéora*]), todos os fenômenos físicos entre céu e Terra, bem como astronomia e meteorologia. Sobre fenômenos isolados do campo da meteorologia escreveram também os pensadores mais antigos; Aristóteles se ocupa extensa e criticamente com eles em sua *Meteorologia*. De Diógenes de Apolônia (contemporâneo de Sócrates) foi transmitido até o título de um escrito, *Meteorologia*, mas nada do seu conteúdo. Em sua *Meteorologia*, Aristóteles alude várias vezes a Diógenes, sem mencionar seu nome. As alusões correspondentes (*Meteorologia* II, 1, 353b 6; II, 2, 354b 33; 355a 22), porém, permitem reconhecer que se trata primordialmente de processos do princípio fundamental "ar", aceito por Diógenes. Dificilmente esse escrito terá sido uma meteorologia como manda o figurino.

Aristóteles, em todo caso, restringe o âmbito de validade da meteorologia à esfera do espaço sublunar e, portanto, à atmosfera terrestre. De acordo com isso, meteorologia e cosmologia são âmbitos separados. O que levou a essa separação também foi o fato de que, entrementes, por meio de cálculos matemáticos, como

---

14. Tradução com comentário de Strohm, H., in: *Werke*, 12, 1970. Os exemplos textuais se baseiam nessa tradução. A meteorologia de modo relativamente extenso em Düring, I., 1966, 385-399. Em Strohm, encontra-se também a bibliografia mais antiga ainda muito valiosa sobre aspectos singulares. Em relação a Diógenes de Apolônia foi transmitido o título *Meteorologia*, de cujo conteúdo nada sabemos. Supostamente ele descreveu alguns fenômenos relacionados com seu princípio, que é o ar. Não deve ter se tratado de uma meteorologia completa.

os empreendidos na Academia por Eudoxo de Cnido, Filipo de Opunte e outros, obteve-se noções mais precisas da distância entre os corpos celestes e a Terra e entre eles próprios. Assim, Aristóteles pôde dizer que estão disponíveis "agora provas matemáticas", que nos obrigam a abandonar a "concepção infantil" de que os corpos celestes seriam pequenos porque nos parecem pequenos ao passarem diante de nós (*Meteorologia* I, 2, 339b 33-36). À descoberta da grandeza dos corpos celestes corresponde uma relativização das noções que se tinha sobre a extensão da Terra. A forma esférica da Terra – esta de início era vista apenas como um grande disco – já havia sido descoberta na primeira metade do século V, mas tinha-se ideias muito exageradas do seu tamanho em relação aos corpos celestes. Platão ainda caracteriza a Terra como "muito grande" (*Fédon* 109a), da qual nós, que somos como formigas ou sapos em volta de um pântano, conhecemos apenas uma pequena parte. Em contraposição, Aristóteles diz: "O corpo terrestre é, por assim dizer, uma coisinha de nada – sobre a qual ainda está reunida toda essa quantidade de água – em comparação com o universo circundante" (*Meteorologia* I, 3, 340a 7-9).

É interessante observar como Aristóteles, acompanhando a tradição geral, atém-se à cosmovisão geocêntrica e, não obstante, "diminui" a Terra no tocante a sua importância central. Em contrapartida, a Terra também volta a ser valorizada, porque Aristóteles a vê como a causa e o ponto de partida da estratificação do espaço sublunar. Trata-se da curiosa teoria da dupla evaporação (ἀναθυμίασις [*anathymíasis*]) que emana da Terra. Aristóteles reivindica essa teoria da evaporação telúrica como sua própria descoberta. Ela (ainda) não aparece nos seus escritos físicos mais antigos. A teoria desenvolvida no Livro I da *Meteorologia* é a seguinte. Existe uma evaporação seca e uma evaporação úmida. A evaporação seca é uma exalação quente que, por incidência do sol, sobe da Terra para o estrato superior, ou seja, para o elemento fogo, e ali forma uma matéria facilmente inflamável, uma espécie de estopim (ὑπέκκαυμα [*hypékkauma*]). A evaporação úmida é um vapor de água (ἀτμίς [*atmís*]) que exerce seu efeito na "região comum ao ar e à água" (*Meteorologia* I, 9, 346b 18). Aliás, a palavra "atmosfera" não ocorre nem em Aristóteles nem em toda a literatura antiga, embora seja derivada da palavra *atmís* ("vapor"). Essa teoria acrescenta à estratificação dos elementos, por força dos seus movimentos naturais, um componente, mediante o qual Aristóteles se considera em condições de explicar todos os fenômenos meteorológicos.

Esse arcabouço é, ao mesmo tempo, um reflexo da concepção do "primeiro motor", projetada sobre o espaço sublunar. A Terra é uma espécie de motor imóvel aqui de baixo. Ela mesma não faz nada, mas, ainda assim, é causa de movimentos e processos que ocorrem na atmosfera. Por essa via, porém, a fronteira entre o espaço sublunar e o espaço translunar é flexibilizada, pois Aristóteles explica, no interior desse arcabouço teórico, fenômenos que pertencem mais propriamente à esfera translunar (meteoros, cometas, estrelas cadentes) como processos meteorológicos na atmosfera. No detalhe, isso é feito por meio de uma estupenda mistura de observação perspicaz e construção ousada.

COMETAS

A investigação vai de cima para baixo, de tal modo que os problemas meteorologicamente relevantes são discutidos de acordo com a estratificação dos elementos, isto é, primeiro no espaço sublunar mais alto (ou seja, na esfera do fogo) com os fenômenos das estrelas cadentes, dos cometas, da Via Láctea (I, 3-8), depois na região do ar com fenômenos como as nuvens, a chuva, a neve, os ventos (I, 9-13), em seguida os fenômenos naturais ligados à água e à terra, como o mar, terremotos (II, 1-3; 7-8) e, por fim, os fenômenos abaixo da superfície da terra (I, 13).

Eis alguns exemplos:

> Às vezes, em noites claras, pode-se visualizar vários fenômenos no céu, como, por exemplo, fendas, buracos e pontos rubros. Eles têm a mesma causa. Pois foi esclarecido que o estrato superior do ar pode condensar-se e pegar fogo e que a inflamação às vezes dá a impressão de um incêndio, às vezes produz tochas e estrelas voadoras. Tampouco é de se surpreender quando esse ar, condensando-se, assume várias cores. Pois tanto a luz que brilha atenuada através de um meio mais denso, quanto o estrato do ar que a reflete causam múltiplas colorações, sobretudo vermelhas e púrpuras (*Meteorologia* I, 5, 341a 35-342a 8).

Não é possível apurar com clareza no que Aristóteles precisamente pensou. O decisivo é que os fenômenos siderais são rebaixados a fenômenos no espaço sublunar, em parte como inflamação real de material combustível, em parte como brilho de chama que a partir de cima transparece nas massas de ar de diferentes densidades. Também fenômenos como cometas, estrelas cadentes e Via Láctea, por mais díspares que sejam, são derivados da mesma causa, a saber, ao calor provocado pelo atrito no estrato superior do espaço sublunar.

À observação e formulação do sistema soma-se a discussão com a pesquisa contemporânea. Pois sobre todos esses fenômenos houve naquela época um debate animado. Isso fica especialmente claro no caso da teoria dos cometas. Sobre isso, Aristóteles entra em discussão com Anaxágoras, Demócrito, Hipócrates de Quios (este era, no seu tempo, um matemático bem conhecido) e seu filho Ésquilo. Ele discute a relação entre cometas e planetas, trata da cauda do cometa, do ponto cardeal em que os cometas nascem e se tornam visíveis. Ele comunica algumas observações que não foram feitas pessoalmente por ele, como, por exemplo:

> O grande cometa da época do terremoto e do maremoto na Acaia nasceu no Ocidente; também no Sul já houve muitos cometas. No arcontado de Eucles, filho de Molon, em Atenas, surgiu um cometa no Norte em torno do solstício de inverno no mês de Gamélion (janeiro/fevereiro) (*Meteorologia* I, 6, 343b 2-7).

Esse acontecimento, associado a uma das maiores catástrofes naturais do século, pode ser datado nos anos de 373-372. Naquela época, Aristóteles tinha 11 anos de idade e não estava em Atenas. Ele não pode tê-lo visto, mas pode ter interrogado testemunhas oculares alguns anos mais tarde. Sua própria teoria, segundo a qual os cometas surgem pelo atrito com o estrato superior da evaporação seca, facilmente inflamável, é, apesar de todas as observações, pura consequência do seu sistema. Ele separa os cometas rigorosamente dos planetas e quer demonstrar que os cometas muitas vezes aparecem como fenômenos isolados porque só assim ele consegue manter a separação entre espaço sublunar e espaço translunar e a estratificação dos elementos. De modo correspondente, os cometas seriam mais frequentes quando o ano é seco e ventoso, porque nesse caso o estrato de fogo e ar se inflama com mais facilidade. Para corroborar isso, Aristóteles menciona um acontecimento observado, a saber, que, por ocasião de um forte temporal em Corinto, foi possível ver durante alguns dias um cometa anteriormente desconhecido. O acontecimento ("sob o arconte Nicômaco") pode ser datado nos anos 341-340. Uma vez mais, o observador não foi o próprio Aristóteles; nessa época, ele estava na corte macedônia como preceptor de Alexandre. A teoria dos cometas de Aristóteles, segundo a qual o aparecimento de cometas é associado à evaporação da terra, foi transmitida por séculos, até que, no século XVI, o astrônomo dinamarquês Tycho Brahe descobriu a substância estelar dos cometas.

De modo muito semelhante Aristóteles explica a Via Láctea como uma inflamação do ar intermediada por muitas estrelas, ou seja, mediante o rebaixamento dos fenômenos celestes ao espaço sublunar. Que se trata de um aglomerado de inúmeras estrelas é um conhecimento que se deve a Galileu Galilei (c. 1600).

A enorme diferenciação desse fenômeno e de fenômenos similares na pesquisa moderna faz a teoria de Aristóteles parecer bem primitiva, se não ridícula. O que hoje consideramos digno de nota nela não é o resultado, mas a intensidade da pesquisa na combinação de observação, inquirição de testemunhas oculares, discussão com a pesquisa relevante naquela época e enquadramento em um sistema global livre de contradições internas.

PRECIPITAÇÕES

Na exposição dos fenômenos meteorológicos nos estratos mais baixos do espaço sublunar (*Meteorologia* I, 9-III, 1), a explicação dada por Aristóteles acerta com mais frequência porque as observações são mais manifestas e verificáveis, mesmo que o enquadramento dos fenômenos no sistema global permaneça problemático. Pode-se ter uma noção da amplitude da pesquisa já pela simples enumeração dos temas tratados: chuva, neblina, nuvens, orvalho, geada, neve, granizo, hidrologia da superfície terrestre, alternância periódica de seca e umidade na superfície da Terra, constituição do mar, correntes marítimas, salinidade do mar, ventos, ciclone, vento escaldante, terremoto, raio e trovão.

Aqui a integração sistemática não é tão forçada, como, por exemplo, na explicação das precipitações como fenômenos de evaporação, das nuvens como condensação do ar em água etc. Nessa linha, há fenômenos análogos entre a parte superior e a parte inferior de um estrato ou na relação entre o estrato do ar e da água. A formação da neve em cima corresponde à formação da geada embaixo, a formação da chuva em cima à do orvalho embaixo (*Meteorologia* I, 11, 347b 30-33). Aqui se comprova a teoria dos estratos.

Aristóteles se empenha muito na explicação do granizo (I, 12), porque, nesse caso, depara-se com um fenômeno paradoxal. Pois o granizo é água congelada, mas a queda de granizo dificilmente acontece no inverno. E como devemos imaginar o fenômeno do congelamento lá em cima no ar? Pois um congelamento só é possível com a presença de água, mas a água não pode ficar suspensa no ar. Percebe-se na exposição de Aristóteles a apreensão causada pela dificuldade de explicar uma forte precipitação de granizo.

> Muitas vezes já se observou nuvens de granizo passando com estrondo em voo rasante sobre a terra, de modo que quem ouviu e viu ficou assustado e esperou por coisa ainda mais assustadora. Mas também já se viu nuvens que passaram sem fazer barulho. Nesse caso, às vezes cai um granizo de pedras incrivelmente grandes que

não apresentam forma arredondada. Pois sua queda durou pouco tempo, porque a formação do gelo aconteceu nas proximidades da terra. A formação de grandes pedras de granizo deve residir na causa propriamente dita do congelamento. Pois granizo é gelo, o que qualquer pessoa pode ver, e grandes são as pedras de granizo que não têm forma redonda regular. Isso é um indício da proximidade em que se encontram da terra; pois as pedras de granizo que vêm de longe, esfarelam-se nas beiradas durante o seu longo voo e, desse modo, adquirem a forma arredondada e um volume menor (*Meteorologia* I, 12, 348a 24-37).

Aristóteles explica o fenômeno com o auxílio da curiosa teoria da antiperístase, à qual ele se refere também na *Física* (IV, 8, 215a 15; VIII, 10, 267a 16). Esse conceito evidentemente cunhado por Aristóteles (literalmente: "mudança em sentido oposto") quer dizer que uma matéria exerce sobre a outra uma pressão tão grande que as duas trocam de lugar. No caso da formação do granizo isso quer dizer concretamente que o frio dentro das nuvens se contrai pela incidência de calor de fora, fazendo a água virar granizo, e isto quando o endurecimento acontece tão rapidamente que a água não tem tempo de cair em forma de chuva. A explicação está correta na medida em que o granizo de fato surge pelo forte resfriamento da água em uma célula de tempestade. Aliás, Aristóteles nada diz sobre danos causados pelo granizo que hoje em dia ocupam o primeiro plano do interesse.

GEOLOGIA HISTÓRICA

Muito além do meteorológico em sentido estrito vai o esboço sumamente interessante sobre a história da terra (*Meteorologia* I, 14). Trata-se de um ensaio de geologia histórica, cujos parâmetros são as qualidades básicas "seco", "úmido", "quente" e "frio". Destas são derivadas as mudanças de longo prazo na superfície da Terra. Aristóteles emite seus juízos, uma vez mais, como biólogo, quando atribui "plenitude de vida" (ἀκμή [*akmé*]) e idade (I, 14, 351a 27-29) ao interior da Terra, como aos corpos de seres vivos e às plantas.

Ele vê nisso uma "ordem periódica" (I, 14, 351a 26), cujos processos são ocasionados sobretudo pela irradiação solar. Trata-se não só das marés que se pode observar no curto prazo – maré baixa e maré alta –, mas também mudanças de longo prazo da terra firme e do mar, o esgotamento gradativo de rios, aluviões, inundações.

Porém, todo acontecimento da natureza só lentamente vai deixando marcas no corpo da terra e em períodos de tempo que são colossais quando comparados com a nossa vida; por essa razão, é mais provável que povos inteiros venham a desaparecer e ser destruídos do que uma tradição desses processos chegue até nós do começo ao fim. A maior e mais rápida mortandade de povos é causada pelas guerras, depois pelas pestes e pelos períodos de fome (*Meteorologia* I, 14, 351b 9-14).

Acontecimento da natureza e história da humanidade são relacionadas entre si, mas de tal maneira que transcorrem desproporcionalmente. A duração da vida de povos inteiros é longa, mas não tão longa quanto a das mudanças geológicas da natureza. Assim, "Homero ainda é jovem em comparação com tais mudanças" (I, 14, 351b 35). Aristóteles está interessado no processo gradativo da decadência de povos e condições naturais. Como exemplo disso ele cita também a emigração gradativa de grupos populacionais inteiros quando o solo não é mais capaz de alimentar as pessoas devido ao ressecamento. Esse processo transcorre tão lentamente que de início passa despercebido.

> Pois uns abandonam a terra, os outros aguentam até que o solo não tem mais nenhuma condição de alimentar as pessoas. Portanto, é preciso contar com longos períodos de tempo entre a primeira e a última onda de emigração, de modo que não resta uma tradição coesa, mas ela se perdeu ainda no tempo de vida dos últimos moradores (*Meteorologia* I, 14, 351b 17-22).

Aristóteles cita como exemplo desse tipo de mudança Argos e Micenas. Na época da guerra troiana a região argiva teria sido pantanosa e teria podido alimentar apenas poucas pessoas, ao passo que Micenas era fértil e, por conseguinte, também fora mais poderosa. Agora, porém, seria o exato oposto: Micenas ficou totalmente árida (do que todo visitante pode se convencer ainda hoje), enquanto a terra argiva se tornou cultivável e fértil (do que é testemunha até hoje a florescente Argólida).

Aristóteles faz apenas uma breve alusão ao assim chamado dilúvio deucaliônico (I, 14, 352a 34). Deucalião, filho de Prometeu, foi o herói grego do dilúvio, ao qual ele sobreviveu com uma arca construída com as próprias mãos. A partir daí, foram desenvolvidas, na Academia platônica, teorias de catástrofes (teorias de cataclismos), tematizadas também por Platão (*Timeu* 22a; *Leis* 677a), visando explicar a idade relativamente jovem dos gregos que surgiram somente após o dilúvio. Aristóteles refere-se a isso na *Coletânea de provérbios* organizada por ele (agora perdida) e explica estes como resquício da filosofia de uma época mais antiga da humanidade. A ideia da interrupção da tradição "em intervalos de tempos condicionados pelo destino" (I, 14, 352a 30) tem afinidade com isso. Assim, esse capítulo voltado para a geologia constitui uma das partes mais interessantes da *Meteorologia*.

VENTOS

Do núcleo de toda meteorologia faz parte o tema "ventos". Sobre isso há desde Anaximandro muitas teorias, principalmente porque os ventos têm grande importância na vida prática dos gregos, especialmente na navegação marítima, mas também na medicina, como no escrito hipocrático *Sobre ventos (ou: ares), água e lugares*, no qual é investigada a influência dos ventos ou ares típicos de uma determinada região sobre a saúde do ser humano. O tratado de Aristóteles (*Meteorologia* II, 4-6) está repleto de observações acertadas, que, no entanto, são enquadradas de modo bastante esquemático na sistemática da dupla evaporação ou então vaporização. Aristóteles explica o surgimento dos ventos mediante a hipótese de uma vaporização semelhante à fumaça, que sobe da terra por incidência do sol. Ao lado disso, é constitutiva para o surgimento dos ventos a evaporação úmida e fria, que significa uma eliminação do elemento "água". Esse elemento sistêmico foi rejeitado já por Teofrasto em seu tratado (conservado) *Sobre os ventos* em favor da hipótese de uma incidência direta do sol e uma concepção mais mecanicista do movimento das massas de ar. Entretanto, Aristóteles deve ter sido o primeiro a propor uma assim chamada rosa dos ventos. Para isso, ele fez um desenho (*Meteorologia* II, 6, 363a 27), que evidentemente podia ser visto pelos seus ouvintes. O desenho continha um círculo subdividido em doze seções, no qual estava registrado, no sentido horário, começando pelo vento norte, cada um dos ventos conforme a direção do vento. Esse tipo de rosa dos ventos tornou-se popular no helenismo; o visitante da cidade antiga (*plaka*) de Atenas pode admirar essa rosa dos ventos, projetada sobre friso que circunda a famosa "torre dos ventos", originária do século I d.C., onde estão representados oito ventos personificados por esculturas.

TERREMOTO, ARCO-ÍRIS

Importância similar tem o tratado sobre o terremoto (*Meteorologia* II, 7-8), no qual Aristóteles prova que é um sismólogo versado, mas sempre emite seus juízos como biólogo:

É preciso imaginar isso [o terremoto] por analogia com o nosso corpo humano. Do mesmo modo que neste a força do *pneuma* encerrado causa tremor e espasmos, na Terra ela tem um efeito parecido, já que há terremotos que são como um tremor e outros que são como um sacudir. E do mesmo modo que, após a eliminação de água, frequentemente acontece que uma espécie de tremor atravessa o corpo, porque então o ar sob pressão entra de uma só vez de fora para dentro do corpo, assim também é preciso conceber também o processo dentro do corpo terrestre (*Meteorologia* II, 8, 365b 25).

A causa dos terremotos é explicada do mesmo modo que todos os outros fenômenos meteorológicos, mediante evaporação, concretamente por meio da penetração de vapores no interior da Terra.

Da profusão dos outros fenômenos meteorológicos, que aqui não serão tratados em todos os seus detalhes, destaca-se o tratado sobre o arco-íris (*Meteorologia* III, 4-5), por conter rudimentos para uma teoria das cores. Primeiramente o arco-íris é explicado como fenômeno de reflexão. Uma vez mais, apela-se para a analogia com as condições humanas: nossa visão é refletida por toda superfície lisa e, portanto, também pelo ar e pela água. Aristóteles cita como exemplo que uma pessoa com os olhos fracos ao correr sempre tem a impressão de ser precedida por uma sombra. Isso se deve a que, em virtude da enfermidade nos seus olhos, sua visão está tão fraca e amortecida que já o ar à sua volta tem o efeito de um espelho para ele. No caso do arco-íris, seriam então massas de ar distantes e condensadas que produzem esse efeito. Nessa linha, o arco-íris é explicado como refração da visão na direção do sol. Por ensejo da descrição das cores do arco-íris, que de fato se mostra em uma sequência parecida com a das cores do espectro visível, Aristóteles aborda certos princípios da teoria das cores (III, 4, 374b 9), como, por exemplo, que o claro aparece no escuro como vermelho, que o preto, enquanto negação da cor, resulta da falha de nosso sentido da visão, que o vermelho, dependendo da capacidade visual, pode transformar-se em verde ou violeta, que o vermelho aparece alaranjado ao lado do verde, que a impressão das cores em teceduras e bordados varia de acordo com a composição: por exemplo, o vermelho-púrpura quando aplicado ao tecido de algodão branco tem um efeito bem diferente do que quando aplicado ao tecido de algodão preto, inclusive quando a iluminação é diferente, razão pela qual os tecelões que trabalham à luz de lâmpadas com frequência já se enganaram na cor.

Em termos globais, o que podemos registrar também sem abordar todos os detalhes é que a *Meteorologia* com sua mescla de observação extremamente perspicaz, discussão com a pesquisa dentro e fora da Academia e constantes sistêmicas nem sempre adequadas aos fenômenos constitui um escrito sumamente interessante, pouco considerado nas modernas monografias de cunho filosófico sobre Aristóteles.

QUÍMICA
(*METEOROLOGIA* IV)

O Livro IV da *Meteorologia* era um tratado originalmente autônomo, que desde a investigação fundamental de Ingemar Düring (1944) é chamado de "tratado químico" de Aristóteles, e isto com razão, na medida em que trata da transformação de substâncias[15].

O fundamento dessas transformações são as quatro qualidades básicas "quente", "frio", "seco" e "úmido", enquanto os elementos têm um papel antes subordinado. O tema desse tratado químico é constituído pelas assim chamadas "homoiomerias", ou seja, as substâncias homogêneas que ocorrem como compostos químicos dos quatro elementos. Homoiomerias são, por conseguinte, substâncias em parte orgânicas, em parte inorgânicas, que se situam na parte central entre os elementos puros e as qualidades puras, de um lado, e as substâncias individuais não homogêneas e configuradas, de outro. Como exemplos de homoiomerias orgânicas são mencionados ossos, cabelos e tendões (*Meteorologia* IV, 12, 390b 4); dentre as homoiomerias inorgânicas aparecem (dispersas no texto) as seguintes: leite, soda, sucos, vinho e todas as substâncias que se pode cozinhar, ferver e assar, mas também substâncias sólidas como argila, madeira, bronze, que podem ser processadas por meio da forja, fundição, rachadura e prensa.

No detalhe é investigada a mudança ou transformação dessas substâncias pela incidência das qualidades básicas. O efeito do calor é o cozimento, subdividido em maturar, ferver e assar. Aristóteles vai fundo nos detalhes:

---

15. Düring, I., *Aristotle's chemical treatise*, Göteburg, 1944; Happ, H., Der chemische Traktat des Aristoteles, in: *Synusia*, Festgabe für Wolfgang Schadewaldt, Pfullingen, 1965, 289-322, retomado em: Id., *Hyle*, 1971, 520-551. Importante também é o capítulo *Tecidos e órgãos* em Kullmann, W., 1998, 176-201. A autenticidade de *Meteorologia* IV foi e é controvertida, mas o estilo e o *êthos* do livro falam a favor da autenticidade; contradições de conteúdo não foram explicitadas de modo convincente. Viano, C. (ed.), *Aristoteles Chemicus*, St. Augustin, 2002, contém contribuições sobre a recepção da *Meteorologia* IV na Antiguidade e na Idade Média.

O trabalho com os instrumentos de cozinha é mais difícil ao assar do que ao ferver; pois não é fácil esquentar o interior e o exterior uniformemente. Sempre resseca mais rápida e, portanto, mais completamente aquilo que está mais perto do fogo (*Meteorologia* IV, 3, 381a 30-32).

São levados em conta também o estado semicozido, de um lado, e o superaquecimento, a "queima do assado", de outro lado. Também aqui é enfatizada a analogia com os processos biológicos, mesmo porque a expressão para cozinhar, *pépsis* (πέψις) desempenha um papel importante na medicina hipocrática.

É que no corpo orgânico a digestão do alimento é semelhante a um cozimento, dado que ela acontece em um ambiente úmido e quente e sob a influência do calor do corpo. Pois também há distúrbios digestivos que se assemelham a um cozimento incompleto (*Meteorologia* IV, 3, 381b 7-9).

O oposto dos processos de cozimento é a liquefação do seco e a desidratação do úmido, tendo como consequência putrefação, murchamento e corrupção. Dependendo das parcelas proporcionais de fogo, água, terra ou ar, resultam do cozinhar, ferver, espessar e diluir etc. os mais diferentes produtos. O leite se converte em soro por diluição, em coalhada por espessamento (IV, 3, 381a 8). Mediante adição de um figo, pode-se produzir leite coagulado, separar o soro da nata. O soro depois de separado não pode mais ser espessado, mas ferve como água (IV, 7, 384a 20-24). Uma dificuldade específica advém do azeite de oliva, tão importante para os gregos em tempos antigos e recentes, porque não é possível condensá-lo nem com o frio nem com o calor, mas é espessado sob a influência das duas qualidades. Como causa disso alega-se que o azeite de oliva contém ar, razão pela qual boia sobre a água (IV, 7, 384b, 21-25). Por fim, Aristóteles apresenta uma lista dos meios usados para modificar as substâncias homogêneas. As possibilidades são: condensar, derreter, amolecer, umedecer, vergar, quebrar, fragmentar, cunhar, modelar, prensar, esticar, forjar, rachar, colar, amassar, queimar, vaporizar (IV, 8, 385a 12-19). São citados numerosos exemplos até os mínimos detalhes de todos os processos desencadeados por esses meios. Assim, é explicado que se pode vergar juncos e varas de vime e voltar a endireitá-los, o que não é possível no caso da argila e da pedra; que se pode quebrar lenha, mas não estilhaçá-la; que se pode comprimir esponjas e cera; que couro, tendões e massa (de pão) são substâncias dilatáveis; que o bronze pode ser trabalhado com o martelo, que lenha pode ser rachada, que o rubi não reage ao fogo, que o âmbar não pode ser derretido etc.

Para finalizar (IV, 12), no entanto, tudo é tangido na direção da teleologia aristotélica. Todas essas coisas materiais têm seu ser propriamente dito apenas em virtude de sua função. Um ser humano morto só é ser humano de nome, a exemplo de uma mão morta, mas isso também vale para uma flauta esculpida em pedra, porque em todos esses casos não é possível o exercício de uma função específica. Uma serra de madeira não é serra, mas apenas uma imitação. Todas as matérias homogêneas ("homoiomerias") na natureza devem suas possibilidades de surgimento ao calor e ao frio, bem como aos impulsos cinéticos desencadeados por eles, o que não é o caso dos corpos formados com elas. Uma serra, uma taça para beber, uma caixa não surgem do mesmo modo que o bronze e a prata, mas se originam da habilidade humana. Assim triunfa, no final, o espírito sobre a matéria.

RESUMO E PERSPECTIVA

Se considerarmos os escritos *Sobre o céu* e *Meteorologia* em conjunto, a reação só pode ser de admiração pela maneira como Aristóteles, com o auxílio dos conceitos desenvolvidos na *Física*, chegou a uma completa compenetração dos processos físicos do mundo, e isto desde os movimentos mais sublimes da esfera dos astros até os mais ínfimos fenômenos cotidianos. Isso foi logrado mediante a confluência de vários fatores. Em primeiro lugar está a observação arguta, em seguida a inquirição de testemunhas oculares de acontecimento astronômicos passados, depois o estudo exaustivo das fontes escritas disponíveis, que cobriam um período de duzentos anos. Aristóteles recorreu a fontes escritas não só para a pesquisa mais antiga, mas também para a pesquisa contemporânea; essas fontes, portanto, devem ter estado a sua disposição em forma de biblioteca e talvez até certo ponto como posse pessoal. "O que está *escrito* no *Fédon* (de Platão) sobre os rios e sobre o mar é impossível", escreve ele certa vez ao tratar dos rios (*Meteorologia* II, 2, 355b 34). Em lugar nenhum se nota que Aristóteles, no tempo em que residiu na Academia, ao confrontar-se com a falta de clareza de formulações platônicas, da qual se queixou muitas vezes, teria simplesmente ido até Platão e perguntado o que ele queria dizer com certa formulação. E, afinal, o sentido dos conceitos básicos empregados por Aristóteles, como movimento, qualidades e elementos, fica claro no enquadramento completo de todos os fenômenos em poucas categorias fundamentais. Em toda parte é possível sentir que Aristóteles se debateu com a explicação dos fenômenos. Tudo isso acontece na fase, significativa para a história do pensamento, de transição de uma filosofia que abrange todos os campos para uma pluralidade de ciências individuais. Para os pensadores gregos mais antigos, as questões cosmológicas e meteorológicas integram o núcleo teórico de sua filosofia. Em Platão, os temas cosmológicos estão inseparavelmente ligados à ontologia filosófica. Para Aristóteles, os fenômenos individuais ainda estão inseridos em uma filosofia geral da natureza, mas tendem para certa autonomia e para a constituição de disciplinas específicas, como a astronomia e a geografia descritiva, formatos que essas disciplinas teriam posteriormente.

A recepção posterior, especialmente da cosmologia, encontra-se sob a clave de que a cosmovisão geocêntrica de Aristóteles, previamente dada por uma longa tradição, é sabidamente equivocada.

Nesse contexto, as pessoas gostam de apontar para o fato, igualmente inegável, de que a Igreja se ateve por muito tempo ainda à tradicional imagem de mundo de Aristóteles, de que Galileu Galilei, ameaçado de tortura, teve de cair de joelhos e abjurar a nova teoria heliocêntrica e de que, ao final do processo judicial movido contra ele pela Inquisição, no dia 26 de junho de 1633, ao deixar o monastério de Santa Maria sopra Minerva, teria murmurado: "E, no entanto, ela se move" ("Eppur si muove").

Se procurarmos obter uma imagem um pouco mais diferenciada, deparamo-nos primeiramente com o vulto difícil de captar de Aristarco de Samos que, duas gerações depois de Aristóteles, foi o primeiro a esboçar uma cosmovisão heliocêntrica. Aristarco (c. 310-230) foi aluno do segundo líder do Perípato depois de Aristóteles, Estrato de Lâmpsaco. Ele era membro da escola aristotélica e um astrônomo renomado, mas vivia a maior parte do tempo em Alexandria e não tinha interesses filosóficos gerais. A única obra inteiramente conservada dele é um tratado relativamente breve intitulado *Sobre o tamanho do sol e da lua e a distância entre eles*, no qual Aristarco procurou determinar as distâncias relativas entre sol, terra e lua e o seu diâmetro. Esse escrito não contém nenhuma alusão à cosmovisão heliocêntrica. Mas está incontestavelmente comprovado que Aristarco sustentou essa cosmovisão. O famoso matemático Arquimedes, cerca de 25 anos mais jovem que Aristarco, redigiu um escrito (conservado) com o título *O arenário* (*are-narius*, ψαμμίτης [*psammítes*]), que contém uma investigação sobre a possibilidade dos números gigantescos – até o número de grãos de areia no mundo – com a possibilidade de agrupá-los em décadas e registrá-los de forma sucinta. Arquimedes, que vivia na Sicília, dedicou essa obra ao tirano Gelão de Siracusa, e, na carta dedicatória, ele informa Gelão que

Aristarco chegara à concepção de que as estrelas fixas e o sol seriam imóveis e que a Terra se moveria em torno do sol (Arquimedes I, 4-6). O segundo testemunho é do platônico Plutarco (século I d.C.), em seu diálogo *Sobre a face visível no orbe da lua* (*De facie in orbe lunae*). Nele, Plutarco quer explicar a assim chamada face da lua, aquilo que é visível a nós como fenômeno no lado da lua voltado para nós, não por meio de todo tipo de histórias míticas, mas em termos físicos. Nesse diálogo, o pitagórico Lúcio diz para o estoico Farnaques:

> Meu caro, só não nos acuses de impiedade diante do tribunal, como pensou fazer [o estoico] Cléantes, a saber, que os gregos deviam ter colocado Aristarco de Samos diante do tribunal por impiedade, por estar ele deslocando o foco do cosmo. Pois Aristarco tentou resgatar os fenômenos, supondo que o céu das estrelas fixas está imóvel, mas a Terra percorre uma elipse e, ao mesmo tempo, gira em torno do seu próprio eixo (capítulo 6, 922 s.)[16].

Esse não é só um testemunho da nova teoria de Aristarco, mas também do fato de que já naquele tempo os defensores de tal teoria eram ameaçados com uma acusação por impiedade – nesse caso, pelo estoico Cléantes, coetâneo de Aristarco. A cosmovisão tradicional tinha lançado raízes profundas demais, também no plano religioso. A cosmovisão heliocêntrica não conseguiu, portanto, impor-se, mas estava aí. O único que aderiu a essa teoria de Aristarco com argumentos adicionais foi certo Seleuco de Selêucia junto ao rio Tigre, de resto desconhecido, que viveu algumas décadas depois de Aristarco. Plutarco relata que Aristarco teria exposto a sua teoria apenas como hipótese, ao passo que Seleuco teria fornecido provas para ela. A um avanço maior do sistema heliocêntrico contrapôs-se então a teoria complexa, mas muito influente de Ptolomeu no século II d.C., embora Ptolomeu de modo nenhum tivesse adotado inteiramente a concepção aristotélica; ao contrário, ele rejeitou a suposição do motor imóvel como causa final do movimento em favor de um difícil sistema de movimentos não uniformes com sua teoria cinética dos epiciclos, segundo a qual os planetas orbitam em torno da Terra ao longo de um "círculo lateral" menor em torno de um círculo maior movendo-se em parte para frente, em parte para trás, em um movimento de laçada.

Assim sendo, Nicolau Copérnico (1473-1543) deve ser considerado o descobridor propriamente dito ou o redescobridor da cosmovisão heliocêntrica.

---

16. Sobre os detalhes cf. Noack, B., *Aristarch von Samos*, Wiesbaden, 1992. Instrutiva também é a visão geral em Jori, 2009, 304-316.

Copérnico nasceu na localidade relativamente remota de Toruń e, em Bolonha, Pádua, Ferrara e Roma recebeu formação abrangente nos campos do direito, da medicina, da matemática e da astronomia; em sua obra *Commentarium de revolutionibus orbium coelestium* [*Comentário sobre as revoluções das esferas celestes*], ele demonstrou cientificamente a rotação diária da Terra em torno do seu eixo e a translação anual da Terra em torno do sol. Ele conhecia Aristarco, seu predecessor na Antiguidade, e também o cita, mas chegou a suas conclusões de modo totalmente independente dele; ele seguidamente considerou esses conhecimentos como inacabados, razão pela qual protelou por muito tempo a publicação de sua obra, trazendo-a a público, por fim, no ano de em 1543, ano de sua morte. A obra foi dedicada ao papa Paulo III e precisamente nessa dedicatória consta a alusão a Aristarco[17]. Sem dar-lhe ciência disso, o teólogo Andreas Osiander acrescentou um prefácio, no qual apresentou a teoria de Copérnico apenas como hipótese, como Plutarco fizera com Aristarco. A intenção foi boa, mas não era o desejo de Copérnico. Osiander quis proteger Copérnico de ataques da Igreja – Lutero (1483-1546) tampouco pôde aderir à nova teoria –; esses ataques nem vieram – também graças à dedicatória ao Papa –, principalmente porque Copérnico sempre foi íntimo da Igreja, e viveu em parte a serviço dela. Foi só no ano de 1616, em conexão com os processos em torno de Galileu, que a obra de Copérnico foi parar no *Index librorum prohibitorum* (*Índice dos livros proibidos*), onde constou até o ano de 1757.

Entrementes Johannes Kepler (1571-1630), oriundo da região do protestantismo suábio, que como estudante da Universidade de Tübingen (1589) se familiarizara com a teoria de Copérnico, consolidou a nova teoria mediante a descoberta das leis dos movimentos planetários. Ele fugiu de possíveis controvérsias. Quando, no ano de 1598, a liberdade religiosa foi revogada na Estíria, Áustria, onde Kepler trabalhava como *Landschaftsmathematicus* ["agromatemático"][18], ele foi a Praga ser assistente do famoso físico e astrônomo Tycho Brahe.

Assim, uma ruptura franca aconteceu somente mediante o confronto entre Galileu e a Igreja na controvérsia entre a cosmovisão geocêntrica antiga, à qual a Igreja se apegou apelando para Aristóteles, e a nova teoria, fundamentada por Copérnico. Galileo Galilei (1564-1642), quase coetâneo com Kepler, tampouco

---

17. Copérnico não pôde se reportar a Arquimedes porque a obra deste só foi publicada em formato impresso em 1544, mas sim a Plutarco, cuja obra foi muito lida da Renascença até o fim do século XVIII.

18. Nessa função, ele era responsável pela agrimensura e pelo ensino da matemática, que incluía astronomia e astrologia. (N. do T.)

procurou o conflito com a Igreja. Mas diferentemente de Copérnico, ele chamou a atenção do público de imediato (a partir de 1606) através de uma quantidade maior de escritos; a edição completa de suas obras perfaz 18 volumes. Ele estudou os escritos de Arquimedes, desenvolveu as famosas leis da queda, construiu um telescópio, obteve uma profusão de novas noções mediante observação e experimento, que ele publicava de imediato, em parte na forma de diálogo, como no *Dialogo sopra i due massimi sistemi del mondo* [*Diálogo sobre os dois maiores sistemas do mundo*] (1632), que contém, em exposição popular, uma confrontação dialógica da nova imagem do mundo com a antiga. Na forma literária do diálogo, Galileu pôde ocultar-se atrás dos dialogantes fictícios e não precisou se expor com seu próprio nome. Nesse texto, dos três dialogantes o representante da teoria antiga, aristotélico-ptolomaica, Simplício, é caracterizado de maneira perfeitamente simpática. Ele não é rígido, até titubeia e quer conhecer a nova teoria, mas permanece com a velha teoria com base em argumentos sensatos. O nome "Simplício" talvez esteja remetendo ao platônico Simplício, que no século VI d.C. escreveu um comentário (conservado) sobre a *Metafísica* de Aristóteles. Quanto à forma do diálogo, que, no entanto, é bastante volumoso (cerca de 500 páginas), Galileu reconhecidamente parte de Platão. Como no *Sofista* platônico o diálogo começa com a alusão a uma "confabulação de ontem", mas prossegue então com uma discussão que se estende (ficticiamente) por quatro dias. Ao fazer isso, ele não quis provocar a Igreja, mas convencer no terreno da ciência, visto que ele também admirava Aristóteles e, ainda depois do processo, aos 78 anos de idade, expressou, em uma carta do ano de 1640, sua convicção de que Aristóteles estaria entre[19] seus adeptos se pudesse retornar ao mundo – com o que ele certamente tinha razão[20].

Além disso, Galileu estava enquadrado no ambiente cortês do seu tempo[21] e era amigo do Cardeal Barberini, que depois se tornou o papa Urbano VIII. Quando Galileu esteve em Roma no ano de 1624, seu amigo, que se tornara Papa há um ano, concedeu-lhe seis audiências e o cumulou de presentes.

Mas o Vaticano não tinha somente uma voz. Na reação à Reforma, havia "penetrado na Igreja por meio dos jesuítas uma concepção muito mais rigorosa

---

19. Na verdade, ele disse que "Aristóteles *o aceitaria* entre seus adeptos". Cf. nota 20. (N. do T.)

20. "Che se Aristotele tornasse al mondo, egli riceverebbe me tra i suoi seguaci" ["Se Aristóteles retornasse ao mundo, ele me receberia entre seus seguidores"] (apud RICKLIN, T., *Aristoteles-Handbuch*, 2011, 437).

21. Cf. BIAGIOLLI, M., *Galilei – der Höfling*, Frankfurt a.M., 1999. Cf. ainda: SCHMIDT, U., *Wie wissenschaftliche Revolutionen zustande kommen*, Würzburg, 2010.

de obediência"²² e assim se chegou ao lendário processo no ano de 1633, cujo prelúdio remonta ao ano de 1616, quando a Congregação do Santo Ofício admoestara Galileu a não mais defender publicamente a nova teoria, ao que Galileu não se ateve por muito tempo. Esse decreto que, de maneira geral, havia caído no esquecimento, voltou a aflorar: Galileu foi várias vezes interrogado, teve de abjurar a teoria copernicana, foi oficialmente condenado ao encarceramento, mas foi solto já depois de alguns dias. Indultado pelo Papa, foi-lhe permitido residir na *Villa* Médici, continuar suas pesquisas e, por fim, no ano de 1638, retornar à sua *Villa* perto de Florença.

Muitos detalhes são controvertidos, a autenticidade de partes do protocolo do processo foi posta em dúvida, logo a lenda começou a proliferar. O processo tornou-se símbolo de um acontecimento de primeira grandeza da história do espírito, de uma luta desesperada do velho contra o novo. A proibição dos escritos de Copérnico e de Galileu, que contrariaram o aristotelismo de observância eclesiástica, vigorou até 1757; o *Dialogo sopra i due massimi sistemi del mondo* de Galileu permaneceu até 1822 no *Índice dos livros proibidos*. E Bertolt Brecht, na primeira versão de *A vida de Galileu*, surgida no exílio dinamarquês (1938-1939), faz Galileu dizer o seguinte: "A [autoridade] de Aristóteles, que ensinou a inverdade, durou dois mil anos". Esse drama, encenado 230 vezes só entre 1957 e 1981, figura entre as peças mais encenadas de Brecht²³. É um dos muitos testemunhos do interesse duradouro por essa situação de reviravolta fundamental na história do espírito. Os principais cientistas da natureza de todos os tempos mostraram seu respeito a Aristóteles, não obstante a reformatação ptolomaica e cristã, por sua realização fundamental, mesmo que esta tenha estado sob a clave de uma hipótese fundamental superada por Copérnico, Kepler e Galileu.

---

22. WEIZSÄCKER, C. F. von, *Große Physiker*, München, 1999, 115.

23. Comprovação detalhada em HECHT, W., (ed.), *Brechts Leben des Galilei*, Frankfurt a.M., 1981. Brecht buscou intensa assessoria de físicos: de Niels Bohr em 1938 no exílio dinamarquês para a primeira versão, de alunos de Albert Einstein em 1943 nos USA para a segunda versão (que diverge consideravelmente da primeira). Essa "versão berlinense" foi encenada pela primeira vez em 1957.

CAPÍTULO DÉCIMO PRIMEIRO

Psicologia – a alma como plenitude do corpo

OS DOCUMENTOS BÁSICOS

O termo "psicologia" deve ser entendido aqui no sentido literal como "teoria da alma". Desde o início, os gregos tentaram desvendar o que é a alma humana e como ela se relaciona com o corpo. Aristóteles redigiu vários escritos sobre essa temática. Trata-se (1) do diálogo *Eudemo*, que evidentemente representa um contraponto ao *Fédon* de Platão. A parte central era constituída por uma discussão em torno da imortalidade da alma, fartamente ilustrada também com exemplos míticos. Uma reconstrução completa do mesmo não é possível devido à tradição fragmentária (cf. p. 29-30)[1]. (2) Do escrito *Sobre a alma*, subdividido em três livros, que exibe adendos e complementos a uma primeira versão (feitos pelo próprio Aristóteles)[2]. (3) Um grupo de pequenos escritos: *Sobre a sensação e o sensível; Sobre a memória e a reminiscência; Sobre o sono e a vigília; Sobre os sonhos; Sobre os vaticínios durante o sono; Sobre a longevidade e a brevidade da vida; Sobre juventude e velhice, vida e morte; Sobre a respiração*. Comum a esses escritos, que foram reunidos sob o título geral de *Parva naturalia*, é o aspecto psicofísico[3].

---

1. Sobre os detalhes cf. FLASHAR, H., in: *Werke*, 20, I, 2006, 41-49 (tradução), 155-166 (comentário). São só cinco fragmentos assegurados.

2. Tradução e comentário de THEILER, W., in: *Werke*, 13, 1959 (várias reimpressões, a última é de 1994; precisa ser atualizada). Comentário sequencial em POLANSKY, 2007. Análises profundas também em CORCILIUS, 2008.

3. Tradução alemã de DÖNT, E., 1997.

De início, Aristóteles ressalta que o tema "alma" figura entre os problemas mais difíceis. De modo correspondente, a exposição no escrito *Sobre a alma* é complexa e, ao mesmo tempo, assume uma postura distanciada em relação ao leitor.

A TEORIA DA ALMA ANTES DE ARISTÓTELES

A palavra "alma" (ψυχή [*psyché*]) ocorre já nos documentos mais antigos da literatura grega, ou seja, nas epopeias homéricas. Nestas, ela designa o fôlego de vida que deixa o moribundo saindo pela sua boca ou pelo seu ferimento. Para aquilo que nós chamamos de vida psíquica do ser humano vivo Homero não usa a palavra "alma", mas expressões como "coração", "ânimo", "senso". Estes conceitos são amplamente intercambiáveis; eles não são diferenciados em termos de pensar, querer, sentir[4]. Para a epopeia mais antiga, a sede dessa vida psíquica é o diafragma. A "alma" só se torna um tema no momento em que deixa o ser humano. Então a "a alma se evola como um sonho" (*Odisseia* XI, 222)[5], como uma sombra intangível, mas mantendo sua individualidade, diferentemente das teorias posteriores da migração da alma em Empédocles (século V a.C.) e nos pitagóricos. Com o surgimento da filosofia o conceito "alma" é preenchido com conteúdo concreto. Como sempre costuma fazer, também no escrito *Sobre a alma*, Aristóteles trata criticamente em detalhes as concepções dos pensadores mais antigos. Ele menciona, entre outros, Tales, Anaxímenes, Heráclito, Alcméon e Demócrito, criticando o fato de todos eles determinarem a alma segundo as três propriedades "movimento", "percepção" e "incorporeidade" e de, ao fazer isso, sempre identificarem a alma de modo geral com o fundamento originário de todo o ser suposto por eles. Assim, para Heráclito a alma é de natureza ígnea, para Demócrito um ajuntamento de pequenos átomos redondos e para os pitagóricos harmonia ou até número.

Somente a partir da literatura da segunda metade do século V a.C., a palavra *psyché* evolui para a condição de suprassumo da personalidade do ser humano individual. A "alma" adquire então uma qualidade ética. Ela não é só o órgão

---

4. Cf. Jahn, T., *Zum Wortfeld 'Seele – Geist' in der Sprache Homers*, München, 1987; Bremmer, J., *The early Greek conception of soul*, Princeton, 1983; Schmitt, A., *Selbständigkeit und Abhängigkeit menschlichen Handelns bei Homer*, Mainz, 1990 (especialmente o capítulo IV: *Sobre o princípio da unidade da alma em Homero*).

5. Homero, *Odisseia*, trad. Manuel Odorico Mendes, São Paulo, Martin Claret, 2005, 147. (N. do T.)

da percepção, da sensação e do pensamento; mas também o modo como o ser humano percebe, sente e pensa depende da disposição de sua alma. E a possibilidade sempre dada de influenciar o ser humano é interpretada como *psychagogé*, "psicagogia", como "condução da alma". Esta é uma realização sobretudo dos sofistas. Principalmente Górgias descreveu esse processo e ressaltou a possibilidade de conduzir o ser humano em virtude da força da palavra pela *psychagogé* tanto para o bem quanto para o mal. A reação a isso é o postulado socrático do "cuidado com a alma", que Platão converteu em fundamento de toda a sua ética. Ao fazer isso, ele diferencia sistematicamente as diferentes partes da alma em diferentes funções no âmbito da razão e das emoções; para isso, ele se vale de metáforas, como a da parelha alada, na qual um dos cavalos puxa para cima, na direção do ser verdadeiro, mas o outro puxa para baixo, na direção do mundo fenomênico (*Fedro* 246a-d); e sobretudo a teoria da imortalidade da alma e do "encarceramento" desta no corpo, desenvolvida principalmente no *Fédon*, é, para ele, o modelo central da condição em que se encontra o ser humano. Por fim, no *Timeu*, Platão desenvolve a concepção de uma alma cósmica, que constitui para ele o garante da ordem e da harmonia do cosmo[6]. De modo correspondente, na estruturação do ser, Platão situa a alma no mesmo nível do "matemático", a saber, no campo intermediário entre ideias e fenômenos.

No quadro da discussão das teorias anteriores da alma, travada no Livro I do escrito *Sobre a alma*, pouco se fala das múltiplas facetas e referências ontológicas e éticas da teoria platônica da alma. Aristóteles refere-se tão somente ao *Timeu* e critica, acima de tudo, a teoria platônica do automovimento da alma e a união de alma e corpo, que, em sua opinião, não foi esclarecida. A razão da limitação temática na crítica reside no fato de, no escrito *Sobre a alma*, Aristóteles atuar programaticamente como "pesquisador da natureza" (*De anima* I, 1, 403a 28-30) e, num primeiro momento, por de lado os aspectos éticos de uma teoria da alma.

A ESSÊNCIA DA ALMA E A GRADUAÇÃO DAS ENERGIAS PSÍQUICAS

O modo de análise inteiramente biológico também cunha a definição de alma que Aristóteles oferece logo após a verificação crítica das teorias mais antigas: "A alma é a primeira ultimação (enteléquia) [*Vollendung*] de um corpo natural dotado de órgãos" (*De anima* II, 1, 412b 5 s.).

---

6. Sobre os detalhes cf. Erler, M., *Platon*, 2007, no capítulo *Teoria da alma*, 375-390.

Essa definição sucinta permite reconhecer de imediato que ela se encontra firmemente ancorada no sistema conceitual de Aristóteles e repele todas as concepções que partem de um antagonismo ou até de uma separação de corpo e alma. Corpo e alma devem andar juntos porque a alma é o princípio de tudo que tem vida. Essa concepção é radicalmente nova em relação a todas as teorias anteriores a e contemporâneas de Aristóteles. A alma como realização do corpo seria algo impensável para Platão. No entanto, isso não se aplica a todo e qualquer corpo, mas apenas ao "corpo natural dotado de órgãos" e, portanto, a seres vivos que possuem órgãos para operar funções vitais, bem como a algumas plantas capazes de consumir alimento, sendo que a raiz da planta corresponde à boca do ser vivo.

A alma é chamada de "primeira realização" [*Erfüllung*] do corpo porque, na determinação mais geral da sua essência, ela é caracterizada por representar a realização potencial das possibilidades dadas no corpo, que, todavia, nem sempre se encontram em plena operação. Com a existência da alma estão dados não só o estar desperto, mas também o dormir (*De anima* II, 1, 412a 22), e, desse modo, é caracterizado o "primeiro" estágio (aqui no sentido de estágio "mais baixo") da realização da essência da alma. Essa definição de alma é designada como "determinação mais geral do conceito" (*De anima* II, 1, 412a 5), por encontrar-se aberta para diferenciações ulteriores. Assim, no caso das plantas exclui-se a distinção entre estar acordado e dormir, mas certas funções psíquicas de seres vivos também ocorrem durante o sono. A alma constitui, portanto, a essência e o conceito do ser; inerente a ela é o princípio do movimento e do repouso. Ela é "enteléquia" (um neologismo criado por Aristóteles), porque nela o corpo atinge seu "fim" (*télos*), chega à sua realização: "Do mesmo modo que a pupila e a capacidade visual formam juntas os olhos, alma e corpo juntos constituem o ser vivo" (*De anima* II, 1, 413a 2).

Se à "alma" compete a tudo que tem vida, é preciso determinar mais precisamente em que consistem as formas de manifestação do que tem vida. Aristóteles diferencia entre pensamento, percepção, movimento e repouso, consumo de alimento, crescimento e fenecimento. Se estiver presente qualquer desses componentes, mesmo que seja só um, fala-se de algo que tem vida e, por conseguinte, de alma. De modo correspondente, resulta uma graduação das energias psíquicas na seguinte sequência: planta – animal – ser humano. A "alma alimentadora" como energia psíquica mais baixa e geral compete a tudo que tem vida, ficando sem conexão com as demais energias psíquicas somente no caso das plantas. Alimento produz crescimento; tudo que tem vida cresce. Aristóteles vê isso da seguinte maneira: a alimentação não se limita ao suprimento de matéria, mas é também um processo de assimilação da matéria recebida pelo calor próprio do corpo, que põe em marcha o processo de digestão. A mais natural das realizações de todos os seres vivos é também a geração dentro do mesmo gênero – um animal gera um animal, a planta gera uma planta (assim literalmente em *De anima* II, 4, 415a 49) – e, mediante a assim obtida preservação eterna do gênero, o que tem vida já "participa do eterno e divino" no seu estágio mais baixo (*De anima* II, 4, 415b 4).

PERCEPÇÕES DOS SENTIDOS COMO ATIVIDADES DA ALMA
(*DE ANIMA* II, 5-III, 2)

O estágio seguinte da atividade psíquica está dado pela percepção dos sentidos, sobre a qual Aristóteles discorre extensamente. Diferentemente da alma vegetal, todos os seres vivos possuem uma faculdade de percepção que se torna efetiva na confrontação entre percepção e objeto percebido. Primeiro a alma perceptiva é afetada pelo objeto a ser percebido. O perceptível atua sobre o órgão da percepção, que em seguida entra em ação, atualizando a possibilidade de percepção dos sentidos. Não é possível descrever esse processo nem como puramente intelectual nem como puramente fisiológico. Ele é ambas as coisas. Nesse caso, a percepção anda de mãos dadas com uma capacidade de diferenciação e, portanto, com uma realização intelectual. Desse modo, Aristóteles supera uma separação rigorosa de partes da alma, como suposta por Platão[7]. Ele diferencia três espécies de objetos da percepção, a cada um dos quais correspondem alguns ou todos os órgãos da percepção (*De anima* II, 6, 418a 8-27): (1) O "particularmente perceptível" (ἴδιον αἰσθητόν [*ídion aisthetón*]) é o que só pode ser percebido por um dos órgãos da percepção. A cor se percebe com a visão, mas não se pode ouvir uma cor. Com a audição se percebe um som, que, no entanto, não pode ser visto. Nessa questão, um engano tampouco é possível, pelo menos em princípio. É evidente que se vê ou então se pode ver uma cor; é possível enganar-se na identificação de uma cor individual. É igualmente evidente que se percebe um som; controvérsias podem surgir somente quanto a sua causa, intensidade e peculiaridade em detalhes. A percepção e o objeto da percepção se

---

7. Sobre o que segue cf. Cessi, V., *Erkennen und Handeln in der Theorie des Tragischen bei Aristoteles*, Frankfurt a.M., 1987. Sobre a teoria aristotélica da percepção, 49-103. Cf. ainda Bernard, 1988.

fundem. Um som só existe mesmo na medida em que ele é ouvido. (2) O "conjuntamente perceptível" (κοινὸν αἰσθητόν [*koinón aisthetón*]). Aqui trata-se de objetos que podem ser percebidos por todos ou pelos menos por vários órgãos. Aristóteles menciona os seguintes exemplos: movimento, repouso, quantidade, forma, tamanho. Um movimento pode ser percebido tanto pelo órgão da visão quanto pelo tato; o mesmo vale para o tamanho de um objeto. Nesse caso, é possível enganar-se, por exemplo, quanto a forma, o tamanho etc. (3) O "incidentalmente perceptível" (τὸ κατὰ συμβεβηκὸς αἰσθητόν [*tó katá symbebekós aisthetón*]). Vemos um homem com um rosto pálido. Porém, o que percebemos antes de tudo é o homem, sua identidade, seu corpo. Percebemos a palidez no seu rosto apenas "incidentalmente", porque também se trata de uma propriedade casual (acidental) do ser humano.

A análise de cada um dos órgãos dos sentidos (II, 7-11) começa com a visão (II, 7), que Aristóteles havia enaltecido logo no início da *Metafísica* como a forma de percepção mais primorosa e eminentemente filosófica (cf. p. 230-231). O teor de sua teoria é que tudo que percebemos com a visão tem cor. Algo totalmente sem cor nem pode ser visto. Porém, do ver faz parte ademais a claridade. No escuro, todos os gatos são pardos – como diz o provérbio moderno. Porém, a claridade vem à consciência de alguma forma pelo fogo. Aristóteles decerto pensa no sol sem mencioná-lo expressamente e naturalmente também no fogo ateado artificialmente por lâmpadas ou velas. Porém, Aristóteles acrescenta expressamente que algumas coisas também se pode ver no escuro: corpos abrasados e fosforescentes. Em todo caso, porém, não vemos a cor diretamente. Se apertarmos um objeto diretamente na frente do olho, não será possível ver sua cor. Por conseguinte, a percepção se efetiva em um meio, mais precisamente, pelo ar ou pela água, graças a sua transparência e condutibilidade.

Em linha descendente, trata-se em seguida da audição, do ruído e da voz (II, 8). O objeto da percepção da audição é o som, o ruído. O ruído sempre é ruído de algo em algo. Como no caso da visão, o ruído também advém de um meio, através do ar que é posto em movimento e se choca contra um objeto. Há objetos que não produzem ruído quando se bate neles, como, por exemplo, algodão ou esponjas; em outros, o efeito produzido é um eco. Só produz som aquilo que é capaz de pôr em movimento uma massa uniforme de ar de uma só vez. O ar como meio entre a audição e o objeto ouvido transporta o som para dentro das orelhas, que, por sua vez, estão tão cheias de ar rarefeito que são capazes de distinguir todas as diferenças de ruído. Esse ar interno está "montado dentro" (ἐγκατῳκοδόμηται [*enkatokodómetai*], 420a 9) do canal auditivo, como formula Aristóteles em analogia à construção de uma casa. Entre muitas observações individuais, Aristóteles menciona também um zumbido constante no ouvido como o som de uma trompa, referindo-se talvez ao *tinnitus*.

Todo ser vivo que ouve também pode produzir ruídos por si mesmo, na medida em que possui alma. O órgão para isso é a voz. O inanimado não tem voz. A voz é o som produzido por um ser animado. Não todos, mas muitos animais têm voz. Aristóteles informa que, no rio Aqueloo, há peixes capazes de emitir sons com o auxílio das brânquias. Isso dificilmente pode ser fruto de observação pessoal, já que o rio Aqueloo desemboca no mar em Ítaca, onde Aristóteles decerto nunca esteve. Nesse processo, contudo, não se trata da comunicação sonora por meio de uma voz, porque peixes não possuem laringe, por meio da qual é produzido o ruído da voz. A condição para isso é a inspiração. "A natureza" (II, 8, 420b 17) projetou tudo de tal maneira que o ar inspirado preenche uma finalidade dupla: a primeira é produzir sons pela percussão das vias respiratórias mediante a laringe e a segunda é simultaneamente estabilizar o calor interno do corpo mediante a respiração. Nem todo tom emitido é expressão de uma articulação vocal, como tossir ou estalar a língua. No entanto, quando o órgão percussor é animado e possui uma determinada representação, o som assume a forma da linguagem própria apenas do ser humano com a finalidade do "ser bom" (τὸ εὖ [*tó eu*]), II, 8, 420b 20 e 22). Essa uma palavra "bom", usada aqui duas vezes, permite entrever como que a fímbria do mundo ético-político dos valores, tendo à frente a eudemonia, que Aristóteles de resto mantém afastado do modo de análise puramente fisiológico.

Aristóteles acha mais difícil emitir um juízo sobre o objeto do olfato (II, 9), porque a peculiaridade do cheiro não é tão manifesta quanto a do som no momento de ouvir nem quanto a da cor na hora de ver. Ressalta-se que a maioria dos animais são capazes de cheirar melhor do que os seres humanos, inclusive os animais aquáticos, na medida em que são capazes de expirar e inspirar, enquanto o tato e o paladar são mais desenvolvidos no ser humano. Diferentemente do tato e do paladar, o olfato – a exemplo da visão e da audição – dependem de um meio, do ar ou da água. Cheira-se um objeto que ainda não está em nós mesmos. Os animais cheiram sua presa de longe e a diferenciam em termos de periculosidade ou ausência desta; o ser humano, por sua vez, diferencia o doce e o amargo, além de suave, forte, picante ou oleoso.

No caso do paladar (II, 10), não existe meio entre o órgão do paladar e o objeto do paladar. Sente-se o sabor do que já está em cima da língua e, portanto, no corpo. Nem tudo que se pode saborear "tem sabor". Há sobretudo bebidas tão repugnantes que podem destruir o paladar. Para que possa ser saboreado, algo jamais poderá ser totalmente seco – nesse caso, não seria possível sentir o sabor –, mas deve ter uma certa umidade em si, como também a língua precisa estar úmida. Se estiver seca ou úmida demais, ela não perceberá o sabor de um corpo ou de um líquido. Também no caso do tato (II, 11) ocorre o contato direto, sem que haja um meio, como na visão e na audição. Em termos globais, Aristóteles se expressa de modo bastante circunstanciado na análise desse órgão dos sentidos que é o último (da série), pois encontra no sentido do tato detalhes "até agora não esclarecidos" (II, 11, 423a 12). Entre eles figura a questão referente a onde deve ser localizada faculdade de percepção no caso do tato. A resposta de Aristóteles: no interior do corpo. Naturalmente tateamos com uma parte da superfície do corpo, sobretudo com a mão e o pé. Mas a parte tateante do corpo é apenas o meio, através do qual ocorre a percepção tátil. No momento do tato, o órgão não pode estar nem muito frio nem muito quente. O que pode ser tateado não é um corpo como tal, mas são suas propriedades, se está quente, frio, úmido ou seco. Não pode ser tateado o que não possui matéria tateável ou uma quantidade muito pequena dela, como, por exemplo, o ar.

Resumindo a investigação sobre os sentidos individuais (II, 12), Aristóteles deixa claro que a percepção coincide fundamentalmente com o órgão da percepção, com a diferença de que o órgão da percepção (olho, nariz, língua) possui uma extensão corporal, mas a percepção não. Entretanto, o órgão da percepção não absorve ilimitadamente o que pode ser percebido, mas o faz na medida de sua própria forma e capacidade. Exageros na percepção podem destruir o órgão da percepção, como se sabe a partir do processo de ofuscação decorrente da forte irradiação de raios solares, para citar um exemplo que não ocorre em Aristóteles, ou quando instrumentos musicais emitem um volume de som alto demais, podendo danificar a audição, como afirma Aristóteles à guisa de exemplo (II, 12, 424a 32). Há, portanto, uma correspondência entre a percepção e o que pode ser percebido no sentido da teoria do "centro", de importância fundamental para Aristóteles. Sem detalhar o assunto, Aristóteles pressupõe como centro do processamento perceptivo o centro do corpo, dotado de uma temperatura corporal média; nessa base, sentimos como mais quente e mais frio o que é mais quente e mais frio do que essa temperatura média, e assim também os objetos que apresentam um centro em termos de tamanho, forma e temperatura são os que possibilitam o grau mais puro da percepção correspondente. As plantas não têm percepção dos sentidos por não terem um centro (II, 12, 424b 1).

As reflexões associadas às representações de um centro do corpo levam à noção de um "sentido comum de percepção" (κοινὴ αἴσθησις [*koiné áisthesis*], III, 1, 425a 27). Aristóteles nega resolutamente a existência de um sentido adicional (um sexto sentido), mas para explicar cabalmente o processo da percepção um sentido particular não é suficiente. Há, portanto, a "percepção comum", com o qual captamos as propriedades gerais de objetos percebidos, como movimento, repouso, unidade, quantidade, tempo, tamanho e forma, que um sentido só apreende de maneira apenas parcial e incompleta. O órgão desse sentido comum é o coração, o órgão central para o qual confluem todas as percepções sensíveis particulares.

O que Aristóteles procura explicitar no escrito *Sobre a alma* com exposições por vezes bastante circunstanciadas, é aprofundado com formulações um pouco mais elegantes no escrito *Sobre a sensação e o sensível* que pertence aos *Parva naturalia*. Aristóteles diz expressamente que está dando seguimento às exposições feitas no escrito *Sobre a alma* (*De sensu et sensibilibus* 1, 436a 1). Novamente foram analisados os sentidos individuais e o modo como funcionam, uma vez mais em discussão com os pensadores mais antigos (Empédocles, Demócrito, Platão), só que agora com reflexões adicionais, como, por exemplo, que no processo da percepção nem todas as partes do órgão da percepção são afetados simultaneamente, ou se é possível ou não perceber duas coisas simultaneamente no mesmo instante, ou se os tons de uma melodia nos atingem simultaneamente ou não, e onde se situa a fronteira entre perceptibilidade e não perceptibilidade.

A FACULDADE DE REPRESENTAÇÃO
(*DE ANIMA* III, 3)

O que aqui se traduz por "capacidade de representação" é o termo grego *phantasía* (φαντασία). Trata-se, porém, de algo diferente da mera "fantasia", pois ela não consiste de uma figura fantasiosa pairando no espaço imaginário, mas de uma atividade psíquica que não pode surgir sem uma percepção. Ela, todavia, não está ligada a uma percepção simultânea e imediata, mas pressupõe uma percepção precedente. Na escala das funções psíquicas, a "fantasia" constitui o estágio imediatamente superior às diferentes espécies de percepção sensível, situada acima das percepções sensíveis, mas abaixo da faculdade de pensar. As percepções sempre são verdadeiras, mas a maioria das representações é falsa (*De anima* III, 3, 428a 12; b 17 ss.). Na percepção, a possibilidade de erro resulta do processamento pelo "sentido comum" daquilo que foi imediatamente sentido, mas a percepção continua verdadeira como tal. A faculdade de representação, contudo, vigora na ausência do objeto percebido e, por conseguinte, está mais sujeita a incorrer no erro. Aristóteles define a "representação" como "um movimento que parte da percepção realizada" (*De anima* III, 3, 429a 2) e que, portanto, pressupõe uma percepção de fato efetuada em algum momento anterior. Experiências anteriores, obtidas por meio de percepções sensíveis, são armazenadas e reativadas no ato da "representação", mais precisamente por meio de projeções sobre o passado ou o futuro. A faculdade de representação reúne as condições para compor novos contextos com as percepções efetuadas anteriormente[8]. Nesse caso, sonhos e memórias realmente podem se converter em "fantasias". Aristóteles conhece muitas formas fenomênicas de representações, entre as quais o sonho e a memória desempenham um papel especial (cf. p. 334 s.; 336-338). Diferentemente da "opinião" (δόξα [*dóxa*]), a "faculdade de representação" tampouco é associada à pretensão de exatidão (*De anima* III, 3, 428a 18 ss.). Muitas pessoas agem guiadas por simples representações, quando a razão é obliterada pela paixão ou pela enfermidade (*De anima* III, 3, 429a 7).

A ALMA PENSANTE
(*DE ANIMA* III, 4-8)

Na estruturação das diversas faculdades da alma, o último lugar, o lugar mais alto é ocupado pela alma pensante, que é expressamente caracterizada como "parte da alma". Num primeiro momento, Aristóteles quer deixar em aberto se ela é "dissociável" (do corpo todo) – em termos espaciais ou de pensamento. Aristóteles visa estabelecer, em sua estrutura, uma analogia entre essa parte da alma e as relações existentes nos órgãos dos sentidos. A percepção é afetada pelo perceptível; o mesmo deve acontecer também com o pensamento na relação com os conteúdos do pensamento. A diferença consiste em que o pensamento "pensa tudo" (*De anima* III, 4, 429a 18), sendo ele próprio imaterial. O pensamento não possui olho, nariz, língua, mãos, como os órgãos dos sentidos individuais. Caso contrário, a alma pensante deveria ter propriedades como quente e frio, o que naturalmente não é o caso. Os órgãos dos sentidos existem também quando não efetuam nenhum ato perceptivo, como, por exemplo, durante o sono. Porém, a alma pensante só se constitui no processo do pensamento. Por conseguinte,

---

8. Corcilius, 2008, 212-215.

ela também não assume nada material, mas apenas a "forma" (εἶδος [*eidos*]) e, portanto, não um ser humano, mas o ser humano por excelência como gênero ou em sua conceituação. Nesse tocante, não há possibilidade de enganar-se. O erro só poderá surgir na composição de conteúdos particulares do pensamento.

Se esse esboço já constitui uma abstração que não é fácil de obter, as explanações seguintes de Aristóteles são sumamente complexas e objeto de controvérsias antigas e novas. Willy Theiler observa em seu comentário (p. 143): "Não há nenhum outro trecho da filosofia antiga que, a exemplo da meia página desse capítulo (III, 5), tenha provocado tal massa de explicações". De fato, o modo expositivo constituído de alusões, que ocasionalmente apenas pondera as diferentes possibilidades, é bastante complexo nesse ponto. A dificuldade de uma comunicação compreensível do que Aristóteles quis dizer começa com a tradução da palavra *noûs* (νοῦς), que, dependendo do aspecto em questão, pode ser traduzida por "espírito", "pensamento", "entendimento", "conhecimento" ou "intelecto". Fica claro que Aristóteles diferencia vários níveis e aspectos do *noûs*, a saber, um "*noûs* receptivo" (νοῦς παθητικός [*noûs pathetikós*]), *De anima* III, 5, 430a 24) e um *noûs* "que faz tudo" (ὁ πάντα ποιεῖ [*hó pánta poiêi*], III, 5, 430a 15); ele evita a expressão "*noûs* operativo" (νοῦς ποιητικός [*noûs poietikós*]). Não se trata aí de diferentes partes da alma, mas de funções de um só e do mesmo *noûs*. Evidentemente Aristóteles busca uma analogia com as relações constatadas na percepção dos sentidos. O ato de perceber também é primeiramente um ato de receber os objetos da percepção. O processo continua, então, assim: a alma pensante ou então o pensamento (νοῦς) separa os objetos recebidos de sua materialidade e, dali por diante, os têm dentro de si só mais como pura forma. O que o "*noûs* operativo" (portanto, "espírito", "pensamento") faz depois disso é indicado por Aristóteles apenas por meio de uma breve comparação. Ele opera "como certa qualidade" (ἕξις [*héxis*]; Theiler traduz: "força, energia"), a exemplo da luz" (*De anima* III, 5, 430a 15). Pois, prossegue Aristóteles, a claridade converte as cores possíveis em cores reais. Pensou-se na famosa metáfora do sol, da *República* (VI, 508a-509b) de Platão, onde o sol figura como símbolo do conhecimento da ideia do bem e, desse modo, do ser de todas as coisas existentes[9]. De modo semelhante, o "espírito operativo" traz os conteúdos assumidos pelo pensamento à consciência como aquilo que eles são. Desse modo, o "*noûs* operativo" está para o "*noûs* receptivo" como a realidade para a possibilidade. O "*noûs* receptivo", que "ora pensa, ora não pensa", é perecível na condição de faculdade individual de pensar

---

9. Hörn, 1994, 103.

do ser humano individual (*De anima* III, 5, 430a 22-25). O "*noûs* operativo", como pura atualidade, representa o princípio da atividade do pensamento em geral. Abstraído de tudo que é material, estão dadas, junto com a atualidade, logo também a eternidade, a não transitoriedade, a dissociabilidade do corpo transitório. Porém, o "*noûs* receptivo" e o "*noûs* operativo" não são duas faculdades diferentes da alma. O "*noûs* operativo" é a atualização do "*noûs* receptivo". Do mesmo modo que, no domínio das percepções sensíveis, o "sentido comum" também percebe que se percebe, no pensamento abstrato, "pensante e pensado se tornam idênticos" (*De anima* III, 4, 430a 4), sendo, portanto, o pensamento inseparável do ato de pensar. Com essas reflexões, Aristóteles se aproxima daquilo que ele explicitou no Livro XII da *Metafísica* sobre o pensamento do pensamento (cf. p. 248). Porém, no quadro de sua psicologia projetada em termos amplamente biológicos, ele mantém distância das questões cosmológicas ou teológicas. Com as implicações éticas é um pouco diferente. Dado que a atividade da alma se manifesta em ações, na medida em que transcende a função meramente alimentadora, própria também dos animais, emerge com a questão dos impulsos do movimento, levantada no final do escrito *Sobre a alma*, o conceito eticamente relevante da ação. Nesse ponto, Aristóteles diferencia entre uma razão teórica, não voltada para fins, e uma razão prática, que busca um fim que se aspira. De modo correspondente, o pensar e o aspirar aparecem como fatores que desencadeiam um movimento da alma, mais exatamente: aparece o objeto do pensar e do aspirar como ponto de partida para o próprio pensar. Ora, Aristóteles concebe pensar e aspirar como um processo unitário, que não permite um desmembramento em diversas faculdades. No início desse processo unitário está a aspiração que, em seguida, pode levar a ações racionais. O pensar no sentido da razão prática não entra em movimento sem o aspirar, de tal modo que o ponto de partida comum é o aspirar[10]. A capacidade de aspirar é próprio de todos os seres humanos por sua natureza, como Aristóteles havia exposto no início da *Metafísica* (cf. p. 230). A observação "o que se aspira é o bem realizável pelo agir" (*De anima* III, 10, 433a 29) torna visível a perspectiva ética, que, no entanto, não é investigada.

PARVA NATURALIA

Trataremos a seguir os escritos menores reunidos sobre a designação *Parva naturalia*, que aliam aspectos psicológicos e da ciência natural. É difícil decidir

---

10. Cf. a análise em Corcilius, 2008, 243-371.

se originalmente se tratou de pequenos tratados autônomos ou de um escrito composto de uma série de temas avulsos. Em sua forma atual, o texto se apresenta como um conjunto dotado de fórmulas de transição de um tema para outro ("A próxima coisa a fazer é tratar o tema X" ou similar). O teor desses escritos (ou trechos de escritos) tem como tema constante todas as manifestações da vida humana. Eles são escritos em um estilo mais atrativo e elegante do que o escrito *Sobre a alma* e, por conseguinte, talvez também concebidos para um público maior. Ao passo que o escrito *Sobre a sensação e o sensível* repete em grande parte o que pode ser lido também no escrito maior *Sobre a alma*, os demais escritos contêm temas novos, altamente interessantes, que se inserem no quadro da biologia e psicologia aristotélicas.

SOBRE A MEMÓRIA E A REMINISCÊNCIA

O tratado é claramente estruturado em dois capítulos: (1) memória, (2) reminiscência[11]. Aristóteles começa com a observação de que memória e reminiscência não são idênticas, mas sim dois modos de manifestação diferentes, os quais correspondem também diferentes tipos humanos. Ressaltar a diferença é ainda mais premente sobre a base do texto grego, porque as duas palavras que traduzimos por "memória" e "reminiscência" se diferenciam no corpo da palavra apenas por um prefixo (μνήμη [*mnéme*] = "memória" – ἀνάμνησις [*anámnesis*] = "reminiscência"). De modo correspondente, as duas manifestações também têm pontos em comum. Ambas estão direcionadas para o passado, ambas estão associadas a uma consciência de tempo, ambas se referem à parte da alma em que está assentado o senso temporal, à alma perceptiva. Aristóteles descobre que as diferenças têm formatos diferenciados nos diferentes tipos humanos. Nas pessoas mais morosas a memória é melhor, nas pessoas mais espertas e expeditas a faculdade de reminiscência é melhor. Ademais: pessoas bem velhas e bem jovens não possuem boa memória. A fundamentação disso é fisiológica, para a qual Aristóteles usa uma imagem proveniente de Platão (*Teeteto* 191c), que a usa no mesmo contexto. É a imagem da tabuleta de cera que está na alma, sobre a qual é aplicado um selo que deixa uma marca impressa que então se apega à memória como uma imagem. No caso das pessoas jovens, a tabuleta de cera ainda está mole demais e no caso das pessoas velhas já está muito dura

---

11. Tradução e comentário de King, R. A., in: *Werke*, 14, II, 2004.

para deixar uma impressão clara e, desse modo, possibilitar uma boa memória. A impressão recebida da percepção não consegue se fixar bem. Aristóteles parte do caráter de imagem do objeto da percepção e continua diferenciando. Depois que vi uma imagem posso ter a imagem como imagem na memória, mas só daquela pessoa retratada na imagem e que nunca vi em carne e osso.

Aristóteles admite sem rodeios que a reminiscência não se diferencia fundamentalmente da memória, mas está ligada a ela por uma série de características comuns. A memória se construiu sobre conteúdos de experiências feitas no passado. Ela é nossa posse. A reminiscência, por sua vez, é a operacionalização da memória que possuímos. A reminiscência é um tipo de recuperação do que foi armazenado na memória. Como a forma mais elevada, ela é própria tão somente do ser humano, ao passo que Aristóteles concede a memória também a alguns animais.

Como observador arguto também da vida cotidiana, Aristóteles menciona duas experiências antagônicas, corriqueiras também para nós. Às vezes, apesar de um grande esforço do cérebro, a reminiscência falha em uma palavra ou um nome, que pouco tempo depois volta a nos ocorrer sem nenhum esforço. Como meio contra isso, Aristóteles preparou alguns recursos mnemotécnicos. Mas existe também a reminiscência indesejada, que todos nós conhecemos. Temos constantemente nos lábios citações, nomes ou melodias dos quais não conseguimos nos livrar.

SOBRE O SONO E A VIGÍLIA

Sono e vigília também são processos psicofísicos. Eles fazem parte de todo ser vivo. Também dormem os peixes e insetos e, de modo geral, todos os seres vivos que têm olhos. Porém, não existe ser vivo que durma sempre ou esteja sempre acordado. As plantas não dormem, visto que não possuem a "faculdade comum de percepção". Esse senso de percepção não está em funcionamento durante o sono. Mas ele deve estar presente, porque dormir e vigiar se condicionam mutuamente. Porém, o sono não significa a mera ausência de função da percepção sensível. Isso se aplicaria também ao desmaio ou à asfixia.

Aristóteles explica o sono e, nesse contexto, especialmente o processo do adormecimento com o auxílio de categorias oriundas da medicina hipocrática[12].

---

12. Mais detalhes em OSER-GROTHE, 2004.

Aristóteles parece ter conhecido principalmente o escrito hipocrático *Sobre o coração*. Ele tem em comum com este a concepção de que o coração é o órgão central do corpo e, desse modo, da percepção. No estado desperto, o ser humano consome alimento que ele digere em um processo de "cozimento" e transforma em sangue, o qual flui pelas artérias e provoca um aquecimento. O calor tende para cima na forma de vapores quentes, mas então muda de direção "como uma onda", passa por um resfriamento e volta-se para baixo. Nesse processo, o sono se instala depois que o calor tiver chegado ao alto. Dado que isso ocorre com mais intensidade nas crianças, estas dormem melhor e por mais tempo. Aristóteles também menciona vários soníferos que produzem o mesmo efeito, e vinho tinto, que conteria muito ar, que seria aquecido no corpo e subiria até o alto. O mesmo processo se dá no caso das pessoas com febre, no caso de esforço físico extremo e após as refeições. Em todos esses casos, os vapores quentes ascendentes são a causa do sono profundo.

SOBRE OS SONHOS E *SOBRE OS VATICÍNIOS DURANTE O SONO*

Esses dois pequenos escritos devem ser vistos juntos e tratam o fenômeno do sonho sob diversas perspectivas[13]. O sonho, que como fenômeno desperta o maior interesse ainda hoje, tem enorme importância na sociedade e literatura tanto do Antigo Oriente quanto da Grécia. O sonho não só era considerado como enviado por Deus, mas continha também instruções concretas de ação de parte de uma divindade. O sonho que Zeus envia a Agamenon na *Ilíada* (II, 6-34) põe em marcha toda a ação da epopeia. A tragédia grega está cheia de sonhos plenos de significado[14]. Nas sociedades do Antigo Oriente já havia intérpretes profissionais de sonhos; entre os gregos, o primeiro a ocupar-se com o tema foi o sofista Antífon, que escreveu um livro (perdido) *Sobre a interpretação dos sonhos*. A interpretação de sonhos como tal naturalmente sempre existiu. Em seu escrito *Sobre a adivinhação* (*De divinatione*, aqui: I, 39-69), Cícero menciona, entre muitos outros sonhos, o sonho de Sócrates no *Críton* (44a-b) de Platão e o de Eudemo no diálogo homônimo de Aristóteles. Xenofonte teria registrado seus sonhos por escrito. Relata-se que, em suas expedições militares, Alexandre teria levado consigo em seu estado-maior intérpretes de sonhos.

---

13. Tradução e comentário de Eijk, P. van der, in: *Werke*, 14, III, 1994.
14. Cf. Devereux, G., *Träume in der griechischen Tragödie*, Frankfurt, 1985 (ed. original em inglês, Oxford, 1975).

Conservou-se um livro dos sonhos subdividido em cinco capítulos e intitulado *Oneirokritikon*, de autoria de um especialista em sonhos chamado Artemidoro de Éfeso (c. 100 d.C.); ele contém, sistematicamente estruturados, milhares de sonhos, símbolos oníricos e interpretações de sonhos.

Uma primeira análise sistemática do sonho sobre base fisiológica encontra-se no autor (que não é Hipócrates) do Livro IV do escrito hipocrático *Sobre a maneira de viver*. Em uma sistemática abrangente, o autor usa os sonhos para elaborar o diagnóstico médico[15]. Porque durante o sono a alma indicaria, por meio dos sonhos, as patologias do corpo. Como conteúdos do sonho são mencionados principalmente fenômenos naturais (astros, constituição do solo, árvores, lagos, rios, mar), mas também seres humanos (nus, com roupa suja, na condição de ladrões), bem como vultos assustadores. Esses sonhos são interpretados como sintomas de enfermidades do metabolismo que também podem ser tratadas de modo correspondente.

Aristóteles não está nem um pouco interessado em sonhos individuais, mas tão só abstratamente no sonho como fenômeno puramente fisiológico. Ele até admite que o sonho possa ser um meio para a identificação de enfermidades, mas remete a "médicos capazes" (463a 5), cuja opinião deveria ser ouvida. Provavelmente ele tinha ciência do tratado do médico hipocrático no escrito *Sobre a maneira de viver.*

Aristóteles explica o sonho de modo bastante análogo ao sono. Os dois fenômenos competem ao mesmo órgão da percepção. Pois, durante o sono também existem representações que não possuem o caráter de um sonho. O sonho é explicado como produto restante de uma percepção, depois que a atividade perceptiva já cessou. Trata-se de impulsos motores que restaram do dia, os quais continuam reverberando durante o sono e, na forma de efervescência do sangue, produzem sonhos. Aristóteles ilustra esse processo com uma profusão de observações de toda espécie. Os sonhos são como pequenos vórtices carregados pelas correntezas; são fenômenos restantes, semelhantes a quando acreditamos ainda ver uma cor depois de ela nos ter sido segurada bem perto dos olhos ou quando a claridade ainda repercute depois que estivemos expostos a uma luz ofuscante ou quando pensamos ainda ver um ou até dois dedos depois que um dedo foi pressionado contra o olho. Acredita-se ver ou ouvir – como repercussão de ruídos demasiadamente altos – algo que ainda emana dos sentidos da visão

---

15. Mais detalhes em Liatsi, M., Zur Funktion des Traumes in der antiken Medizin (Hippokrates *De victu* IV), in: *Antike Naturwissenschaft und ihre Rezeption*, Trier, v. 12 (2002) 7-21.

ou da audição. Nesse caso, o sonho é uma falsa combinação de percepções, cujos objetos ainda permanecem apegados para além da percepção factual. Se ou quando o ser humano tem sonhos dependerá inteiramente de sua base fisiológica, das evaporações que fluem para a região superior do corpo e voltam a fluir para baixo. Se esse movimento for vigoroso, não aparece nenhum sonho. Por essa razão, algumas pessoas nunca sonham e outras apenas em idade avançada.

O pequeno tratado *Sobre os vaticínios durante o sono* nunca foi um escrito autônomo, mas desde o início formou um conjunto com as exposições sobre o sono e sobre os sonhos. Aliás, o termo "vaticínios" não se refere aqui a declarações de adivinhos, mas a uma suposta clarividência dos próprios sonhadores, a "visões oníricas", como dizemos hoje. Aristóteles rejeita estritamente esse tipo de vaticínios, ainda mais quando se alega que são supostamente inspirados pela divindade. O fato de se cumprirem deve-se ao acaso, já que muitos sonhos não se cumprem. E, de modo geral, nem tudo que parece iminente de fato acontece. A interpretação posterior de imagens oníricas claras seria possível a toda pessoa capaz de distinguir as impressões confusas e distorcidas. Em termos globais, Aristóteles procura rebaixar ao nível de fenômeno marginal a enorme importância que os sonhos e as adivinhações tinham para a consciência coletiva dos gregos. Deveria estar claro que tudo isso está muito distante da interpretação dos sonhos da psicanálise moderna. De todo modo, pode-se deixar registrado que, em sua teoria do sonho, Sigmund Freud entendeu o sonho como "resquício do dia", concordando nesse ponto com Aristóteles[16].

SOBRE A LONGEVIDADE E A BREVIDADE DA VIDA

Também a questão da longevidade e da brevidade da vida é derivada de fatores puramente fisiológicos, sobretudo das quatro qualidades básicas calor, frio, umidade e sequidão e sua inter-relação. Não é discutido nenhum aspecto antropológico, como os encontrados especialmente no lirismo grego antigo com suas reflexões sobre a idade e as fases da vida[17]. Aliás, algumas das questões levantadas no início desse escrito não são respondidas, como, por exemplo, por que cavalos não vivem tanto quanto seres humanos embora sejam maiores, ou

---

16. Textos comprobatórios e detalhes no artigo "Traum" ["Sonho"] de Muckel, P., no *Historisches Wörterbuch der Philosophie*, v. 10, 1998, 1462-1474, aqui 1466.

17. Cf. Schadewaldt, W., Lebenszeit und Greisenalter im frühen Griechentum, in: Id., *Hellas und Hesperien*, Zürich, ²1979, 109-127 (1. ed. 1933).

se, no caso do ser humano, a longevidade e a brevidade da vida humana têm algo a ver com uma natureza saudável ou enferma. Porém, de modo geral vale o seguinte: os seres vivos grandes vivem mais do que os pequenos; alguns insetos vivem um dia, os elefantes são o que mais vivem. A duração da vida depende da umidade existente no corpo e seu aquecimento. Os seres humanos que vivem em zonas quentes vivem mais do que os que vivem em zonas frias. Até animais pequenos como cobras, lagartos e os dotados de couraça de escamas têm uma vida relativamente longa, porque se mantêm constantemente aquecidos. Em termos globais, no que se refere ao calor e à umidade, o consumo de alimentos também desempenha um papel importante. Os seres mais longevos são as árvores. Aristóteles explica isso com um processo alternante de renovação. Seguidamente ramos morrem e, no lugar deles, brotam novos rebentos. Aristóteles tem em vista toda a natureza.

SOBRE JUVENTUDE E VELHICE, VIDA E MORTE

O título do pequeno escrito promete mais do que é oferecido no texto. Pois de juventude e velhice não se fala absolutamente nada, somente de vida e morte[18]. Uma vez mais, tem-se a natureza viva como um todo. Começa-se com a questão da sede da faculdade de percepção e do órgão do consumo de alimento no corpo. Todos os seres vivos dispõem de três partes necessárias à vida, de uma parte que recebe o alimento, uma parte central e uma parte que descarta o alimento. A sede da "alma alimentadora" é a parte central. Nela se encontra também o coração como órgão central de todos os sentidos e como fonte do calor vital. Reverbera aqui toda a filosofia aristotélica do "centro". O ser humano pode até ter seus membros amputados, mas sem coração ele não é capaz de viver. No caso das plantas, é o inverso. Elas obtêm o alimento a partir de baixo, da terra. Na disposição das coisas em um nível superior, um nível intermediário e um nível inferior, o ser humano encontra-se acima das plantas e dos animais inferiores; isso é posto em relação com o seu andar ereto. A morte é como o apagar do fogo. Há duas possibilidades: o fogo pode apagar-se lentamente – o que seria a analogia com a morte natural; o fogo também pode ser apagado – ao

---

18. Sobre a temática como um todo cf. KING, R. A., *Aristotle on life and death*, London, 2001 e ID., The concept of life and the life-cycle in *De juventute*. in: FÖLLINGER, S. (ed.), 2010, 171-187.

que corresponde uma morte acarretada a partir de fora. Ao apagamento do fogo corresponde a cessação do calor vital.

SOBRE A RESPIRAÇÃO

Nesse escrito relativamente extenso, o problema da respiração é exposto de modo abrangente, de novo em diálogo crítico com pensadores mais antigos, que Aristóteles critica por não terem "noção de anatomia" (471b 24) e por não compreenderem que a natureza organiza tudo em função de uma finalidade. Especialmente calorosa é a crítica à teoria da respiração de Platão (*Timeu* 79a-e), segundo a qual o inspirar e expirar constitui uma espécie de ciclo, no qual o ar expirado empurra o ar exterior para diante, que então volta a ser inspirado. Aristóteles vê nisso uma explicação "casual" para processos que não deixam de ser decisivos para vida e morte (472b 26-28). De todo modo, a rejeição da teoria da respiração de Empédocles propiciou a conservação de um fragmento mais extenso do poema didático (B 100), os famosos versos sobre a respiração da pele, em cuja descrição altamente poética Aristóteles, no entanto, sente falta de toda e qualquer diferenciação. O próprio Aristóteles parte do pressuposto de que todos os seres vivos carregam dentro de si uma quantidade de ar como fôlego vital que os anima e que não foi parar dentro do corpo por meio da respiração. O ar fica aquecido em virtude do calor próprio do corpo e têm sua sede no pulmão. O funcionamento – e, desse modo, a vida – do organismo é regulado pelo processo respiratório. Todos os seres vivos dotados de pulmão respiram. Animais que têm um pulmão não sanguíneo ou esponjoso, como as rãs e as tartarugas, conseguem permanecer mais tempo submersos na água por não serem tão dependentes do fornecimento de ar. Peixes que não têm pulmão realizam com as brânquias um processo análogo ao da respiração, promovendo um resfriamento por meio da água. Nenhum animal possui os dois órgãos. Todos os seres vivos mais desenvolvidos e sobretudo o ser humano têm uma via respiratória e um tubo digestivo, e a entrada de ambos é a boca. Aristóteles aborda de modo diferenciado em que animais não é assim ou o é apenas restritamente e ressalta que delfins e baleias têm pulmão – sendo que ele, portanto, com razão não os considera peixes –, mas são capazes de viver na água por terem um tubo pelo qual podem expelir a água que engolirem. Por fim, Aristóteles discute diferentes espécies de morte e expõe que animais que respiram sufocam na água, os peixes, em contrapartida, no ar. Nascimento, vida e morte dependem do aquecimento e do resfriamento da temperatura corporal, que é regulada pela respiração. O coração reage à mudança da temperatura do corpo. O batimento cardíaco é uma reação contrária à concentração de frio e, no caso de enfermidades e estados de medo, eleva-se na forma de pulsar violento do coração, ao passo que a pulsação é vista como sinal da evaporação do líquido fervido no corpo.

O problema da respiração e, desse modo, do *pneuma* inerente ao corpo ou instilado nele continuaram a ocupar intensamente o Perípato, a escola de Aristóteles, e sobretudo também os médicos helenistas[19]. Aristóteles tem plena consciência de que, especialmente no escrito *Sobre a respiração*, ele se move na fronteira entre ciência natural e medicina:

> Expressar-se sobre as causas de saúde e enfermidade não é coisa só do médico, mas também do cientista da natureza (filósofo da natureza), na medida em que se fala de causas. [...] A experiência mostra que o trabalho de ambos até certo ponto corre paralelo. Pois todos os médicos que se prezam e levam sua profissão a sério também se manifestam sobre a natureza e alegam extrair dela seus princípios. E os mais exímios pesquisadores da natureza aportam diretamente nos princípios da medicina (*De respiratione* 21, 480b 27-30).

RESUMO E FECHAMENTO

A psicologia aristotélica como teoria da alma constitui uma concepção bem autônoma que não teve predecessor nem propriamente sucessores. Aristóteles encontrava-se sob a impressão da importância imensa que Platão havia atribuído à alma na ética e na ontologia. Logo, em primeiro plano estavam os problemas da imortalidade da alma, do dualismo de alma e corpo e da desvalorização do corpo em relação à alma.

Diante disso, lançar a ponte sobre esse abismo, voltar a unir corpo e alma, caracterizar a alma como "entelequia" do corpo e superar a subdivisão rígida da alma em partes necessariamente teve o efeito de um ato de libertação. *Grosso modo*, com o desmembramento em alma alimentadora, alma perceptiva e alma pensante, Aristóteles também diferencia, a exemplo de Platão, três partes da alma, mas o que lhe importa não é a separação de partes, mas a ênfase em um

---

19. Cf. JAEGER, W., Das Pneuma im Lykeion, *Hermes*, v. 48, 1913, 29-74; reimpressão in: ID., *Scripta Minora*, Roma, 1960, 57-102. O escrito *Sobre o pneuma*, transmitido sob o nome de Aristóteles, é tido como inautêntico.

grande nexo dinâmico, no qual a alma transforma o corpo naquilo que ele é propriamente. Aristóteles se expressa sobre a subdivisão da alma em partes e sua dissociabilidade do corpo de modo mais casual e ocasionalmente em tom um tanto pejorativo. Assim, na verdade haveria uma quantidade infinita de partes da alma e não só duas ou três (*De anima* III, 9, 432a 23-b 7), só que não se poderia separá-las à força umas das outras. Contudo, algumas partes também podem ser retiradas do corpo, na medida em que não contribuem com nada para a enteléquia do corpo (*De anima* II, 1, 413a 6-8). Para aqueles que querem diferenciar partes da alma, há uma grande quantidade de partes (*De anima* III, 10, 433b 1-3). É um tanto difícil saber se uma eventual dissociação de partes individuais da alma é possível apenas em pensamento ou também quanto à sua localização (*De anima* II, 2, 413b 14-17). No conjunto, porém, Aristóteles põe de lado esse complexo, ao passo que, no domínio da ética, inteiramente em conexão com Platão, ele opera com partes da alma (cf. p. 81).

Em compensação, deparamo-nos com uma torrente de observações biológicas sobre alimentação, crescimento e processos do organismo, que são analisadas com conhecimentos anatômicos. Por essa via, porém, a teoria aristotélica da alma não se converte em algo como pura biologia ou pura anatomia. Muito antes, há uma fusão de observação, discussão com as concepções de pensadores mais antigos e enquadramento do material na conceitualidade (matéria, forma, possibilidade, realidade, enteléquia, aspiração, pensamento) e assim surge uma concepção filosófica única, em cuja explicação Aristóteles não buscou o caminho mais fácil. No escrito *Sobre a alma*, o estilo e o modo da argumentação às vezes são tão intrincados e complexos que fica difícil imaginar que sua base tenha sido uma preleção, como evidentemente foi o caso, por exemplo, na *Ética a Nicômaco*.

Entre os filósofos contemporâneos e posteriores, Espêusipo parece não ter se interessado nem um pouco por questões da psicologia. Xenócrates reduz a psicologia a uma teoria do movimento no quadro da física. Teofrasto escreveu várias obras sobre a alma, sobre a percepção e ainda os quatro livros *Sobre a vida*, mas não sabemos quase nada de seus conteúdos. A concepção aristotélica não teve influência nem direta nem indireta sobre a época seguinte[20], ao menos não sobre os sistemas filosóficos helenistas, nos quais a teoria da alma foi refletida no contexto da teoria das paixões. Tanto por Epicuro quanto pelo estoicismo a alma foi considerada corporal, para Epicuro era composta de átomos, no

---

20. A despeito do título, a coletânea de RIEL, G. van, 2009, praticamente não contém contribuições sobre a recepção da teoria aristotélica da alma.

estoicismo foi considerado *pneuma* que se retira da alma no momento da morte e se volatiliza. Para Epicuro, a psicologia era um meio de superar o temor; o estoicismo diferenciou oito partes da alma – tudo muito distante de Aristóteles. No neoplatonismo, por fim, o dualismo entre uma parte "irracional" e uma parte "divina" da alma volta a ocupar o primeiro plano, fazendo jus à tradição de Platão. Plotino polemiza explicitamente contra a concepção aristotélica de que a alma seria a "forma" (εἶδος [*eîdos*]) do corpo; ela seria, muito antes, de natureza simples e não forma de algo (*Enéada* IV, 7). A alma individual, totalmente separada do corporal, seria uma "substância autoconstituinte"[21].

Não é possível reconstituir aqui o percurso posterior da alma através dos séculos até a descoberta do inconsciente, a psicologia empírica e a substituição da "alma" pelo "eu"[22]. O que sobra de Aristóteles é, não obstante toda a diferenciação entre psicologia e fisiologia, uma "confiança na realidade das nossas experiências" que se confirma também no cotidiano[23], a confiança na exatidão fundamental das nossas percepções e da nossa faculdade de pensar como base para um entendimento universal.

---

21. Cf. BEIERWALTES, W., *Denken des Einen*, Frankfurt, 1985, especialmente o capítulo: *O Uno e a alma* (281-295).

22. Visão geral no artigo "Seele" ["Alma"] do *Historisches Wörterbuch der Philosophie*, v. 9, 1995, 2-89.

23. FREDE, D., Aristoteles über Leib und Seele, in: BUCHHEIM, T., et al. (ed.), *Kann man heute noch etwas anfangen mit Aristoteles?*, Hamburg, 2003, 85-109, aqui 106.

CAPÍTULO DÉCIMO SEGUNDO

Biologia – o secretário da natureza

OS DOCUMENTOS BÁSICOS

Os escritos biológicos perfazem mais do que a quarta parte de toda a obra aristotélica. A enorme quantidade das observações comunicadas, sua descrição e classificação supera tudo o que há de comparável nos demais escritos. Em detalhes, trata-se de: (1) Quatro livros *Sobre as partes dos animais* (*De partibus animalium*), o primeiro dos quais representa um escrito metodológico introdutório sobre o conjunto da biologia, seguido dos Livros II-IV com uma investigação das energias elementares, das substâncias e dos órgãos dos seres vivos. (2) A *História dos animais* (*Historia animalium*) como o escrito mais volumoso do *Corpus Aristotelicum*. Ele, porém, não constituía originalmente uma unidade, mas é resultado da redação de Andrônico de Rodes a partir do complexo unitário dos Livros I a VI, do Livro VII provavelmente inautêntico sobre geração e desenvolvimento do ser humano, do tratado originalmente autônomo dos Livros VIII e IX sobre vida e comportamento dos animais e, por fim, do Livro X certamente inautêntico sobre a esterilidade no ser humano. O texto inteiro é transmitido pelos melhores manuscritos na sequência I a VI, VIII e IX, VII, X; a reordenação da sequência em que lemos a obra em nossas edições só seria levada a cabo por Teodoro Gaza (1398-1475)[1]. A obra como um todo não surgiu de

---

1. Cf. os detalhes em BERGER, F., 2005.

uma só vez; Aristóteles trabalhou nela seguidamente, decerto também paralelamente com o escrito *Sobre as partes dos animais*, bem porque os temas se sobrepõem. O conjunto básico da *Historia animalium* surgiu antes do escrito *Sobre as partes dos animais*. Acrescem-se (3) o escrito subdividido em cinco livros *Sobre a geração dos animais*, bem como (4) os tratados mais breves *Sobre o modo de andar dos animais* e *Sobre o movimento dos animais*.

Por muito tempo, todo esse complexo temático foi indevidamente negligenciado pela pesquisa moderna sobre Aristóteles. No livro de Werner Jaeger sobre Aristóteles (1923), que marcou época, esses escritos nem sequer aparecem, e os trabalhos de cunho filosófico naturalmente estão interessados em outros problemas da filosofia aristotélica. Ingemar Düring (1966) foi o único que deu aos escritos biológicos um espaço adequado. Em tempos mais recentes, a biologia aristotélica e sua integração na sistemática filosófica foi minuciosamente investigada, sobretudo por Wolfgang Kullmann e seus alunos[2], mas também pela pesquisa anglo-saxônica (Balme, Gotthelf).

AS PARTES DOS ANIMAIS

MÉTODO
(*DE PARTIBUS ANIMALIUM* I)

Em todo o tipo de conhecimento teórico e em todo campo de pesquisa, do mais banal ao mais exigente, há evidentemente duas maneiras de dispor do assunto: uma que se costuma chamar de conhecimento científico especializado e a outra que é uma espécie de cultura geral. Pois característica da pessoa culta é a capacidade de emitir um juízo certeiro sobre o que foi bem ou mal colocado por alguém. Acreditamos que isso se aplica a quem possui uma formação geral e ter cultura geral significa poder emitir juízos na forma descrita. Ora, em nossa opinião, este [o detentor de uma cultura geral] é o único que pode emitir juízos sobre todos os campos, ao passo que o outro (ao qual nos referimos aqui) formula um juízo sobre um campo delimitado. Pois há também aquele que tem o mesmo tipo de formação [que o detentor de cultura geral] em um campo restrito (*De partibus animalium* I, 1, 639a 1-12).

---

2. KULLMANN, W., *Wissenschaft und Methode*, Berlin, 1974; incrementado e integrado em ID., Über die Teile der Lebewesen, in: *Werke*, 17, I, 2007. Na lista de referências bibliográficas encontram-se também os demais trabalhos pertinentes. As traduções citadas no corpo do texto se baseiam na tradução de Kullmann. Importante é, entre outros, também ID.; FÖLLINGER, S. (ed.), 1997; ver ainda KULLMANN, W., *Aristoteles und die moderne Wissenschaft*, Stuttgart, 1998.

Nessa introdução formulada de modo um tanto complicado, Aristóteles diferencia as possibilidades de comportar-se em relação a um determinado campo do conhecimento. Ao lado do conhecedor e especialista e, portanto, do cientista, há duas espécies de "pessoas cultas", a pessoa dotada de cultura geral, no sentido que nós também damos a esse termo, e a pessoa culta em um campo bem determinado, como o biólogo amador, por exemplo. Porém, a pessoa culta em determinado campo diferencia-se do amador no sentido corrente por satisfazer exigências bem concretas impostas a ele por Aristóteles. Ela deve ter penetrado de tal modo no seu campo de especialização que seja capaz de responder corretamente perguntas metodológicas básicas. Ela deve ser capaz de classificar adequadamente as exposições de um preletor. Isso significa, em cada caso, ter conhecimento das formulações corretas das questões, estimar a exatidão da argumentação comprobatória, diferenciar de modo metodologicamente pertinente se – no caso da biologia – a investigação é conduzida tendo em vista as espécies individuais dos seres vivos ou as características comuns a todos os seres vivos, como sono, respiração, crescimento, morte. A pessoa que tem essa formação possui um saber metodológico de como abordar uma questão, e isto antes de sair em busca da exatidão de um enunciado, a ser encontrada na análise individual. Os conceitos "formação" e "método" andam juntos, e é surpreendente que Werner Jaeger, o grande especialista em cultura grega, nos três volumes de sua obra muito disseminada *Paidéia*, deixou escapar essa concepção especificamente aristotélica de "formação" (παιδεία [*paideía*]), evidentemente por ser tão diferente, de um lado, da *paidéia* do filósofo na concepção de Platão, voltada para o ser transcendente, e, de outro, da concepção de uma formação geral, difundida desde a sofística, em virtude da qual cada pessoa pode opinar sobre tudo.

Ao todo são onze questões prévias que devem ser esclarecidas pela "pessoa culta". Trata-se, no caso, de princípios da filosofia aristotélica, como o da prioridade da causa final em relação à causa do movimento, do ser em relação à gênese, da alma em relação ao corpo, da forma em relação à matéria. Isso, porém, não significa que a "pessoa culta" devesse ter um saber filosófico geral prévio. Muito antes, ela deve ter se enfronhado de tal maneira no campo de especialização – concretamente: na zoologia – que seja capaz de avaliar adequadamente a relevância da aplicação dessas questões preliminares aos fenômenos zoológicos. Ao mesmo tempo, fica claro que o próprio Aristóteles enquadra e interpreta a profusão do material no arcabouço de seus princípios filosóficos.

AS PARTES HOMOGÊNEAS DOS ANIMAIS
(*DE PARTIBUS ANIMALIUM* II, 1-9)

Todas as partes dos seres vivos são derivadas quanto aos seus componentes das qualidades primárias "quente", "frio", "seco", "úmido". Destas resultam, em diferenciação progressiva, o peso, a leveza, a densidade, a rarefação, a aspereza e a lisura como propriedades dos corpos. Nessa linha, as qualidades "quente" e "frio" são princípios ativos que têm um efeito modelador sobre as qualidades passivas "seco" e "úmido" enquanto energias que aquecem e esfriam[3]. Porém, Aristóteles não se contenta com a simples enumeração de um esquema quádruplo, mas analisa diversos aspectos de cada qualidade básica. Assim, ele distingue – para mencionar só este exemplo – seis diferentes aspectos do calor, a saber, (1) aquilo que é relativamente mais quente do que outra coisa; (2) aquilo que, ao ser tocado, é percebido como dolorosamente quente; (3) aquilo que melhor derrete e queima o que pode ser derretido e queimado; (4) a substância quente mais abundante do que outra substância; (5) aquilo que esfria com menos rapidez do que outra substância e (6) inversamente o que se aquece mais rapidamente do que outra substância. Logo, o calor não é uma grandeza passível de medição objetiva, mas depende da percepção do que é sentido como quente. Isso naturalmente vale também para as demais qualidades elementares.

No que se refere às partes dos animais, Aristóteles diferencia entre componentes homogêneos e não homogêneos. As partes homogêneas são aquelas que todos ou então a maior parte dos animais têm em comum como uma espécie de tecido de diferentes graus de dureza, umidade, calor e frio. As partes homogêneas existem em função das matérias não homogêneas. Estas são as partes do corpo com as quais se exerce funções, ou seja, olho, nariz, rosto, dedo, braço etc. Para que essas funções possam ser exercidas, as matérias homogêneas devem estar disponíveis em diferentes formas. Aristóteles cita o exemplo da mão. A mão deve poder apertar e agarrar ao mesmo tempo, servindo-se, para isso, de partes homogêneas diferentes, cada uma das quais possui apenas uma propriedade.

Aristóteles enumera as seguintes partes homogêneas: sangue, gordura, tutano, cérebro, carne (músculos), ossos, pele, tendões, artérias, cabelos, sêmen, unhas, cartilagens, dentes, bexiga, bem como, em alguns animais, espinhas (de peixe), conchas, garras, cascos, chifres, bicos, penas. Elas são analisadas em detalhes quanto a sua relação com as qualidades básicas, e isto mediante uma

---

3. Exposição de todo o complexo por ALTHOFF, J., 1992.

diferenciação bem sutil. Assim, Aristóteles diferencia as propriedades do sangue dependendo se o sangue está dentro ou fora do corpo. Dentro do corpo, ele é quente e líquido, fora do corpo ele fica frio e seco pela coagulação, o que, no entanto, só ocorre em seres vivos que possuem fibras no sangue. Isso não ocorre no caso dos veados e das gazelas, razão pela qual seu sangue não coagula. Porém, com essas análises médico-biológicas é associado também o componente psíquico-emocional. Assim a natureza medrosa é explicada com o fato de que, nela, o sangue é fino e aguado e, por conseguinte, esfria mais rapidamente. Por isso, também os animais não sanguíneos são tidos como medrosos; quando levam um susto ficam paralisados e podem até mudar de cor, como também o ser humano pode ficar pálido de susto. Inversamente o calor no sangue pode provocar a ira. Nesse caso, ocorrem verdadeiros "banhos de vapor" (II, 3, 651a 2) no sangue, cujas consequências são violentos acessos de raiva. Além disso, Aristóteles examina a relação entre sangue e gordura (banha e sebo). As substâncias gordurosas são explicadas como produto de um processo de cocção no sangue em decorrência de consumo excessivo de alimento, que, por sua vez, leva à anemia, porque o sangue "cozinhou" demais. Aristóteles conclui disso que animais muito gordos podem envelhecer mais rapidamente e se tornar estéreis mais cedo. Nós explicaríamos esses fenômenos plástica e corretamente descritos mediante a hipótese do estreitamento e alargamento dos vasos sanguíneos. Quem descobriu a circulação do sangue não foi Aristóteles, mas William Harvey em suas *Prelectiones anatomiae universalis* [*Preleções de anatomia universal*] (1616).

As explanações sobre o cérebro (II, 7), por serem fundamentalmente errôneas, despertam um interesse mais atinente à história da ciência. Isso tem a ver com o fato de que Aristóteles não viu o cérebro, mas o coração como órgão central. De modo correspondente, ele atribuiu ao cérebro uma função bem diferente, a saber, de resfriamento do calor que parte do coração a uma temperatura moderada, ideal. A ideia de medida, importante para Aristóteles e assumida da medicina hipocrática, tem certa importância nesse tocante. Aristóteles considera o cérebro não só como a parte mais fria do corpo, mas também como totalmente não sanguíneo. No detalhe, Aristóteles imagina o processo de resfriamento assim: as vias arteriais que partem do coração – a "grande artéria" e a aorta – confluem na meninge que envolve o cérebro e são resfriadas pelo cérebro. Nesse processo, o calor natural sobe a partir do centro do corpo por seu próprio movimento. Contudo, se o processo de resfriamento deixar de acontecer, as consequências podem ser enfermidade, demência e morte. Além disso, Aristóteles vê o cérebro como regulador do sono e da vigília. O resfriamento do fornecimento de sangue pelo cérebro causa o adormecimento. Dado que o calor flui para baixo, deixamos "a cabeça pender", não conseguimos mais nos manter de pé e adormecemos. Especialmente paradoxal é o fato de Aristóteles negar qualquer conexão entre o cérebro e as percepções sensíveis ou até a inteligência, concedendo, não obstante – equivocadamente – ao ser humano, dentre todos os seres vivos, o maior cérebro proporcionalmente ao seu tamanho – aos homens um cérebro ainda maior do que o das mulheres –, procurando explicar até mesmo o andar ereto do ser humano com o mecanismo perfeito de resfriamento de um grande cérebro, sem valorar eticamente os processos nesse ponto.

Com a investigação sobre carne (II, 8) e ossos (II, 9) ele passa a tratar de partes homogêneas mais sólidas do que sangue e cérebro, agrupadas na carne (relativamente) mole e nos ossos duros. O termo "carne" se refere ao tecido localizado, no ser humano, entre pele e ossos. Os ossos têm a função de proteger a carne e por extensão também os músculos; a carne está grudada nos ossos por meio de finos tendões fibrosos e, desse modo, os ossos lhe proporcionam um ponto de apoio. Aristóteles estabelece uma relação especial entre a carne e o sentido do tato, que no ser humano é especialmente bem formado e ao qual, nesse sentido, é atribuída uma vantagem (não explicitada mais de perto) em relação aos demais órgãos dos sentidos. Uma vez mais Aristóteles argumenta nos termos de uma anatomia comparativa. Assim, ele aponta para o fato de que, no caso dos crustáceos, em distinção ao ser humano a carne está por dentro e a parte dura por fora, ao passo que nos insetos a parte dura e a parte mole não estão separadas de nenhuma maneira, porque eles têm uma substância corporal que é mais dura do que a carne e mais mole do que ossos. A carne é o componente essencial do corpo; sem carne não há corpo (*De partibus animalium* II, 8, 653b 21). Se o corpo emagrece em decorrência de alimentação insuficiente, tornam-se visíveis as artérias e os tendões, ao passo que, no caso de alimentação excessiva, a carne se converte em gordura com as consequências correspondentes para a saúde.

No capítulo sobre os ossos, chama a atenção especialmente a ênfase no caráter finalístico da estrutura corporal, como manifestação parcial da implementação finalística de toda a natureza. Cada osso e cada artéria têm um ponto de partida; no caso das artérias, é o coração, no caso dos ossos, a espinha dorsal. Ela garante a extensão ao comprido e a postura ereta, ao passo que as articulações possibilitam a flexão e o alongamento, sendo que Aristóteles descreve com exatidão detalhes como o cótilo e o tornozelo. Ele vê o esqueleto como o núcleo de um corpo de argila confeccionado pela mão de um artista, sendo que o artista primeiro faz uma armação, em torno da qual modela os demais componentes do corpo. Tudo é arranjado de modo a cumprir sua finalidade: as costelas servem de proteção e sustentação para as vísceras que se encontram em torno do coração. O fato de não haver ossos na região abdominal possibilita um intumescimento sem dor durante o consumo de alimentos e durante o crescimento do embrião na gravidez. Tudo faz sentido e tem finalidade no conjunto da natureza.

Os fundamentos médicos já se encontravam amplamente à disposição de Aristóteles por meio dos escritos hipocráticos[4], mas não as incontáveis notas, baseadas em observação e dissecação, a respeito de peixes, aves, tartarugas, insetos, leões, gazelas, veados e golfinhos, pelos quais Aristóteles tem reconhecida predileção por serem animais vivíparos sanguíneos.

CABEÇA E PESCOÇO –
PARTES EXTERIORES DOS ANIMAIS SANGUÍNEOS
(*DE PARTIBUS ANIMALIUM* II, 10-III, 3)

Nesses capítulos, Aristóteles trata, mediante a anatomia comparativa, cabeça, orelhas, olhos, pálpebras, cabelos, sobrancelhas, nariz, lábios, língua, dentes, boca, bico, chifres e pescoço. Nos escritos biológicos de Aristóteles, um aspecto ético transparece em diversas passagens, ainda que apenas alusivamente, quando ele enfatiza a primazia do ser humano em relação aos demais seres vivos.

> Os seres que, adicionalmente à vida, possuem percepção, têm uma forma mais multifacetada, e alguns em maior grau que outros, e uma [forma] ainda mais multifacetada têm aqueles seres vivos, aos quais a natureza permitiu participar não só da vida, mas também da vida boa. Esta, no entanto, é a geração dos seres humanos. Dos seres vivos que conhecemos, só ele tem ou ele é o que mais tem parte no divino. [...] Somente nesse ser vivo as partes naturais também se comportam conforme a natureza, pois sua parte superior está direcionada para a parte superior do universo. Pois o ser humano é o único ser vivo que anda ereto (*De partibus animalium* II, 10, 656a 4-14).

A "vida boa" não se refere, por exemplo, só à realização das possibilidades biológicas, mas à vida correta no sentido ético, à eudemonia como sorte especificamente humana. E a expressão "ter parte no divino" aponta para a atividade do espírito humano ao acercar-se da razão divina, como exposto no Livro XII da

---

4. Sobre os detalhes cf. OSER-GROTE, C., *Aristoteles und das Corpus Hippocraticum*, Stuttgart, 2004, com uma confrontação muito clara de enunciados hipocráticos e aristotélicos.

Metafísica (cf. p. 248). O andar ereto, com a cabeça dirigida para a parte superior do ambiente, indica o lugar do ser humano no cosmo, correspondendo à visão de mundo cosmomórfica de Aristóteles, marcada por representações espaciais[5]. Nessa passagem Aristóteles não faz mais do que essas indicações suscintas, pois o que ele quer é fundamentalmente expor em separado os diferentes campos do saber – "separação dos campos pragmáticos" é o bordão para isso. Mas por meio dessas indicações-relâmpago espalhadas no texto, Aristóteles deixa entrever a interligação dos campos parciais em uma totalidade por trás das análises individuais. Ao fazer isso, ele procede com muito cuidado. Formulações como "dos seres vivos que conhecemos" e "de todos é o que mais tem" restringem o enunciado ao horizonte da experiência.

Porém, o termo "bom" é usado também no contexto de uma análise puramente biológica. Assim, a natureza "dispôs bem" os órgãos dos sentidos (II, 10, 656b 28), a audição em forma de duas orelhas no centro das duas laterais da cabeça, porque assim se escuta de todos os lados e não só para frente. Aristóteles considera o corpo dividido fundamentalmente em uma metade direita e uma metade esquerda. Correspondendo a essa estrutura bilateral, os órgãos dos sentidos são bipartidos, o que é evidente no caso dos olhos, das orelhas e também do nariz com as duas narinas e os dois canais; no caso da língua nem tanto. Entretanto, alguns animais (lagartos, serpentes, rãs) têm a língua partida; no ser humano, pensou-se no sulco longitudinal no dorso da língua, que, no entanto, não é expressamente mencionado por Aristóteles. Aristóteles observa que alguns animais têm orelhas salientes (tetrápodes), há os que não têm orelhas (aves), mas apenas canais auditivos.

Ao tratar dos olhos, Aristóteles está interessado especialmente na peculiaridade e função das pálpebras. No ser humano e nos mamíferos, a membrana que envolve a pupila é fina para garantir a acuidade visual. Por isso, o olho precisa da proteção das pálpebras, com as quais, contudo, o olho também pode piscar. Os cílios sobre as pálpebras servem de proteção contra a umidade que desce. Aristóteles examina a estrutura diferenciada das pálpebras no ser humano e especialmente nas aves e discute o fato e a razão pela qual peixes e insetos não têm pálpebras.

Almejando captar sinoticamente, pela anatomia comparativa, se possível todos os fenômenos do mundo humano e animal, Aristóteles constantemente

---

5. Sobre a história significativa do desenvolvimento dessa concepção cf. BAYERTZ, K., *Der aufrechte Gang*, München, 2012.

presta atenção no incomum, no singular, que mais tarde se transformou no gênero literário próprio das *Mirabilia*. Em conexão com a abordagem da estrutura do nariz, Aristóteles passa a falar com visível admiração do elefante (*De partibus animalium* II, 14, 658b 33-659a 35), cujo nariz tem a forma de uma tromba. O paradoxal em comparação com outros animais é tudo o que o elefante consegue fazer com o órgão olfativo além de cheirar: ele pode usá-lo para levar alimento sólido e líquido à boca; ele pode abraçar e até arrancar árvores com a tromba; ele usa a tromba como se fosse um braço. O elefante, cujo tamanho e força extraordinários são ressaltados por Aristóteles, logo é classificado sistematicamente no mundo animal: ele é ao mesmo tempo animal de pântano e de terra firme; como animal de terra firme, ele é um ser sanguíneos e precisa respirar e é vivíparo; como animal de pântano, ele utiliza a tromba como mergulhadores usam um canudo de ar para respirar com o nariz protuberante. Diferentemente de outros seres vivos, ele também consegue torcer o nariz, o que faz sentido, porque, devido ao seu tamanho e peso, as pernas são imprestáveis para a locomoção ou mesmo apenas para virar-se para o outro lado e de modo geral para qualquer mudança rápida de lugar. A tromba é, portanto, uma parte compensatória do corpo, porque ele assume uma parte das funções de resto exercidas pelos pés. Uma vez mais, Aristóteles ressalta que a "natureza" (II, 16, 659a 21) arranjou isso dessa maneira. Será que ele chegou a ver um elefante? Ainda não havia jardins zoológicos. A descrição soa como se tivesse feito uma autópsia, mas Aristóteles é um mestre da exposição vívida, onde pode apoiar-se apenas em relatos. Ao fazer isso, ele procura reunir sistematicamente, dependendo do achado, grupos de animais que têm certas características em comum, como, por exemplo, aves, serpentes e tetrápodes ovíparos sanguíneos que não possuem nariz claramente delineado. A causa, uma vez mais, é a "natureza" (II, 16, 659b 6), concretamente: a constituição natural das aves que, em função da defesa e da alimentação têm um bico grande e, em razão do peso total, possuem apenas uma cabeça pequena, na qual não há lugar para um nariz bem formado, sendo que, nesse caso, os canais olfativos situam-se no bico. Seguidamente também o ser humano é incluído na investigação e posto em contraste com o mundo animal ou integrado nele; isso acontece no caso da disposição natural de lábios, língua e dentes, cuja ação conjunta também possibilita a fala formada pela voz. Do mesmo modo, a posição, a estrutura e o tamanho da língua podem ser causa do gaguejar e do sibilar.

Mas também no caso de uma série de animais, a língua contribui para a formação da voz. Aves menores são capazes de produzir muitos tons e usam a língua também para comunicar-se entre si. A pergunta de onde Aristóteles tem as informações para descrever animais que ele dificilmente poderia ter visto pessoalmente levanta-se novamente por ocasião da descrição do crocodilo. Com certeza ele conhecia a observação de Heródoto (II, 68, 3), de que o crocodilo não move o maxilar inferior, mas abaixa o maxilar superior, não possuindo língua. No entanto, Aristóteles demonstra que o crocodilo tem língua, sim, que apenas concresceu com o maxilar inferior, e que o maxilar superior e o inferior encontram-se invertidos, de modo que, ao abrir a bocarra, o maxilar inferior permanece quase inteiramente em sua posição. A zoologia moderna confirmou em grande medida essas observações talvez apenas indiretas[6]. Outras coisas ele próprio deve ter experimentado, como a picada de mosquito, que é explicada da seguinte maneira: no lugar da língua, os mosquitos têm uma probóscide, capaz de perfurar a pele dos humanos e de outros seres vivos.

Especialmente ao tratar do tema "dentes" (*De partibus animalium* III, 1, 661a 34-662b 22) fica evidente a organização finalística pela "natureza" (mencionada três vezes neste capítulo). No caso do ser humano, que Aristóteles considera bem dotado de dentes, os caninos servem para estraçalhar, os molares para esmagar o alimento, mas toda a dentadura também serve para falar de modo articulado, enquanto alguns animais também usam os dentes como armas, razão pela qual os porcos têm dentes em forma de presas, outros animais têm ferrões, presas e chifres como dentes, os peixes têm dentes afiados em forma de serra porque precisam estraçalhar rapidamente o alimento na água, para que não corra água para dentro do estômago. Característico do modo de pensar de Aristóteles é a observação de que "a natureza" só dotaria com partes do corpo em forma de arma os seres vivos capazes de usá-los como tais.

PARTES INTERIORES DOS ANIMAIS SANGUÍNEOS
(*DE PARTIBUS ANIMALIUM* III, 4-IV, 4)

Para a análise de Aristóteles, o corpo humano é o modelo, cuja descrição ele faz começando da cabeça para baixo. Nesse ponto, são analisadas minuciosamente as partes que se encontram dentro do corpo e, portanto, as partes invisíveis. São elas: coração, vasos sanguíneos, pulmão, fígado, baço, bexiga, rins, diafragma, vísceras, estômago, intestinos, vesícula biliar, mesentério. Não podemos tratar

---

6. Cf. os detalhes em KULLMANN, W., Die Beschreibung des Krokodils in Aristoteles' Zoologie, in: *Antike Naturwissenschaft und ihre Rezeption*, v. 10, 2000, 83-96.

aqui de todos os detalhes, até porque o método é sempre o mesmo. Cada uma das partes é analisada com precisão quanto ao seu tamanho, localização e função com base em uma enorme quantidade de material de observação e, em seguida, enquadrada nas categorias básicas da filosofia aristotélica como um todo. Sejam indicados apenas alguns pontos que chamam a atenção.

Esse procedimento é evidente no exame do coração (III, 4), que é visto por Aristóteles como o órgão central, como sede das sensações e emoções. Por localizar-se mais ou menos no centro do corpo, Aristóteles estabelece uma relação entre ele e a filosofia do meio-termo – conhecida a partir de sua ética. Na posição mais valiosa, a natureza teria posto o elemento mais valioso e isso seria justamente o centro onde está localizado o coração (III, 4, 665b 20). E é bem no centro do coração que se encontra o sangue mais puro. O fato de, no ser humano, o coração não se encontrar exatamente no centro, mas aparecer deslocado um pouco para a esquerda, é explicado da seguinte maneira: o coração possui adicionalmente a função de aquecer o lado esquerdo, que no ser humano é particularmente frio. Aristóteles ressalta expressamente que dados fisiológicos como tamanho e dureza do coração têm influência "sobre os caracteres" (πρὸς τὰ ἤθη [prós tá éthe], II 4, 667 a 13), tanto é que nós também ainda falamos de um "coração duro". Segundo a opinião de Aristóteles, seres vivos insensíveis têm um coração duro, seres vivos mais sensíveis um coração mole, acrescentando que seres vivos que têm grandes corações proporcionalmente ao tamanho do seu corpo são mais medrosos e, então, motivados pelo medo também podem se tornar agressivos. Interessante é a série de exemplos citados para comprovar isso: coelho, cervo, camundongo, hiena, jumento, leopardo, doninha (III, 4, 667a 21), dos quais nós certamente veríamos apenas alguns como malignos. A importância central do coração é vista por Aristóteles também no fato de ser o único órgão que não suporta padecimentos (ou seja: enfermidades) graves. Pois quando o órgão central é destruído, os outros órgãos dependentes do coração não conseguem se manter sãos. Enfermidades cardíacas graves, portanto, sempre levam à morte, enquanto outros órgãos, como, por exemplo, os rins, o fígado, os pulmões, podem estar cheios de cálculos, tumores e úlceras sem consequências letais. Como prova disso, Aristóteles cita os animais especialmente saudáveis usados nos sacrifícios, nos quais não puderam ser observadas quaisquer deficiências cardíacas. Portanto, a "pureza do coração" – da qual também falamos simbolicamente – é de importância vital.

As comparações que Aristóteles faz sempre são interessantes. Ele compara o fluxo das artérias partindo de um ponto central (do coração) com canais de água nos jardins que partem de um ponto e se distribuem por toda parte (já havia essas coisas, portanto)[7], mas compara também com as nervuras ou capilares que se pode observar nas folhas de videira ou figueira, principalmente quando elas ficam secas (III, 4, 668a 14-23).

Repetidamente é tematizado também o componente antropológico, como quando, ao tratar do pulmão em sua função respiratória, ele diz que só no ser humano ocorre a aceleração dos batimentos cardíacos, "porque só ele alimenta esperanças e vive na expectativa do futuro" (III, 4, 669a 20) e, portanto, possui um senso temporal. Nessa formulação percebe-se algo que distingue o ser humano, ao passo que em Platão a inibição da esperança e da expectativa deveria ser alcançada por meio da diminuição dos batimentos cardíacos, na medida em que o ser humano inspira ar frio pelos pulmões (*Timeu* 70c) e, desse modo, consegue refrear as paixões. Fundamentalmente, porém, Aristóteles e Platão concordam ao relacionar o arranjo de órgãos e partes do corpo com a gerência psíquica do ser humano, com a diferença de que Aristóteles inclui o mundo animal e confere à sua investigação uma orientação mais nitidamente biológica. Mas, em conexão com o mito da criação do mundo no *Timeu*, Platão também já havia levado em conta na exposição coração, pulmão, fígado, baço, intestinos, ossos, carne e tendões. Fica cada vez mais evidente que, tanto para a temática cosmológica quanto para a biológica, o texto de referência de Aristóteles é o *Timeu*, o qual ele vinculou com os enunciados pertinentes dos escritos hipocráticos[8]. Ao fazer isso, Aristóteles deixou de lado todas as cautelas de Platão no que se refere ao caráter mítico e apenas provável de suas explanações e entendeu literalmente o texto de Platão. Esse parece ter sido o procedimento usual na Academia; Xenócrates também desenvolveu sua cosmologia sistemática e sua psicologia, de modo até mais estrito, tendo como ponto de referência constante o *Timeu*.

Não podemos listar aqui todas as informações bastante minuciosas, em parte corretas, em parte equivocadas de Aristóteles sobre cada um dos órgãos, como, por exemplo, que insetos, peixes e tartarugas não teriam bexiga, que as focas não teriam a grande pelve renal e que, em certas regiões, os coelhos teriam dois fígados. No entanto, apontemos para algumas determinações características do conjunto da zoologia aristotélica.

Aristóteles parte do fato de que o corpo do ser humano, mas também o da maioria dos animais, é bipartido. Correspondendo ao pensamento cosmológico

---

7. Cf. CAROLL-SPILLECKE, M., *Kepos. Der antike griechische Garten*, München, 1989.
8. Cf. KULLMANN, W., Der platonische *Timaios* und die Methode der aristotelischen Biologie, in: *Studia Platonica* (Festschrift H. Gundert), Amsterdam, 1974, 139-163.

de Aristóteles, tanto no macrocosmo quanto no microcosmo, há "em cima" e "embaixo", "na frente" e "atrás", "à direita" e "à esquerda" (III, 7, 669b 20-22). O pensamento de Aristóteles é fundamentalmente marcado por representações espaciais. Ele considera o corpo bipartido, mas orientado para um centro unitário. Esse centro é o coração, que Aristóteles chama de "acrópole do corpo", que conserva a "fonte de calor da natureza do ser vivo" (III, 7, 670a 25-27). Quase todos os órgãos são duplos ou bipartidos. Assim, coração e cérebro têm uma câmara direita e uma esquerda; há dois rins, enquanto o fígado e o baço se correspondem de tal modo como se fossem um órgão duplo à direita e à esquerda, responsáveis pelo transporte e excreção do alimento. Uma inter-relação estreita de fígado e baço fora suposta também por Platão no *Timeu* (72c), mas com uma fundamentação que Aristóteles, por uma boa razão, não assumiu. Pois Platão atribuiu ao baço poroso a função de limpar o fígado como se fosse uma esponja – pois ele precisa estar limpo para ser a sede do vaticínio. Aristóteles não apreciava os vaticinadores e manteve todo esse componente religioso afastado de sua teoria da natureza e, aliás, também da ética.

Entretanto, Aristóteles vê uma ligação entre um componente fisiológico e um componente psicológico no fenômeno da risada, que ele aborda em conexão com a investigação do diafragma[9]. O trecho (III, 10, 673a 3-32) não é fácil de entender e manifestamente quer dizer o seguinte: o diafragma consiste no centro de uma membrana fina passível de ser aquecida rapidamente. No ser humano, uma onda de calor pode ser provocada nesse local principalmente por meio de cócegas na altura do sovaco, e isto só no ser humano por causa da pele extremamente fina. Portanto, só o ser humano sente cócegas e só o ser humano consegue rir; nenhum animal faz isso. O acesso de riso é desencadeado a partir do diafragma e, além disso, tem um efeito mental, pois influencia nosso pensamento, mesmo que não queiramos. Ele pode confundir a razão e a percepção ou desviá-las do rumo. Quem ri passa, ao mesmo tempo, por mudança do pensamento. Aristóteles comprova que o diafragma estimula os músculos do riso, recorrendo a experiências que se fez na guerra com feridos na região do diafragma, que riem em decorrência do calor causado de repente no diafragma, embora não houvesse nenhuma razão para rir. Para falar desse fenômeno, que também é conhecido em situações de guerra modernas, Aristóteles se reporta à declaração de "testemunhas fidedignas", ao passo que, no escrito hipocrático *Sobre epidemias* (VII, 121 =

---

9. Cf. ID., Die antiken Philosophen und das Lachen, in: JÄKEL, S.; TIMONEN, A. (ed.), *Laughter down the centuries*, v. II, Turku, 1995, 79-98. Cf. ainda OSER-GROTE, 2004, 209-212.

V, 466, 13-16 Littré), ele é descrito concretamente com indicação de nome e local. Trata-se, nesse caso, de uma contração da musculatura do rosto em consequência do tétano. Em contrapartida, Aristóteles considera inverossímeis os relatos segundo os quais uma cabeça cortada do corpo ainda poderia falar. Não obstante, ele considera necessário entretecer em sua teoria da natureza esse tipo de histórias averiguadas por ele.

AS PARTES DOS ANIMAIS NÃO SANGUÍNEOS
(*DE PARTIBUS ANIMALIUM* IV, 5-9)

No esforço por expor as partes de todos os seres vivos da maneira mais abrangente possível, Aristóteles se volta em seguida para os animais não sanguíneos, mais precisamente, insetos, testáceos (mariscos, caracóis, ouriços-do-mar), os assim chamados crustáceos (lagostins, caranguejos, lagostas, siris, camarões) e os cefalópodes (moluscos [polvo, lula etc.]).

O que Aristóteles juntou nesses capítulos em termos de material para observação excede tudo o que até ali fora examinado, mesmo porque a peculiaridade das partes desses animais é bem menos acessível à observação do que ocorre com os animais sanguíneos maiores e mais familiares. Em primeiro lugar, Aristóteles aponta para o fato de que os animais não sanguíneos não possuem a "natureza" (*physis*; Kullmann traduz: "estrutura de órgãos") dos seres vivos sanguíneos (III, 5, 678a 28). Eles não têm sangue, não têm órgãos bem formados, não respiram. Eles têm capacidade de percepção e, desse modo, uma parte análoga ao coração, mas não têm propriamente coração, porque tampouco têm artérias. E todos eles têm partes que servem ao consumo de alimento. Eles não têm língua, mas uma parte carnosa, análoga à língua. Alguns desses animais, como, por exemplo, os caracóis do mar e os caranguejos, dispõem de dois dentes, os ouriços-do-mar têm cinco, mas não possuem a dentadura organicamente estruturada própria dos animais sanguíneos. Do início ao fim Aristóteles se empenha por demonstrar que os animais não sanguíneos, que ele caracteriza em sua totalidade como frios e medrosos, encontram-se em um nível inferior ao dos animais sanguíneos na estrutura da natureza. Isso se evidencia especialmente nas espécies mais baixas, os ouriços-do-mar e as esponjas, que pouco se diferenciam das plantas. Como novamente consta: "A natureza marcha continuadamente das coisas inanimadas para os seres vivos" (III, 5, 681a 12). Esses seres vivos inferiores têm em comum com as plantas o seu modo de vida séssil (permanente em um só lugar);

eles não têm percepção e vivem como se fossem plantas. No caso das ascídias e formações parecidas, "não está claro em que grupo devem ser enquadradas" (III, 5, 681a 28). Uma das convicções fundamentais de Aristóteles é que a zona limítrofe no mundo dos seres vivos não pode ser divisada com nitidez por causa da evolução contínua da natureza (assim também na *Historia animalium* VIII, 1, 588b 4). Porém, concretamente os estágios principais na estruturação das coisas naturais – inanimado, planta, animal, ser humano – ficam claramente delimitados entre si[10].

No final do escrito *Sobre as partes dos animais*, constam alguns capítulos (IV, 10-14) sobre as partes exteriores do seres vivos sanguíneos, em continuidade à discussão de III, 3. Com essa disposição certamente oriunda do próprio Aristóteles toda a discussão é emoldurada pelas partes exteriores no sentido de uma composição em forma de anel. Portanto, agora a exposição parte do pescoço (que havia sido tratado em III, 3) e desce para o tronco, os membros dianteiros, incluindo as articulações dos braços, cotovelos, peito, barriga, e vai até os pés, primeiramente nos vivíparos (IV, 10) e, por fim, de modo similar nos animais ovíparos sanguíneos (IV, 11-14), sendo que Aristóteles trata detalhadamente répteis, aves, peixes, focas, morcegos e avestruz. Uma vez mais o ser humano é especialmente destacado e seu andar ereto (já mencionado) agora em posto em conexão com o fato de ter os pés proporcionalmente maiores para poder parar em pé com segurança.

HISTORIA ANIMALIUM

O título desse extenso escrito[11] não significa algo como uma "História dos animais"; muito antes, a palavra *historia* é usada aqui no significado antigo e original de "exploração/reconhecimento". De fato, trata-se de uma "exploração" de dimensões gigantescas, de uma coletânea de fatos, cujo material Aristóteles usou em grande parte também no escrito *Sobre as partes dos animais*, em proporção menor para o escrito *Sobre a geração dos animais* e para partes das *Parva*

---

10. Mais detalhes em KULLMANN, W., Übergang zwischen Unbeseeltheit und Leben bei Aristoteles, in: FÖLLINGER, S. (ed.), *Was ist 'Leben'?*, Stuttgart, 2010, 115-135.

11. Uma tradução alemã é um desiderato urgente. Os Livros I e II agora têm tradução e comentário detalhado de ZIERLEIN, S., in: *Werke*, 16, I, 1-2, 2012. Ainda é útil AUBERT, H.; WIMMER, F., *Aristoteles' Thierkunde,* Leipzig, 1866 (tradução alemã com comentário temático copioso).

naturalia. Dado que a interseção de temas comuns entre a *Historia animalium* e o escrito *Sobre as partes dos animais* é considerável, deve bastar aqui uma visão geral mais sucinta sobre a *Historia animalium*.

Não estamos, todavia, diante de uma coleção de puros fatos, mas de uma concepção que classifica o material, que diverge muito daquele que está na base do escrito *Sobre as partes dos animais*[12]. A disposição dos Livros I a VI, que formam um conjunto coerente, é feita de tal modo que o ser humano constitui o ponto de partida quanto a sua anatomia, fisiologia e função biológica (Livro I) e, a partir daí, a investigação é conduzida passo a passo até chegar aos organismos mais incompletos (até V, 15), para então, descrevendo um grande arco, prosseguir até os mamíferos vivíparos[13]. Do início ao fim o ser humano é o parâmetro pelo qual são medidas as características individuais de todos os animais. Assim, no Livro I, à semelhança do escrito *Sobre as partes dos animais*, são investigadas primeiramente as partes exteriores e, em seguida, as interiores do ser humano da cabeça até o pé, ao que se conecta uma análise abrangente das partes não homogêneas, exteriores e interiores, primeiro dos animais sanguíneos e depois dos animais não sanguíneos. Chama a atenção que se abordam não só fenômenos do entorno passível de observação, mas também as curiosidades mais recônditas do mundo animal, cujo conhecimento Aristóteles deveu a informantes. Ele até pode ter observado pessoalmente a troca de dentição em cães (II, 2), mas a língua do elefante (II, 6), a estrutura corporal do hipopótamo egípcio, e certamente também macacos (II, 8-9), crocodilos (II, 10) e o camaleão (II, 11; provavelmente um adendo posterior) estão fora da autópsia.

Uma abordagem detida de todos os detalhes encheria vários volumes, razão pela qual devemos nos contentar com uma simples enumeração dos temas tratados para transmitir uma impressão da acribologia de Aristóteles. Só a lista dos animais tratados quanto à estrutura e função é extensa. São eles (seleção): todos os insetos, aranhas, aves (urubu, andorinhas, águia, corvos, gralhas, cuco, pombas, gavião), crustáceos (lagostins, lagostas, camarões, caranguejos), testáceos (caracóis, mariscos, siris, ouriço-do-mar), insetos (vermes, larvas, borboletas, besouros, moscas, abelhas, vespas, mamangabas, aranhas, gafanhotos, cigarras, piolhos, pulgas, percevejos, traças), peixes (tubarões, atuns, enguias), depois os mamíferos (cavalos, vacas, éguas, touros, javalis, cães, porcos, ovelhas, cabras, jumentos, mulas, porcos-do-mato, cervos, ursos, porcos-espinho, leões, hienas,

---

12. Cf. a confrontação em KULLMANN, in: *Werke*, 17, I, 2007, 187-192.
13. Cf. DÜRING, I., 1966, 507.

raposa, gatos, ratos, camundongos) e, por fim, os animais "exóticos", como o elefante, o crocodilo, o camaleão e todo tipo de serpentes. Aristóteles menciona ao todo 581 espécies de animais e 212 nomes de lugares como *habitat* de animais[14]. É a realização bem própria de Aristóteles não só ter reunido essa enorme quantidade de material e descrito em termos de anatomia comparativa, mas também de tê-lo ordenado mediante uma classificação plausível.

Como princípio de classificação Aristóteles encontrou na Academia a *diha í resis* (diérese, desmembramento, separação). Trata-se de um método praticado por Platão nos diálogos *Sofista* e *Político*, mas muito difundido para além deles na Academia, que consiste em avançar em passos dicotômicos do mais geral para o específico. Esse método pôde ser aplicado à totalidade do mundo material e espiritual, e, pelo visto, Espêusipo também converteu esse modelo de classificação, que evolui sempre em passos duplos no sentido vertical, na base da classificação biológica de sua obra (perdida) *Hómoia* (Ὅμοια, *Similitudes*). Aristóteles rejeita esse modelo por não ser orgânico (*De partibus animalium* I, 2-3) e demanda uma classificação dos seres vivos segundo gêneros naturais e sua determinação com base não em uma só característica – como na *diha í resis* –, mas em muitas características. Isso significa, num primeiro momento, uma classificação inicial em dois grandes grupos principais, o dos animais sanguíneos e o dos animais não sanguíneos. Isso corresponde amplamente à subdivisão moderna em vertebrados e invertebrados. Essas duas classes são então subdivididas em gêneros, a saber, os seres vivos sanguíneos em mamíferos, sendo que o ser humano como grandeza referencial representa um gênero próprio, e tetrápodes ovíparos; os animais não sanguíneos em moluscos, crustáceos e testáceos. Entre os "grandes gêneros" e as espécies individuais não há uma sistemática rígida, mas subdivisões que também podem mudar dependendo de sua função (hábitos de vida, *habitat*, modo de reprodução). O que importa para Aristóteles é uma morfologia comparativa dos seres vivos, para a qual ele dispõe de critérios diferenciados, como o de uma igualdade decrescente e diversidade crescente de características (cor, forma) entre seres vivos do mesmo gênero ou o do mais ou menos (diferenças de tamanho de corpos e partes de corpos, tempo de vida etc.), o da analogia entre partes do corpo em gêneros diferentes (ossos – espinhas; penas – escamas).

Em vista da enorme profusão de material é impossível trazer aqui abordagens extensas e detalhadas sobre o modo como Aristóteles procedeu, até porque numerosos temas da *Historia animalium* também são tratados em *Sobre as partes dos*

---

14. Cf. Ibid., 525 s.

animais e em *Sobre a geração dos animais*. Mas também o tema "dormir e estar desperto" volta a ser tematizado. Nesse caso, não se trata da explicação do sono como tal (como no escrito *Sobre o sono*), mas da maneira de dormir dos animais. Ao passo que para muitos fenômenos zoológicos (hipopótamo egípcio, crocodilos de rio, elefantes), Aristóteles dependeu de informações escritas ou orais, para o sono dos animais ele pôde se reportar à sua própria percepção (κατὰ τὴν αἴσθησιν [*katá tén áisthesin*]) (*Historia animalium* IV, 10, 536b 24-537b 20). Assim, ele observa que todos os animais sanguíneos dormem com as pálpebras fechadas. Também os animais ovíparos, bem como os peixes e de modo geral os animais aquáticos dormem, mesmo que não sejam dotados de pálpebras e, por conseguinte, apenas tenham um sono leve. Porque eles, como todos os seres vivos, geralmente dormem durante a noite, os pescadores lançam suas redes de noite. O que transcende a observação é a comunicação de que não só seres humanos sonham, mas também todos os tetrápodes vivíparos. Aristóteles cita como exemplos cavalo, cão, rês, ovelhas e cabras, deixando em aberto se também os animais ovíparos sonham. Dado que ele encara o sonho como fenômeno puramente fisiológico (cf. p. 336), ele pode transpor para os animais os mesmos processos que provocam o sonho nos humanos. Porém, naturalmente quem mais sonha são os humanos, mas só a partir do quarto ou quinto ano de vida. Em humanos bem velhos teria ocorrido que os sonhos ocasionam uma mudança tão forte no organismo que a consequência foi uma doença grave ou a morte (IV, 10, 537b 18-20).

Um exemplo especialmente interessante de acribologia é o "tubarão liso" (γαλεὸς λεῖος [*galeós lêios*], *mustelus laevis*), sobre o qual Aristóteles se pronuncia na *Historia animalium* VI, 10, 565b 1-17[15]. Ele pertence ao gênero dos seres vivos ovíparos (*oviparia*), mas apresenta algumas especificidades. Estas consistem em que ele tem um saco vitelino entre as metades do útero, como ocorre também com os cações. Os ovos contornam então as metades do útero e descem. Mas os filhotes nascem com o umbigo ligado ao útero, de modo que, quando o saco vitelino tiver sido consumido, o embrião fica amarrado no cordão umbilical, como ocorre com os tetrápodes. Essa combinação de placenta do vitelo e reprodução vivípara é característica do "tubarão liso". Esses dados, que certamente só poderiam ter sido apurados por dissecação, foram redescobertos só no século XIX e sua exatidão foi confirmada[16]. Esse é um exemplo entre milhares de análises parecidas, cujo resultado é praticamente inabarcável.

---

15. Cf. sobre isso Kullmann, in: *Werke*, 17, I, 2007, 613 s.
16. Müller, J., Über den glatten Hai des Aristoteles und über die Verschiedenheiten unter den Haifischen und Rochen in der Entwicklung der Eier, in: *Abhandlungen der Akademie*

No seu procedimento, o olhar de Aristóteles transcendeu em muito os dados anatômicos e morfológicos. Assim, ele menciona reiteradamente enfermidades de seres vivos que, no caso dos pássaros, se fazem notar no desalinho da penugem (VIII, 18, 601b 6-8), ao passo que, no caso de certos peixes, ele diagnostica cegueira por ação do frio (VIII, 19, 602a 9), no caso de atuns e peixes-espada, por ação de vermes (VIII, 19, 602a 26). Os peixes são considerados por ele, de modo geral, como especialmente dependentes do clima. Mas também sobre a pesca Aristóteles se pronuncia extensamente (VIII, 20), para, por fim, abordar também as enfermidades específicas também de uma grande quantidade de outros animais (VIII, 18-24). Do mesmo modo, ele se interessa pelas amizades e inimizades dos animais (IX, 1), além das qualidades de caráter, como, por exemplo, a estupidez da ovelha, que Aristóteles descreve não sem uma pitada de humor.

> A ovelha é, como se costuma dizer, simplória e estúpida. Pois de todos os tetrápodes é o que vale menos. Sem qualquer propósito se metem em regiões desertas, muitas vezes deixam seus apriscos durante as tempestades e, quando são surpreendidas por alguma nevasca, não se mexem enquanto não forem tangidas pelo pastor. Se ficarem por sua própria conta, morrem, caso os pastores não trouxerem carneiros; então correm atrás destes (*Historia animalium* IX, 3, 610b 22-28).

Uma série de temas, especialmente os que dizem respeito à geração e o desenvolvimento dos seres humanos (*Historia animalium* VII), é tratado extensamente também no escrito *Sobre a geração dos animais*, para o qual nos voltaremos agora.

SOBRE A GERAÇÃO DOS ANIMAIS

Esse escrito, que abrange nada menos que cinco livros, contém mais do que seu título permite intuir. Um tema que transcende todas as questões individuais referentes à geração e a gênese de seres vivos é o tema contínuo da diferenciação

---

der Wissenschaften, Berlin, 1840, 187-257. Cf. sobre isso HABERLING, W., *Der glatte Hai des Aristoteles. Briefe von Johannes Müller über seine Wiederauffindung an Wilhelm Karl Hartwig Peters 1839-1840*, Leipzig, 1924, aqui 207 s. Müller, que foi professor de fisiologia e anatomia na Universidade de Berlim, durante uma estadia mais prolongada em Paris, ia toda manhã ao mercado de peixes à procura de uma nova espécie de peixes.

dos sexos, que também hoje pode demandar interesse especial[17]. Pois sem a diferenciação e interação dos sexos não há vida. De modo correspondente, Aristóteles atribui tanto ao sexo masculino quanto ao feminino o caráter de "princípio" (ἀρχή [arché]). O sexo masculino é portador do princípio do movimento e da geração; o sexo feminino corporifica o princípio da matéria (De generatione animalium I, 1-2). Porém, vinculada a isso está, ao mesmo tempo, uma valoração no sentido da relação entre forma (εἶδος [eîdos]) e matéria (ὕλη [hýle]): o masculino é tido como o melhor. Aristóteles retoma representações míticas antiquíssimas, segundo as quais o céu e o sol são chamados de "genitores" e "pais", ao passo que a terra como receptora é chamada de "mãe".

No entanto, ele menciona isso só metaforicamente (I, 2, 716a 17), pois o decisivo é a fundamentação biológica da diferenciação dos sexos, e isto não só do ser humano, mas de todos os seres vivos. O objetivo propriamente dito é a reprodução, que é posta em marcha quando o sêmen masculino chega, na condição de princípio modelador, ao útero feminino, componente puramente receptor. O sêmen consiste no excedente do alimento sanguíneo. Aristóteles defende, portanto, uma "teoria hematogênica do sêmen"; ele rejeita a teoria pangenética (material reprodutivo oriundo de todas as partes do corpo) mais antiga (I, 17). No decurso do consumo de alimento, forma-se, devido à quantidade de calor, o sêmen no corpo masculino; no corpo feminino, em contraposição, forma-se o sangue menstrual, em decorrência da incapacidade (ἀδυναμία [adynamía], De generatione animalium IV, 1, 765b 9) de produzir o sêmen mediante a cocção do alimento. A razão disso é a temperatura mais baixa do corpo feminino. As categorias aristotélicas básicas do calor e do frio aplicam-se também aqui. De modo correspondente, a quantidade de calor decide também no embrião o sexo da criatura gerada e a semelhança entre progenitores e descendentes. A diferença entre os sexos quanto à sua fundamentação biológica e valoração é perceptível em todos os campos. A fixação ou o desvanecimento das propriedades dos pais ou avós são explicados mediante a temperatura da matéria fetal (IV, 3); da mesma maneira os defeitos de nascença e os abortos (IV, 4). Os machos têm "armas" naturais (Historia animalium IV, 11, 538b 15-27), ao passo que as fêmeas estão incumbidas de cuidar da ninhada; os seres vivos machos têm um cérebro maior (De partibus animalium II, 7, 653a 29); o sêmen é o portador da alma. Essas valorações correspondem inteiramente ao papel que Aristóteles atribui aos dois

---

17. Fundamental sobre isso Föllinger, S., 1996. Ainda útil Lesky, E., Die Zeugungs- und Vererbungslehren der Antike und ihr Nachwirken, Mainz, 1951.

sexos no campo ético-político. As virtudes do homem são de natureza diferente das da mulher, mais precisamente Aristóteles constata que as mesmas virtudes, como prudência e valentia, têm cunhos distintos no homem e na mulher. Um homem ainda pareceria covarde se fosse tão valente como uma mulher valente, e uma mulher ainda pareceria tagarela se fosse tão prudente quanto um homem competente (*Política* III, 4, 1277b 20-25). Nesse exemplo, o pano de fundo não é formado pela imagem da mulher tagarela, mas pela imagem da mulher silente. Representações desse tipo estão dadas na tradição jurídica e social em que vive Aristóteles. O aspecto específico é a fundamentação biológica sem lacunas até os mínimos detalhes e, desse modo, pretensamente científica de fatos que influenciam inclusive o espaço sociopolítico. Na *Política*, é seguidamente enfatizado que essas relações são assim "por natureza". É no escrito *Sobre a geração dos animais* que ficamos sabendo o que isso significa mais precisamente. Ali se encontra também para a diferenciação dos sexos uma explicação teleológica abrangente (*De generatione animalium* II, 1). A questão por que existe mesmo o masculino e o feminino é inserida em contextos nada menos que cósmicos, nos quais se recorre a conceitos como "necessidade", "primeiro motor", "matéria" (*De generatione animalium* II, 1, 731b 21). Em uma sucessão de elos, faz-se aflorar o que é o melhor em cada caso: "A alma é melhor que o corpo, o animado é melhor que o inanimado, o ser que o não-ser, a vida que a não-vida e todas essas causas juntas dão origem aos seres vivos" (*De generatione animalium* II 1, 731 b 28-32).

Dado que o eterno é melhor do que o perecível e que o ser vivo individual é perecível, a imperecibilidade é atribuída tão somente ao gênero por meio da geração dentro do mesmo gênero – o pano de fundo é constituído pela fórmula: "Um ser humano gera um ser humano". A corrente daquilo que é melhor do que outra coisa tem continuidade:

> Como a causa do primeiro movimento é melhor e mais divina por natureza, na medida em que nela estão contidos o conceito e a forma da matéria, é melhor manter o mais forte separado do mais fraco. É por isso que o masculino fica separado do feminino tanto quanto possível. Pois melhor e mais divina é a origem do movimento que inere ao masculino dentre as criaturas. Mas o feminino é o que possui matéria. Porém, para levar a cabo a geração o masculino se junta com o feminino e se mistura com ele. Pois isso é comum a ambos (*De generatione animalium* II, 1, 732a 3-11).

Podemos até ficar admirados e estranhar essa argumentação; ela, porém, é uma concepção bem pensada que procura coadunar o processo da vida com o caráter finalístico da natureza. Repetidamente recorreu-se, à guisa de comparação, à concepção supostamente mais moderna de Platão referente à uma aparente igualdade de direitos da mulher. Em seu projeto utópico de Estado (*República* V, 425e-457b), Platão havia exigido a mesma educação e, desse modo, as mesmas tarefas políticas para homem e mulher. Mas Platão restringiu tal anulação parcial da diferenciação sexual à classe dos "guardiões" no Estado, renunciando, no entanto, amplamente uma fundamentação da diferenciação sexual orientada em uma realidade biológica ou em realidades sociais; procedendo assim, ele argumentou em um nível bem diferente do de Aristóteles, o que praticamente impede uma comparação direta.

De modo geral, o escrito *Sobre a geração dos animais* se caracteriza pelo fato de uma grande quantidade de explicações individuais serem deduzidas – de modo ainda mais intenso do que no "gêmeo" *Historia animalium*, que o precede no tempo – dos princípios gerais da teoria da natureza. Não obstante, serão mencionados também aqui alguns exemplos de análises individuais.

Em conexão com a investigação sobre os testáceos (III, 11), Aristóteles fala do problema da geração espontânea de seres vivos sem geração reconhecível. Ele explica que, sob a influência do sol, dos ventos quentes e, em geral, de calor e umidade, surgem "espontaneamente", a partir do barro, de detritos, do suor e produtos da putrefação, grupos inteiros de animais inferiores, como vermes, insetos, pulgas, percevejos, piolhos, ácaros, caranguejos e certas espécies de lesmas. Trata-se de animais pequenos, que se encontram no último degrau da "escala da natureza". Observações cotidianas como as que são feitas em um mundo sem microscópio ou outros aparelhos por pescadores, caçadores e agricultores podem confirmar isso. O próprio Aristóteles relata que da frota que lançou âncora diante de Rodes foram jogados recipientes de barro na água, junto aos quais, depois de algum tempo, assentou-se um lodo espumoso (provavelmente de restos de comida), do qual se formaram organismos que não teriam expelido nenhuma matéria destinada à geração (III, 11, 763a 30-34). A um resultado parecido chegaram os habitantes de Quios, que teriam jogado conchas ao mar na ilha vizinha de Lesbos, em condições de água límpida e corrente regular. Esses animais teriam crescido, mas não teriam se reproduzido (III 11, 763 b 1-4), não tendo ocorrido, portanto, nenhum processo de geração. Aristóteles, que deve ter observado pessoalmente esses processos em Lesbos, conclui deles que esses animais teriam surgido "espontaneamente", "automaticamente" (ἀπὸ ταὐτομάτου [*apó tautomátou*]) em outro entorno (lodoso). O que levou a um mal-entendido foi a adoção, para designar esse processo, da palavra "geração original" [*Urzeugung*], usada pela primeira vez por Friedrich Wilhelm Schelling (1775-1854)[18]. Pois uma "geração original" se refere propriamente a uma gênese originária de toda a vida a partir da matéria disforme, como também supuseram os primeiros pensadores gregos a partir de Anaximandro (c. 610-547), mas não Aristóteles, para quem sempre já houve vida no cosmo eterno. Por conseguinte, seria mais correto chamar simplesmente de "gênese espontânea" o que Aristóteles tem em vista. Todavia, uma geração depois de Aristóteles, estabeleceu-se uma analogia entre a gênese espontânea constantemente repetida de seres vivos e uma geração original cósmica inicial[19].

Entre as questões biológicas individuais mais difíceis e controvertidas figura a da gênese e reprodução das abelhas, que Aristóteles examina nos dois grandes escritos biológicos[20]. Controvertida era sobretudo a gênese das abelhas em geral, se elas acasalam de alguma maneira e se elas próprias geram as larvas ou se as buscam em determinadas florescências ou na oliveira, se as larvas dos zangões se encontra na colmeia ou se de fato ocorre uma copulação (*Historia animalium* V, 21, 553a 17-25). Aristóteles busca os dados corretos na combinação de empiria e ponderação de probabilidades lógicas. Por um lado, ele interroga apicultores (*De generatione animalium* III, 10, 760a 3) e, por outro, rejeita como ilógica a teoria de que as abelhas buscam sêmen estranho, proveniente de outro animal, que não serve de alimento. Aristóteles diferencia ao todo três grupos de abelhas: (1) as "rainhas", "líderes", (2) as "abelhas operárias", (3) os "zangões". Nessa organização, as "rainhas" gerariam sem acasalamento a si mesmas e à abelhas operárias, ao passo que as "abelhas operárias" gerariam os "zangões", que, por sua vez, não gerariam nada e permaneceriam absolutamente inativos. As "abelhas operárias" teriam – contrariamente à opinião corrente já naquela época – propriedades tanto masculinas quanto femininas dentro de si. Na sequência, segundo a qual as rainhas geram a si próprias e um gênero aparentado, as abelhas operárias geram apenas a si mesmas e os zangões nada geram, Aristóteles vê preservada a ordem natural (*De generatione animalium* III, 10, 760a 31), que faz parte dos seus princípios básicos. Cauteloso, ele acrescenta que nem todos os fatos seriam suficientemente

---

18. Schelling, F. W., Philosophie der Offenbarung, in: *Sämmtliche Werke*, v. II 3, Stuttgart, 1858, 325.

19. Assim nos *Problemata physica* X, 13 e X, 65, textos inautênticos, transmitidos sob o nome de Aristóteles. Sobre os detalhes cf. Flashar, H., Urzeugung und/oder spontane Entstehung, in: Föllinger, S. (ed.), *Was ist 'Leben'?*, Stuttgart, 2010, 331-337.

20. Exemplarmente examinado por Föllinger, S., Die aristotelische Forschung zur Fortpflanzung und Geschlechtsbestimmung der Bienen, in: Kullmann, W.; Id., *Aristotelische Biologie*, Stuttgart, 1997, 375-385.

conhecidos e que teriam de concordar com a observação empírica (*De generatione animalium* III, 10, 760b 27-34). Aristóteles fundamenta os processos peculiares de geração das abelhas com o fato de que elas "são mesmo um povinho extraordinário e bem próprio" (*De generatione animalium* III, 10, 760a 4-6), sem estabelecer uma analogia, por exemplo, de suas funções sociais (divisão do trabalho, cuidado com as larvas, as rainhas permanecem na colmeia) com formas da sociedade humana. Pois o tema "abelhas" era justamente de importância tão fundamental e vital para os gregos quanto o das oliveiras. O mel, cuja obtenção, sabores e espessamento são descritos por Aristóteles (*Historia animalium* V, 22, 553b 28-554a 21), era um dos alimentos básicos dos gregos. Basta ter estado uma vez na ilha de Tasso, com sua vegetação intacta, para sentir a onipresença das abelhas.

A explicação aristotélica da peculiaridade das abelhas não está correta. Isso vale sobretudo para a concepção errônea de que tanto as "abelhas operárias" quanto os "zangões" seriam sexualmente neutros. De fato, os zangões machos copulam com as abelhas fêmeas, mas fazem isso fora da colmeia, em um assim chamado "voo nupcial". De resto, os problemas de acasalamento entre as espécies e subespécies de abelhas, hoje muito mais diferenciadas, são extremamente complexos[21].

A teoria da hereditariedade como um todo (*De generatione animalium* IV, 3-4) repousa sobre o princípio da prevalência do masculino. Aristóteles já encontrou uma animada discussão prévia sobre a herdabilidade de características e propriedades, desde que Alcméon de Corinto (c. 500 a.C.) procurou explicar a geração dos descendentes por meio da interação de uma semente masculina e outra feminina. Outros – como Anaxágoras e Demócrito – defendiam uma teoria da pré-formação, segundo a qual todas as partes do corpo já estariam pré-moldadas no sêmen (esperma). Aristóteles rejeitou todas essas teorias e as substituiu por uma cinética da hereditariedade, segundo a qual o homem transfere, por meio do seu sêmen, forma e impulso cinético para a matéria líquida da mulher. Dependendo da temperatura alcançada nesse processo, surgem então descendentes masculinos ou femininos, e isto no sentido de uma epigênese, segundo a qual os diferentes órgãos vão se formando um após o outro. Dado que o sêmen masculino transmite uma infinidade de impulsos cinéticos, apenas alguns deles são realizados pelos descendentes diretos, enquanto outros, num primeiro momento, são transmitidos como disposições hereditárias não realizadas e afloram uma geração depois. Desse modo, Aristóteles consegue explicar semelhanças entre várias gerações e, de modo geral, irregularidades

---

21. Cf. sobre isso FÖLLINGER, 383 s., e WEISS, K., *Bienen und Bienenvölker*, München, 1997.

no aparecimento de características em parentes próximos. Tudo isso está muito distante das "leis de Mendel", publicadas em 1866 pelo monge Gregor Mendel como resultado de seus experimentos de cruzamento, e das modernas teorias da hereditariedade, ainda que, no campo da embriologia e do desenvolvimento dos seres vivos como processo epigenético, haja convergências entre Aristóteles e a biologia experimental da primeira metade do século XX[22].

Aristóteles logrou uma descoberta notável com a descrição e classificação das qualidades secundárias, de que trata o Livro V do escrito *Sobre a geração dos animais*[23]. Até mesmo na concepção aristotélica, segundo a qual tudo é disposto pela natureza por necessidade de modo significativo e visando uma finalidade, existem no ser humano e no animal fenômenos que são casuais e não se conformam a uma finalidade. Assim, o olho tem seu sentido e sua finalidade, mas não a cor dos olhos; o mesmo vale para os cabelos, mas não para a cor específica do cabelo, que, além do mais, muda no decurso da vida. Para enquadrar também essas qualidades secundárias no nexo maior do acontecimento natural, Aristóteles diferencia seu conceito de necessidade de tal modo que, nesse caso, não estaríamos diante de uma necessidade pura e simples nem de uma necessidade hipotética, mas de uma necessidade acidental. É necessário que o olho tenha uma cor, mas qual delas pertence ao domínio do acidental. De resto, na continuação do livro, Aristóteles está interessado em certas situações limítrofes, que não têm uma ligação muito estreita com as qualidades secundárias. Um exemplo disso é a duração diferenciada do sono no decorrer da vida. Recém-nascidos dormem a maior parte do tempo, durante a qual vivem quase que como uma planta, mas depois voltam a despertar. No entanto, a formação dos dentes (cortantes, embotados, incisivos, molares) e a troca de dentes (*De generatione animalium* V, 8) não são explicitamente relacionadas por Aristóteles com as qualidades secundárias.

SOBRE O MODO DE ANDAR DOS ANIMAIS

Nesse tratado específico[24], que pode ser considerado um complemento temático aos grandes escritos biológicos, Aristóteles examina com precisão quase

---

22. Cf. KULLMANN, W., 1979.
23. É provável que o livro tenha sido originalmente autônomo e contém anotações que extrapolam a problemática em pauta. Comentário minucioso de LIATSI, M., 2000.
24. Tradução com comentário dos dois escritos *Sobre o movimento dos animais* e *Sobre o modo de andar dos animais* por KOLLESCH, J., in: *Werke*, 17, II e III, Berlin, 1985.

microscópica as funções dos membros locomotores do animal e do ser humano. Embora a investigação entre bastante nos detalhes técnicos, ela é derivada logo no início (capítulo 2) dos princípios que são de importância fundamental para toda a pesquisa de Aristóteles sobre a natureza, a saber, que a natureza não faz nada sem propósito, mas sempre o melhor para a essência de cada gênero animal (704b 13-17). Sobre esse pano de fundo são examinadas as diferentes quantidades de membros locomotores e os diferentes tipos de locomoção. Diferencia-se entre correr e pular, entre uma parte do corpo ativa – que se move – e outra passiva – que repousa –, entre animais bípedes, tetrápodes, polípodes e ápodes, tendo em vista sua locomoção. Como ponto de partida do movimento, Aristóteles considera que, em todos os animais, a metade direita é, em sua opinião, a metade "melhor". Especialmente no ser humano, a metade esquerda seria menos móvel, enquanto o lado direito seria "especialmente habilidoso" (4, 706a 22). Além disso, Aristóteles precisa o modo de pisar com o pé visando a locomoção de um lugar para outro, dizendo que o ser humano não pisa com o pé inteiro, mas apenas com uma parte dele, que ele chama de "ponto" (σημεῖον [semêion]), valendo-se de uma expressão tomada da linguagem matemática. Importantes para ele são também as coordenadas: em cima, embaixo, na frente e atrás. Nenhum animal efetua um movimento natural para trás. A locomoção dos animais sanguíneos sobre quatro patas ou então "pontos" é um todo coeso. Se tal animal for cortado ao meio, as partes restantes não poderão mais viver nem se mover nem por um instante, ao passo que os animais não sanguíneos e polípodes ainda podem se locomover em partes por certo tempo (7, 707b 6). Analisa-se detidamente a flexão e a curvatura dos ombros e do lado direito e esquerdo do quadril no processo de andar. Os animais dotados de pés sempre têm um número par de pés, porque só assim é possível uma locomoção natural. Nenhum animal pode andar com um pé ou três pés. Porém, naturalmente há animais sem pés como cobras e enguias, ao passo que a maioria dos peixes têm barbatanas em lugar dos pés. Os animais ápodes se movem para frente por meio de repetidas curvaturas do corpo em linhas onduladas. Um problema específico é posto pelas aves, que podem andar como também voar. No caso deles, as asas e as pernas se encontram em interação. Eles não conseguiriam voar se fossem privados das pernas nem andar se fossem privados das asas (10, 709b 25). Ao voar, eles usam a cauda para dar direção, como faz o timão nos navios. Interessante é uma comparação entre ser humano e ave (capítulo 11). O ser humano é o único animal com postura ereta porque suas pernas são as mais compridas e mais fortes de todas, ao passo que nas aves o peso está na parte de trás e na verdade teriam de cair para trás – a exemplo de como se confecciona cavalos de bronze com as patas dianteiras levantadas –, se não tivessem quadris fortes que parecem um par de coxas. Por fim, Aristóteles aborda nos mínimos detalhes o mecanismo de flexão dos órgãos de locomoção de ser humano e animal em seu funcionamento ao andar, voar e nadar.

SOBRE O MOVIMENTO DOS ANIMAIS

Esse breve escrito não está tão orientado nos detalhes técnicos quanto o escrito sobre a locomoção dos animais, pois ele associa biologia, teoria cinética, também no sentido cósmico, com psicologia. Por conter numerosas referências a outros escritos, ele pode ser considerado o mais tardio dos tratados biológicos, no qual a profusão do material desdobrado nos demais escritos foi ordenada dentro de um nexo abrangente. Não obstante o ponto de partida da argumentação ser a locomoção dos seres vivos, trata-se aqui do fenômeno do movimento como tal e em geral. Aristóteles explicita primeiramente que, na locomoção dos animais, uma parte do corpo sempre tem de estar em repouso, mais precisamente o ponto no qual os membros são curvados, a saber, os cotovelos quando o antebraço é movido, os ombros quando todo o braço é movido. Em analogia a isso, deve haver também fora do animal algo que está imóvel, pois de modo geral qualquer movimento se origina do repouso. Desse modo, entra em cena o motor imóvel (cf. p. 246 ss.), o qual, na condição de instância cósmica última, havia sido tratado com notável discrição por Aristóteles em seus escritos de ciência natural, mas que sempre esteve presente. Na síntese, que trata do mecanismo cinético de todos os seres vivos, Aristóteles enquadrou o automovimento dos seres vivos no sistema cinético cósmico, principalmente porque não tinha como ter ciência dos processos da fisiologia dos nervos e dos músculos.

De fato, o repouso, que é o pressuposto e a origem do movimento animal, pode ser ao menos parcialmente comparado com o motor imóvel cósmico. Pois também o "repouso" é um fator incorpóreo, não expansível, que por sua simples existência causava movimento e, portanto, é causa última de todo movimento, mesmo que a transposição do sistema cósmica para dentro do sistema físico não esteja totalmente isento de problemas. Na discussão do modo de agir do motor imóvel (capítulo 3-4), Aristóteles se volta contra duas concepções alternativas, cujos defensores, contudo, não mais podemos apurar. A primeira concepção parte do pressuposto de que o universo é movido por dois polos, o que Aristóteles rejeita, apontando para a singularidade do motor imóvel. A segunda concepção pretende explicar a causa do movimento recorrendo ao mito do Atlas, segundo o qual Atlas estava parado com os pés sobre a terra e carregava nas costas a abóbada celeste, representando, portanto, um eixo em torno do qual gira o céu com seus dois polos. Aristóteles objeta contra isso que, nesse procedimento, a inércia da Terra (que na sua opinião era) imóvel seria muito pequena[25]. Não seria necessário discutir tudo isso em função da simples explicação da locomoção animal, mas Aristóteles situa o fenômeno individual no grande contexto do movimento em geral. Do mesmo modo, ele repete os princípios de sua teoria da alma tendo em vista o impulso cinético que a alma recebe na razão e na aspiração como as duas instâncias em que se baseiam todas as representações, reflexões e decisões. Interessante a explicação do mecanismo cinético no corpo pela consecução de um silogismo prático, do tipo desenvolvido por Aristóteles. Se tomarmos como duas premissas: a) todo ser humano tem de andar, b) somos um ser humano, a conclusão é que imediatamente começamos a andar. Se inversamente formularmos como premissas: a) no momento atual, nenhum ser humano tem permissão de andar, b) nós mesmos somos um ser humano, a conclusão é que nos manteremos de imediato em repouso. Ou: tenho de construir um bem. Uma casa é um bem; imediatamente construo uma casa. Lógica e psicologia são identificadas no pensamento. Pode-se duvidar de que isso se aplica a todos os casos, mas o que Aristóteles pretende é aclarar o processo físico que leva do aspirar e pensar ao agir, e como, nesse processo, pequenos impulsos como pontos de partida do movimento de imediato acarretam grandes mudanças no corpo, na medida em que tendões e ossos são postos em movimento e o equilíbrio térmico no corpo se altera.

Pois calor e frio são fatores que, na conversão de processos físicos em impulsos cinéticos, desempenham um papel importante numa análise global de cunho psicofísico[26]. Aristóteles cita como exemplos a ousadia, o temor e a excitação sexual, que modificam a temperatura do corpo e, desse modo, também podem amolecer ou endurecer órgãos singulares do corpo (8, 702a 3-28), mesmo que passem despercebidos em ocasiões triviais. A vinculação de corpo e alma, posta por Aristóteles na base de sua teoria da alma, encontra aqui uma aplicação bem palpável.

Em seguida (capítulo 10), essa concepção psicofísica global ainda é ampliada pela curiosa teoria do "*pneuma* congênito" (πνεῦμα σύμφυτον [*pnêuma*

---

25. Rejeição da teoria do Atlas também em *Física* II, 1, 284a 19 e *Metafísica* V, 23, 1023a 20.
26. Cf. sobre isso em termos gerais Althoff, 1992.

sýmphyton])²⁷. Isso quer dizer que todos os seres vivos, diferentemente dos objetos inanimados, têm dentro de si um fôlego de vida inato, que anima, que não penetrou no organismo a partir de fora, talvez pela respiração, mas foi implantado no embrião já no útero. A teoria de Aristóteles diz que esse *pneuma* é capaz de acolher os impulsos cinéticos provenientes da alma e transmiti-los para as partes do corpo a serem movidos. Aristóteles não diz como isso acontece, não ficando claro também se e como o fator da "aspiração" pode ser enquadrado nessa concepção como membro da cadeia cinética²⁸. Em todo caso, Aristóteles influenciou fortemente com o conceito e o tema do "*pneuma* congênito" a medicina helenista, incluindo os "pneumáticos" enquanto escola de médicos[29]. No final do pequeno escrito, Aristóteles deixa claro que na organização psicofísica, o ser humano se parece com um "ente político", e isto também em seu interior. Ele é organizado como "uma cidade bem governada" (10, 703a 31), que não necessita de um monarca, mas na qual cada parte, alma e corpo, cumpre suas tarefas como um bom cidadão.

RESUMO E PERSPECTIVA

Na tradição biográfica da Antiguidade, Aristóteles aparece como o "secretário da natureza que molha a pena na tinta da razão"[30]. Esse belo dito se aplica sobretudo à biologia aristotélica. Esta é uma síntese, única no gênero, de observações que Aristóteles em parte fez pessoalmente, em parte inquiriu de caçadores, pescadores, apicultores, veterinários, criadores de animais e cozinheiros, de experimentos (dissecação de animais), da retomada de tradições de pesquisa mais antigas (Anaxágoras, Demócrito, escritos hipocráticos) com suas categorias e concepções filosóficas que, em grande parte, já estavam disponíveis quando Aristóteles começou a ordenar o material que se multiplicava cada vez mais e a expô-lo por escrito e oralmente (palestras acadêmicas). No início da *Meteorologia* (I, 1, 339a 5-9), Aristóteles havia anunciado que, "depois de apresentar a cosmologia e a meteorologia", ele pretendia "examinar se, sobre o

---

27. Cf. JAEGER, W., Das Pneuma im Lykeion, *Hermes*, v. 48 (1913) 29-74; reimpressão in: ID., *Scripta Minora*, Roma, 1960, 57-102. O escrito *Sobre o pneuma*, transmitido com o nome de Aristóteles, surgiu no século III a.C.

28. KOLLESCH, J., 1985, 58 s., opina que a aspiração abstrata é "substituída" pela substância corporal do *pneuma* congênito.

29. Para obter uma informação rápida cf. as palavras-chave *pneuma* e *pneumatiker* ["pneumáticos"] in: LEVEN, K. H. (ed.), *Antike Medizin*, München, 2005, 718 s.

30. EUSÉBIO, *Preparatio evangelica* 15, 809 C; na *Suda* o verbete *Aristoteles* A 3931.

fundamento resultante, é possível fazer uma abordagem de animais e plantas, em termos gerais e específicos". Aristóteles acrescenta que, se fosse assim, seu "plano original teria sido plenamente realizados". O plano consistia, portanto, em tratar cientificamente, sobre a mesma base metodológica, todos os fenômenos da natureza. No campo da biologia, ele próprio realizou isso no domínio da zoologia, ao passo que, numa divisão do trabalho manifestamente planejada, deixou para o seu amigo e aluno Teofrasto a apresentação da botânica. Pois as volumosas obras deste sobre as plantas – *Botânica* (*Historia plantarum*) e *Sobre a causa das plantas* (*De causis plantarum*) – têm a mesma estrutura dos dois grandes escritos zoológicos, a saber, uma parte empírico-fenomenológica (*Historia plantarum*) e uma parte mais orientada na etiologia (*De partibus plantarum*)[31].

Com sua realização, Aristóteles fundou a ciência da biologia e a apresentou em toda a sua dimensão como disciplina autônoma, a qual ele, no entanto, interpreta concomitantemente com os princípios básicos de sua filosofia e enquadra no conjunto da sua visão de mundo, via pela qual a ciência se converte, ao mesmo tempo, em subcampo da filosofia. Nesse mister, ele tentou em toda parte coadunar teoria e fatos sem incorrer em contradições. No campo da biologia, Aristóteles usa, como fatores de ordenação do material da experiência, diversos instrumentais conceituais e convicções básicas que se interpenetram em alguns aspectos. Insere aí sobretudo a concepção da eternidade das espécies e dos gêneros, correspondendo à teoria da eternidade do cosmo. Com a fórmula sucinta "Um ser humano gera um ser humano" Aristóteles caracteriza a reprodução e a constância eternas dos gêneros. Seguidamente ele enfatiza que, nesse processo, a natureza não cria nada em vão nem supérfluo, mas arranja tudo de modo significativo e visando uma finalidade. Nessa convicção, expressa-se a muito discutida "teleologia" de Aristóteles. Ela se refere à regularidade dos processos naturais do vir a ser, mas não à finalidade global metafisicamente fundamentada da natureza[32].

---

31. A divisão do trabalho não foi efetuada estritamente. Teofrasto também foi autor de escritos zoológicos, mais precisamente, tratados especializados sobre animais invejosos, sobre animais que trocam de cor, sobre animais que ficam de tocaia e sobretudo um escrito *Sobre a inteligência e o êthos dos animais*, que mostra seu interesse pela psicologia animal, aspecto em que ele vai além de Aristóteles. Infelizmente quase nada foi transmitido do conteúdo desses escritos. Inversamente, no registro dos escritos de Aristóteles sob o nº 108 foi transmitido um título *Sobre plantas* em dois livros, do qual nada se preservou. O escrito preservado *Sobre plantas*, transmitido com o nome de Aristóteles, não é autêntico (cf. p. 388).

32. Quem reiteradamente apontou para essa teleologia voltada para os processos naturais do vir a ser, na qual a natureza distribui seus recursos visando um fim, foi sobretudo Wolfgang Kullmann em vários trabalhos.

Outro elemento ordenador consiste na noção da "escala da natureza" (*scala naturae*), cuja aplicação é descrita por Aristóteles, para a qual ele, no entanto, não dispõe de um termo superior. Ela se refere a uma diferenciação progressiva para cada caso, à qual está associada uma escala de valores que leva do imperfeito até o perfeito. Isso se refere primeiramente à classificação nos seguintes grupos principais: coisas inanimadas – plantas – animais – seres humanos. No interior desses grupos, ocorrem então outras diferenciações, como na graduação que vai da gênese espontânea até o ser humano, passando pelos respectivos gêneros mais elevados subsequentes dos animais larvíparos, dos animais ovíparos e dos animais vivíparos. Para Aristóteles, essa escala é um contínuo com transições fluidas. Certos animais como esponjas, ascídias e anêmonas situam-se na fronteira com a planta; o avestruz possui características de ave e de tetrápode (*De partibus animalium* IV, 14, 697b 1 ss.), o macaco tem traços semelhantes aos humanos na parte dianteira, mesmo que ele pertença aos tetrápodes (*Historia animalium* II, 8, 502a 16). Também no que se refere à formação de órgãos, às percepções sensíveis e aos processos reprodutivos, Aristóteles classifica o material de acordo com graduações que são caracterizadas por um grau crescente de diferenciação e perfeição.

Outro critério de diferenciação dos seres vivos é o calor vital. Dentre as qualidades básicas "calor", "frio", "sequidão" e "umidade", derivadas dos quatro elementos básicos "fogo", "água", "terra" e "ar", é atribuído ao calor enquanto calor vital uma função ordenadora. Quanto mais quente for o sangue de um ser vivo, tanto mais alto ele se encontra na escala (*De generatione animalium* II, 1, 732b 33 ss.). Os seres vivos mais completos têm muito calor próprio e umidade, aves e répteis são quentes e secos, peixes cartilaginosos [seláquios] e cobras são frios e úmidos, peixes e caranguejos são frios e secos, ao passo que os insetos se encontram no último degrau no que diz respeito às quatro qualidades básicas. A partir da quantidade de calor corporal Aristóteles também explica os diversos tipos de geração: insetos produzem apenas larvas, animais frios e secos produzem ovos que ainda têm de crescer, ao passo que animais mais quentes põem ovos perfeitos. Os seres vivos mais quentes parem filhotes vivos, plenamente desenvolvidos. Do calor corporal se deriva também a postura corporal. O calor interior levanta o corpo, de modo que o ser humano é capaz de andar ereto, com calor decrescente e aumento do elemento "terra" o corpo dos animais vai se tornando menor, tetrápode e, por fim, ápode, no degrau mais baixo estão os testáceos que "que carregam a cabeça para baixo" (*De partibus animalium* IV, 7, 683b 18). Também no que se refere à maneira de viver resulta uma graduação semelhante. Os animais inferiores existem apenas para reproduzir-se, nos estágios mais elevados a maneira de viver é caracterizada pelo prazer da cópula, o cuidado com a ninhada e o amor pelos filhotes; animais ainda mais elevados vivem em comunidade, sendo que o ser humano por dom da natureza pode levar uma "vida boa" (*De partibus animalium* II, 10, 656a 1-11).

A hierarquização da natureza ganha expressão bem nítida como elemento de classificação do mundo animal; mas ela está inserida em uma graduação da totalidade do ser, tendo abaixo dele o mundo vegetal e as matérias inorgânicas (*De partibus animalium* II, 1), acima dele a estratificação dos elementos no espaço sublunar e, para além deste, na participação que o ser humano tem na esfera divina por sua postura ereta (*De partibus animalium* II, 10). Aristóteles une a esses instrumentais metodológicos os princípios constantes como matéria e forma, potencialidade e atualidade também no campo da biologia.

Na aplicação de critérios filosóficos ao material zoológico, Aristóteles muitas vezes viu a coisa certa, mas deu uma interpretação incorreta, em parte por precipitação, em parte depois de longa reflexão. Enumerar seus "erros" sobre o pano de fundo da biologia moderna e altamente desenvolvida não faz muito sentido. Quando formula que "a história da biologia não pode ser concebida sem Aristóteles"[33], Wolfgang Kullmann quer dizer inicialmente que Aristóteles foi o primeiro a empreender um levantamento sistemático de toda a natureza orgânica e inorgânica. Ao dar uma explicação causal, funcional e material dos seres vivos, ele criou uma terminologia e a legou à biologia da Era Moderna. Nesse ponto, ele não teve predecessor nem sucessor – se abstrairmos da exposição da botânica por seu aluno Teofrasto. Isso vale para as coletâneas helenistas de excertos, mas também para uma obra tão significativa quanto a *Naturalis historia* [*História natural*] de Plínio o Velho (24-79 d.C.), cuja história natural se converte, por meio de diligente compilação, em história de vida e assim contribuiu para sua popularização e, desse modo, para sua disseminação na Antiguidade tardia e na Renascença.

Do ponto de vista da ciência natural moderna a biologia aristotélica foi vista como ultrapassada em muitos aspectos, não só em vista da profusão do material novo descoberto, mas também na estrutura de pensamento. Foi rejeitado especialmente um finalismo e vitalismo imputados a Aristóteles como princípio explicativo, sendo que muitas vezes não foi reconhecido que Aristóteles defendeu um finalismo tão somente no sentido de uma teleologia restrita, mais precisamente

---

33. KULLMANN, *Aristoteles und die moderne Wissenschaft*, 1998, 306.

no sentido do que a biologia moderna chama de "teleonomia" (processos que podem ser explicados a partir de suas próprias estruturas).

Nesse sentido, é possível constatar, uma vez mais, certa convergência entre a biologia aristotélica e a biologia moderna, como fica evidente na concepção do desenvolvimento de processos epigenéticos nos domínios da embriologia e da genética, que Aristóteles explica como um processo gradativo de fabricação segundo a analogia da atividade manufatureira. Para demonstrar essa convergência, recorreu-se especialmente ao modelo de Jacques Monod (1910-1976), a saber, o do surgimento de reproduções autônomas de objetos (por exemplo, seres vivos) invariantes (que não se modificam) dotados de aparato teleonômico. Wolfgang Kullmann formulou isso da seguinte maneira:

> As concepções de Aristóteles concordam [...] com a tese decisiva da biologia molecular moderna, a saber, que – formulado na linguagem de Monod – a reprodução invariante das espécies transcorre, baseada em informação teleonômica, segundo leis rigorosamente causais, técnicas, mais exatamente segundo leis químicas. A descoberta, por um lado, da função diferenciada dos ácidos nucleicos, que garantem a invariância genética, e, por outro lado, das proteínas, que são responsáveis pelas estruturas teleonômicas, mostra que a noção de uma epigênese finalista programada chega, em seu núcleo essencial, mais perto da realidade do que algumas outras teorias recentes[34].

---

34. Id., 1979, 61.

CAPÍTULO DÉCIMO TERCEIRO

Estações da recepção

A influência de Aristóteles sobre toda a filosofia e ciência não só no Ocidente, mas também no âmbito islâmico-arábico é tão formidável que aqui só poderão ser esboçadas brevemente poucas etapas da recepção de sua obra[1].

Ao morrer, Aristóteles deixou em Atenas uma associação escolar pouco articulada, pois, como já foi mencionado, na condição de meteco ele não podia dispor da posse de nenhum terreno. A escola no sentido jurídico só seria fundada pelo sucessor Teofrasto. Na verdade, também ele era meteco, mas conseguiu uma permissão especial do procurador de Atenas, Demétrio de Falero, e adquiriu um terreno na extensa área dedicada a Apolo Liceu (*Lykeios* = "Aquele que protege dos lobos"). É por isso que sua escola foi chamada primeiramente de Liceu; só mais tarde se impôs a designação "Perípato". A palavra "Perípato" significou originalmente "passeio a pé", depois "átrio/galeria/corredor" e, por fim, bem genericamente "escola filosófica", até que se impôs exclusivamente como designação da escola de Aristóteles. Pois da perspectiva dos seus alunos, Aristóteles era o fundador da escola.

A escola floresceu sob a direção de Teofrasto. Só ele teria tido dois mil alunos, sendo também o único a ter atividades em todos os campos da filosofia, legando uma obra que podia se comparar à de Aristóteles em termos de abrangência.

---

[1]. Trata extensamente da recepção o artigo "Wirkung" ["Influência"] (vários autores) in: RAPP, C.; CORCILIUS, K. (ed.), *Aristoteles-Handbuch*, 2011. Importante e informativo continua sendo DÜRING, I., 1954.

Sua realização no campo da botânica é tão pioneira quanto a de Aristóteles na zoologia. Seu escrito *Caracteres* (exposição de 30 tipos de caracteres) se tornou famoso. Teofrasto é subestimado até hoje porque de sua vasta obra – Diógenes Laércio cita 220 títulos de escritos – só uma pequena parte se conservou. Mas essa parte permite divisar os traços básicos de sua filosofia.

Teofrasto era um cético sobretudo no campo da ontologia. Sua *Metafísica* escrita em termos bem sucintos está eivada de questionamentos e aporias referentes sobretudo à fundamentação metafísica do acontecimento natural. Isso atinge especialmente a concepção aristotélica do primeiro motor imóvel e, desse modo, toda a ancoragem teleológica do acontecimento natural. Ele diz: "É preciso tentar encontrar um limite" para o princípio teleológico na natureza (*Metafísica* 11 b 25-27). De mãos dadas com a desconstrução do componente metafísico, efetua-se uma especialização progressiva e uma desintegração de alguns campos da filosofia e da ciência. É certo que Teofrasto escreveu uma *Física* de oito livros (que se perdeu), mas paralelamente é autor também de numerosos escritos específicos sobre os elementos, sobre o fogo, sobre a água, sobre ventos, sobre a cratera siciliana, sobre o ar e os fenômenos celestes e muitas outras coisas, e especialmente uma extensa doxografia com a exposição abrangente das teorias dos filósofos da natureza mais antigos. Algo similar ocorre nos demais campos da filosofia, como no da ética, em que há escritos específicos sobre as virtudes, sobre as paixões, sobre a felicidade, sobre a riqueza, a velhice, a amizade, o prazer, a lisonja, a embriaguez e educação infantil. Temas que em Aristóteles são partes de um contexto maior tornam-se autônomos.

Essa desintegração e concomitante desconstrução do componente metafísico prossegue com o sucessor de Teofrasto na direção do Perípato, ou seja, com Estrato de Lâmpsaco (c. 340-270), a quem mais tarde foi dado o epíteto de "o físico", por ter defendido uma física sem metafísica e simultaneamente acolhido concepções atomistas. Seu sucessor Lícon (c. 300-226), que dirigiu a escola por 44 anos, era dado a um convívio social intenso e ao desfrute despreocupado da vida. Com ele começou o declínio filosófico do Perípato, cujos representantes se dedicavam, em primeira linha, a outros domínios, como biografias de poetas, teoria musical e história da cultura.

É preciso ter em conta que a obra de Aristóteles estava disponível apenas em parte, porque sua biblioteca desapareceu no porão da casa de Neleu em Escépsis (cf. p. 67-68), ainda que alguns exemplares também estivessem circulando em Atenas. Porém, dispunha-se dos diálogos e de outros tratados que não faziam parte do *corpus* dos escritos doutrinários, como o *Protréptico*, que, como exortação para ocupar-se com a filosofia, tornou-se modelo para o *Hortênsio* de Cícero. De resto, por ocasião do sítio de Atenas pelo comandante de tropas romano Sula (86 a.C.), os bosques tanto da Academia quanto do Perípato foram devastados e a madeira das árvores foi usada na construção de máquinas de guerra. No decurso dessa devastação, Sula mandou transportar para Roma, junto com outros tesouros artísticos, também a biblioteca de Aristóteles, onde surgiu então, depois de um longo tempo de preparação, a edição de Andrônico de Rodes (cf. p. 67-68). Nessa ocasião, tornaram-se conhecidos os escritos doutrinários em geral e disponíveis como base para uma discussão séria, ao passo que os diálogos e os demais escritos exotéricos passaram para o segundo plano, sendo lidos, no entanto, até o século V e consultados complementarmente para explicar os escritos pragmáticos.

A recepção de Aristóteles até o limiar da Era Moderna se dá, pois, em três diferentes correntes da tradição, a saber, na tradição grega, na tradição arábica e na tradição latina.

A TRADIÇÃO GREGA

Com a edição de Andrônico a situação mudou completamente. Dispunha-se então do verdadeiro Aristóteles, que logo se tornou objeto de discussões e comentários, sendo que boa parte da discussão ocorreu nos comentários. A maior parte disso se perdeu. O que se conservou foi exemplarmente editado pela Academia de Ciências da Prússia, em Berlim, sob o título *Commentaria in Aristotelem Graeca* [*Comentários gregos sobre Aristóteles*], em 23 volumes ao longo de 15 anos (1882-1907) com a colaboração de onze editores[2]. Esse *corpus* contém os comentários de 13 autores do século II ao século VII. Constitui, portanto, um retrato do aristotelismo cobrindo quase 500 anos. Muitos escritos de Aristóteles são comentados, mas não todos. Em primeiro plano, estão os escritos lógicos, especialmente as *Categorias*. Por aí se pode perceber que a maneira como esses escritos foram agrupados na edição de Andrônico levou a vê-los como a pré-escola lógica para apreender a filosofia como um todo. Mas comenta-se também os escritos em que se pode identificar a "visão de mundo" de Aristóteles, ou seja, a *Física* e a *Metafísica*, bem como os escritos sobre a alma (*Sobre a alma, Parva naturalia*), mais raramente a *Ética a Nicômaco*,

---

2. Alguns comentários foram traduzidos também para o inglês; quadro geral em FLASHAR, H., 2004, 211 s.

nenhuma vez as outras duas *Éticas* e a *Política*. É preciso ressaltar que a maioria dos comentaristas ainda conheciam e também citaram os escritos exotéricos de Aristóteles, ou seja, sobretudo os diálogos. Assim, por meio das citações nos comentários aos escritos doutrinários, foi transmitida uma série de fragmentos de escritos perdidos. Ainda mais importante é que os comentários se situam no horizonte da filosofia do seu tempo[3], acima de tudo, no contexto de um platonismo revigorado, que desemboca na época que começa com Plotino (204-270 d.C.) e que é denominada "neoplatonismo". Dependendo do ponto de vista filosófico do comentarista, Aristóteles é nitidamente separado de Platão ou harmonizado com ele ou ainda vinculado a ele de tal maneira que os escritos lógicos de Aristóteles representam o estágio preliminar dos diálogos de Platão (sobretudo *Fédon, O Banquete* e *Parmênides*), considerados superiores. A Academia também pôde voltar a se institucionalizar como escola, não mais no terreno original, mas na casa de um patrocinador rico defronte da encosta sul da Acrópole, mais ou menos onde hoje está o novo Museu da Acrópole[4]. O Perípato, em contraposição, não mais existia como associação escolar estabelecida. O que havia eram alguns aristotélicos que se entendiam como pertencentes ao Perípato. Deles provêm os primeiros comentários e escritos sobre Aristóteles.

Inicialmente foi feita a delimitação. A obra reconquistada foi sistematizada e delimitada em relação a outras escolas. Assim, ainda antes da atividade dos comentaristas propriamente dita, surgiram exegeses singulares como o *Compêndio da ética aristotélica* de Ário Dídimo (final do século I a.C.) e uma exposição abrangente, de pelo menos 13 volumes, da filosofia de Aristóteles, de autoria de Nicolau de Damasco (c. 64 a.C.-30 d.C.), da qual se conservou apenas um breve excerto em tradução síria.

Nesse contexto se insere também o breve escrito *Sobre o cosmo* (compreendendo sete capítulos), transmitido como sendo de Aristóteles, não contido na edição de Andrônico e inautêntico na opinião unânime da pesquisa[5]. É um tratado escrito no espírito e na linguagem de Aristóteles sobre as esferas do éter e do ar, bem como sobre a região da terra, que culmina em um hino de matiz platônico à divindade cósmica como causa e garante da ordem e da eternidade

---

3. A principal bibliografia sobre a época inicial dos comentários: Moraux, P., v. II, 1984 e v. III, 2001; Gottschalk, 1987. Detalhadamente sobre a atividade dos comentaristas como um todo: Sorabji, 2004.

4. Marino, *Vita Procli* 29, com dados topográficos.

5. Tradução alemã e classificação histórico-filosófica por Strohm, H., in: *Werke*, 12, II: *Über die Welt*, 1970.

do cosmo. Esse escrito logo ficou bastante prestigiado; Apuleio (século II d.C.) traduziu-o para o latim. Da alta Idade Média até boa parte da Era Moderna ele foi considerado como exposição autêntica e válida da cosmologia aristotélica, até que Erasmo de Roterdã pela primeira vez demonstrou a inautenticidade do escrito que hoje é aceita de maneira geral. Porém, ele é um testemunho interessante da primeira fase da recepção de Aristóteles desencadeada pela edição de Andrônico.

Em contrapartida, na primeira metade do século II d.C., certo Ático escreveu uma polêmica contra Aristóteles sob o título *Sobre o antagonismo entre Platão e Aristóteles*[6], na qual ele considerou o pensamento de Aristóteles "baixo e equivocado". Sua ética seria banal e exígua. Aristóteles seria um animal dissimulado e matreiro que, não obstante, jamais teria condições de escalar o rochedo alto sobre o qual Platão está sentado sereno.

Em torno da mesma época surgiram os primeiros comentários propriamente ditos a Aristóteles, em uma primeira fase escritos por aristotélicos, entre os quais Alexandre de Afrodísias, que, sob Marco Aurélio, ocupou uma cátedra de filosofia peripatética criada para ele em Atenas (c. 200 d.C.) e que se destaca muito em termos de nível e confiabilidade – apesar de algumas divergências em relação à teoria de Aristóteles. Sua gigantesca obra de comentarista foi apenas parcialmente preservada; também em obras filosóficas próprias ele recorre de muitas maneiras a Aristóteles.

Logo depois disso, os autores de comentários a Aristóteles passam a ser preponderantemente platônicos. Dali por diante, as discussões com Aristóteles foram travadas pelos platônicos; isso também tem a ver com o fato de que, no século II d.C., a Academia platônica pôde voltar a constituir-se como associação escolar com prédio próprio. A autocompreensão desse "neoplatonismo" toma forma na discussão com a obra de Aristóteles. Plotino, o iniciador desse platonismo, considerou Aristóteles "seu oponente filosófico mais significativo, cujas posições ele examina com seriedade, mas, via de regra, acaba tendo de rejeitar"[7]. Assim, Plotino rejeita o conceito aristotélico de substância e a concepção da alma como enteléquia do corpo e insiste no primado do imaterial, na separação de espírito e corpo no sentido de Platão.

Entretanto, seu aluno Porfírio (c. 234-304 d.C.), o primeiro platônico que escreveu comentários a escritos individuais de Aristóteles, deu início a uma

---

6. O escrito foi preservado apenas parcialmente por meio de citações do bispo Eusébio de Cesareia em *Praeparatio evangelica* 15, 3 ss. Tradução alemã de Olof Gigon, in: GIGON, O., *Aristoteles, Einführungsschriften*, Zürich, 1961, 293-321.

7. OPSOMER, J., in: RAPP, C.; CORCILIUS, K. (ed.), *Aristoteles-Handbuch*, 2011, 411.

harmonização entre Platão e Aristóteles. Sua introdução às *Categorias* aristotélicas ficou famosa e foi amplamente disseminada pela tradução para as línguas latina, siríaca, árabe e armênia. E de fato uma introdução justamente a esse escrito podia ser aproveitada como recurso de interpretação de toda e qualquer filosofia. Porfírio também teria escrito – isso não é atestado com total segurança – uma obra (perdida) em sete volumes para demonstrar *que as teorias de Platão e Aristóteles são uma só.*

Especialmente característico dessa tendência de harmonização entre Platão e Aristóteles é o *Protréptico* do neoplatônico Jâmblico (c. 245-320 d.C.). Esse *Protréptico* é parte integrante de uma obra em dez livros, preservada apenas em parte, sobre as teorias dos pitagóricos. Nele, Jâmblico faz extensos excertos do *Protréptico* de Aristóteles, que ele emoldura com excertos ainda mais extensos de diversos diálogos de Platão, de modo que o conjunto se apresenta como uma exortação coerente e sem contradições para ocupar-se com a filosofia[8]. Por esse tipo de amalgamação de teoria platônica com aristotélica ficaram marcados também comentaristas posteriores de Aristóteles, como Temístio (meados do século IV d.C.) e Simplício (século VI d.C.).

De resto, o fechamento da Academia platônica pelo imperador Justiniano, no ano de 529, não levou a um fim abrupto da atividade dos comentaristas, mas esta se deslocou de Atenas para novos centros, como Constantinopla, Alexandria, Antioquia e, mais tarde, Bagdá. Acresce-se o encontro do pensamento aristotélico com o cristianismo. Esse se deu na escola de Alexandria, na qual cristãos foram iniciados na filosofia platônica e aristotélica. Nesse contexto surgiram os comentários de Asclépio, Filopono, Elias, Olimpiodoro e Estéfano (séculos V-VI d.C.), em parte dependentes entre si, que constroem uma ponte significativa entre a filosofia pagã e a filosofia cristã.

Naturalmente Aristóteles também se instalou em Constantinopla (Bizâncio), e isto, uma vez mais, em conexão com controvérsias em torno da preferência dada a Platão em detrimento de Aristóteles ou vice-versa[9]. Essas discussões foram travadas de maneira especialmente acirrada na Academia de Constantinopla, fundada no século XI. Quem se sobressaiu nela foi Miguel Pselo; seu comentário sobre a *Física* aristotélica foi pioneiro. Comentários e compêndios foram

---

8. Sobre os detalhes cf. FLASHAR, H., Platon und Aristoteles im *Protreptikos* des Jamblichos, *Archiv für Geschichte der Philosophie*, v. 47 (1965) 53-79; reimpressões in: MORAUX, P. (ed.), *Frühschriften des Aristoteles*, Darmstadt, 1975, 247-269 e in: FLASHAR, H., *Eidola*, Amsterdam, 1989, 297-323.

9. Sobre os detalhes cf. OEHLER, K., 1964, 133-146; cf. ainda: BENAKIS, 1961 e 1962.

surgindo até o século XIV. Manuscritos foram colecionados e copiados até a conquista da cidade no ano de 1453 pelos otomanos. Essa corrente da tradição é tão importante porque, ao fugirem, os eruditos bizantinos levaram com eles até o norte da Itália numerosos manuscritos de muitos autores gregos, que, depois disso, sendo copiados mediante a arte de imprimir livros, que logo seria inaugurada, constituíram as bases para as nossas edições.

A TRADIÇÃO ÁRABE

Ao lado dos comentários, aparecem as traduções. O que denominamos de "Oriente Próximo" era – ao menos para o estrato superior – um território cultural grego. No entanto, logo se fez necessário produzir traduções para as línguas nativas. Assim, surgiram traduções de escritos aristotélicos para o siríaco, hebraico, armênio e sobretudo para o árabe. A tradição arábica se reveste de grande importância para a história da recepção de Aristóteles. Quando conquistaram o Egito e a Síria por volta de meados do século VII, os árabes não eliminaram a cultura grega que encontraram ali, mas a assimilaram por meio de traduções. Com o tempo foram traduzidos todos os escritos de Aristóteles (exceto a *Política*), em parte pela via do siríaco como fonte intermediária, como também as obras centrais da ciência grega (Hipócrates, Galeno, Euclides, Ptolomeu)[10]. O interesse por Aristóteles havia surgido porque se via sua obra como a suma do pensamento grego – não sem razão. Aristóteles ofereceu um quadro dentro do qual podiam ser inseridas também as disputas filosóficas daquela época. Assim, não foi por acaso que as primeiras obras a serem traduzidas foram os *Tópicos* e a *Física*; *Tópicos* prometia conter auxílios argumentativos para as próprias controvérsias teológicas, a *Física* proporcionou a cosmovisão de que se apropriaram. O ponto alto da atividade dos tradutores foi o trabalho de Hunain ibn Ishaq (no Ocidente chamado de Joanício), que, como diretor de uma Academia de tradutores instalada oficialmente em Bagdá no ano de 830, revisou traduções mais antigas, acrescentou novas e rastreou incansavelmente manuscritos gregos das obras de Aristóteles como base para a tradução.

---

10. Dentre a profusão de bibliografia sejam destacados, com vistas a Aristóteles, Peters, 1968; Gutas, 1998. Sobre o valor da tradição árabe para a constituição do texto cf. Schmidt, E. A.; Uhlmann, M., 2012 (sobre duas traduções da *Ética a Nicômaco*) e Uhlmann, 2011 e 2012. Fundamental é agora Rudolph, U., *Philosophie in der islamischen Welt*, v. I, Basel, 2012 (Überweg).

O primeiro aristotélico árabe foi Ishaq al-Kindi (800-873), que, em seu escrito *Sobre a filosofia primeira*, formulou uma filosofia como ascensão gradual [*Stufengang*], que se orientou fortemente em Aristóteles. Uma geração mais tarde Al-Farabi (c. 870-950), no seu *Livro das letras*, esboçou uma evolução da filosofia entre os gregos que culmina em sua sistematização como ciência por Aristóteles, cuja filosofia ele tratou em um escrito próprio e associou a concepções neoplatônicas. Um personagem bem próprio é o médico e filósofo persa Avicena (Ibn Sina, 980-1037), que não atuou em Bagdá, mas, após uma vida inconstante, em Isfahã (no Irã), onde ele também exerceu a prática médica. Seus volumosos comentários a Aristóteles tiveram forte influência por meio de suas traduções para o latim. Avicena havia tentado coadunar a teoria aristotélica da eternidade do mundo com a ideia da criação presente no Corão. Ao fazer isso, ele levantou um problema que se tornaria importante para o significado de Aristóteles na Idade Média e no início da Era Moderna.

No centro estava a atividade de tradução. As traduções árabes são valiosas até hoje porque remontam, em sua maioria, a manuscritos gregos mais antigos do que os códices que foram preservados e assim podem contribuir para a constituição do texto grego. Com a tradução de quase todos os escritos de Aristóteles o ponto alto das atividades na erudita Academia de Tradutores de Bagdá já havia sido ultrapassado, quando, no ano de 1055, Bagdá foi conquistada pelos seljúcidas turcos. Com isso, findou a época do renascimento intraislâmico de Aristóteles.

Os eruditos islâmicos foram para o Ocidente, em parte para a Sicília – a ilha já era ocupada por árabes desde o século IX –, a maior parte deles para a cidade de Córdoba, no sul da Espanha, que após uma história cheia de reviravoltas se tornara um califado. Naquela época, Córdoba, com seu meio milhão de habitantes, era uma das maiores cidades do mundo, onde cristãos, judeus e islamitas conviviam pacificamente. Ali os imigrantes fundaram uma biblioteca contendo cerca de 400.000 rolos de livros, entre os quais as traduções árabes de Aristóteles. Dentre os numerosos eruditos árabes que atuaram em Córdoba deve ser mencionado um que desponta dentre todos: o matemático, astrônomo e também filósofo Averróis (Ibn Rushd, 1126-1198). Esse homem impressionante nasceu e cresceu em Córdoba; ele estudou ali, mas não aprendeu grego e, não obstante, escreveu os comentários mais fidedignos a Aristóteles tendo como base as traduções árabes. Isso tem a ver com o fato de que ele não introduziu em Aristóteles nem ideias neoplatônicas nem elementos do Corão e tampouco tentou fazer uma síntese entre eles. Muito antes, Averróis quis livrar Aristóteles dessas deformações e, mediante análise crítica, apresentar os textos da forma menos alterada possível. O conteúdo do Corão era para ele, em contrapartida, uma forma alegórica da verdade, cuja forma pura só poderia ser encontrada mediante a filosofia. Essa postura científica em relação aos textos, aliada a uma adesão incondicional às ideias de Aristóteles, levou às seguintes teses conformes com a filosofia aristotélica: à da eternidade do cosmo e também à da mortalidade da alma humana individual. Indo além de Aristóteles, contudo, formulou a tese da alma racional comum a todos os seres humanos. Os comentários e escritos de Averróis logo foram traduzidos para o latim, não sem provocar veemente objeção por parte da Igreja. Não obstante, Averróis exerceu uma influência extraordinariamente forte durante séculos na forma de suas traduções latinas.

Em conexão com a tradição arábica surgiram alguns escritos que foram atribuídos a Aristóteles e por muito tempo foram tidos como aristotélicos. Entre eles encontra-se o *Livro das causas* (*Liber de causis*), que existe numa versão árabe, traduzida para o latim no século XI, aceito por Alberto Magno como autêntico entre os escritos de Aristóteles, remontando, na realidade, a um escrito do neoplatônico Proclo (412-485 d.C.). O escrito trata do ser eterno e da inteligência como realização da alma. Muito lido foi o *Livro da maçã* (*Liber de pomo*), um diálogo, cuja forma é inspirada na cena final do *Fédon* de Platão. Aristóteles encontra-se no leito de morte, segurando uma maçã como símbolo de vida, e com suas últimas energias fala das transformações da vida e louva uma vida consagrada à pesquisa e, desse modo, à teoria. O escrito estava difundido por volta do final do século X em uma versão árabe (perdida), que foi traduzida para o hebraico e, por fim, sob o rei Manfredo da Sicília, pouco depois de 1250, para o latim. Ela foi muito lida e, em edições antigas, anteposta à obra de Aristóteles. Bastante intrincados são os caminhos percorridos por um escrito relativamente breve (15 páginas na edição de Bekker) atribuído a Aristóteles e intitulado *Sobre plantas*. O texto grego contido na edição das obras de Aristóteles de Bekker induz a erro. Trata-se de uma retradução a partir de uma tradução latina de Alfredo de Sareshel (final do século XII), que, por sua vez, remonta a um texto árabe (ainda desconhecido no século XIX), que representa uma tradução feita por Hunain ibn Ishaq de uma versão siríaca, que, enfim, baseou-se no texto grego. Não se trata, porém, de um escrito de Aristóteles, mas de Nicolau de Damasco, que recorreu a material da primeira fase do Perípato[11].

---

11. Edição exemplar de todas as versões com aclaração das relações de dependência feita por DROSSAART LULOFS, H. J., 1989.

A TRADIÇÃO LATINA

A recepção de Aristóteles em roupagem latina começou a andar só muito claudicantemente. Cícero não presenciou a edição de Andrônico, Sêneca era fortemente marcado pela filosofia estoica e, depois dele, o platonismo foi a potência filosófica dominante. Acresce-se que o cidadão culto do *Imperium romanum* também podia ler as obras de Aristóteles no original. Um gramático e rétor do século IV, Mário Vitorino, nada menos que o professor de Agostinho, foi o primeiro a traduzir para o latim as *Categorias* e o *Sobre a interpretação*, ou seja, escritos do assim chamado *Órganon*. Mas também para o próprio Agostinho, ao voltar-se para o cristianismo, era mais importante discutir com Platão do que com Aristóteles.

Uma recepção efetiva de Aristóteles observar-se, então, primeiramente em Boécio (480-524), embora mais em termos de intenção do que em termos de concretização. Boécio quis incorporar o conjunto das obras de Platão e de Aristóteles na cultura romana por meio de traduções e comentários[12]. Ele defendeu a posição corrente no neoplatonismo, a saber, de coadunar Platão e Aristóteles harmonicamente. Porém, seu plano só chegou a ser executado de modo bastante incompleto, pois ele só traduziu o *Órganon* (sem os *Analíticos posteriores*), do qual só se tornaram conhecidas mesmo as traduções das *Categorias* e do *Sobre a interpretação*[13]. Essa limitação tem razões políticas, pois Boécio era muito ativo na política; no ano de 510, foi investido do consulado (sem contar com o colega, de resto habitual, nesse cargo duplo). Em meio às tensões entre Teodorico, o rei dos godos que governava a partir de Ravena, e as aspirações de restauração do *Imperium* em Roma, recaiu sobre ele a suspeita de conspiração contra Teodorico; ele foi encarcerado e executado com apenas 44 anos. Na cela da prisão, Boécio escreveu seu livro mais influente *Consolatio philosophiae* [*Consolação da filosofia*], no qual ele também processou motivos e passagens do *Protréptico* de Aristóteles. Tratou-se, nesse caso, de algo bem diferente: um diálogo em que a *Philosophia* em pessoa entra em cena como personagem para oferecer consolação. Se Boécio tivesse podido concretizar sua intenção de traduzir todos os escritos de Aristóteles, a tradição siríaco-árabe e também a tradição bizantina teria tido

---

12. Sobre a vida e atuação de Boécio cf. a coletânea de FUHRMANN, M.; GRUBER, J. (ed.), *Boethius*, Darmstadt, 1984.

13. Analogamente aos *Commentaria in Aristotelem Graeca*, existe desde 1939 o *Aristoteles Latinus* (depois: *Corpus Philosophorum Medii Aevi*). Foram publicados até agora 19 volumes, começando com as traduções de Boécio.

uma importância bem menor na penetração de Aristóteles no mundo da Idade Média europeia. Assim, sua influência se limitou às traduções das *Categorias, do Sobre a interpretação* e da *Isagoge* [*Introdução*] de Porfírio (cf. p. 384-385), que estavam disponíveis como conjunto sob o título *Logica vetus* ["Lógica antiga"].

No período seguinte até aproximadamente metade do século XIV, surgiram traduções sempre novas, comentários, sínteses e sistematizações em rápida sequência. Um papel destacado nesse processo desempenhou o mosteiro de Monte Saint-Michel, na Normandia[14], onde já no século X tiveram início as traduções dos escritos gregos de Aristóteles para o latim e onde sobretudo Jacó de Veneza se tornou o tradutor mais importante a partir de 1127, mais ou menos no mesmo período dos tradutores árabes em Córdoba, só que na tradução para o latim sem usar o desvio pelo árabe.

Aristóteles se tornou o filósofo por excelência, mas não deixou de ser controverso. Principalmente a Igreja desferiu ataques incisivos contra Aristóteles, porque algumas de suas teorias pareciam não se coadunar com seus dogmas. Isso diz respeito sobretudo ao conceito de Deus no sentido de um motor imóvel, que não interfere no acontecimento do mundo, o que vai de encontro à ideia da criação, e, em segundo lugar, a negação da mortalidade da alma individual, incompatível com as concepções eclesiais. No fundo, os aristotélicos árabes já haviam se defrontado com o mesmo problema tendo em vista o Corão; esse problema se repetiu naquela época no ambiente cristão. Assim, no período entre 1150 e 1250, houve proibição ora de toda a obra de Aristóteles, ora das partes de sua obra que contradiziam os enunciados de fé cristãos. Eruditos foram excomungados, escritos aristotélicos foram queimados[15]. Fez-se necessário um processo de reorientação e também de reinterpretação, que se estendeu por um longo período de tempo, para compatibilizar as teorias de Aristóteles com as doutrinas da Igreja. Tanto na adaptação quanto na contradição Aristóteles evidenciou-se como a figura central, ao qual se referiram todas as discussões dos eruditos. Representando muitos nomes, seja nomeado aqui apenas o vulto excepcional de Guilherme de Moerbeke (c. 1215-1286), que como monge dominicano e mais tarde bispo de Corinto – na Diáspora, portanto – revisou traduções existentes e como um dos poucos conhecedores da língua grega produziu traduções próprias confiáveis. Obviamente também os dois grandes filósofos Alberto Magno (1193-1280) e seu aluno Tomás de Aquino (1224-1274) ocuparam-se a sua maneira

---

14. Cf. sobre isso GOUGUENHEIM, 2011.
15. Uma lista de medidas desse tipo encontra-se em DÜRING, I., 1954, reimpressão: 1968, 300.

com Aristóteles, ambos, no entanto, sem ter conhecimento abalizado do grego. Ambos eram dominicanos; Alberto estudou em Paris e cooperou com a fundação de uma Universidade para membros da ordem em Colônia. Nesse contexto, ele redigiu paráfrases de todos os escritos de Aristóteles, tendo por base as traduções latinas confiáveis de Moerbeke. Alberto não deixou nenhum sistema filosófico, mas defendeu metodologicamente o princípio da separação de fé e ciência, no qual a razão tem seu direito natural. Com isso, encaminha-se uma nova relação entre a Igreja e Aristóteles, que passa a ser aceito não só pelo *Órganon* como pré-escola do pensamento, mas em toda a sua amplitude e todos os seus escritos. A reconciliação total e amalgamação ampla da filosofia aristotélica com o pensamento cristão é obra de Tomás de Aquino, que também escreveu comentários a Aristóteles e, em diversos escritos (*De ente et essentia, Summa theologiae, De veritate* etc.), baseia-se explicitamente em Aristóteles. Tomás incluiu também os escritos ético-políticos de Aristóteles, pronunciou-se sobre lei e direito, e também sobre a escravidão, que ele explica como consequência da queda em pecado. Até mesmo a teoria aristotélica de Deus é integrada, sendo aceita no sentido de uma analogia (*analogia entis*) anteposta à teologia da revelação. A *interpretatio christiana* ["interpretação cristã"] chega em Tomás à sua realização plena. Houve uma virada de página. Enquanto originalmente Aristóteles era posto sob suspeição pela Igreja – com exceção dos escritos lógicos –, dali por diante passaram a cair em desagrado aqueles que procuravam abalar a cosmovisão de Aristóteles; Galileu é o exemplo mais proeminente disso (cf. p. 316-320).

Em vista de tudo isso, é preciso ponderar que Aristóteles não foi transmitido só na vida tranquila dos mosteiros, mas sobretudo na esfera pública das escolas episcopais e das universidades medievais. Por volta de 1000 d.C. foi fundada a Escola de Chartres, que, com o passar do tempo, foi dotada de uma excelente biblioteca e, ao lado da Faculdade de Artes de Paris, tornou-se um centro de estudos aristotélicos. Tanto aqui quanto nas Faculdades de Artes, instituídas como pré-escola para a formação de teólogos, juristas e médicos, foram ensinadas as "sete artes liberais" (*septem artes liberales*: gramática, retórica, dialética, astronomia, aritmética, geometria, música), cuja primeira parte consistia no *trivium*: gramática, retórica, dialética. Nestas, Aristóteles – ao lado de Cícero e Porfírio – estava sempre presente com as *Categorias* e o *Sobre a interpretação*, mas também depois quando, no decorrer do século XIII, foram adicionadas ao plano de ensino a ciência natural, a ética e a metafísica[16]. Principalmente na Faculdade

---

16. Cf. KULLMANN, W., *Aristoteles und die moderne Wissenschaft*, Stuttgart, 1998, 21-23.

de Artes de Paris houve controvérsias renhidas em torno de Aristóteles, que em determinadas fases levaram à proibição de preleções sobre a *naturalis philosophia* ["filosofia natural"] de Aristóteles.

Essa controvérsia viva com a obra de Aristóteles, conduzida à luz da esfera pública, atingiu o seu ápice com a síntese de Aristóteles e dogmas eclesiásticos, levada a termo pela *interpretatio christiana* de Tomás de Aquino. Uma expressão entusiástica do reconhecimento e também da veneração de Aristóteles foi produzida, no final dessa época do aristotelismo vivo, por Dante (1265-1321), que o formulou da seguinte maneira em sua *Divina commedia* por ocasião do encontro com Aristóteles no *Inferno* (IV, 131 s.) (reproduzido aqui em tradução): "Vi lá o mestre daqueles que sabem (*vidi 'l maestro di color che sanno*), rodeado por um círculo de filósofos, admirado e venerado por todos". Dante sabia do que estava falando. Em sua obra, encontram-se mais de 300 citações de Aristóteles.

Depois disso, o aristotelismo escolástico ficou paralisado nas vias costumeiras, para voltar a ser objeto de discussões animadas só na Renascença com a invenção da arte de impressão de livros e suas primeiras edições.

A ERA MODERNA

Na época que se encontra no limiar da Era Moderna e que foi contemplada com o conceito ambíguo de "Renascença", modificam-se de maneira fundamental as formas e os conteúdos da recepção de Aristóteles. Diversos fatores confluem. A conquista de Constantinopla pelos turcos no ano de 1453 levou a uma emigração de eruditos gregos levando importantes manuscritos sobretudo para o norte da Itália, especialmente para Veneza, onde então também – graças à arte da impressão de livros, que entrementes fora inventada e já passara por décadas de refinamento para além dos primeiros incunábulos por obra do erudito (*grammaticus*) e ao mesmo tempo também "empresário" Aldo Manúcio – surgiu a primeira edição completa impressa (*editio princeps*) em 1495-1498 (cf. p. 69). Seguiram-se outras edições e edições parciais, de modo que a ocupação crítica com Aristóteles não precisava mais orientar-se em traduções latinas e comentários escolásticos, mas no próprio texto grego, até porque em toda parte aumentava o conhecimento do grego. Além disso, os eruditos que se ocupavam com os textos recuperados não atuavam mais só em mosteiros e escolas monásticas, mas nas recém-fundadas universidades, em academias – de meados do século XV até o final do século XVI surgiram na Europa em torno de 400 academias das mais diferentes orientações –, em cortes reais, ou se tratava de eruditos privados que pesquisavam sobre Aristóteles e eram sustentados por mecenas.

Acresce-se a isso que Aristóteles deixou de ser o único no centro dos interesses. O humanismo da Renascença se apoiou em uma base muito mais ampla de textos antigos, entre os quais Cícero teve um papel considerável, mas especialmente Platão. A valorização de Platão e a simultânea preterição de Aristóteles começou já com Petrarca (1304-1374), para quem Platão era pura e simplesmente o "divino filósofo" (*divinus philosophus*)[17]. Petrarca possuía vários códices de Platão, que ele, todavia, não conseguia ler por não dominar o grego. Ele se orientou em traduções latinas, que lhe transmitiram uma noção suficiente da força da filosofia platônica, com o auxílio da qual ele pretendia se livrar da paralisia da escolástica.

Mas a figura propriamente central da recepção de Platão na Renascença foi Marsílio Ficino (1433-1499), que editou, comentou e traduziu, em parte até para o italiano, os diálogos de Platão. Ficino fundou em 1490 para si e seus amigos uma *Accademia Platonica* como lugar da livre troca de ideias, do filosofar vivo e ativo, reprisando o diálogo platônico, que foi reconsiderado também como forma literária. Cresceu o entusiasmo pelo *Eros* platônico como símbolo da busca permanente por uma verdade situada no além. Aristóteles não foi rejeitado por inteiro, mas localizado abaixo de Platão, como um sistemático ao qual competiam as regiões da imanência. Pouco depois da morte de Ficino, o afresco *A escola de Atenas* (1510) de Rafael mostra os dois filósofos lado a lado, Platão segurando o *Timeu* – com cujo mito da criação do mundo Aristóteles seguidamente se ocupou criticamente – com a mão esquerda, a mão direita estendida e apontando para o céu, enquanto Aristóteles segura na mão esquerda a *Ética a Nicômaco* comprometida com a vida prática intramundana. De modo correspondente, a mão direita aponta horizontalmente para o mundo em que vivemos. Pelo visto, em sua caracterização dos dois filósofos, Goethe tinha diante dos olhos a pintura de Rafael, quando diz na *Geschichte der farbenlehre* [*História da teoria das cores*]: "Ele (Platão) se move para o alto, no anseio de voltar a participar da sua origem. [...] Aristóteles, em contraposição, defronta-se com o mundo como um homem, do tipo construtor. Já que está aqui, é aqui que ele deve atuar e fazer".

No afresco de Rafael também se pode ver que o interesse por Aristóteles deixou de se concentrar unicamente nos escritos lógicos e na *Física*, mas

---

17. Sobre os detalhes cf. Zintzen, C., Petrarcas Platonismus, in: Zintzen, C., *Ausgewählte kleine Schriften*, Hildesheim, 2000, 357-376.

incluiu também toda a filosofia prática, bem como a *Retórica* e a *Poética*. Precisamente a *Poética* despertou interesse especial, porque a arte, o livre discurso e a poesia contribuíam com o processo de emancipação dos laços tradicionais. Também nesse quesito Aristóteles foi sobrelevado por Platão. A teoria platônica da inspiração divina do poeta (ἐνθουσιασμός [*enthusiasmós*]) como artista inspirado foi implantada na teoria aristotélica da poesia. A *Poética* de Marco Girolamo Vida (1520) é o primeiro exemplo de uma série de poéticas da Renascença, que a seu modo dão testemunho da autoconsciência daquela época. Junto com ela, também a *Ética a Nicômaco* é muito considerada. Um manuscrito luxuoso, surgido por volta de 1500, cuja feitura fora encomendada pelo duque de Atri, pode servir de exemplo para o contexto em que a *Ética* era lida naquela época. O manuscrito contém maravilhosas ilustrações coloridas da alegoria da alma, da razão, de virtudes singulares, mas também de alegorias míticas que nem ocorrem em Aristóteles, como Dédalo e Ícaro, alguns deuses como Hércules e Poseidon[18].

Mais ou menos na mesma época tomam forma os rudimentos de uma nova física mensuradora e experimental, que no início se entendeu como física da Terra e dos corpos celestes e, começando com Copérnico (1473-1543), passando por Kepler (1571-1630) e chegando a Galileu (1564-1642), foi capaz de abalar a cosmovisão geocêntrica, à qual a Igreja continuava se aferrando mediante recurso a Aristóteles (cf. p. 316-320). De modo correspondente, o juízo sobre Aristóteles no protestantismo em ascensão é discrepante. Assim, em seu escrito *An den christlichen adel deutscher nation* [*À nobreza cristã da nação alemã*], de 1519, Martinho Lutero (1483-1546) recomendou que, para que houvesse Reforma, os escritos metafísicos e físicos de Aristóteles "seriam totalmente descartados", enquanto se mostrava favorável à manutenção dos escritos lógicos, retóricos e poetológicos no ensino acadêmico[19]. Porém, também no próprio campo da física, havia vozes entre os críticos da cosmovisão aristotélica defendendo que Aristóteles não deveria ser medido por resultados errados condicionados pela época, mas pelo espírito investigativo. O próprio Galileu se manifestou nesses termos e mais de um século depois, quando as conquistas da nova física há muito já estavam consolidadas, Leibniz formulou o seguinte em cartas ao seu professor Jakob Thomasius, datadas entre 1668 e 1670:

---

18. Cf. MAZEL, O., *Der Aristoteles des Herzogs von Atri*, Graz, 1988.

19. LUTERO, in: *Werke*, Weimar, 1888, v. 6, 404-469, aqui 457. Apud RICKLIN, T., in: RAPP, C.; CORCILIUS, K. (ed.), *Aristoteles-Handbuch*, 2011, 440. Cf. sobre isso KOHLS, E. W., Luthers Verhältnis zu Aristoteles, Thomas und Erasmus, *Theologische Zeitschrift*, v. 31 (1975) 289-301.

Essa filosofia [isto é, a nova filosofia formatada de acordo com as leis do espírito humano] não representará uma ruptura com Aristóteles. Pois muitos pesquisadores [...] já mostraram que Aristóteles foi obscurecido pelas cortinas de fumaça da escolástica e que o autêntico Aristóteles concorda de uma maneira sumamente notável com Galileu, Bacon, Gassendi, Hobbes, Cartesius [Descartes] e Bigby. [...] O que Aristóteles diz sobre forma, matéria, privação, natureza, lugar, infinito, tempo e movimento, é em parte a pura verdade. [...] Aristóteles está aí como um pensador genial, que na maioria dos casos ainda tem razão, embora já tenhamos avançado[20].

A influência subsequente exercida pela obra aristotélica é multifacetada, intrincada e desdobra-se separadamente nos diversos campos temáticos. Autores de poéticas não estão interessados na metafísica e vice-versa. Por conseguinte, neste livro, as etapas da recepção foram delineadas no final de cada capítulo. Isso não será repetido nem aprofundado aqui.

Resta registrar que, depois dos grandes sistemas do idealismo alemão – dos quais Hegel é o que se encontra relativamente mais próximo da filosofia aristotélica –, com a edição fundamental de Immanuel Bekker (1831), que Hegel (1770-1831) presenciou, ainda que por pouco tempo, Aristóteles se tornou uma grandeza histórica e cada vez mais objeto de pesquisa de uma moderna ciência da Antiguidade clássica, que praticou desde a crítica textual até a interpretação. Nesse contexto, muitas vezes filologia e filosofia se imbricam numa mesma pessoa. Estudiosos como Christian August Brandis (1790-1867), Friedrich Adolf Trendelenburg (1802-1872), Eduard Zeller (1814-1905) e outros reúnem a competência filológica com a filosófica ou a histórico-filosófica. No caso de Brandis e Zeller, a exposição de Aristóteles está inserida em grandes obras sobre a história da filosofia, enquanto Trendelenburg reeditou o escrito *Sobre a alma* e escreveu uma *Geschichte der Kategorienlehre* [*História da teoria das categorias*] (1846). Seu amigo mais jovem Franz Clemens Brentano (1838-1917) deu prosseguimento aos trabalhos nas duas áreas por meio dos seus escritos *Von der mannigfachen Bedeutung des Seienden nach Aristoteles* [*Do significado multifacetado do (exist)ente segundo Aristóteles*] (1862) e *Die Psychologie des Aristoteles, insbesondere seine Lehre vom nous poieticus nebst einer Beilage über das Wirken des Aristotelischen Gottes* [*A psicologia de Aristóteles, especialmente sua teoria do nous poieticus com um adendo sobre a atuação do*

---

20. In: LEIBNIZ, *Sämtliche Schriften und Briefe*, editado pela Preußische Akademie der Wissenschaften, v. II 1, Berlin, 1926, 10 ss. Citado também por DÜRING, I., 1954 (na reimpressão de 1958, 312).

Deus aristotélico] (1867), que, em seguida, aparece acomodada dentro de uma *Psychologie vom empirischen Standpunkte* [*Psicologia do ponto de vista empírico*] (1874). Esses estudos individuais sobre Aristóteles acabam desembocando no livro *Aristoteles und seine Weltanschauung* [*Aristóteles e sua visão de mundo*] (1911). Nesses poucos exemplos, deparamo-nos, em toda uma série de trabalhos de estilo e nível similares, com uma compenetração de filologia e filosofia, na qual a obra aristotélica é encarada como sistema, sustentado por uma "visão de mundo". O sistema como suma de princípios ordenadores visava conferir suporte e unidade às ciências singulares que estavam se autonomizando. A "visão de mundo" que impregnava todos os campos parciais deveria oferecer resistência à desespiritualização [*Entseelung*] e mecanização das ciências, incluindo da jurisprudência, que despontavam na esteira da industrialização.

Somente diante desse pano de fundo pode-se identificar a intenção do livro sobre Aristóteles de Werner Jaeger (1923) que representou um marco na sua época. Jaeger queria acabar com a noção escolástica recorrente de um sistema fechado, entendendo os assim chamados "escritos pragmáticos" como "escritos didáticos", que se originaram da atividade escolar vivenciada na Academia e no Perípato e, nessa linha, representam diversos estágios do pensamento e da exposição de Aristóteles. A palavra mágica é "desenvolvimento", sobre o qual – com relação a Aristóteles – "em todo caso, quase ninguém sabe algo" (JAEGER, 2). Nesse tocante, naturalmente está claro que um pensador como Aristóteles se desenvolve. Com seu ingresso na Academia, ele esteve exposto aos temas e problemas postos por Platão e seus alunos, com os quais ele teve de se ocupar criticamente. Igualmente evidente é o distanciamento progressivo em relação às posições platônicas, o acolhimento e processamento de novos estímulos sobretudo no campo da ciência natural até estabelecer o plano de descrever cientificamente todos os fenômenos da natureza. Porém, em Jaeger a ideia do desenvolvimento aparece enfaticamente sobrelevada e tematicamente extrapolada. Um exemplo:

> À vivência do mundo de Platão, quando este mundo abriu caminho em si mesmo na direção de si mesmo, ele (Aristóteles) deve o retesamento notavelmente incrementado do arco do intelecto, cuja elástica força de aceleração, não obstante a disparidade específica entre a sua genialidade limitada e a genialidade sem limites de Platão, alça o seu pensamento a um patamar mais avançado, e, a partir daquele momento, descer dele seria o mesmo que girar a roda da *Anánke* para trás (JAEGER, 9).

Concretamente é problemática a reconstrução de uma "ética originária" e uma "metafísica originária" aliada à hipótese de um distanciamento linearmente progressivo de Platão no decorrer da sua vida, porque os diálogos supostos para um primeiro estágio do desenvolvimento se perderam e, no caso dos escritos didáticos, que só muito raramente oferecem possibilidades de datação, deve-se contar, dependendo da aplicação, com adendos e complementos, o que levou a hipótese de camadas mais antigas e mais recentes dentro da mesma obra. Sucedendo Jaeger, gerações de filólogos se ocuparam com isso, obtendo êxito limitado, que, contudo, nem sempre foi proporcional ao esforço investido, e correndo o risco de perder de vista a continuidade da causa em questão.

Quase concomitantemente com o livro influente de Jaeger, Martin Heidegger (1889-1976) proferiu sua primeira preleção em Marburgo (semestre de inverno de 1923-1924) sobre a retórica de Aristóteles e, então, a partir da própria obra fundamental *Ser e tempo* (1927), seguidamente se ocupou criticamente com Aristóteles; por muito tempo, esses fatos não foram notados pela filologia (e vice-versa). No entanto, na atualidade é possível perceber novamente uma convivência fecunda de filólogos e filósofos, especialmente historiadores da filosofia, no esforço em torno de Aristóteles. Isso decerto também está relacionado com o fato de que, a partir da metade do século XX, Aristóteles voltou a ser atual nos mais diferentes campos, como na reabilitação da filosofia prática por Joachim Ritter e sua escola de Münster, na reobtenção de uma retórica orientada em Aristóteles, na atualidade da sua teoria da poesia, nas influências aristotélicas sobre a lógica matemática e até no campo da zoologia, onde recentemente se mostram convergências entre aspectos parciais da teoria aristotélica e descobertas modernas sobretudo nos campos da embriologia e da genética. Os detalhes a respeito foram esboçados no final de cada capítulo correspondente deste livro.

A profusão e vitalidade da pesquisa em curso sobre Aristóteles mostra que ele continua atual. Sua atualidade não se manifesta em primeira linha na aceitação de teorias singulares, mas na fecundidade das formulações de problemas e nos modelos de solução desses problemas. Ela se evidencia acima de tudo no fato de que até hoje nosso pensamento é marcado pelos conceitos de Aristóteles no sentido de conceitos de classificação científicos. Isso diz respeito à subdivisão das ciências em ramos teóricos, práticos e poiéticos, bem como a conceitos básicos como categoria, geral – concreto, substância, matéria, tempo, espaço, princípio, essência, potencialidade – atualidade, gênero, premissa, prova, hipótese, política, constituição, cidadão, para citar apenas alguns exemplos[21]. Nesse tocante, não se trata do conceito singular – a maioria deles nem foi inventada

---

21. Cf. KULLMANN, W., *Aristoteles und die moderne Wissenschaft*, Stuttgart, 1998, 21-34.

por Aristóteles –, mas da conceituação como uma trama do pensamento que ademais ainda determina nossa relação com o mundo. Em vista de modelos de explicação do mundo de culturas bem diferentes, isso não é óbvio, mas algo cresceu historicamente em um longo processo de apropriação.

Desde sua primeira recepção, Aristóteles esteve e está em concorrência com Platão. Físicos como Werner Heisenberg e Carl Friedrich von Weizsäcker preferem vincular a razão filosófica original de suas pesquisas a Platão e não a Aristóteles (cf. p. 288). Certamente Platão acolheu seletivamente os conhecimentos científicos do seu tempo e os integrou na sua filosofia, não como ciência rigorosa, mas como "quadro panorâmico do mundo"[22], que adquire sua relevância somente por sua fundamentação nas estruturas matemáticas. Na Academia, Platão também fomentou as ciências particulares nos mais diversos campos. Mas Aristóteles foi o primeiro que as estabeleceu em seu conjunto como ciências com ancoragem sistemática. A proximidade de sua obra com a ciência preserva-a também de reinterpretações irracionais – a deformação eclesiástico-escolástica é coisa do passado. Os diálogos de Platão, nos quais a ficção dos enunciados reiteradamente topa com coisas indizíveis, correm até o presente o risco de uma sobrelevação apartada da ciência, quase religiosa, como mostra, em tempos recentes, o exemplo do círculo de George[23]. A obra de Aristóteles, em contrapartida, é resultado do senso comum, conjugado com o *êthos* do pesquisador sério.

---

22. Assim GÖRGEMANNS, H., Biologie bei Platon, in: WÖHRLE, G. (ed.), *Biologie*, Stuttgart, 1999, 74-88, aqui 76.

23. Cf. RAULFF, U., *Kreis ohne Meister. Stefan Georges Nachleben*, München, 2009 com exposição detalhada da importância de Platão para o círculo de George. A palavra "Aristóteles" não ocorre nesse livro.

APÊNDICE

SOBRE AS NOTAS

Referências bibliográficas apenas com o nome do autor e o ano da publicação referem-se à lista de referências do respectivo capítulo. Referências bibliográficas com título abreviado referem-se a outros capítulos da lista de referências, na maioria dos casos sob a rubrica "Temas gerais". As referências completas nas notas não constam da lista de referências, visto que aparecem apenas uma vez e dizem respeito a aspectos singulares.

REFERÊNCIAS BIBLIOGRÁFICAS

Não é possível apresentar aqui uma lista bibliográfica exaustiva; isso extrapolaria as dimensões deste livro. Quanto à bibliografia até 2004, remeto às indicações detalhadas na minha exposição sobre Aristóteles em: *Grundriss der geschichte der philosophie. Die philosophie der antike* [Compêndio de história da filosofia. A filosofia da Antiguidade]. v. 3. Basel: ²2004. Aqui bastam algumas indicações.

A edição completa ainda exemplar é a de Immanuel Bekker, publicada em Berlim entre 1831-1870, que usamos como base de nossas citações. Os fragmentos são citados com base na obra de Valentin Rose, *Aristotelis qui ferebantur librorum fragmenta*, publicada em Leipzig, no ano de 1886 e com reimpressão em 1967 (referido como: R³). A nova elaboração do volume III da edição de Bekker (fragmentos) por Olof Gigon (1987) não logrou substituir totalmente a edição de fácil manuseio de Rose.

A única tradução alemã completa é a de Paul Gohlke em 16 volumes (1952-1972), uma realização individual que merece respeito, mas que não se impôs inteiramente na pesquisa de Aristóteles por não estar sempre isenta de erros. Confiáveis são, sem exceção, os volumes até agora publicados por: Ernst Grumach (1956-1967), Hellmut Flashar (1967-2008) e Christof Rapp (desde 2009), *Aristoteles. Werke in deutscher übersetzung* [*Aristóteles. Obras em tradução alemã*], cada qual com comentários detalhados (Berlim, 1956 ss.). Eles são citados abreviadamente como: *Werke*. Uma tradução (de diversos autores) de todos os escritos para o inglês encontra-se em: *The complete works of Aristotle*.

The revised Oxford translation [*As obras completas de Aristóteles. Tradução revisada de Oxford*], editada por Jonathan Barnes, Princeton, ²1984.

No início de cada capítulo é mencionada pelo menos uma edição e tradução (às vezes também duas edições e traduções), que podem ser caracterizadas como exemplares.

A lista a seguir só não contém a bibliografia avulsa e a referida complementarmente nas notas, mas contém a bibliografia mais importante para a busca de mais orientações. Quanto ao local da edição dos livros, no caso de editoras com mais de um local, menciona-se apenas o primeiro local.

As referências bibliográficas estão organizadas de modo análogo aos capítulos no texto principal. Referências nas notas contendo apenas o nome do autor e o ano da publicação remetem ao capítulo tematicamente correspondente.

I. TEMAS GERAIS

ACKRILL, J. L. *Aristotle. The philosopher.* Oxford: 1981; ed. alemã: 1985 (livro de bolso).
BARNES, J. *Aristotle.* Oxford: 1982, ¹¹1996; ed. alemã: 1991 (livro de bolso).
BUCHHEIM, T. *Aristoteles.* Freiburg: 1999 (livro de bolso).
_____.; FLASHAR, H.; KING, R. (ed.). *Kann man heute noch etwas anfangen mit Aristoteles?.* Hamburg: 2003 (contribuições de vários autores).
CANFORA, L. *Ach Aristoteles! Anleitung zum Umgang mit Philosophen.* Hamburg: 2000.
DETEL, W. *Aristoteles.* Leipzig: 2005 (livro de bolso).
DÜRING, I, *Aristoteles. Darstellung und Interpretation seines Denkens.* Heidelberg: 1966 – fundamental.
ERLER, M. Platon. In: *Grundriss der Geschichte der Philosophie. Philosophie der Antike* (*Überweg*). v. 2, 2. Basel: 2007.
FLASHAR, H. Aristoteles. In: *Grundriss der Geschichte der Philosophie. Die Philosophie der Antike* (*Überweg*). v. 3. Basel: 1983, 175-457. ²2004, 169-492.
GAISER, K. *Platons ungeschriebene Lehre.* Stuttgart: 1963.
GERSON, L. P. (ed.). *Aristotle. Critical assessments I-IV.* London: 1999. (Quatro coletâneas de diversos autores.)
HÖFFE, O. *Aristoteles.* München: 1996. ³2006 (livro de bolso).
_____. (ed.). *Aristoteles-Lexikon.* Stuttgart: 2005.
_____. (ed.). *Aristoteles. Die Hauptwerke. Ein Lesebuch.* Tübingen: 2009.
JAEGER, W. *Aristoteles. Grundlegung einer Geschichte seiner Entwicklung.* Berlin: 1923. ²1955.
JORI, A. *Aristotele.* Milano: 2003.

KRÄMER, H. *Arete bei Platon und Aristoteles*. Heidelberg: 1959. Amsterdam: ²1967.
KULLMANN, W. *Aristoteles und die moderne Wissenschaft*. Stuttgart: 1998.
MORAUX, P. (ed.). *Aristoteles in der neueren Forschung*. Darmstadt: 1968 (coletânea).
MORAUX, P.; WIESNER, J. *Zweifelhaftes im Corpus Aristotelicum*. Berlin: 1983 (coletânea).
MUELLER-GOLDINGEN, C. *Aristoteles: eine Einführung in sein philosophisches Werk*. Hildesheim: 2003.
RAPP, C. *Aristoteles. Zur Einführung*. Hamburg: 2001 (livro de bolso).
_____.; CORCILIUS, K. (ed.). *Aristoteles-Handbuch*. Stuttgart: 2011.
WIESNER, J. (ed.). *Aristoteles I. Werk und Wirkung*. Dedicado a Paul Moraux. Berlin: 1985 (coletânea).

II. VIDA E PANO DE FUNDO HISTÓRICO

CHROUST, A.-H. *Aristotle, New light on his life and on some of his lost works.* London: 1973, 2 v.
DÜRING, I. *Aristotle in the ancient biographical tradition*. Göteborg: 1957. Edição e comentário das *vidas* e das listas de escritos. Fundamental.
GAISER, K. *Theophrast in Assos. Abhandlungen der Heidelberger Akademie der Wissenschaften*, 3, 1985.
_____. *Philodems Academica. Die Berichte über Platon und die Alte Akademie in zwei herculanensischen Papyri*. Stuttgart: 1988.
GIGON, O. Interpretationen zu den antiken Aristoteles-Viten. *Museum Helveticum*, v. 15 (1958) 147-193.
_____. *Vita Aristotelis Marciana*. Berlin: 1962 (edição com abundante comentário).
HOEPFNER, W. *Antike Bibliotheken*. Mainz: 2002.
Jackson, H. Aristotle's lecture room. *Journal of Philosophy*, v. 33 (1920) 191-200.
KNELL, H. *Athen im 4. Jahrhundert v. Chr. Eine Stadt verändert ihr Gesicht*. Darmstadt: 2000.
TRAMPEDACH, K. *Platon, die Akademie und die zeitgenössische Politik*. Stuttgart: 1994.
SISMANIDES, K. *Das antike Stagira*. Athen: 2003.
ZAHRNT, M. *Olynth und die Chalkidier*. München: 1971.

A OBRA E SUA TRANSMISSÃO

BARNES, J. Aristotle. In: _____., GRANGE, B. (ed.). *Philosophia togata II*. Oxford: 1997, 1-69.
FUNKE, H. *Aristoteles. Schicksal einer Überlieferung. Vom Manuskript zur Editio Princeps*. Frankfurt: 1997.

MORAUX, P. *Les listes anciennes des ouvrages d'Aristote*. Louvain: 1951.
_____. et al. *Aristoteles-Archiv*. Berlin: 1971 (= *Pressedienst der Freien Universität Berlin*, n. 2, 1971).
PRIMAVESI, O. Ein Blick in den Stollen von Skepsis: Vier Kapitel zur frühen Überlieferung des Corpus Aristotelicum. *Philologus*, v. 151 (2007) 51-77.
SICHERL, M. *Handschriftliche Vorlagen der Editio princeps des Aristoteles, Abhandlungen der Akademie der Wissenschaften*, v. 8. Mainz: 1976.
Há numerosas investigações sobre a tradição de escritos individuais; as referências estão em FLASHAR, H. *Aristoteles*, 2004, 416 s.

ÉTICA

Texto:
Ética a Nicômaco: BYWATER, F., Oxford: 1894, reimpressão 1970.
Ética a Eudemo: WALZER, R., Oxford: 1991.
Magna moralia ou *Grande Ética*: SUSEMMI, F. Leipzig: 1883.
Traduções de todas as três éticas com comentários de F. Dirlmeier. In: *Werke*, 6-8, 1956-1962 (várias reimpressões). A tradução da *Ética a Nicômaco* também disponível como livro de bolso da Editora Reclam, 1969 (com notas de E. A. Schmidt).
BARNES, J.; SCHOFIELD, M.; SORABJI, R. (ed.). *Articles on Aristotle II. Ethics and Politics*. London: 1977.
BIEN, G. *Die Grundlegung der politischen Philosophie bei Aristoteles*. Freiburg: 1973, ³1985.
BUDDENSIEK, F. *Die Theorie des Glücks in Aristoteles' Eudemischer Ethik*. Göttingen: 1999.
_____. Contemplation and Service of the God: the Standards of external goods. *Bochumer Philosophisches Jahrbuch für Antike und Mittelalter*, v. 14 (2011) 103-124.
CORCILIUS, K.; RAPP, C. (ed.). *Beiträge zur aristotelischen Handlungstheorie*. Stuttgart: 2008.
FLASHAR, H. Die Kritik der platonischen Ideenlehre in der Ethik des Aristoteles. In: _____.; GAISER, K. (ed.). *Synusia. Festgabe für W. Schadewaldt*. Pfullingen: 1965, 223-246. Reimpressões in: FLASHAR, H. *Eidola*. Amsterdam: 1989, 247-270; HÖFFE, O. (ed.), 1995, 63-82. Trad. para o inglês in: BARNES, J., SCHOFIELD, M., SORABJI, R. (ed.). 1977, 1-16.
_____. Beobachtungen und Überlegungen zum VI. Buch der Nikomachischen Ethik des Aristoteles. In: WIESNER, J. *Aristoteles*. v. I. 1985, 366-375. Reimpressão in: FLASHAR, H. *Eidola*. Amsterdam: 1989, 289-296.
FREDE, D. Auf Taubenfüßen. In: CORCILIUS; RAPP (ed.). 2008, 105-121.
JAEGER, W. Der Großgesinnte. In: *Die Antike*, v. 7 (1931) 97-105. Reimpressão in: JAEGER, W. *Humanistische Reden und Vorträge*. Berlin: 1960, 186-194.
HÖFFE, O. (ed.). *Die Nikomachische Ethik*. Berlin: 1995 (coletânea; muitos artigos importantes).

KRÄMER, H. *Integrative Ethik*. Frankfurt: 1992.
LIATSI, M. Aspekte der Megalopsychia bei Aristoteles (EN IV, 3). *Rheinisches Museum*, v. 154 (2011) 43-60.
LIEBERG, G. *Die Lehre von der Lust in den Ethiken des Aristoteles*. München: 1958 (Zetemata, 19).
MILLER, J. (ed.). *Aristotle's Nicomachean Ethics. A critical guide*. Cambridge: 2011 (coletânea).
MORAUX, P.; HARLFINGER, D. (ed.). *Untersuchungen zur Eudemischen Ethik*. Berlin: 1971 (coletânea).
MUELLER-GOLDINGEN, C. (ed.). *Schriften zur aristotelischen Ethik*. Hildesheim: 1988 (coletânea).
NATALI, C. (ed.). *Aristotle's Nicomachean Ethics, Book VII*. Oxford: 2009 (Symposion Aristotelicum 2004) (coletânea).
REEVE, C. D. C. *Action, contemplation and happiness. An essay on Aristotle*. London: 2012.
ROCHE, T. D. (ed.). *Aristotle's Ethics*. Memphis: 1988 (coletânea).
RORTY, A. O. (ed.). *Essays on Aristotle's Ethics*. London: 1979 (coletânea).
ROTHER, W. *Lust. Perspektiven von Platon bis Freud*. Basel: 2010 (sobre Aristóteles, cf. 23-38).
SEIF, K. P. Das Problem der Willensfreiheit in der Nikomachischen Ethik des Aristoteles. *Jahrbuch für Theologie und Philosophie*, v. 54 (1979) 542-581.
SIEMENS, N. von. *Aristoteles über die Freundschaft*. Freiburg: 2007.
WOLF, U. *Aristoteles' Nikomachische Ethik*. Darmstadt: 2002.

POLÍTICA

Edições: ROSS, W. D., Oxford: 1957. Reimpressão, 1962; DREIZEHNTER, A., München: 1970.
Traduções: GIGON, O., Zürich: 1995, 2. ed. ampliada, 1971 (com notas substanciais); SCHÜTRUMPF, F. *Werke*, 9, I-IV, 1991-2005 (com comentários abrangentes).
AUBENQUE, P. (ed.). *Aristote, Politique. Études sur la Politique d'Aristote*. Paris: 1993 (coletânea).
BRINGMANN, K. Die Verfassungsdebatte bei Herodot III 80-82 und Dareius' Aufstieg zur Königsmacht. *Hermes*, v. 104 (1974) 266-279.
BRAUN, E. *Aristoteles über Bürger- und Menschentugend. Zu Politica III 4 und 5*. Wien: 1967.
FRANK, F. *Untersuchungen zu den Politica des Aristoteles*. Frankfurt: 1999.
HÖFFE, O. (ed.). *Aristoteles, Politik*. Berlin: 2001 (coletânea).
HÖRN, C., Neschke-Hentschke, A. (ed.). *Politischer Aristotelismus*. Stuttgart: 2008 (coletânea).
KEYT, D.; Miller, F. (ed.). *A companion to Aristotle's Politics*. Oxford: 1991 (coletânea).
NUSSBAUM, M. C. *Gerechtigkeit oder das gute Leben*. Frankfurt a.M.: 1991.

RITTER, J. *Metaphysik und Politik. Studien zu Aristoteles und Hegel*. Frankfurt a.M., 1969.
SCHÜTRUMPF, E. *Die Analyse der Polis durch Aristoteles*. Amsterdam: 1980.
STARK, R. (ed.). *La Politique d'Aristote*. Genève: 1965 (coletânea).
STEINMETZ, P. (ed.). *Schriften zu den Politica des Aristoteles*. Hildesheim: 1973 (coletânea).
STERNBERGER, D. *Drei Wurzeln der Politik*. Frankfurt a.M.: 1978.
_____. Der Staat des Aristoteles und der moderne Verfassungsstaat. In: FLASHAR, H. (ed.). *Auseinandersetzungen mit der Antike*. Bamberg: 1990, 11-30.
STRAUSS, L. *The city and man*. Chicago: 1964.
SWANSON, J.; CORBIN, D. *Aristotle's Politics. A reader's guide*. London: 2009.
VOEGELIN, E. *Ordnung und Geschichte*; v. VII: Aristoteles. München: 2011. Ed. original em inglês: *Order and History*.
WEBER-SCHÄFER, P. *Einführung in die antike politische Theorie*. Darmstadt: 1976, 2 v. (Sobre Aristóteles: v. II, 37-62.)

RETÓRICA

Texto: KASSEL, R., Berlin: 1976.
Tradução: RAPP, C. in: *Werke*, 4, I-II, 2002.
BUCHHEIM, V. *Untersuchungen zur Theorie des Genos Epideiktikon von Gorgias bis Aristoteles*. München: 1960.
BURKERT, W. Aristoteles im Theater. Zur Datierung des 3. Buches der Rhetorik und der Poetik. *Museum Helveticum*, v. 32 (1975) 67-72.
DILCHER, R. Die Einheit der aristotelischen Rhetorik. *Antike und Abendland*, v. 47 (2001) 66-83.
EGGS, E. *Die Rhetorik des Aristoteles: ein Beispiel zur Theorie der Alltagsargumentation und zur Syntax von komplexen Sätzen*. Frankfurt a.M.: 1984.
ERICKSON, K. V. (ed.). *Aristotle. The classical heritage of Rhetoric*. Metuchen N. J.: 1974 (coletânea).
FORTENBAUGH, W. On the composition of Aristotle's Rhetoric. In: MUELLER-GOLDINGEN, C.; SIER, K. (ed.). *Lenaika*. Festschrift C. W. Müller. Stuttgart: 1996, 165-188.
FURLEY, D. J.; NEHAMAS, A. (ed.). *Aristotle's Rhetoric. Philosophical essays*. Princeton: 1994 (coletânea).
GRIMALDI, W. *Aristotle, Rhetoric I. A commentary*. New York: 1980.
HELLWIG, A. *Untersuchung zur Theorie der Rhetorik bei Platon und Aristoteles*. Göttingen: 1973.
KNAPE, J.; SCHIRREN, T. (ed.). *Aristotelische Rhetorik-Tradition*. Stuttgart: 2005 (coletânea).
KÖNIG, J. *Einführung in das Studium des Aristoteles anhand einer Interpretation seiner Schrift Über die Rhetorik*. Freiburg: 2002.

KOPPERSCHMIDT, J. *Rhetorik. Einführung in die Theorie der persuasiven Kommunikation*. Stuttgart: 1973.
RORTY, A. O. (ed.). *Essays on Aristotle's Rhetoric*. Berkeley: 1996 (coletânea).
SCHLOEMANN, J. Spontaner und überarbeiteter Vortrag. *Philologus*, v. 144 (2000) 306-316.
_____. *Freie Rede im demokratischen Athen zwischen Schriftlichkeit und Improvisation*. Berlin: 2001.
SPRUTE, J. Aristoteles' Theorie rhetorischer Argumentation. *Gymnasium*, v. 88 (1981) 254-273.
_____. *Die Enthymentheorie der aristotelischen Rhetorik*. Göttingen: 1982.
STROH, W. *Die Macht der Rede*. Berlin: 2009.
UEDING, G. *Einführung in die Rhetorik*. Stuttgart: 1976.
WÖRNER, M. H. *Das Ethische in der Rhetorik des Aristoteles*. Freiburg: 1990.

POÉTICA

Texto: KASSEL, R., Oxford, 1965; HALLIWELL, S., Oxford, 1987.
Traduções: FUHRMANN, M., München: 1976 (com o texto grego: Stuttgart, 1982); SCHMITT, A., in: *Werke*, 5, 2008.
ANDERSEN, O.; HAARBERG, J. (ed.). *Making sense of Aristotle: Essays in Poetics*. London: 2003 (coletânea).
BERNAYS, J. *Zwei Abhandlungen über die aristotelische Theorie des Dramas*. Berlin: 1880.
BREMER, J. M. *Hamartia. Tragic error in the poetics of Aristotle and the Greek tragedy*. Amsterdam: 1969. Reimpressão: Darmstadt, 1968.
CESSI, V. *Erkennen und Handeln in der Theorie des Tragischen bei Aristoteles*. Frankfurt a.M.: 1987.
FLASHAR, H. Die medizinischen Grundlagen der Lehre von der Wirkung der Dichtung in der griechischen Poetik. *Hermes*, v. 84 (1956) 12-48. Reimpressão in: FLASHAR, H. *Eidola*. Amsterdam: 1989, 109-145.
_____.; MAURER, K. (ed.). Dramentheorie – Handlungstheorie. *Poetica*, v. 8 (1976) 321-460 (Esquemas e artigos de discussão da poética aristotélica e outros temas).
_____. Die Poetik des Aristoteles und die griechische Tragödie. *Poetica*, v. 16 (1984) 1-23. Reimpressão in: FLASHAR, H. *Eidola*. Amsterdam: 1989, 147-178.
HALLIWELL, S. *Aristotle's Poetics. A study of philosophical criticism*. London: 1986, ²1998.
HILTUNEN, A. *Aristoteles in Hollywood*. Bergisch-Gladbach: 2001. Ed. original finlandesa: *Aristoteles Holliwoudissa*. Traduzido também para o inglês.
HÖFFE, O. (ed.). *Aristoteles. Poetik*. Berlin: 2009 (coletânea).
KANNICHT, R. Handlung als Grundbegriff der aristotelischen Theorie des Dramas. *Poetica*, v. 8 (1976) 326-335.
KOMMERELL, M. *Lessing und Aristoteles*. Frankfurt a.M.: 1940, ²1984.

LUSERKE, M. (ed.). *Die Aristotelische Katharsis. Dokumente ihrer Deutung im 19. und 20. Jahrhundert.* Hildesheim: 1991 (coletânea).
POHLENZ, M. Furcht und Mitleid? Ein Nachwort. *Hermes*, v. 84 (1956) 49-74.
SCHADEWALDT, W. Furcht und Mitleid? Zur Deutung des aristotelischen Tragödiensatzes. *Hermes*, v. 83 (1955) 129-171. Reimpressão in: ____. *Hellas und Hesperien.* Zürich: ²1970, 194-236.
SCHWINGE, E. R. Aristoteles und die Gattungsdifferenz von Epos und Drama. *Poetica*, v. 12 (1970) 1-20.
SÖFFING, W. *Deskriptive und normative Bestimmungen in der Poetik des Aristoteles.* Amsterdam: 1981.
ZIERL, A. *Affekte in der Tragödie. Orestie, Oidipus Tyrannos und die Poetik des Aristoteles.* Berlin: 1994.

LÓGICA

Texto:
Categorias e *Sobre a interpretação*: MINIO-PALUELLO, L. Oxford: 1949. Reimpressão: 1961.
Tópicos e *Refutações sofísticas*: ROSS, W. D. Oxford: 1958. Reimpressão: 1970.
Analytica priora e *Analytica posteriora*: ROSS, W. D. (Prefácio de MINIO-PALUELLO). Oxford: 1968.
Traduções:
Categorias OEHLER, K. In: *Werke*, 1, 1984, ³1997.
Sobre a interpretação WEIDEMANN, H. In: Werke, 1, v. II, 1994, ²2002.
Tópicos RAPP, C.; WAGNER, T. Stuttgart: 2004 (livro de bolso da Reclam).
Analytica priora, Livro I EBERT, T.; NORTMANN, U. In: *Werke*, 3, v. I, 2007.
Analytica priora, Livro I e II ROLFES, E. Leipzig: 1922. Reimpressão: 1948 (trad. completa do *Órganon*).
Analytica priora, Livro I STRIKER, G. New York: 2009 (trad. para o inglês).
Analytica posteriora DETEL, W. In: *Werke*, 3, v. II, 1993.
Refutações sofísticas ROLFES, E. Leipzig: 1922. Reimpressão: 1948.

Categorias

AUBENQUE, P. (ed.). *Concepts et categories dans la pensée antique.* Paris: 1980 (coletânea).
FRITZ, K. von. Der Ursprung der aristotelischen Kategorienlehre. *Archiv für Geschichte der Philosophie*, v. 40 (1931) 449-496. Reimpressão in: FRITZ, K. von. *Schriften zur griechischen Logik.* v. II. Stuttgart: 1978, 9-51.
MANN, W. R. *The discovery of things: Aristotle's Categories and the context.* Princeton: 2000.

PATZIG, G. Bemerkungen zu den Kategorien des Aristoteles. In: SCHEIBE, E.; SÜSSMANN, G. (ed.). *Einheit und Vielheit.* Festschrift C. F. von Weizsäcker. Göttingen: 1973.

VOLLRATH, E. *Studien zur Kategorienlehre des Aristoteles.* Ratingen: 1969.

Sobre a interpretação

ANSCOMBE, G. E. M. Aristotle and the sea battle. *Mind,* v. 65 (1956) 1-15. Em alemão in: HAGER, F.-P. (ed.). *Logik und Erkenntnislehre des Aristoteles.* Darmstadt: 1972, 211-231.

BRANDT, R. *Die aristotelische Urteilslehre.* Marburg: 1965.

FREDE, D. *Aristoteles und die Seeschlacht.* Göttingen: 1970.

_____. The sea-battle reconsidered. *Oxford Studies in Ancient philosophy,* v. 3 (1985) 45-56.

HAFEMANN, B. Indefinite Aussagen und das kontingente Zukünftige. *Philosophiegeschichte und logische Analyse,* v. 2 (1998) 109-137.

Tópicos

ARNIM, H. von. *Das Ethische in Aristoteles' Topik.* Wien: 1927 (Sitzungsberichte der Vienaer Akademie der Wissenschaften, 205, 4).

BAEUMER, M. L. (ed.). *Toposforschung.* Darmstadt: 1973 (coletânea).

BRAUN, E. *Zur Einheit der aristotelischen Topik.* Köln: 1959.

HAMBRUCH, E. *Logische Regeln der platonischen Schule in der Aristotelischen Topik.* Berlin: 1904. Reimpressão: New York, 1976.

NGUEMNING, A. *Untersuchungen zur Topik des Aristoteles mit besonderer Berücksichtigung der Regeln, Verfahren und Ratschläge zur Bildung von Definitionen.* Frankfurt a.M.: 1990.

OWEN, G. E. L. (ed.). *Aristotle on dialectic. The Topics.* Oxford: 1968 (coletânea).

PRIMAVESI, O. *Die aristotelische Topik. Ein Interpretationsmodell und seine Erprobung am Beispiel von Topik B.* München: 1996.

PRIMAVESI, O. Dialektik und Gespräch bei Aristoteles. In: HEMPFER, K. W., TRANINGER, A. (ed.). *Der Dialog im Diskursfeld seiner Zeit.* Stuttgart: 2010, 47-73.

RAPP, C. Topos und Syllogismus in Aristoteles' Topik. In: SCHIRREN; UEDING, 2000, 15-35.

REINHARDT, T. *Das Buch E der aristotelischen Topik.* Göttingen: 2000.

SCHIRREN, T.; UEDING, G. (ed.). *Topik und Rhetorik.* Tübingen: 2000 (coletânea).

SCHRAMM, M. *Die Prinzipien der aristotelischen Topik.* Leipzig: 2004.

ZUMSTEG, G. Wahrheit und Volksmeinung. Zur Entstehung und Bedeutung der aristotelischen Topik. Bern: 1989.

Os Analíticos

BECKER, A. *Die aristotelische Theorie der Möglichkeitsschlüsse. Eine logisch-philologische Untersuchung der Kapitel 13-22 von Aristoteles' Analytica Priora I*. Berlin: 1933.
BERTI, E. (ed.). *Aristotle on science. The Posterior Analytics*. Padua: 1981 (coletânea).
BUDDENSIEK, F. (ed.). *Die Modallogik des Aristoteles in den Analytica Priora A*. Hildesheim: 1994.
EBBINGHAUS, K. *Ein formales Modell der Syllogistik des Aristoteles*. Göttingen: 1964.
NORTMANN, U. *Modale Syllogismen, mögliche Welten, Essentialismus. Eine Analyse der aristotelischen Modallogik*. Berlin: 1996.
PATZIG, G. *Die aristotelische Syllogistik. Logisch-philosophische Untersuchungen über das Buch A der Ersten Analytiken*. Göttingen: 1959, [3]1969.
SCHMIDT, H. J. *Die modale Syllogistik des Aristoteles*. Paderborn: 2000.
STEKLA, H. *Der regressus ad infinitum bei Aristoteles*. Meisenheim: 1970.
WIELAND, W. Die aristotelische Theorie der Konversion von Modalaussagen. *Phronesis*, v. 25 (1980) 109-116. Cf. também WIELAND, *Archiv für Geschichte der Philosophie*, v. 54 (1972) 229-237 e v. 58 (1976) 1-9.

Sobre a lógica aristotélica como um todo

AVGELIS, N.; PEONIDIS, F. (ed.). *Aristotle on logic, language and science*. Tessalônica: 1998 (coletânea).
HAGER, F.-P. (ed.). *Logik und Erkenntnislehre des Aristoteles*. Darmstadt: 1972 (coletânea).
MENNE, A., ÖFFENBERGER, N. (ed.). *Über den Folgerungsbegriff*. Hildesheim: 1982, [2]1995 (coletânea).
MENNE, A.; ÖFFENBERGER, N. (ed.). *Modallogik und Mehrwertigkeit*. Hildesheim: 1988 (coletânea).
ÖFFENBERGER, N., SKARICA, M. (ed.). *Beiträge zum Satz vom Widerspruch und zur aristotelischen Prädikationstheorie*. Hildesheim: 2000 (coletânea).
STEKELER-WEITHOFER, P. *Grundprobleme der Logik*. Berlin: 1986.

METAFÍSICA

Texto: JAEGER, W. Oxford: 1957.
Tradução: SZLEZÁK, T. Berlin: 2003.
Traduções parciais (em parte com comentários):
ANNAS, J. *Book M and N*. Oxford: 1976; DETEL, W. *Buch VII und VIII*. Frankfurt a.M.: 2009 (com explicações abrangentes); FREDE, M.; PATZIG, G. *Buch VII*. München: 1988; GADAMER, H.-G. *Buch 12*. Frankfurt: 1948, [3]1976.
AUBENQUE, P. (ed.). *Études sur la Métaphysique d'Aristote*. Paris: 1979 (coletânea).
BEERE, J. *Doing and Being. An interpretation of Aristotle's Metaphysics Theta*. Oxford: 2009.

BORDT, M. *Aristoteles, Metaphysik XII*. Darmstadt: 2006.
BOSTOCK, D. *Aristotle, Metaphysica, books Z and H*. Oxford: 1994.
CRUBELLIER, M.; LAKS, A. (ed.). *Aristotle's Metaphysics Beta*. Oxford: 2009 (coletânea).
FREDE, M., CHARLES, D. (ed.). *Aristotle's Metaphysics Lambda*. Oxford: 2000 (coletânea).
GRAESER, A. (ed.). *Mathematics and metaphysics in Aristotle*. Bern: 1987 (coletânea).
HAPP, H. *Hyle. Studien zum aristotelischen Materie-Begriff*. Berlin: 1971.
KRÄMER, H. J. *Der Ursprung der Geistmetaphysik*. Amsterdam: 1964.
NORTMANN, U. *Allgemeinheit und Individualität. Die Verschiedenartigkeit der Formen in Metaphysik Z*. Paderborn: 1997.
OEHLER, K. *Antike Philosophie und byzantinisches Mittelalter*. München: 1969. Contém vários trabalhos sobre a *Metafísica*, especialmente sobre o Livro XII.
_____. *Der unbewegte Beweger des Aristoteles*. Frankfurt a.M.: 1987.
OWENS, J. *The doctrine of being in Aristotelian Metaphysics*. Toronto: 1951, ³1978.
PATZIG, G. Theologie und Ontologie in der Metaphysik des Aristoteles. *Kant-Studien*, v. 52 (1960-1961) 185-205.
RAPP, C. *Aristoteles, Metaphysik. Die Substanzbücher (ZHΘ)*. Berlin: 1996 (coletânea).
REALE, G. *Il concetto di Filosofia Prima e l'unità della Metafisica di Aristotele*. Milano: 1961, ⁶1994.
STEEL, C. (ed.). *Aristotle's Metaphysics Alpha*. Oxford: 2012 (coletânea; contém também a edição do texto por O. Primavesi com base em novas colações de manuscritos).
TUGENDHAT, E. *TI KATA TINOΣ*. Freiburg: 1958, ⁵2003.

FÍSICA

Texto: ROSS, W. D. Oxford: 1950 (variadas reimpressões); PELLEGRIN, P. Paris: 2000.
Tradução: WAGNER, H. In: *Werke*, 11, 1967; ZEKL, H. G., Hamburg: 1987-1988.
CONEN, P. F. *Die Zeittheorie des Aristoteles*. München: 1964.
DÜRING, I. (ed.). *Naturphilosophie bei Aristoteles und Theophrast*. Heidelberg: 1969 (coletânea).
FRITSCHE, J. *Methode und Beweisziel im ersten Buch der Physikvorlesung des Aristoteles*. Frankfurt a.M.: 1986.
HORSTSCHÄFER, T. M. *Über Prinzipien. Eine Untersuchung zur methodischen und inhaltlichen Geschlossenheit des ersten Buches der Physik des Aristoteles*. Berlin: 1998.
MANUWALD, B. *Das Buch H der aristotelischen Physik*. Meisenheim: 1971.
RUDOLPH, E. (ed.). *Zeit, Bewegung, Handlung. Studien zur Zeitabhandlung des Aristoteles*. Stuttgart: 1988 (coletânea).
SCHOEDEL, P. *Aristoteles' Widerlegungen der Zenonischen Bewegungsparadoxien*. Göttingen: 1976.
SCHRAMM, M. *Die Bedeutung der Bewegungslehre des Aristoteles für seine beiden Lösungen der Zenonischen Paradoxien*. Frankfurt a.M.: 1962.

SEECK, G. A. (ed.). *Die Naturphilosophie des Aristoteles.* Darmstadt: 1975 (coletânea).
____. Zeit als Zahl bei Aristoteles. *Rheinisches Museum*, v. 130 (1987) 107-124.
WEIZSÄCKER, C. F. *Die Einheit der Natur.* München: 1971.
WIELAND, W. *Die aristotelische Physik.* Göttingen: 1962, ³1992.
ZEKL, H. G. *Topos. Die aristotelische Lehre vom Raum.* Hamburg: 1990.

COSMOLOGIA, METEOROLOGIA

Sobre o céu

Texto: MORAUX, P. Paris: 1965; JORI, A. Milano: 1999. Reimpressão: 2002.
Tradução: JORI, A. In: *Werke*, 12, v. III, 2009.

Meteorologia

Texto: LOUIS, R. Paris: 1982.
Tradução: STROHM, H. In: *Werke*, 12, v. I, 1970. Reimpressão: 1984.
BOWEN, A., WILDBERG, C. (ed.). *New Perspectives on Aristotle's De caelo.* Leiden: 2009 (coletânea).
DÜRING, I. *Aristotle's chemical treatise.* Göteburg: 1944.
HAPP, H. Der chemische Traktat des Aristoteles. In: *Synusia. Festgabe für W. Schadewaldt.* Pfullingen: 1965, 289-322.
JORI, A. Der Kosmos als Lebewesen. *Antike Naturwissenschaft und ihre Rezeption*, v. 12 (2002) 223-235.
MORAUX, P. Quinta essentia. In: PAULY; WISSOWA. *Realencyclopädie* (RE), v. 47, n. 24 (1963) 1171-1263.
SEECK, F. *Über die Elemente in der Kosmologie des Aristoteles.* München: 1964.
SOLMSEN, F. *Aristotle's System of the physical world.* Ithaka: 1960.
VIANO, C. (ed.). *Aristoteles chemicus.* St. Augustin: 2002.

PSICOLOGIA

Sobre a alma (*De anima*)

Texto: ROSS, W. D. Oxford: 1961 (reimpressões).
Traduções: THEILER, W. In: *Werke*, 13, 1959; SEIDL, H., Hamburg: 1995 (grego-alemão, com introdução e comentário).

Parva naturalia

Texto: ROSS, W. D. Oxford: 1955 (reimpressões).

Tradução: DÖNT, E. Stuttgart: 1997; EIJK, P. van der. In: *Werke*, 14, v. III, 1991 (*Sobre os sonhos* e *Sobre os vaticínios durante o sono*); KING, R. In: *Werke*, 14, v. II, 2004 (*Sobre a memória e a reminiscência*).
BARNES, J.; SCHOFIELD, M.; SORABJI, R. (ed.). *Articles on Aristotle IV. Psychology and Aesthetics*. London: 1966.
BERNARD, W. *Rezeptivität und Spontaneität der Wahrnehmung bei Aristoteles*. Baden-Baden: 1988.
BUSCHE, H. *Die Seele als System. Aristoteles' Wissenschaft von der Psyche*. Hamburg: 2001.
CESSI, V. *Erkennen und Handeln in der Theorie des Tragischen bei Aristoteles*. Frankfurt a.M.: 1987 (contém uma análise da teoria aristotética da percepção).
CORCILIUS, K. *Streben und Bewegen. Aristoteles' Theorie der animalischen Ortsbewegung*. Berlin: 2008.
DANIELI, M. *Zum Problem der Traditionsaneignung bei Aristoteles, untersucht am Beispiel von De anima I.* Königstein: 1984.
DURRANT, M. (ed.). *Aristotle's De anima in focus*. London: 1993 (coletânea).
FÖLLINGER, S. (ed.). *Was ist „Leben"?* Stuttgart: 2010 (coletânea).
FORTENBAUGH, W. *Aristotle on emotion*. Londres, 1975.
FREDE, D. Aristoteles über Leib und Seele. In: BUCHHEIM, T.; FLASHAR, H.; KING, R. (ed.). *Kann man heute noch etwas anfangen mit Aristoteles?.* Hamburg: 2003, 85-109.
HORN, H. J. *Studien zum dritten Buch der aristotelischen Schrift De anima*. Göttingen: 1994.
HÜNI, H. *Wahrnehmungswirklichkeit bei Aristoteles*. Würzburg: 1992.
HÜBNER, J. Die aristotelische Konzeption der Seele als Aktivität in De anima II 1. *Archiv für Geschichte der Philosophie*, v. 81 (1999) 1-32.
KING, R. *Aristotle on life and death*. London: 2001.
LLOYD, G.; OWEN, G. (ed.). *Aristotle on mind and the senses*. Cambridge: 1978 (coletânea).
NOTSTEIN, R. *Seele und Wahrnehmung. Eine Einführung in das zweite Buch des aristotelischen Werkes De anima.* Regensburg: 1998.
NUSSBAUM, M.; OKSENBERG (= RORTY), A. (ed.). *Essays on Aristotle's De anima*. Oxford: 1992 (coletânea).
OSER-GROTHE, C. *Aristoteles und das Corpus Hippocraticum*. Stuttgart: 2004.
PICHT, G. *Aristoteles, De anima*. Stuttgart: 1987, ²1992 (preleção em Heidelberg).
POLANSKY, R. *Aristotle's De anima*. Cambridge: 2007 (comentário sequencial).
RIEL, G. van (ed.). *Ancient perspectives on Aristotle's De anima*. Leuven: 2009 (coletânea).
WELSCH, W. *Aisthesis. Grundzüge und Perspektiven der aristotelischen Sinneslehre*. Stuttgart: 1987.
WIESNER, J. Aristoteles über das Wesen der Erinnerung. Eine Analyse von De memoria 2. In: HOLZHAUSEN, J. (ed.). *ψυχή – Seele – anima. Festschrift für Karin Alt*. Stuttgart: 1998, 121-131.

BIOLOGIA

Sobre as partes dos animais

Texto: LOUIS, P. Paris: 1956, 31993.
Tradução: KULLMANN, W. In: *Werke*, 17, v. I, 2007.

História dos animais

Texto: BAHNE, D.; GOTTHELF, A. Cambridge: 2002.
Tradução: Tradução mais recente para o alemão só dos Livros I e II por ZIERLEIN, S. In: *Werke*, 16, v. I/1-2, 2012.

Sobre o modo de andar dos animais

Texto: PREUSS, A., Hildesheim: 1981 (com tradução inglesa).
Tradução: KOLLESCH, J. In: *Werke*, 17, v. III, 1985.

Sobre o movimento dos animais

Texto: NUSSBAUM, M., Princeton, 1978 (com tradução inglesa); PRIMAVESI, O., Hamburg: 2012.
Tradução: KOLLESCH, J. In: Werke, 17, v. II, 1985.
ALTHOFF, J. *Warm, Kalt, Flüssig und Fest bei Aristoteles*. Stuttgart: 1992.
BALME, D. Aristotle, Historia animalium book ten. In: WIESNER, J. (ed.). *Aristoteles I*. Berlin: 1985, 191-216.
BERGER, F. *Die Textgeschichte der Historia animalium des Aristoteles*. Wiesbaden: 2005.
DÜRING, I. *Aristotle's De partibus animalium. Critical and literary commentaries*. Göteborg: 1943.
FÖLLINGER, S. *Differenz und Gleichheit. Das Geschlechterverhältnis in der Sicht griechischer Philosophen des 4.-1. Jh. v. Chr*. Stuttgart: 1996.
_____. Die aristotelische Forschung zur Fortpflanzung und Geschlechtbestimmung der Bienen. In: KULLMANN, W.; FÖLLINGER, S. (ed.), 1997, 375-385.
GOTTHELF, A. (ed.). *Aristotle on nature and living things* (Festschrift D. M. Balme). Pittsburg: 1985.
_____. (ed.). *Philosophical issues in Aristotle's biology*. Cambridge: 1987 (coletânea).
HIRSCHBERGER, M. Aristoteles' Einteilung der Lebewesen in Bluttiere und Nicht-Bluttiere im Lichte der modernen Biologie. *Antike Naturwissenschaft und ihre Rezeption*. Trier, v. 11 (2001) 61-71.

KRÄMER, K. J. Grundbegriffe akademischer Dialektik in den biologischen Schriften von Aristoteles und Theophrast. *Rheinisches Museum für Philologie*, v. 3 (1968) 293-333.
KULLMANN, W. *Wissenschaft und Methode. Interpretationen zur aristotelischen Theorie der Naturwissenschaften*. Berlin: 1974.
_____. Der platonische Timaios und die Methode der aristotelischen Biologie. *Studia Platonica* (Festschrift H. Gundert). Amsterdam: 1974, 139-163.
_____. *Die Teleologie in der aristotelischen Biologie. Aristoteles als Zoologe, Embryologe und Genetiker*. Sitzungsberichte der Heidelberger Akademie der Wissenschaften, 1979.
_____.; FÖLLINGER, S. (ed.). *Aristotelische Biologie. Intentionen, Methoden, Ergebnisse*. Stuttgart: 1997 (coletânea).
_____. Evolutionsbiologische Vorstellungen bei Aristoteles. In: HINGST, K.-M., LIATSI, M. (ed.). *Pragmata* (Festschrift K. Oehler). Tübingen, 2008, 73-83.
_____. Philosophie und Wissenschaft in Aristoteles' Biologie. In: DAMSCHEN, G., ENSHAT, A., VIGO, G. (ed.). *Platon und Aristoteles – sub ratione veritatis* (Festschrift W. Wieland). Göttingen: 2003, 231-242.
LIATSI, M. *Aristoteles. De generatione animalium, Buch V. Einleitung und Kommentar*. Trier: 2000.
NUSSBAUM, M. *Aristotle's De motu animalium*. Cambridge Mass.: 1975.
PREUSS, A. *Science and philosophy in Aristotle's biological works*. Hildesheim: 1975.
SEIDL, H. *Beiträge zu Aristoteles' Naturphilosophie*. Amsterdam: 1995.
WÖHRLE, G. *Theophrasts Methode in seinen botanischen Schriften*. Amsterdam: 1985.
WÖHRLE, G. Aristoteles' biologische Schriften heute lesen? In: GÜNTHER, H. C.; RENGAKOS, A. (ed.). *Beiträge zur antiken Philosophie* (Festschrift W. Kullmann). Stuttgart: 1997, 232-244.

RECEPÇÃO

A bibliografia sobre a repercussão de campos parciais é mencionada na lista bibliográfica referente a cada uma das especialidades.
BENAKIS, L. Studien zu den Aristoteles-Kommentaren des Michael Psellos. *Archiv für Geschichte der Philosophie*, v. 41 (1961) 215-238; v. 42 (1962) 33-61.
BOSLEY, R. (ed.). *Aristotle and his medieval interpreters*. Calgary: 1991 (coletânea).
BRENTANO, F. *Aristoteles und seine Weltanschauung*. Leipzig: 1911.
DROSSAART LULOFS, H. J. *Nicolaus Damascenus De plantis*. Amsterdam: 1989.
DÜRING, I. Von Aristoteles bis Leibniz. *Antike und Abendland*, v. 4 (1954) 118-154. Reimpressão in: MORAUX, P. *Aristoteles in der neueren Forschung*. Darmstadt: 1958, 250-313.
ENDRESS, G.; AERTSEN, J. (ed.). *Averroes and the Aristotelian tradition*. Leiden: 1999 (coletânea).

FLASHAR, H. Platon und Aristoteles im Protreptikos des Jamblichos. *Archiv für Geschichte der Philosophie*, v. 47 (1965) 53-79. Reimpressão in: MORAUX, P. *Frühschriften des Aristoteles*. Darmstadt: 1975, 247-269, e in: FLASHAR, H. *Eidola*. Amsterdam: 1989, 297-323.
GIGON, O. Cicero und Aristoteles. *Hermes*, v. 87 (1959) 305-325. Reimpressão in: GIGON, O. *Studien zur antiken Philosophie*. Berlin: 1972, 305-325.
GOTTSCHALK, H. B. Aristotelian philosophy in the Roman world from the time of Cicero to the end of the second Century A.D. in: HAASE, W.; TEMPORINI, H. (ed.). *Aufstieg und Niedergang der römischen Welt*. Berlin: v. 36, n. 2 (1987) 1079-1174.
GOUGUENHEIM, S. *Aristote au Mont Saint-Michel*. Paris: 2008; em alemão: Darmstadt: 2011.
GUTAS, D. *Greek wisdom literature in Arabic tradition*. New Haven: 1975.
GUTAS, D. *Avicenna and the Aristotelian tradition*. Leiden, 1985.
_____. *Greek thought, Arabic culture*. London: 1998.
MORAUX, P. *Der Aristotelismus bei den Griechen*. Berlin: 1973-2001. 3 v.
OEHLER, K. Aristoteles in Byzanz. *Greek, Roman, Byzantine Studies*, v. 5 (1964) 133-146. Reimpressão in: OEHLER, K. *Antike Philosophie und byzantinisches Mittelalter*. München: 1969, 272-286.
PETERS, F. E. *Aristotle and the Arabs*. Nova Iorque, 1968.
SADLER, T. *Heidegger and Aristotle*. Londres, 1996.
SCHMIDT, E. A.; ULLMANN, F. Aristoteles in Fes. *Abhandlungen der Heidelberger Akademie der Wissenschaften*, v. 49, n. 12 (2012).
SEIDL, H. *Aristoteles und der Ausgang der antiken Philosophie*. Berlin: 1984.
SORABJI, R. (ed.). *Aristotle transformed. The ancient commentators and their influence*. London: 1990 (coletânea).
SZLEZÁK, T. *Platon und Aristoteles in der Nuslehre Plotins*. Basel: 1979.
ULLMANN, M. *Die Nikomachische Ethik des Aristoteles in arabischer Übersetzung*. Wiesbaden, v. I, 2011, v. II, 2012.
WALZER, R. *Greek into Arabic*. Oxford: 1962.
WIESNER, J. (ed.). *Aristoteles. Werk und Wirkung II: Kommentierung, Überlieferung, Nachleben*. Berlin: 1987 (coletânea).
ZIMMERMANN, A. *Aristotelisches Erbe im arabisch-lateinischen Mittelalter: Übersetzungen, Kommentare, Interpretationen*. Berlin: 1986.

ÍNDICE ONOMÁSTICO

Afareu (século IV a.C.), 19
Ágaton (c. 455-401 a.C.), 94
Agostinho (354-430), 389
Alberto Magno (1193-1280), 388, 390
Alcibíades (c. 450-404 a.C.), 31
Alcídamas (c. 400 a.C.), 118
Alcméon (início do século V a.C.), 184, 323, 369
Aldo Manúcio (1449-1515), 69, 392
Alexandre de Afrodísias (c. 200 d.C.), 68, 223, 236, 238, 260, 384
Alexandre, o Grande (356-323 a.C.), 15, 34, 47-51, 54, 59, 61, 117, 149, 197, 236, 307, 336
Al-Farabi (c. 870-950), 387
Alfredo de Sareshel (final do século XII), 388
Amintas III (rei – 393-370), 17
Anaxágoras (c. 500-428 a.C.), 110, 233, 266, 269, 273, 293, 307, 369, 374
Anaximandro (c. 610-547 a.C.), 233, 266, 273, 311, 368
Anaxímenes (século VI a.C.), 233, 323
Anaxímenes de Lâmpsaco (segunda metade do século IV a.C.), 149
Andrônico de Rodes (século I a.C.), 67-69, 159, 200, 201, 223, 228, 259, 346, 382-384, 389
Antífon (século V a.C.), 151, 336
Antípatro (século IV a.C.), 52, 60, 61
Antístenes (c. 445-365 a.C.), 101

Apélicon de Téos (início do século I a.C.), 67
Apolodoro de Lemnos (provavelmente primeira metade do século IV a.C.), 122
Apolônio de Rodes (século III a.C.), 188
Apuleio (século II d.C.), 384
Arimneste (irmã de Aristóteles), 17, 61
Arimnesto (irmão de Aristóteles), 17, 61
Ário Dídimo (final do século I a.C.), 383
Árion de Metimna (segunda metade do século VII a.C.), 175
Aristarco de Samos (c. 310-230 a.C.), 316-318
Arístocles de Messina (final do século I a.C.), 22
Aristófanes (segunda metade do século V a.C.), 174
Aristomedes (administrador do legado de Aristóteles), 60
Aristóteles (neto do filósofo), 62
Aristóteles (um dos trinta tiranos), 25
Aristóxeno (século IV a.C.), 24, 58, 139
Arnauld, Antoine (1612-1694), 224
Arquelau I (rei – c. 413-399 a.C.), 16
Arquimedes (c. 287-232 a.C.), 316-319
Artemidoro de Éfeso (c. 100 d.C.), 337
Asclépio (século VI d.C.), 17, 385
Astidamas (século IV a.C.), 19, 184
Ático (primeira metade do século II d.C.), 384
Aulo Gélio (século II d.C.), 59
Averróis (Ibn Rushd, 1126-1198), 387

Avicena (Ibn Sina, 980-1037), 387

Bacon, Francis (1561-1626), 260, 395
Bacon, Roger (1214-1292/1294), 80
Bagoas (século IV a.C.), 44
Baquílides (c. 500 a.C.), 174
Bekker, Immanuel (1785-1871), 69, 224, 388, 395, 403
Boécio (480-524), 223, 389
Brahe, Tycho (1546-1601), 307, 318
Brásidas (século V a.C.), 16

Cálicles (século V a.C.), 101
Calipo (c. 370-300), 252
Calipo (século IV a.C.), 33
Calístenes (século IV a.C.), 44, 50-52
Cárcino (c. 420-341), 19, 185
Carétides de Paros (provavelmente primeira metade do século IV), 122
Carondas (século VII-VI a.C.), 130
Castelvetro, Ludovico (1505-1571), 194
Chapelain, Jean (1595-1674), 194
Cícero (106-43 a.C.), 27, 28, 42, 68, 92, 107, 110, 162, 301, 336, 382, 389, 391, 393
Címon (c. 510-449 a.C.), 21
Cléantes (331/330-230/229 a.C.), 317
Clearco (século. IV-III a.C.), 28
Cléon (século V a.C.), 16
Copérnico, Nicolau (1473-1543), 317- 320, 394
Córax (primeira metade do séc. V a.C.), 150
Corisco (século IV a.C.), 37-39, 43
Corneille, Pierre (1606-1684), 142, 177, 194
Crátilo (século V a.C.), 207, 234
Crisipo (século III a.C.), 223
Crítias (460-403 a.C.), 26, 117

Dâmon (meados do século V a.C.), 170
Dante Alighieri (1265-1321), 392
Demétrio de Falero (c. 360-280 a.C.), 57, 380
Demócrito (c. 465-375 a.C.), 101, 168, 233, 275, 276, 285-288, 307, 323, 330, 369, 374
Demóstenes (384/383-322 a.C.), 20, 35, 40, 53, 54, 56, 152
Descartes, René (1596-1650), 224, 232, 260, 395
Dicearco de Messina (século IV a.C.), 58, 110
Dinômaco (século IV a.C.), 52
Diodoro (século I a.C.), 33

Diógenes (século V a.C.), 233
Diógenes de Apolônia (século V a.C.), 304
Diógenes Laércio (século II d.C.), 14, 17, 22, 25, 27, 39, 43, 45, 52, 55, 59, 60, 102, 158, 167, 223, 381
Díon (409-354 a.C.), 32
Dionísio I (c. 430-367 a.C.), 33
Dionísio II (c. 396-após 344 a.C.), 22, 238
Dioteles (administrador do legado de Aristóteles), 60

Elias (século VI d.C.), 385
Empédocles (c. 490-430 a.C.), 26, 99, 104, 172, 233, 266, 269, 300, 323, 330, 340
Epicuro (342/341-271/270 a.C.), 107, 143, 280, 342, 343
Erasmo de Roterdã (1466/1469-1536), 384
Erasto (século IV a.C.), 37, 39, 43
Espêusipo (c. 410-339), 22-24, 27, 30, 36, 54, 73, 102, 104, 136, 215, 222, 236, 241, 256, 280, 292, 293, 301, 342, 362
Ésquilo (c. 525-455 a.C.), 20, 57, 74, 175, 182, 185
Ésquilo (filho de Hipócrates de Quios), 307
Estéfano (c. 600), 385
Estilpo (c, 300 a.C.), 28
Estrabão (segunda metade do século I a.C.), 39, 67
Estrato de Lâmpsaco (c. 340-270 a.C.), 60, 73, 277, 278, 286, 316, 381
Êubulo (c. 400-330 a.C.), 38, 39
Euclides (c. 300 a.C.), 274, 386
Eudemo de Chipre (século IV a.C.), 29, 72
Eudemo de Rodes (século IV a.C.), 36, 45, 58, 72, 223
Eudoxo de Cnido (391-338), 22, 35, 101-103, 252, 305
Eurimedonte (século IV a.C.), 59
Eurípides (480-406 a.C.), 16, 18-20, 57, 94, 118, 176, 182, 185, 192

Faeste (mãe de Aristóteles), 17
Faleias de Calcedônia (século V a.C.), 126, 128
Fausto (primeira metade do século I d.C.), 67
Ficino, Marsílio (1433-1499), 168, 393
Filipe II (382-336 a.C.), 29, 33, 47, 49, 61
Filipo de Opunte (séc. IV a.C.), 104, 293, 305
Filócoro (c. 300 a.C.), 54

Filodemo (c. 110 - após 40 a.C.), 22, 193
Filolau (século VIII a.C.), 130
Filopono (490-575), 385
Freud, Sigmund (1856-1939), 142, 338

Galeno (129-c. 216), 386
Galilei, Galileu (1564-1642), 307, 316, 318-320, 391, 394, 395
Gaza, Teodoro (1398-1475), 346
Gelão de Siracusa (século III a.C.), 316
Giacomini, Lorenzo (1552-1598), 177
Goethe, Johann Wolfgang von (1749-1832), 142, 178, 184, 195, 393
Górgias (c. 480-380 a.C.), 30, 37, 150-152, 154, 169, 172, 187, 324
Gregório de Nissa (c. 400 d.C.), 59
Grilo (após 399-362 a.C.), 30, 148
Grosseteste, Roberto (antes de 1170-1253), 260
Guilherme de Moerbeke (c. 1215-1286), 260, 390
Guilherme de Ockham (c. 1300-1350), 223

Harvey, William (1578-1657), 350
Hédelin, François, Abade de Aubignac (1604-1676), 194
Hegel, Georg Wilhelm Friedrich (1770-1831), 395
Heidegger, Martin (1889-1976), 95, 96, 216, 245, 246, 261, 278, 280, 281, 397
Heisenberg, Werner (1901-1976), 288, 398
Heráclides do Ponto (c. 390 - após 322 a.C.), 26, 27, 54, 102, 222
Heráclito (c. 500 a.C.), 233, 234, 323
Hérmias (c. 350 a.C.), 37-40, 42-47, 50, 51, 59, 236
Hermógenes (século V a.C.), 207
Heródoto (c. 485-424 a.C.), 16, 75, 132, 160, 182, 201, 355
Hérpiles (século IV a.C.), 43, 60, 62
Hesíodo (c. 700 a.C.), 73, 74, 121, 233, 275
Hierão I (540/530–466/465 a.C.), 135
Hiparco (administrador do legado de Aristóteles), 60, 62
Hípaso (século V a.C.), 233
Hípias (século V-IV a.C.), 233
Hipócrates de Cós (segunda metade do século V a.C.), 337, 386
Hipócrates de Quios (segunda metade do século V a.C.), 307

Hipódamo de Mileto (século V a.C.), 126, 128, 129
Homero (c. 700 a.C.), 17, 18, 48, 49, 73, 80, 94, 104, 119, 166-168, 172-174, 188-190, 251, 281, 301, 310, 323
Horácio (65-8 a.C.), 192-194
Hunain ibn Ishaq (Joanício, 808-873), 386, 388

Ishaq al-Kindi (800-873), 387
Isócrates (c. 436-337), 19, 20, 30, 32, 38, 130, 148, 152

Jacó de Veneza (primeira metade do século XII), 390
Jâmblico (c. 245-320 d.C.), 385
Jungius, Joachim (1587-1657), 224
Justiniano (482-565), 385
Justino Mártir (século II d.C.), 59

Kant, Immanuel (1724-1804), 92, 144, 163, 205, 224, 260, 281
Kepler, Johannes (1571-1630), 297, 318, 320, 394

Leibniz, Gottfried Wilhelm (1646-1716), 394, 395
Leocrates (século IV a.C.), 56
Lessing, Gotthold Ephraim (1729-1781), 96, 142, 177-179, 194, 195
Leucipo (c. 500 a.C.), 233, 275, 276
Lícon (c. 300-226 a.C.), 60, 381
Licurgo (século IV a.C.), 56, 57
Lísias (c. 445-380 a.C.), 151-153, 161
Lúculo (século I a.C.), 68
Lutero, Martinho (1483-1546), 318, 394

Manfredo da Sicília (1233-1266), 388
Marco Aurélio (121-180), 384
Mário Vitorino (século IV d.C.), 389
Melisso (século V a.C.), 266, 271
Menandro (342-290 a.C.), 87
Mendelssohn, Moses (1729-1786), 195
Menedemo (século IV a.C.), 54
Ménon (século IV a.C.), 58
Mentor (século IV a.C.), 44
Metrodoro (século IV a.C.), 62
Miguel Pselo 385

Mírmex (filho adotivo de Aristóteles), 60, 62, 63

Neleu de Escépsis (séc. III a.C.), 43, 67, 381
Neoptólemo de Párion (século III a.C.), 193
Newton, Isaac (1643-1727), 280
Nicanor (século IV a.C.), 60-62
Nicolau de Damasco (c. 64 a.C. – c. 30 d.C.), 383, 388
Nicole, Pierre (1625-1695), 224
Nicômaco (arconte em Atenas 341-340 a.C.), 290, 307
Nicômaco (filho de Aristóteles), 43, 60, 62, 72
Nicômaco (pai de Aristóteles), 17, 18, 51, 72

Olimpiodoro (século VI d.C.), 37, 385
Osiander, Andreas (1498-1552), 318

Papa Paulo III (1468-1549), 318
Papa Urbano VIII (1568-1644), 319
Parmênides (c. 500 a.C.), 25, 233, 234, 238, 245, 265-267, 271, 272
Pausânias (c. 115-180), 57
Pedro Hispano (c. 1225-1277), 223
Petrarca (1304-1374), 393
Peucestas (século IV a.C.), 48
Píndaro (c. 500 a.C.), 74, 170, 174
Pítia (esposa de Aristóteles), 42, 43, 45, 50, 58, 60-63
Pítia (filha de Aristóteles), 60, 62
Platão (428/427-348/347 a.C.), 18, 20-42, 45, 48, 54, 58-60, 74-83, 87, 89, 94, 95, 98, 102, 105, 108, 109, 111, 117, 125-130, 132, 135, 136, 138, 139, 143, 151-154, 156, 161, 163, 167-170, 172, 179, 187, 188, 201, 202, 204, 207, 208, 210, 215, 222, 230-239, 241, 244, 246, 248-250, 252-258, 267, 269, 272, 273, 275, 276, 278, 280-288, 292, 293, 296-299, 301, 303-305, 310, 315, 316, 319, 322, 324-326, 330, 332, 334, 336, 340-343, 348, 357, 358, 362, 367, 383-385, 388, 389, 393, 394, 396-398
Plínio, o Velho (24-79), 46, 377
Plotino (204-270), 68, 343, 383, 384
Plutarco (c. 45-125), 47, 48, 57, 68, 317, 318
Polixeno (século IV a.C.), 238
Porfírio (c. 234-304), 68, 166, 223, 384, 385, 390, 391

Potone (irmã de Platão), 22, 36
Praxífanes (século IV-III a.C.), 28
Proclo (412-485), 189, 388
Pródico (470/460 - após 399 a.C.), 75, 101
Protágoras (c. 490-420 a.C.), 76
Proxeno (século IV a.C.), 17-19, 38, 61
Ptolomeu (século II d.C.), 317, 386

Quintiliano (35-100), 149, 162

Rafael (1483-1520), 393
Raumer, Friedrich von (1781-1873), 178

Scaliger, Julius Caesar (1484-1558), 194
Schelling, Friedrich Wilhelm (1775-1854), 368
Schiller, Friedrich (1759-1805), 195
Schlegel, August Wilhelm (1767-1845), 185
Schleiermacher, Friedrich (1768-1834), 69, 72, 206
Seleuco de Selêucia (século II a.C.), 317
Sêneca (4-65), 389
Simplício (c. 490-560), 30, 228, 319, 385
Sócrates (469-399 a.C.), 25, 27, 30, 31, 41, 59, 75, 76, 98, 102, 121, 128, 151, 152, 215, 234, 304, 336
Sófocles (c. 496-406 a.C.), 19, 20, 57, 175, 176, 182, 184, 185, 192
Sólon (c. 600 a.C.), 74, 75, 114, 130, 157
Suárez, Francisco (1548-1617), 260
Sula (138-78 a.C.), 67, 382

Tácito (c. 55-120), 162
Tales de Mileto (primeira metade do século VI a.C.), 41, 124, 125, 233, 323
Teeteto (c. 414-369 a.C.), 125, 207, 208, 231, 287, 334
Témison (século IV a.C.), 34
Temístio (c. 317-385 d.C.), 385
Teócrito (século III a.C.), 39
Teócrito de Quios (século IV a.C.), 39
Teodecto (século IV a.C.), 19, 118, 148, 185
Teodorico (rei 418-451), 389
Teofrasto (c. 371/370-287/286 a.C.), 28, 43, 45-48, 55, 57, 58, 60, 62, 63, 67, 69, 73, 87, 89, 104, 159, 160, 162, 219, 222, 223, 259, 286, 311, 342, 375, 377, 380, 381
Teógnis (século VI a.C.), 74, 76, 90

Teopompo (378/377-320 a.C.), 38, 44
Téspis (primeira metade do século VI a.C.), 175
Thomasius, Jakob (1622-1684), 394
Timarco (administrador do legado de Aristóteles), 60
Tirânio (século I a.C.), 67, 68
Tísias (primeira metade do século V a.C.), 150
Tomás de Aquino (1224-1274), 205, 260, 261, 390-392
Tomás de York (c. 1220-1269), 260
Trendelenburg, Friedrich Adolf (1802-1872), 395
Tucídides (c. 460-após 404 a.C.), 16, 151, 182

Vida, Marco Girolamo (1485-1566), 194, 394

Weizsäcker, Carl Friedrich von (1912-2007), 283, 284, 287, 288, 320, 398
Wolff, Christian (1679-1754), 260

Xenócrates (c. 397-315 a.C.), 22, 23, 25, 27, 30, 32, 37, 43, 54, 55, 73, 104, 136, 222, 237, 249, 257, 259, 280, 282, 286, 293, 301, 342, 357
Xenófanes (c. 570-467 a.C.), 249
Xenofonte (430-c. 354 a.C.), 29, 30, 75, 121, 132, 336
Xerxes (rei 486-465 a.C.), 16

Zaleuco (século VII-VI a.C.), 130
Zenão (século V a.C.), 271, 272, 282-284

ÍNDICE TOPONÍMICO

Ácanto, 16
Alexandria, 40, 55, 316, 385
Andros, 16
Anfípolis, 23
Antioquia, 385
Argos, 75, 310
Assos, 33, 37, 39, 40, 42, 43, 45, 46, 236
Atarneu, 17, 37, 38, 44, 45
Atenas, 16-20, 23, 25, 28, 31-40, 52-59, 61, 62, 67, 120, 128, 130-132, 135, 150-152, 159, 161, 174, 307, 311, 380, 381, 384, 385, 393

Bagdá, 385-387
Bolonha, 318

Calcedônia, 54, 126, 128
Calcídica, 15, 16, 33, 34
Cálcis, 16, 17, 59, 60-63
Cartago, 126
Catânia, 130
Chipre, 29, 34, 72
Colônia, 391
Constantinopla, 385, 392
Córdoba, 387, 390
Corinto, 307, 369, 390
Creta, 69, 126, 136

Delfos, 18, 39, 41, 44, 50-52
Delos, 16, 74

Éfeso, 290, 337
Egito, 15, 43, 49, 386
Eleia, 271
Éreso, 45
Escépsis, 37, 39, 67, 68, 193, 381
Esparta, 19, 111, 126, 137, 139
Estagira, 15-18, 33-35, 46, 48, 49, 51, 60, 62, 63
Eubeia, 16, 17, 59

Ferrara, 318
Florença, 320
Frígia, 23, 75

Herculano, 193

Isfahã, 387
Ítaca, 328

Leontino, 150
Lesbos, 18, 37, 39, 43, 45, 46, 367
Locros, 130

Macedônia, 16, 23, 33, 35, 43, 46, 52, 54
Mantineia, 30
Megara, 28
Mieza, 48
Mísia, 23
Mitilene, 43, 46

Nemeia, 18, 61

Olímpia, 18
Olinto, 16, 33-35, 50, 51, 128

Pádua, 318
Paris, 194, 364, 391
Pella, 17
Pérgamo, 38
Pireu, 128
Praga, 297, 318

Queroneia, 50, 52, 54, 56, 161
Quios, 39, 307, 367

Ravena, 389
Rodes, 36, 44, 58, 67, 72, 128, 159, 188, 200, 223, 228, 229, 259, 346, 367, 382

Roma, 67, 162, 318, 319, 341, 374, 382, 389

Sicília, 21, 32, 40, 130, 150, 387, 388
Sica, 316
Siracusa, 21, 23, 32-34, 135, 316
Síria, 386
Susã, 44

Tasso, 369
Tebas, 19, 52, 54, 74, 130
Toruń, 318
Trácia, 23, 46
Trôade, 23, 67
Troia, 48, 93, 188, 189
Túrios, 128

Veneza, 14, 69, 390, 392
Vergina, 17

Edições Loyola

editoração impressão acabamento
Rua 1822 n° 341 – Ipiranga
04216-000 São Paulo, SP
T 55 11 3385 8500/8501, 2063 4275
www.loyola.com.br